Bader/Koltermann/Stirnberg/Walkenhorst

Steuerberater-Prüfungsklausuren
Ausgabe 2008

D1717736

www.nwb.de

Steuerfachkurs · Prüfung

Steuerberater-Prüfungsklausuren Ausgabe 2008

Von
Ltd. Regierungsdirektor i. R. Franz-Josef Bader
Steuerberater Jörg Koltermann
Prof. Dr. jur. Martin Stirnberg
Dipl.-Finanzwirt Ralf Walkenhorst

Mit Unterstützung des Studienwerks der Steuerberater
in Nordrhein-Westfalen e. V.

▶ **nwb** AUSBILDUNG

ISBN 978-3-482-**53997**-8

Druck: Griebsch & Rochol Druck GmbH & Co. KG, Hamm

VORWORT

Ein großer Vorteil der Berufe im Bereich des Steuerrechts ist der, dass man seine Karriere aktiv mitgestalten kann, zum Beispiel, indem man sich zum Steuerberater fortbildet. Wenngleich dieses Berufsexamen mit zu den anspruchsvollsten zählt, so kann man der Prüfung durch eine gezielte Vorbereitung einen Teil ihres Schreckens nehmen. Der vorliegende Band soll diejenigen, die sich entschlossen haben, an einer der nächsten Prüfungen teilzunehmen, unterstützen.

Zur Vorbereitung auf die Steuerberaterprüfung sollten Sie möglichst viele Klausuren selbständig lösen. Es bedarf nämlich schon einiger Klausurerfahrung, um mit den ziemlich umfangreichen Klausursachverhalten in der vorgesehenen Zeit von sechs Zeitstunden fertig zu werden.

Nur wer die notwendige Erfahrung in der Bearbeitung prüfungsnaher Klausuren besitzt, kennt die zahlreichen kleinen Hürden, die neben den eigentlichen Klausurproblemen in jeder Klausur zu bewältigen sind. Können Sie diese Hürden schnell nehmen, haben Sie genügend Zeit, sich den eigentlichen Klausurproblemen zu widmen. Darüber hinaus sind Sie darin geübt, sich die sogenannten „Standardpunkte" zu sichern. Die meisten Prüfungsklausuren können allein mit Hilfe dieser Bewertungspunkte mit einem ausreichenden Ergebnis gelöst werden, ohne dass die Spitzenprobleme der Klausur gelöst wurden.

Die Autorenlösungen in diesem Band fallen gleichwohl mitunter ausführlicher aus, um die Leser auf diese Weise beim Nacharbeiten des Stoffes zu unterstützen.

KORREKTURSCHEMA ONLINE ABRUFBAR!

Auf der Homepage des Verlages werden daher die Korrekturschemata unter www.nwb.de (auf der jeweiligen Produktseite im Shop) zum kostenlosen Download bereitgehalten. Die einzelnen Passwörter sind am Ende der jeweiligen Lösungen abgedruckt.

Anhand dieser zusätzlichen Angaben können Sie sich ein konkretes Bild davon verschaffen, was in der Steuerberaterprüfung verlangt wird.

Dieses Buch enthält die Klausuren der Steuerberaterprüfung 2007 und die Klausuren der Steuerberaterprüfung 2002, fortgeschrieben auf die für den Veranlagungszeitraum 2007 maßgebende Rechtslage, jeweils einschließlich der Lösungen.

Die Klausuren der Prüfung 2007 sollen Aufschluss geben über die derzeitigen Prüfungsanforderungen, ferner über den Aufbau der Steuerberater-Prüfungsklausuren und deren Prüfungsschwerpunkte. Die Klausuren der Prüfung 2002 sind als Übungsmaterial gedacht. Erfahrungsgemäß wird bei der Abfassung von Prüfungsklausuren auf Sachverhalte älterer Klausuren zurückgegriffen, so dass die Bearbeitung älterer Klausuren im Vorbereitungsprogramm auf die Steuerberaterprüfung nicht fehlen sollte.

Im Rahmen der schriftlichen Steuerberaterprüfung sind bekanntlich drei Klausuren zu schreiben, nämlich je eine aus dem

▶ Gebiet des Verfahrensrechts und anderer Steuerrechtsgebiete (AO, USt und zumeist Bewertung, ErbSt),

▶ Gebiet der Ertragsteuern (ESt, KSt, GewSt) sowie aus dem

▶ Gebiet der Buchführung und des Bilanzwesens.

Informationen zu den zugelassenen Hilfsmitteln für die Steuerberaterprüfung finden Sie auf Seite 1 dieser Ausgabe.

Um zur mündlichen Prüfung zugelassen zu werden, darf der Durchschnitt der drei Klausuren die Zahl 4,5 nicht übersteigen. Zwei **Beispiele**:

▶ Klausur 1: **5**; Klausur 2: **5**; Klausur 3: **3,5** = ∅ **4,5**
  schriftlicher Prüfungsteil **bestanden**, aber

▶ Klausur 1: **4,5**; Klausur 2: **5**; Klausur 3: **4,5** = ∅ **4,66**
  schriftlicher Prüfungsteil **nicht** bestanden.

Wie sich die Noten der einzelnen Klausuren errechnen, zeigt folgende Tabelle:

Punkte	Note der Klausur		Punkte	Note der Klausur	
95 – 100	sehr gut	1	50 – 58,5	ausreichend	4
88 – 94,5	sehr gut	1,5	40 – 49,5	ausreichend	4,5
81 – 87,5	gut	2	30 – 39,5	mangelhaft	5
74 – 80,5	gut	2,5	20 – 29,5	mangelhaft	5,5
67 – 73,5	befriedigend	3	0 – 19,5	ungenügend	6
59 – 66,5	befriedigend	3,5			

Wir hoffen sehr, dass Ihnen dieses Buch die Vorbereitung auf Ihre Steuerberaterprüfung erleichtert, und wünschen Ihnen dabei den verdienten Erfolg.

Für Hinweise und Anregungen sind wir dankbar.

Nordkirchen/Münster/Herne
im März 2008

Verfasser, Studienwerk, Verlag

HINWEIS

Dieses Buch wurde in Zusammenarbeit mit dem Studienwerk der Steuerberater in Nordrhein-Westfalen e.V., Geschäftsstelle Münster, Hüfferstraße 73, 48149 Münster, erstellt.
(www.studienwerk.de)

INHALTSVERZEICHNIS

STEUERBERATERPRÜFUNG 2002/2007

Für die Prüfung zugelassene Textausgaben

Gleich lautende Erlasse der obersten Finanzbehörden der Länder

über die als Hilfsmittel für den schriftlichen Teil der Steuerberaterprüfung 2008 zugelassenen Textausgaben

vom 13. 2. 2008 (BStBl 2008 I Nr. 5)

Für den schriftlichen Teil der Steuerberaterprüfung 2008 werden als Hilfsmittel Textausgaben (Loseblatt-Sammlung oder gebunden) beliebiger Verlage zugelassen. Mindestens benötigt werden die Texte folgender Gesetze einschließlich ggf. hierzu erlassener Durchführungsverordnungen und Richtlinien:

► Abgabenordnung, Finanzgerichtsordnung, Verwaltungszustellungsgesetz,

► Erbschaftsteuer- und Schenkungsteuergesetz, Bewertungsgesetz,

► Umsatzsteuergesetz,

► Einkommensteuergesetz, Körperschaftsteuergesetz, Gewerbesteuergesetz,

► Umwandlungsgesetz, Umwandlungssteuergesetz,

► Fördergebietsgesetz, Investitionszulagengesetz, Eigenheimzulagengesetz,

► Grunderwerbsteuergesetz, Grundsteuergesetz,

► Bürgerliches Gesetzbuch, Handelsgesetzbuch, Aktiengesetz, GmbH-Gesetz,

► Steuerberatungsgesetz.

Es liegt in der Verantwortung der Bewerber, dafür Sorge zu tragen, dass ihnen neben dem aktuellen Rechtsstand des Prüfungsjahres 2008 die vorgenannten Vorschriften auch in der für das Kalenderjahr 2007 geltenden Fassung zur Verfügung stehen. Sofern bei der Lösung einzelner Aufgaben ein anderer Rechtsstand maßgeblich ist, werden die entsprechenden Rechtsvorschriften dem Aufgabentext als Anlage beigefügt.

Die Textausgaben dürfen weitere Gesetzestexte, Verwaltungsanweisungen der Finanzbehörden, Leitsatzzusammenstellungen, Fußnoten und Stichwortverzeichnisse enthalten. Fachkommentare sind ausdrücklich nicht zugelassen.

Die jeweiligen Textausgaben sind von den Bewerbern selbst zu beschaffen und zur Prüfung mitzubringen. Sie dürfen außer Unterstreichungen, Markierungen und Hilfen zum schnelleren Auffinden der Vorschriften (sog. Griffregister) keine weiteren Anmerkungen oder Eintragungen enthalten. Die Griffregister dürfen Stichworte aus der Überschrift und Paragraphen enthalten. Eine weitere Beschriftung ist nicht zulässig.

Der für die Lösung der Prüfungsaufgabe maßgebliche Rechtsstand ergibt sich aus dem jeweiligen Aufgabentext.

Sofern bei der Lösung einzelner Aufgaben ein anderer Rechtsstand als der aktuelle oder der des Vorjahres maßgeblich ist, sind die entsprechenden Rechtsvorschriften dem Aufgabentext als Anlage beigefügt.

Vor der Bearbeitung sind Sachverhalt und Aufgaben vollständig zu lesen.

STEUERBERATERPRÜFUNG 2007

Prüfungsaufgabe aus dem Verfahrensrecht und anderen Steuerrechtsgebieten

Bearbeitungszeit: 6 Stunden

Hilfsmittel:
Laut Ladungsschreiben zugelassene Hilfsmittel,
z. B.: NWB-Handausgabe Deutsche Steuergesetze

Teil I: Abgabenordnung und Finanzgerichtsordnung

Jens Jägermeister ist selbständiger Handelsvertreter und wohnt mit seiner Ehefrau Annika in der gemeinsamen Mietwohnung in der Heilig-Kreuz-Straße 12 in Passau.

Am 8. 6. 2007 erschien der Vollziehungsbeamte Steuerhauptsekretär Lachenmayr des Finanzamtes Passau in der gemeinsamen Wohnung der Eheleute Jägermeister und wies sich durch Vorlage seines Dienstausweises aus. Es war nur der Steuerschuldner Jens Jägermeister zu Hause.

Lachenmayr legte einen Vollstreckungsauftrag über die rückständige Umsatzsteuerschuld 2005 und ein Zwangsgeld i. H. v. 200 € gegenüber Jens Jägermeister vor und forderte Jens Jägermeister zur Zahlung auf.

Jens Jägermeister hatte die Umsatzsteuerforderung des für ihn zuständigen Finanzamts Passau i. H. v. 7 100 € für den Veranlagungszeitraum 2005 nicht erfüllt. Eine entsprechende Steuerfestsetzung für den Veranlagungszeitraum 2005 war ihm gegenüber durch einen am 6. 2. 2007 zur Post aufgegebenen, ordnungsgemäß adressierten „Schätzungsbescheid" erfolgt.

Auch das Zwangsgeld wegen der Nichtabgabe der Umsatzsteuererklärung für den Veranlagungszeitraum 2005 i. H. v. 200 € hatte Jens Jägermeister noch nicht bezahlt.

Dieses war nach vorheriger Androhung festgesetzt worden, weil Jens Jägermeister der mehrfachen Aufforderung zur Abgabe der Umsatzsteuer-Jahresanmeldung für den Veranlagungszeitraum 2005 nicht nachgekommen war.

Die Festsetzung des Zwangsgeldes war zusammen mit dem Umsatzsteuer-Schätzungsbescheid in einem Kuvert an die Anschrift von Jens Jägermeister versandt worden.

Die Umsatzsteuerfestsetzung und die Zwangsgeldfestsetzung waren mit zutreffenden Rechtsbehelfsbelehrungen versehen.

Auf dem Steuerbescheidsformular befand sich das Leistungsgebot für die Umsatzsteuerschuld, und auch die Zwangsgeldfestsetzung war mit einem Leistungsgebot über 200 € verbunden. Die Fälligkeitszeitpunkte für das Zwangsgeld und für die Umsatzsteuerschuld waren vom Finanzamt auf den gesetzlichen Fälligkeitszeitpunkt der Umsatzsteuerschuld aufgrund der Jahresfestsetzung gelegt worden.

Da bislang auf den Konten der Finanzkasse des Finanzamtes Passau keine Zahlungseingänge für die Umsatzsteuer- und die Zwangsgeldforderung erfolgt waren, hatte Jens Jägermeister am 10. 5. 2007 eine Mahnung über 7 300 € erhalten.

Nachdem weiterhin eine Zahlung ausgeblieben war, war vom Finanzamt Passau eine Vollstreckungsankündigung versandt worden.

Jens Jägermeister hatte nach eigenem Bekunden weder Bargeld noch Bankguthaben zur Verfügung, deshalb schritt Lachenmayr zur Pfändung. Im Wohnzimmer befand sich neben einem TV-Röhrengerät eine aufwändige digitale Home-Cinema-HDTV-Anlage mit einem Plasma-Flachbildschirm mit 127 cm Bildschirmdiagonale und eine antike Standuhr. Im Arbeitszimmer von Herrn .Jägermeister stand eine PC-Anlage. Diese Gegenstände versah Lachenmayr jeweils mit Pfandsiegeln an gut sichtbarer Stelle der einzelnen Gegenstände. Lachenmayr schätzte für die gesamte Home-Cinema-Ausrüstung einen voraussichtlich erzielbaren Erlös i. H. v. 3 000 €, für die PC-Anlage einen Erlös i. H. v. 1 500 € und für die Standuhr einen voraussichtlich erzielbaren Erlös i. H. v. ca. 1 700 €.

Lachenmayr erstellte eine Niederschrift über die Ausführung des Vollstreckungsauftrages. Als Herr Jägermeister Einwendungen erheben wollte, weil ihm die Standuhr nicht gehöre, sie sei ein Erbstück seiner Ehefrau und weil die PC-Anlage sein unpfändbares Arbeitsmittel sei, verwies ihn Lachenmayr auf den Innendienst der Vollstreckungsstelle im Finanzamt Passau. Es sei nicht seine Aufgabe, die Eigentumslage und Rechtsbehelfe zu prüfen. Daraufhin verweigerte Herr Jägermeister die Unterschrift unter die Niederschrift; er unterschreibe nichts, wenn er nicht vorher angehört worden sei.

Als er eine Durchschrift des Protokolls forderte, wurde er von Lachenmayr an die Vollstreckungsstelle verwiesen. Diese übersandte dann eine Kopie der Pfändungsniederschrift unter dem Datum vorn 14. 6. 2007 (= Tag zur Aufgabe zur Post).

Die gepfändeten Gegenstände ließ Lachenmayr in der Wohnung der Eheleute Jägermeister stehen.

Am 17. 7. 2007 ging beim Finanzamt Passau ein Briefkuvert von Steuerberater Grimme als Absender ein. In diesem waren Vollmachtsurkunden für die Vertretung von Jens und Annika Jägermeister und weitere Schreiben enthalten. In dem Kuvert war auch die Umsatzsteuer-Jahresanmeldung 2005 für Jens Jägermeister enthalten mit dem Antrag, die Steuerschuld auf 5 700 € herabzusetzen. Der Antrag war damit begründet, dass eine Änderung des Umsatzsteuerbescheides auf jeden Fall möglich sein müsse, da Schätzungen immer unter Vorbehalt der Nachprüfung stünden. Für den Fall, dass das hier nicht der Fall sei, müsse es sich insoweit um einen Fall der offenbaren Unrichtigkeit handeln, der jederzeit korrigierbar sei.

In einem weiteren Schreiben in dem Kuvert war ausdrücklich „Einspruch für Jens Jägermeister gegen die erfolgten Pfändungsmaßnahmen" eingelegt worden. Begründet war dieser Einspruch damit, dass nicht mehr vollstreckt werden dürfe, da durch die Abgabe der Umsatzsteueranmeldung von einem wesentlich niedrigeren Schuldbetrag auszugehen sei, auch die Zwangsgeldfestsetzung sei obsolet geworden.

Zusätzlich legte Grimme in einem eigenen Schreiben, das in dem gleichen Kuvert eingelegt war, auch explizit „Einspruch für Annika Jägermeister" ein. In diesem Einspruchsschreiben wurde die Aufhebung der Pfändung der Standuhr und der Home-Cinema-Ausrüstung beantragt. Dieser Antrag wurde ausschließlich damit begründet, dass Frau Jägermeister Miteigentümerin der Home-Cinema-Ausrüstung sei, und die Standuhr ihr alleine gehöre. Sie fühle sich daneben aber auch noch durch die Pfändung der PC-Anlage in ihren Rechten verletzt. Sie könne zwar daran keine Eigentumsrechte geltend machen, aber sie sei durch die Pfändung tangiert, da ihr Ehemann die PC-Anlage für seine Berufstätigkeit benötige und bei deren Ausfall weniger zum Familieneinkommen beitragen könne.

Eine Einspruchsfrist sei bei Herrn Jägermeister wegen fehlender Rechtsbehelfsbelehrung und wegen der später erfolgten Zusendung der Pfändungsniederschrift noch nicht abgelaufen, bei Frau Jägermeister laufe sowieso keine Frist, da sie nicht die Adressatin der Pfändungsmaßnahmen gewesen sei. Falls Fristen versäumt seien, werde vorsorglich Wiedereinsetzung in den vorigen Stand beantragt, da Herr Jägermeister wegen Vermögenslosigkeit nicht in der Lage gewesen sei, einen Rechtsanwalt oder Steuerberater zu bezahlen.

Das Finanzamt Passau ermittelte daraufhin Folgendes:

Die Umsatzsteuer-Jahresanmeldung 2005 war bislang nicht erstellt worden, weil Herr Jägermeister den vom Steuerberater geforderten Gebührenvorschuss zunächst nicht bezahlt hatte, er hatte offene Verbindlichkeiten i. H. v. 100 000 € gegenüber Banken und Kreditunternehmen. Die jetzt abgegebene Umsatzsteueranmeldung für den Veranlagungszeitraum 2005 weicht von der „Schätzung" durch den zusätzlichen Ansatz von 700 € Umsatzsteuer und Vorsteuer i. H. v. 2 100 € ab. Der zusätzlich geltend gemachte Vorsteuerbetrag i. H. v. 2 100 € resultiert insgesamt aus der Ende September 2005 geleisteten Anzahlung für einen erst im Februar 2006 gelieferten betrieblich genutzten Pkw. Entsprechende Belege liegen jetzt vor, in den abgegebenen Voranmeldungen war dieser Vorsteuerbetrag nicht enthalten. Der zusätzliche Umsatzsteuerbetrag resultiert aus Umsätzen des Zeitraumes Oktober bis Dezember 2005. Der Schätzungsbescheid war ohne Nebenbestimmungen, ergangen, in der Akte befanden sich dazu keine Angaben des Bearbeiters. Als Schätzungsgrundlage hatten zum einen die abgegebenen Umsatzsteuer-Voranmeldungen für die Monate Januar bis September 2005 gedient, zum anderen wurde für die Monate Oktober bis Dezember 2005 eine an den Vorjahresmonaten orientierte Zuschätzung vorgenommen, da weder entsprechende Umsatzsteuer-Voranmeldungen abgegeben noch Schätzungen erfolgt waren.

Die PC-Anlage nutzt Herr Jägermeister unbestritten hauptsächlich beruflich. Die Standuhr hat Frau Jägermeister von ihrer verstorbenen Mutter geerbt. Die Home-Cinema-Anlage haben die Eheleute Jägermeister zu ihrem 7. Hochzeitstag von Frau Jägermeisters Vater als gemeinsames Geschenk erhalten.

Das Finanzamt hat Steuerberater Grimme diese Erkenntnisse mitgeteilt und ihn zu einer Erörterung der aufgeworfenen Probleme eingeladen. Steuerberater Grimme bereitet daraufhin gutachtlich die Besprechung beim Finanzamt vor.

Aufgabe

Fertigen Sie das Gutachten von Grimme, in dem folgende Fragen geklärt werden sollen:

1. Kann die Umsatzsteuerfestsetzung für den Veranlagungszeitraum 2005 bei dem derzeitigen Verfahrensstand noch im Rahmen eines Einspruchsverfahrens oder im Korrekturverfahren geändert werden?

2. Prüfen Sie die Zulässigkeitsvoraussetzungen des „Einspruchs" gegen die Pfändungsmaßnahmen von Herrn Jens Jägermeister.

3. Prüfen Sie **nur** unter dem Blickwinkel der von Annika Jägermeister im Sachverhalt **ausdrücklich** vorgebrachten Einwendungen, ob ein zulässiger Einspruch von Frau Annika Jägermeister gegen die Pfändungsmaßnahmen vorliegt.

4. Besteht eine Möglichkeit, die Pfändungsmaßnahmen zu beseitigen? Prüfen Sie hier insbesondere, ob die Vollstreckungsvoraussetzungen vorgelegen haben.

Anlage 1

Vorschriften der ZPO

§ 739 Gewahrsamsvermutung bei Zwangsvollstreckung gegen Ehegatten und Lebenspartner

(1) Wird zugunsten der Gläubiger eines Ehemannes oder der Gläubiger einer Ehefrau gemäß § 1362 des Bürgerlichen Gesetzbuchs vermutet, dass der Schuldner Eigentümer beweglicher Sachen ist, so gilt, unbeschadet der Rechte Dritter, für die Durchführung der Zwangsvollstreckung nur der Schuldner als Gewahrsamsinhaber und Besitzer.

(2) Absatz 1 gilt entsprechend für die Vermutung des § 8 Abs. 1 des Lebenspartnerschaftsgesetzes zugunsten der Gläubiger eines der Lebenspartner.

§ 771 Drittwiderspruchsklage

(1) Behauptet ein Dritter, dass ihm an dem Gegenstand der Zwangsvollstreckung ein die Veräußerung hinderndes Recht zustehe, so ist der Widerspruch gegen die Zwangsvollstreckung im Wege der Klage bei dem Gericht geltend zu machen, in dessen Bezirk die Zwangsvollstreckung erfolgt.

(2) ...

(3) ...

§ 811 Unpfändbare Sachen

(1) Folgende Sachen sind der Pfändung nicht unterworfen:

1. die dem persönlichen Gebrauch oder dem Haushalt dienenden Sachen, insbesondere Kleidungsstücke, Wäsche, Betten, Haus- und Küchengerät, soweit der Schuldner ihrer zu einer seiner Berufstätigkeit und seiner Verschuldung angemessenen, bescheidenen Lebens- und Haushaltsführung bedarf; ferner Gartenhäuser, Wohnlauben und ähnliche Wohnzwecken dienende Einrichtungen, die der Zwangsvollstre-

ckung in das bewegliche Vermögen unterliegen und deren der Schuldner oder seine Familie zur ständigen Unterkunft bedarf;

2. die für den Schuldner, seine Familie und seine Hausangehörigen, die ihm im Haushalt helfen, auf vier Wochen erforderlichen Nahrungs-, Feuerungs- und Beleuchtungsmittel oder, soweit für diesen Zeitraum solche Vorräte nicht vorhanden und ihre Beschaffung auf anderem Wege nicht gesichert ist, der zur Beschaffung erforderliche Geldbetrag;

3. ...

4. ...

4a. ...

5. bei Personen, die aus ihrer körperlichen oder geistigen Arbeit oder sonstigen persönlichen Leistungen ihren Erwerb ziehen, die zur Fortsetzung dieser Erwerbstätigkeit erforderlichen Gegenstände;

...

Anlage 2

Kalender 2007

2007

	Januar	Februar	März
Montag	**1** 8 15 22 29	5 12 19 26	5 12 19 26
Dienstag	2 9 16 23 30	6 13 20 27	6 13 20 27
Mittwoch	3 10 17 24 31	7 14 21 28	7 14 21 28
Donnerstag	4 11 18 25	1 8 15 22	1 8 15 22 29
Freitag	5 12 19 26	2 9 16 23	2 9 16 23 30
Samstag	**6** 13 20 27	3 10 17 24	3 10 17 24 31
Sonntag	**7 14 21 28**	**4 11 18 25**	**4 11 18 25**
Woche	1 2 3 4 5	5 6 7 8 9	9 10 11 12 13
Arbeitstage	22	20	22

	April	Mai	Juni
Montag	2 **9** 16 23 30	7 14 21 **28**	4 11 18 25
Dienstag	3 10 17 24	**1** 8 15 22 29	5 12 19 26
Mittwoch	4 11 18 25	2 9 16 23 30	6 13 20 27
Donnerstag	5 12 19 26	3 10 **17** 24 31	**7** 14 21 28
Freitag	**6** 13 20 27	4 11 18 25	1 8 15 22 29
Samstag	7 14 21 28	5 12 19 26	2 9 16 23 30
Sonntag	**1 8 15 22 29**	**6 13 20 27**	**3 10 17 24**
Woche	14 15 16 17 18	18 19 20 21 22	22 23 24 25 26
Arbeitstage	19	20	20/21

	Juli	August	September
Montag	2 9 16 23 30	6 13 20 27	3 10 17 24
Dienstag	3 10 17 24 31	7 14 21 28	4 11 18 25
Mittwoch	4 11 18 25	1 8 **15** 22 29	5 12 19 26
Donnerstag	5 12 19 26	2 9 16 23 30	6 13 20 27
Freitag	6 13 20 27	3 10 17 24 31	7 14 21 28
Samstag	7 14 21 28	4 11 18 25	1 8 15 22 29
Sonntag	**1 8 15 22 29**	**5 12 19 26**	**2 9 16 23 30**
Woche	27 28 29 30 31	31 32 33 34 35	36 37 38 39
Arbeitstage	22	22/23	20

	Oktober	November	Dezember
Montag	1 8 15 22 29	5 12 19 26	3 10 17 24 31
Dienstag	2 9 16 23 30	6 13 20 27	4 11 18 **25**
Mittwoch	**3** 10 17 24 **31**	7 14 **21** 28	5 12 19 **26**
Donnerstag	4 11 18 25	**1** 8 15 22 29	6 13 20 27
Freitag	5 12 19 26	2 9 16 23 30	7 14 21 28
Samstag	6 13 20 27	3 10 17 24	1 8 15 22 29
Sonntag	**7 14 21 28**	**4 11 18 25**	**2 9 16 23 30**
Woche	40 41 42 43 44	44 45 46 47 48	49 50 51 52 1
Arbeitstage	21/22	21/22	19

Bewegliche und nicht bundeseinheitliche* Feiertage: Heilige Drei Könige* 6. Januar, Karfreitag 6. April, Ostern 8. und 9. April, Christi Himmelfahrt 17. Mai, Pfingsten 27. und 28. Mai, Fronleichnam* 7. Juni, Friedensfest* 8. Aug., Mariä Himmelfahrt* 15. Aug., Reformationstag* 31. Oktober, Allerheiligen* 1. Nov., Buß- und Bettag* 21. Nov.

Teil II: Umsatzsteuer

Allgemeine Hinweise

Erforderliche Belege und Aufzeichnungen sind vorhanden. Rechnungen enthalten, soweit aus dem Sachverhalt nichts Gegenteiliges hervorgeht, die nach §§ 14, 14a, 25b UStG bzw. §§ 33, 34 UStDV erforderlichen Angaben.

Alle angesprochenen Unternehmer versteuern ihre Umsätze nach den allgemeinen Vorschriften des UStG und nach vereinbarten Entgelten.

Voranmeldungszeitraum ist der Kalendermonat.

Soweit aus dem Sachverhalt nichts anderes ersichtlich ist, verwenden die Unternehmer im innergemeinschaftlichen Waren- und Dienstleistungsverkehr die Umsatzsteuer-Identifikationsnummer ihres Heimatlandes.

Gemischt genutzte Wirtschaftsgüter wurden – soweit nach dem UStG zulässig – voll dem Unternehmen zugeordnet.

Die Kalenderjahre bis einschließlich 2006 sind bestandskräftig veranlagt. Die steuerliche Beurteilung war jeweils zutreffend.

Sachverhalt

Die Kornspitz KG (KG) betreibt in München, Bayerstr. 215, eine Großbäckerei. Sie verfügt über ein eigenes Filialnetz. Die Filialen befinden sich in Oberbayern und im benachbarten Österreich. Die KG ist ein alteingesessenes Familienunternehmen. Komplementär mit einem Gesellschaftsanteil von 80 % ist Josef Kornspitz (J.K.). Seine Frau Angela (A.K.) ist Kommanditistin mit einem Anteil von 20 %.

Im Jahr 2007 ergaben sich u. a. folgende Geschäftsvorfälle:

1. Geschäftswagen

Da die KG einen neuen Geschäftswagen benötigte, bestellte sie am 1. 9. 2006 bei der BMW-Niederlassung München einen BMW 520i zum Preis von 50 000 € zuzüglich 16 % Umsatzsteuer i. H. v. 8 000 €. Bei Vertragsschluss wurde eine Anzahlung in Höhe von 10 % des Kaufpreises fällig, die die KG sofort in bar bezahlte. Die BMW-Niederlassung erteilte ihr hierüber am 1. 9. 2006 eine ordnungsgemäße Rechnung. Wegen Lieferschwierigkeiten konnte der Pkw nicht – wie ursprünglich geplant – noch im Dezember 2006, sondern erst am 1. 2. 2007, übergeben werden. Entsprechend den Allgemeinen Geschäftsbedingungen des BMW-Autohauses wurde die Mehrwertsteuererhöhung zum 1. 1. 2007 bei der ordnungsgemäßen Rechnung vom 1. 2. 2007 berücksichtigt. Die KG zahlte den Rechnungsbetrag nach Abzug der Anzahlung vom 1. 9. 2006 eine Woche später.

2. Gebäude

a) Vermietung

Das Stammhaus, in dem die Bäckerei und Konditorei Kornspitz 1875 gegründet wurde, befindet sich in München, Sendlinger Str. 25. Eigentümer des viergeschossigen Gebäudes ist Karl Kornspitz (K.K.) (Jahrgang 1925), der Vater von J.K. K.K. hatte sich mit Erreichen seines 65. Lebensjahres komplett aus dem Geschäft zurückgezogen. Einzig das Gebäude in der Sendlinger Str. 25 hatte er behalten. Das Gebäude war bei einem Brand am 25. 10. 1993 bis auf die Grundmauern zerstört worden. Nachdem die Brandsachverständigen ihre Arbeit abgeschlossen hatten und die Brandversicherung die Auszahlung der Versicherungssumme zugesagt hatte, begann K.K. am 25. 11. 1993 mit der Beseitigung der Brandruine und der Errichtung des neuen Gebäudes. Das Gebäude (Nutzfläche je Etage 200 qm) wurde in Rekordbauzeit errichtet: Die Herstellungskosten beliefen sich auf umgerechnet 1 Mio. € zuzüglich 15 % Umsatzsteuer i. H. v. 150 000 €.

Seit dem 1. 1. 1995 wurde das Gebäude wie folgt genutzt, wobei K.K., soweit möglich, auf die Steuerbefreiung verzichtet und die Umsatzsteuer zusätzlich in Rechnung gestellt hatte:

EG:
Vermietet an die KG, die in den Räumen eine Filiale betreibt. Die Miete beträgt seit 1. 1. 2007 monatlich 3 200 € zuzüglich 1 000 € Nebenkostenvorauszahlung (marktüblich).

1. OG:
Eine Büroeinheit (100 qm) ist vermietet an den Rechtsanwalt Siegfried Sänger, der in den Räumen seine Anwaltskanzlei betreibt. Die Miete beträgt seit 1. 1. 2007 monatlich 1 700 € zuzüglich 350 € Nebenkostenvorauszahlung.

Die andere Büroeinheit (100 qm) ist vermietet an den Versicherungs- und Immobilienmakler Hans Hurtig. Die Umsätze als Versicherungsvertreter belaufen sich konstant auf 10 % des Gesamtumsatzes. Die Miete beträgt seit 1. 1. 2007 ebenfalls monatlich 1 700 € zuzüglich 350 € Nebenkostenvorauszahlung. Zum 1. 10. 2007 stellte Hurtig seine Versicherungsmaklertätigkeit endgültig ein. Seinen Vermieter hatte er hiervon rechtzeitig in Kenntnis gesetzt.

2. OG:
Vermietet an den Internisten Walter Wenig, der in den Räumen seine Arztpraxis betreibt. Die monatliche Miete für die Praxisräume beträgt seit 1. 1. 2007 2 900 € zuzüglich 700 € Nebenkostenvorauszahlung. Wenig ist auch schriftstellerisch tätig. Er gibt ein Lehrbuch heraus und verfasst Artikel in Fachzeitschriften. Die Honorareinnahmen aus seiner schriftstellerischen Tätigkeit beliefen sich seit vielen Jahren auf konstant 30 000 € pro Jahr. Einen Raum in seiner Arztpraxis (40 qm) nutzt er ausschließlich für diese Tätigkeit. Die Miete für diesen Raum beläuft sich seit 1. 1. 2007 auf monatlich 600 € zuzüglich 150 € Nebenkostenvorauszahlung. Zum 30. 9. 2007 gab Wenig seine schriftstellerische Tätigkeit komplett auf und nutzte den Raum ab 1. 10. 2007 als zusätzliches Wartezimmer. Wenig teilte die Nutzungsänderung seinem Vermieter mit, so dass dieser den Mietvertrag rechtzeitig angepasst hatte.

3. OG:

Im 3. OG befinden sich zwei gleich große Wohnungen. Die eine ist seit 1.1.2007 für monatlich 1 200 € zuzüglich 450 € Nebenkostenvorauszahlung an der Pensionisten Peter Paulig vermietet, die andere ist an Karls Enkelsohn Ludwig Kornspitz (L.K.) zu denselben Konditionen vermietet (die anteiligen vorsteuerbelasteten Kosten für diese Wohnung beliefen sich auf 650 € monatlich).

b) Renovierungsarbeiten

K.K. hatte noch im Jahr 2005 umfangreiche Renovierungsarbeiten durchführen lassen:

Nach einem Hagelsturm im August 2005, der die Dachziegel heftig in Mitleidenschaft gezogen hatte, ließ er das Dach neu eindecken. Nach Abnahme der Dachdeckerarbeiten am 1.9.2005 erhielt K.K. eine Woche später die Rechnung i.H.v. 6 500 € zuzüglich 16 % Umsatzsteuer i.H.v. 1 040 €, die er nach Abzug von 2 % Skonto eine Woche später beglich.

Im Juli 2005 ließ K.K. einen modernen Personenaufzug vom EG bis zum 3. OG einbauen. Nach Abnahme durch den TÜV am 1.8.2005 beglich K.K. die Rechnung vom 3.8.2005 i.H.v. 20 000 € zuzüglich 16 % Umsatzsteuer i.H.v. 3 200 € zwei Wochen später.

Schließlich hatte K.K. die Fassade neu streichen lassen. Die Malerfirma stellte am Tag der Abnahme, dem 1.7.2005, 6 000 € zuzüglich 16 % Umsatzsteuer i.H.v. 960 € in Rechnung, die K.K. eine Woche später beglich.

c) Übertragung des Gebäudes an Enkel

Zum 1.7.2007 (Übergang Besitz, Nutzen und Lasten) übertrug K.K. das Gebäude Sendlinger Str. 25 im Wege der vorweggenommenen Erbfolge – im Einverständnis mit seinem Sohn J.K. – auf seinen Enkel L.K. Die an ihn adressierte Notarrechnung vom 15.6.2007 i.H.v. 4 000 € zuzüglich 19 % Umsatzsteuer i.H.v. 760 € beglich L.K. am 1.7.2007.

3. Erwerb der Backöfen

Aufgrund veränderter Nachfrage der Kunden, die immer mehr nach backfrischer Ware verlangen, entschloss sich die KG, alle Filialen mit Backöfen auszurüsten. Im Februar 2007 nahm sie das Angebot der Firma Havel aus Pilsen (Tschechien) an und orderte am 15.2.2007 20 Backöfen für die Filialen in Österreich und 50 Backöfen für die Filialen in Deutschland zum Preis von jeweils 3 000 € pro Stück. Mit dem Transport beauftragte die KG die Spedition Puschkin aus Kiew (Ukraine). Puschkin übernahm die Backöfen am 20.3.2007 in Pilsen und lieferte sie in den folgenden Tagen nach und nach an die einzelnen Filialen aus. Den Einbau der Backöfen besorgte die KG mit eigenem Personal. Die Rechnung des Havel vom 26.3.2007 ging der KG am 2.4.2007 zu. Puschkin stellte am 5.4.2007 2 000 € für den Transport in Rechnung. Beide Rechnungen beglich die KG jeweils eine Woche später. Sie verwendete gegenüber beiden Beteiligten jeweils ihre deutsche Umsatzsteuer-Identifikationsnummer.

Aufgabe

Beurteilen Sie die angeführten Sachverhalte in ihrer umsatzsteuerlichen Auswirkung auf die Kornspitz KG (KG), Karl Kornspitz (K.K.), Josef Kornspitz (J.K.) und Ludwig Kornspitz (L.K.) im **Besteuerungszeitraum 2007**. Hierbei ist insbesondere auf die Umsatzart, die Steuerpflicht, die Bemessungsgrundlage für steuerpflichtige Umsätze und auf den Vorsteuerabzug einzugehen. Die Umsatzsteuer für steuerpflichtige Umsätze ist zu berechnen. Wo es der Sachverhalt erlaubt, ist auch anzugeben, in welchem Voranmeldungszeitraum die Steuer entsteht bzw. zu berichtigen ist und die Vorsteuer abgezogen werden kann.

Begründen Sie bitte Ihre Entscheidungen unter Angabe der gesetzlichen Bestimmungen.

Teil III: Erbschaftsteuer und Schenkungsteuer

Der Sport-Unternehmer Robert Rundlich (R.R.) verstarb am 31. 1. 2006 bei einem Testsprung mit einem neuen Bungee-Seil. R.R. hinterließ ein Testament, in welchem er seine Ehefrau Carola Rundlich deshalb zur Alleinerbin einsetzte, weil diese sonst – mangels entsprechender Altersabsicherung – unversorgt bliebe. Sein einziger Sohn Hans Rundlich wurde in dem Testament ausdrücklich von der Erbfolge ausgeschlossen. Carola Rundlich hat das Erbe angenommen. Hans Rundlich erwägt, seine Mutter im Hinblick auf Pflichtteilsrechte in Anspruch zu nehmen.

1.   Immobilie Mögling

Ein Jahr vor seinem Tod hatte R.R von seinem Nachbarn Heinrich Alt (geb. 5.5.1943) mit notariellem Vertrag vom 27. 1. 2005 ein unbebautes Grundstück in Mögling, Bisamstraße 4, erworben. In der Absicht, sich nach und nach aus dem Geschäftsbetrieb zurückzuziehen, errichtete R.R. auf diesem Grundstück ein Zweifamilienhaus für sich selbst zum Wohnen und als Renditeanlage für das Alter. Carola Rundlich, welche früher als angestellte Architektin tätig war, übernahm – um Kosten zu sparen – die Bauaufsicht gegen eine Pauschale von 10 000 €, diese Summe ist auch für die Tätigkeit angemessen.

Heinrich Alt erhielt als Gegenleistung für das 1 000 qm große Grundstück einen Betrag von 1 000 000 € sowie eine Leibrentenzahlung von 700 € pro Monat beginnend am 1. 2. 2005.

Auf Betreiben von R.R. wurde in der notariellen Urkunde noch Folgendes geregelt:

„Die Verpflichtung zur Zahlung der im Voraus zahlbaren Leibrente beginnt am 1. 2. 2005 und erlischt spätestens am 28. 2. 2022, d. h. der Verkäufer Heinrich Alt hat ab 1. 3. 2022 keinen Anspruch auf Zahlung der Leibrente. Die Leibrente ist unvererblich."

R.R wurde am 28. 2. 2005 in das Grundbuch eingetragen.

Im Zusammenhang mit der Baugenehmigung sah sich R.R. – im Rahmen der Erweiterung der örtlichen Grünanlagen der Stadt Mögling – veranlasst, am 20. 4. 2005 eine Teilfläche von 10 qm zum symbolischen Preis von 10 € an die Stadt Mögling zu verkaufen. Die diesbezügliche Eintragung im Grundbuch erfolgte im Mai 2005. Sämtliche Hinweise des R.R. gegenüber der Stadt darauf, dass der Bodenrichtwert vom Gutachterausschuss der Stadt Mögling zum 1. 1. 1996 auf 2 000 DM festgestellt worden wäre, halfen nichts.

Am 1. 5. 2005 begannen die Bauarbeiten, und das Zweifamilienhaus wurde am 25. 9. 2005 fertiggestellt. Es enthielt zwei Wohnungen mit je 96 qm Wohnfläche.

Das Erdgeschoss bewohnte R.R. selbst, während der erste Stock an seine Nichte Johanna für monatlich 12 €/qm zzgl. 1,50 € Heizkostenpauschale/qm, und 1 € Warmwasserpauschale/qm vermietet war.

Die monatliche ortsübliche Miete lag am Todestag bei 10 €/qm nebst 1 € Heizkostenpauschale/qm und 0,50 € Warmwasserpauschale/qm.

R.R. hat alle Baurechnungen – außer derjenigen von seiner Ehefrau – im Zusammenhang mit dem Bauobjekt bezahlt, da die Ehefrau noch keine Rechnung erstellt hat.

Kernstück des neuen Wohnzimmers war eine große Ledergarnitur, welche R.R. für 15 000 € passend zur Wohnung kaufte. Diese war am Todestag geliefert, aber noch nicht bezahlt. Durch die Ledergarnitur erhöhte sich der Wert des Hausrates auf 60 000 €.

In Erwartung einer hohen Erbschaftsteuerschuld verkaufte Carola das Haus bereits am 20. 3. 2006 für 1 700 000 €, nachdem ein von ihr unmittelbar nach dem Todesfall in Auftrag gegebenes Sachverständigengutachten ergab, dass das Haus ca. 1 700 000 € wert sei. Der Sachverständige ging dabei davon aus, dass das Gebäude mittlerweile ca. 900 000 € Wert habe und das Grundstück 800 000 € wert sei.

2. Die GmbH-Beteiligung

R.R. war seit 1995 zu 10 % an der Super-Seil GmbH beteiligt. Diese ist eine handwerklich tätige GmbH mit mehreren Mitarbeitern. Die übrigen Anteile werden von den branchenfremden Gesellschaftern Heckler (55 %) und Koch (35 %) gehalten.

Die Super-Seil GmbH hat ein Stammkapital von 500 000 €.

Die GmbH hatte in der Bilanz zum 31. 12. 2002 einen Firmenwert von 3 000 € ausgewiesen. Auf diesen Firmenwert wurde im Jahr 2003 eine AfA von 3 000 € vorgenommen.

Eine Zwischenbilanz auf den Todestag wurde nicht erstellt. die dargestellten Buchwerte ergeben sich aus der Steuerbilanz. Aus dieser Bilanz zum 31. 12. 2005 ergibt sich nach der Saldierung von Aktiv- und Passivposten ein Wert des Betriebsvermögens von 2 006 000 €.

Zwischen dem 1. 1. 2006 und dem 31. 1. 2006 hat die GmbH für 20 000 € Aktien eines bekannten börsennotierten Seilherstellers gekauft, welche am 31. 1. 2006 einen Wert von 30 000 € hatten.

Weitere Geschäftsvorfälle lagen in diesem Zeitraum nicht vor.

Die steuerliche Situation der GmbH stellt sich wie folgt dar:

Zu versteuerndes Einkommen nach §§ 7, 8 KStG (vor Abzug von Steuern):

2003 = 176 000 €
2004 = 136 000 €
2005 = 76 000 €

3. Die KG-Beteiligung

R.R. war zu 60 % an der Hop und Jump Bungee KG in Nürnberg beteiligt, welche das Bungeespringen zu ihrem primären Geschäftszweck gemacht hat.

Die KG ist vollständig zum Vorsteuerabzug berechtigt und ermittelt ihren Gewinn gem. § 5 EStG und fertigt ihre Abschlüsse zum 31. 12. des jeweiligen Jahres.

Die KG hat hohe Prozessrückstellungen wegen mehrerer rechtshängiger Schadens-ersatz- und Schmerzensgeldverfahren unzufriedener Kunden.

R.R. ist zu 60 % als Kommanditist an der KG beteiligt, während die beiden Komplemen-tärgesellschafter Hopp und Jump zu je 20 % beteiligt sind.

Im Gesellschaftsvertrag ist geregelt, dass die Gesellschaft mit den Erben fortgeführt wird. Am 31. 12. 2005 hat die Gesellschaft folgende steuerliche Bilanz erstellt:

Bilanz

Grundstück Seilweg	400 000	Prozessrückstellungen	580 000
Gebäude Seilweg	250 000	6b-Rücklage	40 000
Wertpapiere	70 000	übrige Verbindlichkeiten	70 000
Bargeld	10 000	Kapital Jump	15 000
übrige Aktiva	60 000	Kapital R.R.	65 000
		Kapital Hop	20 000
	790 000		790 000

Das Gebäude Seilweg

Bei dem Gebäude „Seilweg" handelt es sich um ein schon älteres, bereits abgeschriebe-nes Ausbildungszentrum für Bungeespringer mit angebautem Lagerraum für diverse Übungsmaterialien. Das zuständige Finanzamt in Nürnberg hat die Liegenschaft mit einem Grundbesitzwert von 1 600 000 € bewertet.

Die Wertpapiere

Die Wertpapiere sind 700 Stück Aktien des Bungeeseil-Herstellers Elastic-AG, welche im Jahr 2004 zum Komplettpreis (mit allen dazugehörigen Aufwendungen) von 100 € pro Aktie erworben wurden. Am Todestag wurden die Aktien an der Börse zum Preis von 170 € pro Stück nach Abzug von korrespondierenden Aufwendungen gehandelt; am 31. 12. 2005 wurden die Aktien an der Börse zum Kurs von 173 € pro Stück nach Abzug von korrespondierenden Aufwendungen gehandelt. Wegen der günstigen Ertragsaus-sichten hat die Gesellschaft im Januar 2006 noch weitere 100 Stück dieser Aktien – ebenfalls zum Komplettpreis von 120 € pro Stück – erworben und sofort bezahlt.

Weitere bilanzrelevante Geschäfte und Maßnahmen hat die Gesellschaft im Januar 2006 (Geschäftsflaute) nicht vorgenommen.

4. Die Lebensversicherung

R.R. hatte bei der Allfinanz-Versicherung eine Lebensversicherung über 1 000 000 € abgeschlossen. Als Begünstigten hat er seine Ehefrau Carola eingesetzt.

Aufgabe

Ermitteln Sie die zutreffende festzusetzende Erbschaftsteuer für Carola Rundlich, falls Hans Rundlich seinen Pflichtteilsanspruch nicht geltend gemacht hat, aber sich auch weigert, eine entsprechende Verzichtserklärung abzugeben.

Gehen Sie dabei auf alle durch den Sachverhalt aufgeworfenen Rechtsfragen ein (1 € = 1,95583 DM).

Selbst ermittelte Beträge sind ggf. auf zwei Nachkommastellen zu runden.

Begründen Sie Ihre Entscheidungen unter Angabe der maßgebenden Vorschriften.

STEUERBERATERPRÜFUNG 2007

Lösung der Prüfungsaufgabe aus dem Verfahrensrecht und anderen Steuerrechtsgebieten

Teil I: Abgabenordnung und Finanzgerichtsordnung

Verfasser: Prof. Dr. Martin Stirnberg

Aufgabe 1

Die von Steuerberater Grimme abgesandte, beim Finanzamt (FA) Passau am 17. 7. 2007 eingegangene Umsatzsteuerjahresanmeldung 2005 des selbstständigen Handelsvertreters Jens Jägermeister (nachfolgend: J.), die mit dem Antrag verbunden war, die durch den am 6. 2. 2007 zur Post aufgegebenen Schätzungsbescheid festgesetzte Umsatzsteuer für das Kalenderjahr 2005 von 7 100 € auf 5 700 € herabzusetzen, könnte als Einspruch gegen diesen Steuerbescheid oder als Antrag auf Änderung der Umsatzsteuer-Festsetzung außerhalb eines Einspruchsverfahrens, und zwar nach § 164 Abs. 2 AO bzw. gem. §§ 172 ff. AO, ausgelegt werden.

Lässt sich einem Schreiben nicht zweifelsfrei entnehmen, dass „nur" ein Korrekturantrag außerhalb eines Einspruchsverfahrens gestellt werden soll, wovon jedoch nicht allein deshalb ausgegangen werden kann, weil der Antrag auf Herabsetzung der Steuer nicht ausdrücklich als Einspruch bezeichnet worden ist, muss berücksichtigt werden, dass der förmliche Rechtsbehelf die Rechte des Stpfl. umfassender und wirkungsvoller wahrt als ein Antrag auf Änderung der Steuerfestsetzung (vgl. Nr. 1 Satz 3 AE Vor § 347 AO). So kann der Stpfl. Aussetzung der Vollziehung nur erreichen, wenn er **Einspruch** eingelegt hat, weil Vollziehungsaussetzung gem. § 361 Abs. 2 AO einen angefochtenen Verwaltungsakt voraussetzt. Auch ist beim Einspruch nach § 367 Abs. 2 Satz 1 AO die Sache, unabhängig vom Begehren des Einspruchsführers, in vollem Umfang zu überprüfen. Demgegenüber können bei einem **Korrekturantrag** im Falle einer endgültigen Steuerfestsetzung materielle Fehler nicht zu einem Unterschreiten der Änderungsuntergrenze als dem Steuerbetrag, der sich nach Abzug der steuerlichen Auswirkung aller selbstständigen steuermindernden Änderungstatbestände von der bisherigen Steuerfestsetzung ergibt, führen (vgl. in diesem Zusammenhang auch Nr. 5 AE zu § 177 AO sowie Nr. 2 Satz 6 ff. AE zu § 172 AO, wonach bei einem schlichten Änderungsantrag das FA nur zu prüfen hat, ob dem Begehren des Antragstellers „der Sache nach" zu entsprechen ist, worunter der Lebenssachverhalt zu verstehen ist, der nach Ansicht des Stpfl. in dem ursprünglichen Steuerbescheid nicht zutreffend berücksichtigt worden ist). Darüber hinaus kann der förmliche Rechtsbehelf gem. § 171 Abs. 3a AO eine umfassende Ablaufhemmung auslösen, während ein Korrekturantrag den Ablauf der Festsetzungsfrist nach § 171 Abs. 3 AO lediglich in dem durch den Antrag vorgegebenen Umfang hemmen kann.

Folglich wird Steuerberater Grimme in seinem Gutachten zunächst klären, ob ein Einspruch gegen den Umsatzsteuerbescheid 2005 erfolgreich sein wird. Sollte dies mangels Zulässigkeit des Rechtsbehelfs zu verneinen sein, wird er prüfen, ob Korrekturvorschriften die beantragte Herabsetzung der Umsatzsteuer 2005 ermöglichen.

I. Prüfung der Zulässigkeit des Einspruchs

1. Statthaftigkeit des Einspruchs

Der Einspruch ist nach § 347 Abs. 1 Satz 1 i.V. m. Abs. 2 AO statthaft, weil es sich bei dem den Anforderungen des § 157 Abs. 1 Satz 1 und Satz 2 AO entsprechenden Umsatzsteuerbescheid vom 6. 2. 2007 unzweifelhaft um einen Verwaltungsakt (VA) i. S. d. § 118 Satz 1 AO handelt. Dass die Festsetzung der Umsatzsteuer 2005 eine Abgabenangelegenheit i. S. d. § 347 Abs. 2 AO darstellt, bedarf ebenfalls keiner weiteren Begründung. Ein Einspruchsausschluss nach § 348 AO ist nicht gegeben.

2. Form des Einspruchs

Das in § 357 Abs. 1 Satz 1 AO normierte **Schriftformerfordernis** ist gewahrt. J. hat seinen Einspruch auch unterschrieben, denn es ist mangels gegenteiliger Angaben im Sachverhalt (SV) davon auszugehen, dass die am 17. 7. 2007 eingegangene Steueranmeldung der Anforderung des § 18 Abs. 3 Satz 3 UStG genügt. Somit hat er sogar „mehr getan", als das Gesetz verlangt. Denn eine formgerechte Einspruchseinlegung erfordert abweichend von § 126 Abs. 1 BGB keine Unterschrift, weil es nach § 357 Abs. 1 Satz 2 AO ausreicht, dass aus dem Schriftstück hervorgeht, wer den Einspruch eingelegt hat.

Unbeachtlich für die Frage nach der Zulässigkeit ist es, dass der J. bzw. sein steuerlicher Berater die Umsatzsteuer-Jahresanmeldung nicht als „Einspruch" gegen den Schätzungsbescheid 2005 vom 6. 2. 2007 bezeichnet hat. Da nach § 357 Abs. 1 Satz 4 AO die falsche Bezeichnung unschädlich ist – z.B. Widerspruch oder Beschwerde statt Einspruch – kann es erst recht nicht zur Unzulässigkeit führen, wenn ein Stpfl. sein Begehren nicht mit einem derartigen oder vergleichbaren Begriff kennzeichnet, sondern sich im Wege der Auslegung ergibt, dass eine umfassende Überprüfung der Sachentscheidung durch die Behörde angestrebt wird. Dass dieses von J. mit der Einreichung der Umsatzsteuer-Jahresanmeldung beabsichtigt ist, lässt sich auf jeden Fall aus dem Antrag herleiten, die Steuerschuld auf 5 700 € herabzusetzen.

ERGÄNZENDER HINWEIS

Auch wenn die am 17. 7. 2007 eingereichte Steueranmeldung nicht mit dem Antrag auf Herabsetzung der Steuerschuld verbunden gewesen wäre, müsste von einer formgerechten Einspruchseinlegung ausgegangen werden (vgl. BFH v. 27. 2. 2003 V R 87/01, BStBl 2003 II 505 zur Abgabe einer Steuererklärung nach einem Schätzungsbescheid sowie BFH v. 26. 10. 2004 IX R 23/04, BFH/NV 2005, 325, wonach dies bei Abgabe der Erklärung innerhalb der Einspruchsfrist selbst dann der Fall ist, wenn der Stpfl. geltend macht, von dem Schätzungsbescheid keine Kenntnis zu haben). Demgegenüber genügt der bloße Eingang einer Steuererklärung ohne jegliche weitere Erläuterungen nicht der Formvorschrift des § 64 Abs. 1 FGO (vgl. BFH v. 28. 6. 1989 I R 67/85, BStBl 1989 II 848).

---

3. Anbringungsbehörde

Anbringungsbehörde – zu unterscheiden von der gem. § 367 Abs. 1 AO zur Entscheidung berufenen Finanzbehörde – ist nach § 357 Abs. 2 Satz 1 AO die Behörde, die den angegriffenen Verwaltungsakt erlassen hat.

Der Umsatzsteuer-Schätzungsbescheid 2005 wurde am 6. 2. 2007 vom FA Passau erlassen. Bei dieser Behörde hat J. auch seinen Einspruch angebracht.

4. Beschwer

Nach § 350 AO ist einspruchsbefugt nur, wer geltend macht, durch einen VA **beschwert** zu sein. Ob tatsächlich eine Rechtsverletzung vorliegt, ist eine Frage der Begründetheit.

Von einer Beschwer ist stets auszugehen, wenn der angefochtene VA zulasten desjenigen ergangen ist, der Einspruch eingelegt hat.

J. ist durch den angegriffenen Umsatzsteuerbescheid 2005 vom 6. 2. 2007 beschwert, weil hierdurch eine Umsatzsteuer festgesetzt worden ist, aus der eine Steuerschuld i. H. v. 7 100 € resultiert.

5. Einspruchsfrist

Der Einspruch muss vor Ablauf der Einspruchsfrist beim FA Passau eingegangen sein.

a) Die Einspruchsfrist beträgt nach §§ 355 Abs. 1 Satz 1, 356 Abs. 1 AO **einen Monat**, weil der angefochtene Bescheid eine zutreffende Rechtsbehelfsbelehrung enthielt. Sie beginnt mit der Bekanntgabe des – wirksam gewordenen – VA.
Bedenken gegen die Wirksamkeit des Umsatzsteuerbescheids 2005 bestehen nicht, insbesondere wurde er laut Sachverhalt ordnungsgemäß adressiert, also wirksam bekannt gegeben. Auch bietet der Sachverhalt **keine** Anhaltspunkte für eine **Nichtigkeit** des Schätzungsbescheids nach § 125 Abs. 1 AO mit der Folge der Unwirksamkeit gem. § 124 Abs. 3 AO. Zwar kann Nichtigkeit einer Schätzung nicht nur bei subjektiver Willkür des handelnden FA-Bediensteten, sondern auch dann vorliegen, wenn das Schätzungsergebnis trotz vorhandener Möglichkeiten, den Sachverhalt aufzuklären und Schätzungsgrundlagen zu ermitteln, krass von den tatsächlichen Gegebenheiten abweicht und in keiner Weise erkennbar ist, dass überhaupt und ggf. welche Schätzungserwägungen angestellt wurden. Der angegriffene Umsatzsteuerbescheid stellt jedoch keinen derart „objektiv willkürlichen Hoheitsakt" dar, weil das FA sich bei der Schätzung an den vorliegenden Voranmeldungen des Jahres 2005 und – soweit diese für die Voranmeldungszeiträume Oktober bis Dezember nicht eingereicht worden waren – an den Vorjahresvoranmeldungen für diese Monate, mithin an nicht unwahrscheinlichen Besteuerungsgrundlagen orientiert hat.

b) Die Einspruchsfrist begann nach §§ 122 Abs. 2 Nr. 1, 108 Abs. 1 AO i. V. m. § 187 Abs. 1 BGB am 10. 2. 2007, weil der Umsatzsteuer-Schätzungsbescheid mit Datum vom 6. 2. 2007 an diesem Tag mit einfachem Brief zur Post aufgegeben wurde. Da der dritte Tag nach Aufgabe zur Post, an dem der Steuerbescheid gem. § 122 Abs. 2 Nr. 1 AO als bekannt gegeben gilt, Freitag der 9. 2. 2007 war, erübrigt sich für die

Ermittlung des Zeitpunkts der Bekanntgabe des VA und darauf aufbauend des Beginns der Einspruchsfrist ein Eingehen auf § 108 Abs. 3 AO.

c) Die Monatsfrist des § 355 Abs. 1 Satz 1 AO endete nach § 108 Abs. 1 AO i.V. m. § 188 Abs. 2 BGB mit Ablauf des 9. 3. 2007, also um 24.00 Uhr dieses Tages (Freitag).
Der Einspruch ist beim FA Passau jedoch erst am 17. 7. 2007 eingegangen, mithin mehr als vier Monate **nach Ablauf** der Einspruchsfrist.

6. Wiedereinsetzung in den vorigen Stand

Der Einspruch vom 17. 7. 2007 ist jedoch dann nicht gem. § 358 Satz 2 AO als unzulässig zu verwerfen, wenn dem Einspruchsführer nach § 110 Abs. 1 AO auf seinen Antrag hin **Wiedereinsetzung** in den vorigen Stand zu gewähren ist.

Ein Wiedereinsetzungsantrag ist von Steuerberater Grimme unter demselben Datum für den Fall, dass Fristen versäumt sein sollten, unter Hinweis darauf gestellt worden, dass J. nicht in der Lage gewesen sei, einen Steuerberater oder Rechtsanwalt zu bezahlen.

Die Wiedereinsetzung in den vorigen Stand setzt zunächst voraus, dass der J. **ohne eigenes Verschulden** bzw. ohne ihm zuzurechnendes Verschulden eines Vertreters verhindert war, die Einspruchsfrist als eine gesetzliche, nicht verlängerungsfähige Frist einzuhalten. Außerdem müssen die Voraussetzungen des Abs. 2 erfüllt sein – grundsätzlich Antrag auf Wiedereinsetzung und Darlegung der eine Wiedereinsetzung rechtfertigenden Gründe innerhalb eines Monats nach Wegfall des Hindernisses, das die Fristversäumnis verursacht hat, mit Jahreshöchstfrist (§ 110 Abs. 2 Satz 1, Abs. 3 AO) sowie Nachholung der versäumten Rechtshandlung innerhalb der Monatsfrist (§ 110 Abs. 2 Satz 3 AO).

Ein Verschulden liegt bereits dann vor, wenn der J. hinsichtlich der Wahrung der von ihm versäumten Einspruchsfrist diejenige Sorgfalt außer Betracht lässt, die für einen gewissenhaften, seine Rechte und Pflichten sachgerecht wahrnehmenden Bürger geboten und auch ihm nach den Gesamtumständen des konkreten Einzelfalls zumutbar ist (sog. leichte oder einfache **Fahrlässigkeit**). Es gilt – im Gegensatz zum Fahrlässigkeitsbegriff des § 276 BGB – ein individueller subjektiver Verschuldensmaßstab, der auf die besonderen Umstände des Einzelfalls abstellt und die vorauszusetzenden Kenntnisse, Möglichkeiten und Fähigkeiten des Betroffenen berücksichtigt (vgl. in diesem Zusammenhang zum Begriff der „groben" Fahrlässigkeit Nr. 5.1.1 Satz 1 AE zu § 173 AO).

Dem Stpfl. war es möglich, gegen den Umsatzsteuer-Schätzungsbescheid 2005 fristgerecht Einspruch einzulegen. Dass J. aus finanziellen Gründen nicht in der Lage war, einen Steuerberater mit der Wahrnehmung seiner Interessen zu beauftragen, ist insoweit irrelevant. Denn die Anforderungen an die Einlegung eines Einspruchs gegen einen Steuerbescheid sind sehr einfach ausgestaltet, so dass auch ein steuerrechtlicher Laie, sofern er nur minimalste Sorgfaltsstandards an den Tag legt, nicht an den Zulässigkeitsvoraussetzungen scheitert. Berücksichtigt werden muss diesbezüglich, dass in der Rechtsbehelfsbelehrung auf das Schriftformerfordernis und auf die einzuhaltende Frist hingewiesen wird. Dass J. die Fähigkeit fehlen sollte, die Rechtsbehelfsbelehrung zu lesen und in einem Satz zum Ausdruck zu bringen, dass er eine Überprüfung der Steuerfestsetzung begehrt, kann bei einem selbstständigen Handelsvertreter nicht angenommen werden. Sollte die Fristüberschreitung ihre Ursache darin haben, dass er die Rechtsbelehrung überhaupt nicht zur Kenntnis genommen hat, begründet allein dieses Versäumnis den Schuldvorwurf. Zwar mag J. möglicherweise ohne Hilfe eines Steuerberaters nicht in der Lage gewesen sein, die Umsatzsteuer-Jahreserklärung zu erstellen und hiermit seinen Einspruch zu begründen. Dies könnte ihn aber auch nicht entlasten, weil die Zulässigkeit eines Einspruchs nicht von der Begründung des Rechtsbehelfs abhängt (vgl. § 357 Abs. 3 Satz 3 AO). Sollte J. geglaubt haben, seinen Einspruch auch sofort begründen zu müssen, kann dieser Irrtum eine Wiedereinsetzung ebenfalls nicht rechtfertigen. Denn bei einem Rechtsirrtum kann Wiedereinsetzung nur in Betracht kommen, wenn sich der Irrtum – sofern unverschuldet – auf die Frist selbst oder die Form der Fristwahrung bezieht, was jedoch von J. nicht behauptet worden ist und wofür auch keinerlei Anhaltspunkte vorliegen (vgl. in diesem Zusammenhang bspw. BFH v. 20. 2. 2001 IX R 48/98, BFH/NV 2001, 1010 zur Wiedereinsetzung, wenn der nicht fachkundig beratene Stpfl. aufgrund einer nicht abwegigen Interpretation der abstrakt an § 122 Abs. 2 AO ausgerichteten Rechtsbehelfsbelehrung zu dem Irrtum kommt, die Einspruchsfrist beginne erst mit der tatsächlichen Kenntnisnahme des Bescheids). Schließlich hätte J. sich auch – ggf. fernmündlich – an das FA wenden können, wenn er Zweifel gehabt hätte, ob eine Einspruchseinlegung die sofortige Begründung des Rechtsbehelfs erfordere. Nach § 89 Satz 2 AO sind die Finanzbehörden grundsätzlich verpflichtet, **Auskünfte über das Verfahren** zu erteilen.

Da J. die Einspruchsfrist verschuldet versäumt hat, kommt eine Wiedereinsetzung in den vorigen Stand nicht in Betracht.

ZWISCHENERGEBNIS Wegen Versäumung der Einspruchsfrist wird der Einspruch gegen den Umsatzsteuerbescheid 2005 vom 6. 2. 2007 keinen Erfolg haben. Er ist als unzulässig zu verwerfen.

II. Prüfung von Korrekturvorschriften

1. Änderung der Umsatzsteuer-Festsetzung 2005 nach § 164 Abs. 2 Satz 1 AO

a) Die Änderung der Umsatzsteuer-Festsetzung 2005 nach § 164 Abs. 2 Satz 1 AO setzt voraus, dass die Steuer unter **Vorbehalt der Nachprüfung** (VdN) festgesetzt worden ist und der VdN jetzt, d. h. im Zeitpunkt der Entscheidung über den Herabsetzungsantrag noch wirksam ist.

Eine Umsatzsteuer-Jahresfestsetzung nach § 167 Abs. 1 Satz 1 AO wegen Nichtabgabe der Steueranmeldung steht nicht kraft Gesetzes unter Nachprüfungsvorbehalt (kein Fall des § 164 Abs. 1 Satz 2 AO und kein Fall von § 18 Abs. 3 Satz 1 UStG i. V. m. § 168 AO).

Zwar können nach § 164 Abs. 1 Satz 1 AO Steuern, solange der Steuerfall nicht abschließend geprüft ist – unzweifelhaft gegeben bei einer Schätzung der Besteuerungsgrundlagen gem. § 162 Abs. 1 Satz 1 AO wegen Verstoßes gegen die Pflicht zur Abgabe der Steuererklärung –, unter VdN festgesetzt werden, ohne dass dies einer Begründung bedarf. Der Nachprüfungsvorbehalt ist eine unselbstständige Nebenbestimmung i. S. d. § 120 Abs. 1 AO, die im Steuerbescheid anzugeben ist. Soweit eine Steuerfestsetzung nicht kraft Gesetzes unter VdN steht, erfolgt die Kennzeichnung als „unter dem Vorbehalt der Nachprüfung stehend" in der Überschrift oder in den Erläuterungen zum Bescheid. Ein Steuerbescheid – dies ist gem. § 155 Abs. 1 Satz 2 AO der nach § 122 Abs. 1 AO bekannt gegebene VA – ergeht nur dann unter VdN, wenn dies eindeutig erkennbar ist (vgl. BFH v. 2.12.1999 V R 19/99, BStBl 2000 II 284). Sonst ist der Vorbehalt unwirksam und der Steuerbescheid im Hinblick auf § 125 Abs. 4 AO als endgültig anzusehen.

Das FA Passau hatte den am 6.2.2007 zur Post gegebenen Schätzungsbescheid ohne Nebenbestimmung erlassen, also die Umsatzsteuer 2005 nicht unter VdN festgesetzt. Dass Schätzungsbescheide grundsätzlich unter Nachprüfungsvorbehalt ergehen sollen (vgl. hierzu Nr. 4 Satz 1 und 2 AE zu § 162 AO) und in der Praxis regelmäßig auch ergehen, ändert nichts an der Tatsache, dass es sich bei dem gegenüber J. wirksam gewordenen VA um einen endgültigen Umsatzsteuerbescheid handelt. Denn nach § 124 Abs. 1 Satz 2 AO ist der Bescheid mit dem Inhalt wirksam geworden, mit dem er bekannt gegeben wurde.

b) Eine Änderung nach § 164 Abs. 2 Satz 1 AO kommt dennoch in Betracht, wenn die Nichtaufnahme des Vorbehaltsvermerks in dem bekannt gegebenen Bescheid eine **offenbare Unrichtigkeit** darstellt. Ist nämlich in einem Steuerbescheid die Anordnung des VdN versehentlich unterblieben, so muss das FA den Bescheid nicht zunächst nach § 129 AO berichtigen, um ihn anschließend nach § 164 Abs. 2 AO ändern zu können. Der Steuerbescheid kann in diesem Fall unmittelbar nach § 164 Abs. 2 AO geändert werden (vgl. BFH v. 27.3.1996 I R 83/94, BStBl 1996 II 509; v. 22.2.2006 I R 125/04, BStBl 2006 II 400).

aa) Von einer offenbaren Unrichtigkeit i.S.v. § 129 Satz 1 AO ist auszugehen, wenn ein in der Aktenverfügung enthaltener Vorbehaltsvermerk nicht in den bekannt zu gebenden Bescheid übernommen wurde und keine Anhaltspunkte dafür vorliegen, dass dieses Vorgehen auf einer bewussten Entscheidung des den Bescheid erstellenden Bearbeiters beruht. Dass der unterlaufene Fehler aus dem bekannt gegebenen Bescheid nicht ersichtlich ist, steht der Anwendung von § 129 AO nicht entgegen (std. BFH-Rspr; vgl. BFH v. 31.3.1987 VIII R 46/83, BStBl 1987 II 588; v. 17.11.1998 III R 2/97, BStBl 1999 II 62; v. 16.7.2003 X R 37/99, BStBl 2003 II 867 jeweils m.w.N.).

Aus dem Inhalt der Steuerakte kann nicht geschlossen werden, dass die Aufnahme des Vorbehaltsvermerks in dem bekannt gegebenen Bescheid versehentlich unterblieben ist; die Aktenverfügung enthält auch keinen VdN.

bb) Auch lässt sich nicht mit hinreichender Sicherheit feststellen, dass dem für die Umsatzsteuer-Festsetzung zuständigen Bediensteten des FA Passau eine **mechanische Fehlleistung** unterlaufen ist, als er die Steuer endgültig festsetzte. Denn es kann nicht ausgeschlossen werden, dass er bewusst die Umsatzsteuer 2005 nicht unter VdN festgesetzt hat, weil seine Besteuerungsgrundlagenschätzung überwiegend auf den von J. eingereichten Umsatzsteuer-Voranmeldungen beruhte. Es ist nicht nur eine rein theoretische Möglichkeit, dass der Bearbeiter deshalb den Fall nicht für eine eventuelle spätere Überprüfung offen halten wollte. § 129 AO erlaubt nur eine Berichtigung von Unrichtigkeiten, die einem Schreib-

oder Rechenfehler vergleichbar sind. Schon die durch Tatsachen belegte Möglichkeit einer – wenn auch fehlerhaften – willentlichen Entscheidung schließt die Berichtigung aus.

Folglich scheidet eine Änderung der Umsatzsteuer-Festsetzung nach § 164 Abs. 2 Satz 1 AO aus, weil nicht aufgeklärt werden kann, dass dem Bediensteten beim Erlass des Steuerbescheids ohne Nachprüfungsvorbehalt eine offenbare Unrichtigkeit unterlaufen ist. Die Feststellungslast obliegt insoweit dem J., denn die Änderung des Steuerbescheids, die die Wahrnehmung der Berichtigungsmöglichkeit einschließen würde, wirkte sich zu seinen Gunsten aus, läge mithin in seinem „berechtigten Interesse" – § 129 Satz 2 AO – (zur Frage, wann der Stpfl. die Feststellungslast trägt, also die Folgen zu tragen hat, dass auch bei bestehender Amtsermittlungspflicht ein steuerlich relevanter Umstand nicht aufgeklärt werden kann, vgl. BFH v. 25. 7. 2000 IX R 93/97, BStBl 2001 II 9 m.w. N.).

2. Änderung der Umsatzsteuer-Festsetzung 2005 nach § 172 Abs. 1 Satz 1 Nr. 2a AO

Auf diese Vorschrift kann die Änderung des nicht unter VdN ergangenen Umsatzsteuerbescheids vom 6. 2. 2007 ebenfalls nicht gestützt werden. J. hat den Antrag auf Herabsetzung der Steuer erst nach Ablauf der Einspruchsfrist gestellt.

3. Änderung der Umsatzsteuer-Festsetzung 2005 nach § 173 AO

Durch die im Juli 2007 eingereichte Jahresanmeldung hat der für die Steuerfestsetzung des J. zuständige Bearbeiter erfahren, dass dieser im Vergleich zu der Veranlagung vom Februar 2007 im Zeitraum Oktober bis Dezember 2005 mehr Umsätze getätigt hat als bei der Schätzung der steuerpflichtigen Umsätze zugrunde gelegt. Auch wurde hierdurch die im September 2005 geleistete Anzahlung für den erst im Februar 2006 gelieferten betrieblich genutzten Pkw bekannt, die zu einer Vorsteuererhöhung gegenüber dem in dem Schätzungsbescheid angesetzten Vorsteuerbetrag geführt hat.

Bei der Umsatzsteuer stellen die **steuerpflichtigen Umsätze** und die **Vorsteuerbeträge** jeweils **selbstständige Tatsachen** dar, die getrennt nach § 173 Abs. 1 Nr. 1 bzw. Nr. 2 AO zu würdigen sind (vgl. BFH v. 1. 10. 1993 III R 58/92, BStBl 1994 II 346; v. 19. 10. 1995 V R 60/92, BStBl 1996 II 149; v. 10. 4. 2003 V R 26/02, BStBl 2003 II 785; Nr. 6.3 Satz 1 AE zu § 173 AO). Es darf also nicht der Saldo von Umsatzsteuer- und Vorsteuererhöhung gebildet und dieser dann daraufhin untersucht werden, ob er eine Änderung der Steuerfestsetzung nach § 173 AO zur Folge hat. Insoweit unterscheidet sich diese umsatzsteuerliche Konstellation von dem Fall der Einkünfteschätzung (vgl. hierzu Nr. 6.2 AE zu § 173 AO – Die nach einer Schätzungsveranlagung bekannt gewordene Höhe von Einkünften stellt die für die Anwendung des § 173 Abs. 1 Nr. 1 oder Nr. 2 AO einzig relevante Tatsache dar; es erfolgt keine Aufspaltung dieser Einkünfte in steuererhöhende Einnahmen einerseits und steuermindernde Ausgaben andererseits).

a) Änderung der Umsatzsteuer-Festsetzung wegen der zusätzlichen Umsatzsteuer

Die aus der Steueranmeldung vom 17. 7. 2007 sich ergebenden zusätzlichen Umsätze der Monate Oktober bis Dezember 2005 sind **nachträglich bekannt gewordene Tatsa-**

chen. Sie führen zu einer um 700 € höheren Steuer. Die Nachträglichkeit des Bekannt-werdens der Tatsachen ist unzweifelhaft gegeben, weil die Behörde die Kenntnis von diesen Umsätzen erst mehrere Monate nach Erlass des Umsatzsteuerbescheides vom 6. 2. 2007 erlangt hat (zum maßgeblichen Zeitpunkt für das nachträgliche Bekanntwer-den einer Tatsache vgl. Nr. 2 AE zu § 173 AO).

ZWISCHENERGEBNIS Hinsichtlich der Mehr-Umsätze ist die Umsatzsteuer-Festsetzung 2005 nach § 173 Abs. 1 Nr. 1 AO zu ändern.

b) Änderung der Umsatzsteuer-Festsetzung wegen des zusätzlichen Vorsteuerbetrages

aa) Der Vorsteuerbetrag aus der Ende September 2005 geleisteten Anzahlung ist dem zuständigen Bearbeiter des FA Passau ebenfalls erst **nachträglich bekannt** geworden. Da diese Tatsache zu einer um 2 100 € niedrigeren Umsatzsteuer führt, ist die Bescheidänderung jedoch nach § 173 Abs. 1 Nr. 2 Satz 1 AO aus-geschlossen, wenn den J. ein grobes Verschulden daran trifft, dass die Tatsache der Anzahlung dem FA erst nachträglich bekannt geworden ist.

Als **grobes Verschulden** hat der Stpfl. Vorsatz und grobe Fahrlässigkeit zu vertre-ten. Grobe Fahrlässigkeit ist anzunehmen, wenn er die ihm nach seinen persönli-chen Verhältnissen zumutbare Sorgfalt in ungewöhnlichen Maße und in nicht entschuldbarer Weise verletzt (vgl. Nr. 5.1 Satz 2 und 3 AE zu § 173 AO).

Ein grobes Verschulden ist grundsätzlich anzunehmen, wenn der Stpfl. trotz Auf-forderung keine Steuererklärung abgegeben hat (vgl. Nr. 5.1.2 AE zu § 173 AO). Dass J. wegen seiner finanziellen Schwierigkeiten nicht in der Lage war, einen Rechtsanwalt oder Steuerberater zu bezahlen, kann den Vorwurf grob schuldhaf-ten Verhaltens nicht entkräften. Denn die Pflicht zur Abgabe einer Steuererklä-rung besteht für jeden Stpfl., und zwar unabhängig von seiner finanziellen Situa-tion. J. hätte seine Umsatzsteuer-Jahreserklärung selbst erstellen können, wozu er als selbstständiger Handelsvertreter auch in der Lage sein muss. Zumindest hätte von ihm erwartet werden können, dass er mit dem FA Kontakt aufnimmt, nachdem dieses ihn schon mehrfach zur Abgabe der Steuererklärung aufgefor-dert hatte. Durch sein Verhalten, die Aufforderungen des FA zu ignorieren und „einfach den Kopf in den Sand zu stecken", hat er seine unternehmerischen Pflichten in **besonders schwerer Weise** unentschuldbar verletzt.

bb) Nach § 173 Abs. 1 Nr. 2 Satz 2 AO ist das Verschulden aber unbeachtlich, wenn die Tatsachen in einem unmittelbaren oder mittelbaren Zusammenhang mit Tat-sachen im Sinne der Nummer 1 stehen.

Ein derartiger Zusammenhang ist gegeben, wenn die zu einer höheren Besteue-rung führenden Tatsachen – hier: die Mehr-Umsätze in den Monaten Oktober bis Dezember 2005 – die zur Steuerermäßigung führende Tatsache – hier: die im September 2005 geleistete Anzahlung – ursächlich bedingen, so dass der steu-ererhöhende Vorgang nicht ohne den steuermindernden denkbar ist, wobei ein rein zeitlicher Zusammenhang der beiden in ihren steuerlichen Auswirkungen gegensätzlichen Tatsachen nicht ausreicht. Ist dieser Kausalzusammenhang zu bejahen, ist die steuermindernde Tatsache nicht nur bis zur steuerlichen Auswirkung der steuererhöhenden Tatsache, sondern uneingeschränkt zu berücksichtigen (zu Vorstehendem vgl. Nr. 6.1 Satz 2 bis 4 AE zu § 173 AO). Das heißt, die Vorsteuererhöhung würde nicht nur die aus den nachträglich bekannt gewordenen Ausgangsumsätzen resultierende Steuererhöhung aufzehren, sondern vielmehr – wie von J. beantragt – zu einer Herabsetzung der Umsatzsteuer 2005 um 1 400 € (+ 700 €, ./. 2 100 €) von 7 100 € auf 5 700 € führen.

Vorliegend ist jedoch zu beachten, dass der angezahlte Wagen erst im Februar 2006 geliefert worden ist. Folglich ist es nicht denkbar, dass die Lieferung des Fahrzeugs, aus dessen Anzahlung die Vorsteuer nach § 15 Abs. 1 Nr. 1 Satz 3 UStG schon im Jahr 2005 abziehbar war, in sachlichem Zusammenhang mit den von J. ausgeführten Umsätzen im 4. Quartal steht. Die Lieferung des Wagens kann nur mit Umsätzen des J. in Zusammenhang stehen, die dieser ab Februar 2006 getätigt hat.

Somit ist das **grobe Verschulden** am **nachträglichen Bekanntwerden** der zum Vorsteuerabzug berechtigenden Tatsachen **nicht unbeachtlich**.

ZWISCHENERGEBNIS ▸ Hinsichtlich der Vorsteuererhöhung scheidet eine Änderung des Umsatzsteuerbescheides 2005 nach § 173 Abs. 1 Nr. 2 AO aus.

Der nicht zu einer Änderung nach § 173 Abs. 1 Nr. 2 AO führende nachträglich bekannt gewordene Vorsteuerbetrag stellt einen materiellen Fehler i. S. d. § 177 Abs. 3 AO dar.

ERGÄNZENDE HINWEISE

(1) Bei der ESt besteht ein Zusammenhang bspw. zwischen nachträglich bekannt gewordenen Einnahmen und darauf entfallenden Betriebsausgaben/Werbungskosten (nicht aber z. B. bei nicht erklärten Betriebseinnahmen und nachträglich erklärten Werbungskosten aus VuV), sofern nicht der Gewinn/Verlust selbst die neue Tatsache ist. Kein Zusammenhang besteht hingegen zwischen laufendem und Veräußerungsgewinn.
    Die im sachlichen Zusammenhang stehenden, sich steuerlich gegensätzlich auswirkenden Tatsachen können unterschiedliche Steuern, Veranlagungszeiträume oder verschiedenen Stpfl. betreffen (vgl. BFH v. 30. 10. 1986 III R 163/82, BStBl 1987 II 161 und v. 5. 8. 1986 IX R 13/81, BStBl 1987 II 297 für zusammen veranlagte Ehegatten).

(2) § 173 Abs. 1 Nr. 2 Satz 2 AO ist nicht anwendbar, wenn die Änderung nach § 173 Abs. 1 Nr. 1 AO bereits bestandskräftig war, denn die Regelung greift nach Sinn und Zweck nicht ein, wenn die erneute Änderung eines schon nach Nr. 1 geänderten Steuerbescheids beantragt wird (vgl. BFH v. 19. 8. 1983 VI R 177/82, BStBl 1984 II 48; *Rüsken* in *Tipke/Kruse* „Abgabenordnung und Finanzgerichtsordnung" § 173 Rdn. 138).

(3) Besteht ein Zusammenhang zwischen nachträglich bekannt gewordenen Umsätzen und nachträglich bekannt gewordenen Leistungen an den Unternehmer i. S. d. § 173 Abs. 1 Nr. 2 Satz 2 AO, weil die Eingangsleistungen zur Ausführung der nachträglich bekannt gewordenen steuerpflichtigen Umsätze verwendet wurden, können die Vorsteuerbeträge grundsätzlich im Schätzungswege im Verhältnis der geschätzten zu den erklärten Mehrumsätzen aufgeteilt werden (vgl. hierzu BFH v. 19. 10. 1995 V R 60/92, BStBl 1996 II 149; v. 10. 4. 2003 V R 26/02, BStBl 2003 II 785).

c) Berichtigung des materiellen Fehlers

Der materielle Fehler ist nach § 177 Abs. 1 AO mit der Änderungsvorschrift gegenläufiger Auswirkung zu verrechnen, aber nur soweit die Änderung reicht. Soweit ein Ausgleich des materiellen Fehlers wegen der Kompensationsgrenze „soweit die Änderung reicht" nicht möglich ist, bleibt der Umsatzsteuerbescheid vom 6. 2. 2007 fehlerhaft.

Änderung nach § 173 Abs. 1 Nr. 1 AO (Mehr-Umsätze)	+ 700
materieller Fehler i. S. d. § 177 Abs. 3 AO (weiterer Vorsteuerbetrag)	./. 2 100 €
Ergebnis nach Verrechnung	**0 €**

Folglich scheidet eine Änderung des Umsatzsteuer-Schätzungsbescheids vom 6. 2. 2007 gem. §§ 173 Abs. 1 Nr. 1 AO, 177 Abs. 1 AO aus.

4. Änderung der Umsatzsteuer-Festsetzung 2005 nach § 130 AO

Eine Korrektur des Umsatzsteuer-Schätzungsbescheids vom 6. 2. 2007 nach § 130 Abs. 1 AO kommt nicht in Betracht, weil gem. § 172 Abs. 1 Satz 1 Nr. 2d AO die §§ 130, 131 AO auf Steuerbescheide nicht anwendbar sind.

III. Ergebnis

Die Umsatzsteuer-Festsetzung 2005 vom 6. 2. 2007 kann nach derzeitigem Verfahrensstand nicht geändert werden, und zwar

► nicht im Rahmen eines Einspruchsverfahrens (keine fristgerechte Einspruchseinlegung)

► nicht im Rahmen eines Korrekturverfahrens (keine zur Steuerherabsetzung berechtigende Änderungs-/Berichtigungsvorschrift).

Es bleibt bei der Umsatzsteuerforderung i. H. v. 7 100 €.

Aufgabe 2

Die von dem Vollziehungsbeamten des FA Passau, Steuerhauptsekretär Lachenmayr (L.) vorgenommenen Vollstreckungshandlungen – Pfändung der Home-Cinema-HDTV-Anlage, der antiken Standuhr und der PC-Anlage – stellen drei eigenständige VAe i. S. d. § 118 Satz 1 AO dar. Jede der **drei Sachpfändungen** ist auf eine unmittelbare Rechtswirkung nach außen gerichtet; die Pfändung bewirkt die öffentlich-rechtliche Verstrickung und führt an allen drei beweglichen Sachen (HDTV-Anlage mit Plasma-Flachbildschirm sowie PC-Anlage bestehend aus Rechner, Bildschirm und Tastatur jeweils als Sachgesamtheit) nach § 282 Abs. 1 AO zum Entstehen eines Pfändungspfandrechts zugunsten des Freistaats Bayern als derjenigen Körperschaft, der das FA Passau als Vollstreckungsbehörde gem. § 249 Abs. 1 Satz 3 AO angehört (zum VA-Charakter einer Pfändung vgl. BFH v. 17. 1. 1985, BStBl 1985 II 302; v. 13. 1. 1987 VIII R 80/84, BStBl 1987 II 251; v. 18. 7. 2000 VII R 101/98, BStBl 2001 II 5).

Folglich handelt es sich bei dem von Steuerberater Grimme eingelegten „Einspruch" für Jens Jägermeister rechtlich um **drei Einsprüche** gegen die verschiedenen Pfändungsmaßnahmen. Die Zulässigkeitsprüfungen können zusammen erfolgen, weil die Problemstellungen bei allen drei Einsprüchen identisch sind.

1. Statthaftigkeit der Einsprüche

Die Einsprüche sind nach § 347 Abs. 1 Satz 1 Nr. 1 i. V. m. Abs. 2 AO statthaft. Dass es sich bei den Pfändungen um mit der Verwaltung der Abgaben – Umsatzsteuer und

Zwangsgeld als steuerliche Nebenleistung gem. § 3 Abs. 4 AO – zusammenhängende Angelegenheiten handelt, wozu auch VAe im Rahmen des Erhebungs- und Vollstreckungsverfahrens gehören, bedarf keiner weiteren Erörterung.

2. Formgerechte Einspruchseinlegung bei zutreffender Anbringungsbehörde

Die Einsprüche sind von Steuerberater Grimme schriftlich beim FA Passau eingereicht worden.

Das **Formerfordernis** des § 357 Abs. 1 Satz 1 AO ist erfüllt.

Die Einsprüche sind gem. § 357 Abs. 2 Satz 1 AO bei der Behörde angebracht worden, deren VAe angefochten werden.

3. Ordnungsgemäße Vertretung im Einspruchsverfahren

Bedenken gegen eine **wirksame Vertretung** des J. durch Steuerberater Grimme im Einspruchsverfahren gegen die drei Sachpfändungen bestehen nicht; die **Vollmacht** war den Einsprüchen sogar beigefügt (§ 365 Abs. 1 AO i.V.m. § 80 Abs. 1 AO; vgl. in diesem Zusammenhang Nr. 1 Satz 2 AE).

4. Beschwer

Die Vollstreckungsmaßnahmen stellen für J. wegen der durch eine wirksame Pfändung ausgelösten Rechtsfolgen belastende Regelungen dar. Eine **Beschwer** i. S. d. § 350 AO ist von ihm als Adressat der VAe schlüssig geltend gemacht.

5. Einspruchsfrist

a) Sowohl die einmonatige Einspruchsfrist gem. § 355 Abs. 1 Satz 1 AO als auch die Jahresfrist des § 356 Abs. 2 Satz 1 AO knüpfen an die Bekanntgabe des VA an.
Die **Bekanntgabe** der drei VAe ist am 8. 6. 2007 **durch Anlegen der Pfandsiegel** an den jeweiligen Gegenständen erfolgt. Hierdurch sind die VAe dem Vollstreckungsschuldner J. zugegangen.
Keinen Einfluss auf den Bekanntgabezeitpunkt hat der Umstand, dass die Vollstreckungsstelle des FA Passau ihm eine Kopie der von L. im Anschluss an seine Vollstreckungshandlungen gem. § 291 AO gefertigten Pfändungsniederschrift erst mit am 14. 6. 2007 zur Post aufgegebenen Schreiben übersandt hat. Zwar hat der Vollziehungsbeamte nach § 286 Abs. 3 AO dem Vollstreckungsschuldner (VS) die Pfändung mitzuteilen. Diese Mitteilung, die auch mündlich erfolgen kann, dient der Rechtssicherheit und soll dem Vollstreckungsschuldner Klarheit über das Geschehene verschaffen, damit er ggf. gegen die Pfändung vorgehen kann. Dieser Bestimmung, die trotz ihres Wortlauts nur den Charakter einer Ordnungsvorschrift hat und deren Nichtbeachtung mithin nicht die Wirksamkeit der Pfändung berührt, hat L. zumindest dadurch entsprochen, dass er die Vollstreckungshandlungen in Gegenwart des J. vorgenommen und ihn darauf hingewiesen hat, seine Einwendungen gegen die Pfändungen beim Innendienst der Vollstreckungsstelle vorbringen zu müssen. Die dem J. übersandte Pfändungsniederschrift ist nicht als Regelung eines Einzelfalls zu

werten und damit kein VA; sie hat keine Bedeutung für den Zeitpunkt des Wirksamwerdens der drei Sachpfändungen.

ERGÄNZENDER HINWEIS

Erfolgt die Sachpfändung in Abwesenheit des Vollstreckungsschuldners, ist die Bekanntgabe des VA „Pfändung" in der Erteilung einer Abschrift der Pfändungsniederschrift und der damit einhergehenden Mitteilung nach § 286 Abs. 3 AO zu sehen (vgl. Pahlke/Koenig/Fritsch „Abgabenordnung" § 286 Rdn. 31).

b) Die Einspruchsfrist beträgt nach § 355 Abs. 1 Satz 1 AO einen Monat. Hieran ändert auch das Fehlen einer schriftlichen Rechtsbehelfsbelehrung nichts. Denn § 356 AO ist nur einschlägig, wenn ein VA schriftlich oder elektronisch ergeht. Für die Sachpfändung ist keine Schriftform vorgeschrieben. Der VA ergeht nach § 119 Abs. 2 Satz 1 AO „in anderer Weise", nämlich durch Anlegen des Pfandsiegels (vgl. Pahlke/ Koenig/Fritsch aaO.; Tipke/Kruse § 286 Rdn. 27).

c) Die Einspruchsfrist von einem Monat begann mit Ablauf des 8. 6. 2007 zu laufen und **endete** mit Ablauf des **9. 7. 2007**, weil der 8. 7. 2007 ein Sonntag war (§ 108 Abs. 1 AO i. V. m. §§ 187 Abs. 1, 188 Abs. 2 BGB und § 108 Abs. 3 AO).

Die von Steuerberater Grimme gefertigten Einsprüche gegen die Sachpfändungen sind erst am 17. 7. 2007, also nach Ablauf der Einspruchsfrist beim FA Passau eingegangen.

6. Wiedereinsetzung in den vorigen Stand

Wiedereinsetzung in den vorigen Stand ist nach § 110 Abs. 1 AO nicht zu gewähren, weil J. die Einspruchsfrist **schuldhaft versäumt** hat.

Dass J. aus finanziellen Gründen nicht in der Lage war, rechtzeitig einen Steuerberater oder Rechtsanwalt mit der Wahrnehmung seiner Interessen zu betrauen, vermag nicht die Annahme einer schuldlosen Fristversäumung zu rechtfertigen. Das Steuerverfahrensrecht stellt derart geringe Anforderungen an einen zulässigen Einspruch, dass jeder Stpfl. auch ohne professionelle Hilfe selbst den Rechtsbehelf einlegen kann. Auch wenn J. geglaubt haben sollte, ein Rechtsbehelf gegen die Pfändungen sei nicht an eine Monatsfrist gebunden, er sich also in einem Irrtum über die Fristdauer befunden haben sollte, würde dies keine Wiedereinsetzung rechtfertigen. J. wurde von dem Vollziehungsbeamten unmittelbar nach Anbringen der Pfandsiegel darauf hingewiesen, dass er sich mit seinen Einwendungen an den Vollstreckungsinnendienst wenden müsse. Jeder vernünftig handelnde, seine Rechte verfolgende Vollstreckungsschuldner wird sich auf einen derartigen Hinweis unverzüglich mit dem Innendienst des FA in Verbindung setzen. Dies konnte auch von J. erwartet werden, zumal er auf die PC-Anlage beruflich angewiesen ist. Ein gewissenhafter Kaufmann wird alles unternehmen, um so schnell wie möglich die Rückgängigmachung der Pfändungen zu erreichen. Dem Vorwurf, die nach den persönlichen Verhältnissen zumutbare Sorgfalt verletzt zu haben, lässt sich auch nicht entgegenhalten, dass L. den J. nicht über die Frist belehrt hat, in der er seine Einwendungen gegenüber dem Innendienst vorzubringen hat. Denn die AO verlangt ein derartiges Verhalten von einem Vollziehungsbeamten nicht.

ERGEBNIS ► Die Einsprüche des J. gegen die Pfändungen sind nicht fristgerecht eingelegt worden und damit als unzulässig zu verwerfen.

Aufgabe 3

Bedenken gegen die Zulässigkeit der von Frau J. – wirksam vertreten durch Steuerberater Grimme – eingelegten Einsprüche gegen die Pfändungsmaßnahmen ergeben sich nicht unter den Gesichtspunkten von Statthaftigkeit, Form und Frist.

Die Bekanntgabe der Sachpfändungen ist am 8. 6. 2007 gegenüber Herrn J. als Vollstreckungsschuldner erfolgt. Sie hat **gegenüber** dessen **Ehefrau nicht** den Lauf der einmonatigen Einspruchsfrist **in Gang gesetzt**.

Frau J. ist im Vollstreckungsverfahren gegen ihren Ehemann als Abgabenschuldner sog. **Dritte**. Der Umstand, dass sich das Vollstreckungsverfahren nicht gegen sie richtet, rechtfertigt es allein betrachtet nicht, von der Unzulässigkeit ihrer Einsprüche auszugehen. Denn auch eine Person, die nicht Beteiligter des Vollstreckungsverfahrens ist, kann gegen eine Pfändungsmaßnahme Einspruch einlegen, allerdings nur soweit sie geltend macht, in eigenen Rechten verletzt zu sein (vgl. in diesem Zusammenhang auch Nr. 5 AE zu § 350 AO).

Es bedarf einer getrennten Prüfung der Zulässigkeit der Einsprüche, weil Frau J. sich gegen die Sachpfändungen mit **unterschiedlichen** Einwendungen zur Wehr setzt.

1. Einspruch gegen die Pfändung der PC-Anlage

Der Einwand, ihr Ehemann benötige die PC-Anlage für seine Berufstätigkeit und könne bei deren Ausfall weniger zum Familieneinkommen beitragen, rechtfertigt keine Beschwer i. S. d. § 350 AO. Denn diese setzt die Möglichkeit einer unmittelbaren Verletzung eigener Rechte voraus. Selbst wenn der Rechtmäßigkeit der Pfändung der PC-Anlage § 295 Satz 1 AO i.V. m. § 811 Abs. 1 Nr. 5 ZPO entgegen stehen würde (vgl. hierzu Ausführungen zu Aufgabe 4), der Vollziehungsbeamte diese Sache also wegen Unpfändbarkeit nicht hätte in Beschlag nehmen dürfen, läge in dieser Pfändung keine Verletzung der Rechte von Frau J. § 811 Abs. 1 Nr. 5 ZPO dient dem Schutz derjenigen Person, die aus ihrer körperlichen oder geistigen Arbeit oder sonstigen persönlichen Leistung ihren Erwerb zieht. Eine nur mittelbare Betroffenheit als Ehefrau desjenigen, dessen Schutz diese Bestimmung bezweckt, reicht zur Annahme eines zulässigen Einspruchs nicht aus. Eine möglicherweise eintretende Einschränkung ihres Lebensstandards begründet keine Beschwer im steuerrechtlichen Sinne.

2. Einsprüche gegen die Pfändung der antiken Standuhr und der Home-Cinema-HDTV-Anlage mit Plasma Flachbildschirm

Mit ihrem Einwand, sie sei Alleineigentümerin der geerbten antiken Standuhr bzw. Miteigentümerin der Home-Cinema-Anlage, macht Frau J. an diesen Gegenständen ein die Veräußerung hinderndes Recht i. S. d. § 262 Abs. 1 AO geltend (vgl. hierzu Ausführungen zu Aufgabe 4). Ein derartiges Recht, das sie erforderlichenfalls gegen das FA Passau vor dem Zivilgericht mittels Drittwiderspruchsklage nach § 771 Abs. 1 ZPO durchsetzen muss, steht der Annahme einer Beschwer nicht entgegen. Diese ist darin zusehen, dass ihr bei einer späteren Verwertung der Verlust ihres Eigentums bzw. Miteigentumsanteils droht.

In Erwägung kann jedoch gezogen werden, das Rechtsschutzbedürfnis (vgl. hierzu Nr. 6 AE zu § 350 AO) für einen auf ein die Veräußerung hinderndes Recht gestützten Einspruch zu verneinen, weil die AO in § 262 eine Regelung zur Durchsetzung dieser Rechtsposition an dem Vollstreckungsgegenstand vorsieht. Frau J. hat die Möglichkeit, unter Berufung auf ihr Eigentumsrecht **Widerspruch** gegen die Vollstreckungsmaßnahme mit dem Ziel der Freigabe der Sachen oder Klage auf Feststellung der Unzulässigkeit der Pfändungen zu erheben (vgl. insoweit auch Baumbach/Lauterbach/Albers/Hartmann, „Zivilprozessordnung" § 766 Rdn. 21).

Es lässt sich aber auch argumentieren, die Zulässigkeit des Einspruchs könne nicht deshalb verneint werden, weil in diesem Verfahren nur geprüft werden kann, ob der Vollziehungsbeamte rechtmäßig gehandelt hat, der Dritte also regelmäßig sein Eigentumsrecht mit diesem förmlichen Rechtsbehelf nicht erfolgreich durchsetzen kann. Dies liefe im Ergebnis darauf hinaus, die Zulässigkeitsprüfung mit Begründetheitserwägungen zu erquicken. Auch ist zu beachten, dass der Vollziehungsbeamte evidentes Dritteigentum **nicht ignorieren** darf, also die **Pfändung** einer ohne jeden Zweifel nicht im Eigentum des Vollstreckungsschuldners stehenden Sache **rechtswidrig** ist. Dem Einspruch auch in dieser Situation unter Hinweis auf § 262 AO die Zulässigkeit abzusprechen, ist zumindest insoweit problematisch, als nicht einzusehen ist, warum der Weg des Drittwiderspruchs der einfachere oder billigere Weg zur Erreichung des Ziels der Aufhebung der Pfändung sein soll.

Letztendlich erübrigt es sich vorliegend jedoch, der Frage nach der Zulässigkeit weiter nachzugehen, weil Frau J. mit ihren auf ihr – aber für den Vollziehungsbeamten **nicht evidentes** – **Eigentumsrecht** gestützten Einsprüchen keinen Erfolg haben kann. Mit dem Einspruch kann in Anlehnung an § 766 ZPO nur die Art und Weise der Zwangsvollstreckung gerügt werden.

ERGEBNIS ▶ Die Einsprüche von Frau J. gegen die Pfändungen sind hinsichtlich der

▶ PC-Anlage unzulässig,
▶ antiken Standuhr und der Home-Cinema-HDTV-Anlage unbegründet (vertretbar: wegen Vorrangs des Drittwiderspruchs unzulässig).

Aufgabe 4

Da die Einsprüche der Eheleute J. keinen Erfolg haben werden, kommt eine Beseitigung der Pfändungen (= „Aufhebung" der VAe) in Betracht, wenn Korrekturvorschriften oder der nichtförmliche Rechtsbehelf des Drittwiderspruchs das in den Einsprüchen zum Ausdruck kommende Begehren rechtfertigen.

1.   Rücknahme der Pfändungen nach § 130 Abs. 1 AO

Die Pfändungen stellen in den Anwendungsbereich der §§ 130, 131 AO fallende VAe dar; sie sind unzweifelhaft nicht begünstigender Natur (vgl. insoweit Nr. 3 AE Vor §§ 130, 131 AO). Eine Rücknahme nach § 130 Abs. 1 AO setzt die Rechtswidrigkeit der VAe voraus.

a) Vorliegen der allgemeinen Vollstreckungsvoraussetzungen

Die Pfändungen sind rechtswidrig, wenn am 8.6.2007 zumindest eine der folgenden, grundsätzlich bei jeder Vollstreckungshandlung zu beachtenden Vollstreckungsvoraussetzungen nicht erfüllt war.

▶ Vorliegen eines vollstreckungsfähigen und vollstreckbaren VA,

▶ Fälligkeit der Leistung,

▶ Vorliegen eines Leistungsgebots,

▶ Einhaltung der Vollstreckungsschonfrist.

Das evtl. Fehlen einer Mahnung vor der Durchführung von Vollstreckungsmaßnahmen – vorliegend nicht der Fall, denn das FA Passau hatte J. am 10.5.2007 eine solche über 7 300 € zukommen lassen – beeinflusst deren Rechtmäßigkeit nicht. Denn nach § 259 Satz 1 AO „soll" – nicht „muss" – der VS in der Regel vor Vollstreckungsbeginn gemahnt werden.

aa)Vollstreckungsfähiger und vollstreckbarer VA

Nach § 249 Abs. 1 Satz 1 AO können (= Ermessensentscheidung) die Finanzbehörden VAe, mit denen eine Geldleistung gefordert wird, im Verwaltungsweg vollstrecken. **Vollstreckungsfähige** VAe i. S. dieser Vorschrift, die das FA Passau vollstrecken kann, sind vorliegend der Umsatzsteuer-Schätzungsbescheid 2005 vom 6.2.2007 mit einer Steuerschuld von 7 100 € und die Zwangsgeldfestsetzung vom selben Tag i. H. v. 200 €.

Nach § 251 Abs. 1 AO können VAe vollstreckt werden, soweit nicht ihre Vollziehung ausgesetzt oder die Vollziehung durch Einlegung eines Rechtsbehelfs gehemmt ist.

(1) Der Umsatzsteuerbescheid vom 6.2.2007 als Grundlage der Vollstreckung war im Zeitpunkt der Pfändungen weder in der Vollziehung ausgesetzt noch kommt jetzt noch eine Vollziehungsaussetzung/-aufhebung nach § 361 Abs. 2 AO in Betracht – dies hätte nach § 257 Abs. 1 Nr. 1 AO die Einstellung der Vollstreckung bzw. bei rückwirkender Aufhebung der Vollziehung, sogar die Freigabe der gepfändeten Sachen zur Folge (vgl. hierzu Nr. 7.4 AE zu § 361 AO). Denn der am 17.7.2007 eingegangene **Einspruch** gegen den USt-Schätzungsbescheid 2005 ist **unzulässig** (vgl. in diesem Zusammenhang Nr. 2.5.3 AE zu § 361 AO).

An diesem Ergebnis ändert auch die Tatsache nichts, dass der die Grundlage der Vollstreckung bildende Umsatzsteuerbescheid einen materiellen Fehler in Form zu geringer Vorsteuerbeträge enthält. Zum einen ist zu berücksichtigen, dass dieser Bescheid nicht zugunsten des J. geändert werden kann (vgl. Lösung zu Aufgabe 1). Zum anderen regelt § 256 AO, dass Einwendungen gegen den zu vollstreckenden Umsatzsteuerbescheid nicht die Durchführung der Vollstreckung hindern (vgl. Abschn. 11 Abs. 1 VollstrA).

(2) Bezüglich der Zwangsgeldfestsetzung ist jedoch zu beachten, dass der J. mit Schreiben vom 17.7.2007 die Umsatzsteuer-Jahreserklärung eingereicht hat, mithin das mit der Festsetzung des Zwangsgelds verfolgte Ziel erreicht worden ist. Nach § 335 AO ist der **Vollzug einzustellen**, wenn die Verpflichtung nach Festsetzung des Zwangsgelds erfüllt wird.

Dies bedeutet jedoch nicht, dass insoweit im Zeitpunkt des Tätigwerdens des Vollziehungsbeamten von einer rechtswidrigen Pfändung auszugehen ist. Auch hat die Pflicht, den Vollzug einzustellen, angesichts der Höhe der noch offen Umsatzsteuerschuld nicht zur Folge, nunmehr eine Überpfändung nach § 281 Abs. 2 AO in Erwägung ziehen zu müssen.

bb) Fälligkeit der Leistung und Leistungsgebot

Nach § 254 Abs. 1 Satz 1 AO darf die Vollstreckung erst beginnen, wenn die Leistung **fällig** ist und der Vollstreckungsschuldner zur Leistung oder Duldung oder Unterlassung **aufgefordert** worden ist.

(1) Gemäß § 220 Abs. 1 AO richtet sich die Fälligkeit von Ansprüchen aus dem Steuerschuldverhältnis nach den Vorschriften der Steuergesetze. Jedoch enthält das UStG für den Fall der Schätzung wegen Nichtabgabe der Umsatzsteuer-Jahresanmeldung keine Fälligkeitsregelung (kein Fall von § 18 Abs. 3 Satz 1 und Satz 2 UStG, weil beide Alternativen die Abgabe einer Umsatzsteuer-Jahreserklärung durch den Unternehmer voraussetzen). Eine gesetzliche Regelung über die Fälligkeit des Zwangsgeldes ist in den §§ 328 ff. AO ebenfalls nicht vorhanden.

(2) Folglich richtet sich die Fälligkeit des Umsatzsteueranspruchs 2005 – dies gilt ebenso für den Zwangsgeldanspruch – nach § 220 Abs. 2 Satz 1 zweiter Halbs. AO (Einräumung einer Zahlungsfrist im Leistungsgebot).

Laut Sachverhalt waren die Fälligkeitszeitpunkte für beide Ansprüche aus dem Steuerschuldverhältnis auf den „gesetzlichen Fälligkeitszeitpunkt" der Umsatzsteuerschuld aufgrund des Jahresfestsetzung gelegt worden. Da es diesen gesetzlichen Fälligkeitszeitpunkt hier aber nicht gibt, kann damit bei sinnvoller Auslegung in Anlehnung an § 18 Abs. 3 UStG nur eine **Monatsfrist** im Leistungsgebot gemeint sein. Dies hat dann zur Folge, dass die beiden Ansprüche unter Berücksichtigung der §§ 122 Abs. 2 Nr. 1, 108 Abs. 1 AO i.V.m. §§ 187 Abs. 1, 188 Abs. 2 BGB mit Ablauf des 9.3.2007, also weit vor den von L. durchgeführten Pfändungen fällig waren.

Das noch keine Maßnahme der Vollstreckung darstellende Leistungsgebot, das gem. § 254 Abs. 1 Satz 2 AO mit dem zu vollstreckenden VA **verbunden** werden **kann**, aber ein **selbstständiger VA** bleibt, soll den VS vor Überraschungen schützen. Der Umsatzsteuer-Schätzungsbescheid vom 6.2.2007 und die Zwangsgeldfestsetzung enthielten laut Sachverhalt das erforderliche Leistungsgebot.

cc) Einhaltung der Vollstreckungsschonfrist

§ 254 Abs. 1 Satz 1 AO verlangt für den Beginn der Vollstreckung außer Fälligkeit der Leistung und dem Leistungsgebot noch, dass seit der Aufforderung zur Leistung mindestens eine Woche verstrichen ist. Für die Berechnung der **einwöchigen Vollstreckungsschonfrist**, die an die nach § 122 Abs. 2 AO zu ermittelnde Bekanntgabe des Leistungsgebots anknüpft, gelten die §§ 187 f BGB.

Zwischen der Bekanntgabe der Leistungsgebote – 9.2.2007 – und dem Beginn der Vollstreckung – 8.6.2007 – sind vorliegend fast vier Monate vergangen.

ZWISCHENERGEBNIS Im Zeitpunkt der Pfändungen am 8.6.2007 haben die allgemeinen Vollstreckungsvoraussetzungen vorgelegen.

Unter diesem Prüfungsgesichtspunkt lässt sich mithin die Rücknahme der Pfändungen nach § 130 Abs. 1 AO nicht begründen.

b) Einhaltung der die Mobiliarvollstreckung betreffenden Vorschriften

Die Pfändungen sind rechtswidrig, wenn der Vollziehungsbeamte L. für die von ihm durchgeführten Maßnahmen nicht zuständig war oder wenn er gegen zwingende vollstreckungsrechtliche Vorschriften verstoßen haben sollte.

aa) Nach § 281 Abs. 1, § 285 Abs. 1 AO erfolgt die Vollstreckung in das **bewegliche Vermögen** durch Pfändung, die die Vollstreckungsbehörde im Falle der Vollstreckung in bewegliche Sachen durch Vollziehungsbeamte ausführt.

Bei der Home-Cinema-HDTV-Anlage, der antiken Standuhr und der PC-Anlage in der Wohnung der Eheleute J. handelt es sich um Gegenstände, die den Sachbegriff des § 90 BGB erfüllen und damit in den vollstreckungsrechtlichen Zuständigkeitsbereich des L. fallen.

bb) Aus § 286 Abs. 1 AO folgt, dass die zu pfändende Sache sich im Gewahrsam des VS befinden muss. Ob **Gewahrsam** als ein Zustand rein tatsächlicher Sachherrschaft an einer Sache besteht, entscheidet sich nach den Umständen des Einzelfalles unter Berücksichtigung der Verkehrsauffassung.

Bei Mitgewahrsam eines Dritten und erst Recht bei alleinigem Gewahrsam eines Dritten ist die Pfändung nach § 286 Abs. 4 AO nur zulässig, wenn der Dritte zur Herausgabe bereit ist. Die **Herausgabebereitschaft**, die als prozessrechtliche Willenserklärung vor oder nach der Pfändung ausdrücklich oder auch stillschweigend – z. B. durch Unterzeichnen der Pfändungsniederschrift – erklärt worden sein muss, muss sich auf die Herausgabe zur Verwertung und nicht nur auf die Pfändung als solche beziehen.

Regelmäßig haben die in einer gemeinsamen Wohnung lebenden Ehegatten an allen in der Wohnung befindlichen Sachen **Mitgewahrsam**. Von Mitgewahrsam der Frau J., die – wie ihrem Einspruch zu entnehmen ist – nicht herausgabebereit ist, ist vorliegend hinsichtlich aller gepfändeten Gegenstände auszugehen. Hieran ändert auch der Umstand nichts, dass sich die PC-Anlage im Arbeitszimmer von Herrn J. befunden hat. Denn es kann in einer funktionierenden Ehe nicht davon ausgegangen werden, dass ihr der Zutritt oder der Aufenthalt in diesem Raum nicht gestattet ist.

Dennoch hat die fehlende Herausgabebereitschaft der Frau J. nicht die Rechtswidrigkeit der Pfändungen zur Folge.

Nach § 263 AO i. V. m. § 739 Abs. 1 ZPO i. V. m. § 1362 Abs. 1 Satz 1 BGB gilt nämlich bei nicht getrennt lebenden Ehegatten derjenige Ehegatte als alleiniger Gewahrsamsinhaber, gegen den die Vollstreckung gerichtet ist (vgl. hierzu Abschn. 43 Abs. 2 VollzA).

§ 1362 Abs. 1 Satz 1 BGB begründet zugunsten des Freistaats Bayern als Gläubiger die Vermutung, dass die im Besitz beider Ehegatten befindlichen beweglichen Sachen dem Schuldner J. gehören. § 1362 Abs. 2 BGB führt nicht zum gegenteiligen Ergebnis. Selbst wenn man annimmt, dass die PC-Anlage ausschließlich zum persönlichen Gebrauch von Herrn J. bestimmt ist, würde hiernach ebenfalls vermutet, dass sie ihm als VS gehört. An die Vermutung, dass die gepfändeten Sachen im Eigentum von Herrn J. stehen, knüpft § 739 Abs. 1 ZPO die Fiktion von dessen alleinigem Gewahrsam an.

Auch der Einwand des VS, die Standuhr gehöre nicht ihm, sie sei ein Erbstück seiner Frau, durfte den L. nicht von der Pfändung abhalten. Für die Rechtmäßigkeit einer Sachpfändung kommt es nur auf den Gewahrsam des VS an, so dass es einem Vollziehungsbeamten grundsätzlich – vom hier jedoch nicht vorliegenden **Ausnahmefall** evidenten **Dritteigentums** abgesehen (vgl. hierzu Abschn. 43 Abs. 5 VollzA) – verwehrt ist, die Eigentumsverhältnisse an der Sache, deren Pfändung er beabsichtigt, zu prüfen. Es soll verhindert werden, dass eine Pfändung allein wegen entsprechender Einwendung des VS unterbleibt, er sei nicht Eigentümer der sich in seinem Gewahrsam befindlichen Sachen, deren Richtigkeit in der Kürze der Zeit und angesichts der bei Klärung der Rechtslage häufig auftretenden materiell-rechtlichen Probleme für den Vollziehungsbeamten nicht zu überprüfen sein wird. Aus demselben Grund steht auch das Miteigentumsrecht der Frau J. an der Home-Cinema-Anlage der Rechtmäßigkeit der Pfändung dieser Sache nicht entgegen.

cc) L. hat die Pfändungen nach § 286 Abs. 2 Satz 2 AO durch Anbringung von Pfandsiegeln an gut sichtbarer Stelle kenntlich gemacht (vgl. in diesem Zusammenhang Abschn. 44 Abs. 2 bis 4 VollzA).

dd) Die Rechtswidrigkeit der Pfändungen der Home-Cinema-Anlage und der Standuhr ergibt sich auch nicht aus § 295 Satz 1 AO i.V.m. § 811 Abs. 1 Nr. 1 ZPO. Diese Pfändungsschutznorm will einem VS alle Gegenstände des persönlichen Gebrauchs und des Haushalts belassen, die er zur Führung eines seinen Verhältnissen, insbesondere seinen Schulden, angemessenen und bescheidenen Lebens und Haushaltens bedarf. Eine antike Standuhr gehört jedoch nicht zu den Sachen, die für eine bescheidene Haushaltsführung benötigt wird. Auch die digitale Home-Cinema-HDTV-Anlage mit Plasma-Flachbildschirm war nicht unpfändbar, weil sich im Wohnzimmer der Eheleute noch ein TV-Röhrengerät befand. Dieses Gerät ermöglicht es den Eheleuten J., mag es auch nicht mehr dem neuesten technischen Stand entsprechen, sich über die Tagesaktualitäten zu informieren. Die Pfändung der Home-Cinema-Anlage beeinträchtigt J. und seine Ehefrau also nicht in dem durch das GG geschützten Recht auf Teilhabe durch Informationsbeschaffung am politischen, kulturellen Leben etc.
Die Pfändung der Home-Cinema-Anlage und der Standuhr hätte der L. auch nicht im Hinblick auf § 295 Satz 1 AO i.V.m. § 812 ZPO unterlassen sollen bzw. gem. § 281 Abs. 3 AO unterlassen müssen. Bei einem voraussichtlich erzielbaren Versteigerungserlös von 3 000 € für die Home-Cinema-Anlage bzw. 1 700 € für die Standuhr kann nicht davon ausgegangen werden, dass der Erlös in krassem Missverhältnis zum Wert der beiden Sachen stehen wird. Auch wird die Versteigerung mit Sicherheit einen Erlös erbringen, der die Vollstreckungskosten sogar weit übersteigen wird.

ZWISCHENERGEBNIS ▶ Die Pfändungen der Home-Cinema-Anlage und der Standuhr sind rechtmäßig erfolgt.
Eine Rücknahme dieser VAe nach § 130 Abs. 1 AO scheidet aus.

ee) Die Pfändung der PC-Anlage hätte jedoch **nicht erfolgen** dürfen. Diese wird von Herrn J. für seine Tätigkeit als Handelsvertreter benötigt. Eine **Unentbehrlichkeit** in einem strengen Sinne braucht nicht vorzuliegen. Zur „Fortsetzung der Erwerbstätigkeit erforderlich" bedeutet: so, wie diese Erwerbstätigkeit bisher ausgeübt worden ist, und so, dass eine ausreichende Ertragsmöglichkeit bestehen bleibt.

Die **PC-Anlage** ist damit nach § 295 Satz 1 AO i.V. m. § 811 Abs. 1 Nr. 5 ZPO **unpfändbar** (vgl. hierzu AG Bersenbrück, DGVZ 1990, 78; LG Heilbronn, MDR 1994, 405).

Die Pfändung dieses Gegenstandes als ein rechtswidriger, nicht begünstigender VA
ist nach § 130 Abs. 1 AO **trotz** zwischenzeitlich eingetretener **Unanfechtbarkeit** zu-
rückzunehmen.

Zwar stellt diese Vorschrift die Rücknahme in das Ermessen der Behörde. Jedoch ist
angesichts der Bedeutung des § 811 ZPO, der den Schutzgedanken des Sozialstaatsprinzips für Zwecke des Vollstreckungsverfahrens konkretisiert und dem Schutz des
Existenzminimums des VS Rechnung trägt, einzig die Entscheidung, von der Rück-
nahmemöglichkeit Gebrauch zu machen, Ausfluss einer sachgerechten Ermessensausübung (sog. Ermessensreduzierung auf Null).

Folglich wird das FA Passau die Pfändung der PC-Anlage durch **Rücknahme** nach
§ 130 Abs. 1 AO „beseitigen".

2. Widerruf der Pfändungen nach § 131 Abs. 1 AO

Da es sich bei der Pfändung der Standuhr und der Pfändung der Home-Cinema-HDTV-
Anlage um rechtmäßige, nicht begünstigende VAe handelt, kommt ein **Widerruf** nach
§131 Abs. 1 AO in Betracht.

Zwar steht auch der Widerruf im pflichtgemäßen Ermessen der Behörde. Es ist jedoch
wiederum zu berücksichtigen, dass das FA sein Ermessen nur dahin gehend ausüben
kann, den Widerruf – also die Freigabe der Sachen – zu verfügen. Anderenfalls ist davon
auszugehen, dass Frau J. auf Anraten von Steuerberater Grimme **Drittwiderspruchsklage** beim **Landgericht** Passau erhebt (Zuständigkeit dieses Gerichts nach § 262 Abs. 3
Satz 1 AO i.V. m. §§ 71 Abs. 1, 23 Abs. 1 Nr. 1 GVG).

Diese Klage wird im Hinblick auf ihr unstreitiges Alleineigentum an der Standuhr bzw.
ihren Miteigentumsanteil an der Home-Cinema-Anlage erfolgreich sein. Will das FA
eine Prozessniederlage mit der Kostentragungspflicht nach § 91 ZPO vermeiden – § 93
ZPO käme nicht zur Anwendung, wenn es dem Widerspruch gegen die Vollstreckung
nicht entspräche – muss die Behörde Frau J. durch Widerruf der Pfändungen klaglos
stellen.

Der Ehefrau des VS steht als Eigentümerin der Standuhr bzw. Miteigentümerin der
Home-Cinema-Anlage ein die **Veräußerung hinderndes Recht** i. S. d. §§ 262 Abs. 1 AO,
771 Abs. 1 ZPO zu. Gemeint ist hiermit, weil auch fremdes Eigentum an beweglichen
Sachen wegen der Möglichkeit gutgläubigen Erwerbs nach §§ 932 ff. BGB einer Veräußerung nicht entgegensteht, ein Recht, dass den Vollstreckungsgläubiger daran hindert, die Sache im Wege der Zwangsvollstreckung zu verwerten, weil sie nicht dem VS
gehört. Diesen Vorschriften liegt der Gedanke zugrunde, dass Gegenstand der Vollstreckung nur das Vermögen des im Titel (Leistungsgebot) genannten VS ist. Gemäß § 262
Abs. 1 Satz 3 AO bestimmt sich nach bürgerlichem Recht, welches Recht in diesem Sinne der Zwangsvollstreckung entgegensteht. Insbesondere fällt darunter das Eigentum
bzw. das Miteigentum eines Dritten an der gepfändeten Sache (Anm.: Das FA Passau
könnte den Miteigentumsanteil des Herrn J. an der Home-Cinema-Anlage als anderes
Vermögensrecht i. S. d. § 321 Abs. 1 AO pfänden).

Frau J. war berechtigt, unter Darlegung ihres Eigentums-/Miteigentumsrechts an der gepfändeten Standuhr und der gepfändeten Home-Cinema-Anlage vom FA die Freigabe dieser Sachen zu verlangen. Denn die Formulierung in § 262 Abs. 1 Satz 1 AO „erforderlichenfalls durch Klage" bedeutet, dass der Dritte zunächst die Freigabe der Gegenstände vom FA verlangen kann – wenn auch dieses Begehren nicht zuerst an die Behörde gerichtet werden muss – und sodann Klage erheben kann, wenn das FA dies verweigert (vgl. hierzu Abschn. 13 Abs. 1 VollstrA, wonach das FA über die Einwendungen nach § 262 AO unverzüglich zu entscheiden hat).

ERGEBNIS ▶ Es wird eine „Beseitigung" der Pfändungen (= Freigabe der gepfändeten Sachen) seitens des FA Passau erfolgen, und zwar

► durch Rücknahme gem. § 130 Abs. 1 AO hinsichtlich der PC-Anlage

► durch Widerruf gem. § 131 Abs. 1 AO hinsichtlich der antiken Standuhr und der Home-Cinema-Anlage.

Teil II: Umsatzsteuer

Verfasser: Dipl.-Finanzwirt Ralf Walkenhorst

1. Vorsteuerabzug der KG aus Pkw-Erwerb, § 15 Abs. 1 Satz 1 Nr. 1 UStG:

Voranmeldungszeitraum Februar 2007:

Das Autohaus führt eine **Lieferung** gem. § 3 Abs. 1 UStG an die KG aus, und zwar am 1. 2. 2007 **mit Übergabe** des Fahrzeugs.

Die Voraussetzungen des § 15 Abs. 1 Satz 1 Nr. 1 UStG sind bei der KG gegeben; insbesondere liegt ein Leistungsbezug für das Unternehmen vor; der Pkw soll als Geschäftswagen genutzt werden.

Die in Rechnung gestellte Umsatzsteuer beträgt 19 % von 50 000 €, also 9 500 €. Die KG hatte aber bereits aus der Anzahlungsrechnung vom 1. 9. 2006 die Vorsteuer i. H. v. 800 € abgezogen (§ 15 Abs. 1 Satz 1 Nr. 1 Satz 3 UStG).

Laut Sachverhalt ist die Rechnung vom 1. 2. 2007 ordnungsgemäß nach § 14 Abs. 5 Satz 2 UStG. Das bedeutet, dass die KG mit der Umsatzsteuer-Voranmeldung Februar 2007 den Vorsteuerabzug noch i. H. v. 8 700 € geltend machen kann.

2. Gebäude

a) Vermietungsumsätze K.K.

Für **alle** Vermietungsumsätze gilt:

Es handelt sich um sonstige Leistungen nach § 3 Abs. 9 UStG. Der Leistungsort liegt nach § 3a Abs. 2 Nr. 1 Satz 2 Buchst. a UStG im Inland. Die Vermietungsleistungen sind steuerbar nach § 1 Abs. 1 Nr. 1 Satz 1 UStG, aber grundsätzlich steuerfrei nach § 4 Nr. 12 Satz 1 Buchst. a UStG. Es handelt sich um Teilleistungen nach § 13 Abs. 1 Nr. 1 Buchst. a Satz 3 UStG. Das heißt, bei steuerpflichtigen Leistungen entsteht die Umsatzsteuer mit Ablauf des Voranmeldungszeitraums der **Ausführung der Teilleistung** (§ 13 Abs. 1 Nr. 1 Buchst. a Satz 1 und 2 UStG). § 9 Abs. 2 UStG ist grundsätzlich anwendbar, da Baubeginn nach dem 11. 11. 1993 war (§ 27 Abs. 2 Nr. 3 UStG).

EG: Filiale der KG

Eine Option nach § 9 Abs. 1 UStG ist möglich. Sie ist nicht nach § 9 Abs. 2 UStG ausgeschlossen, da die KG ausschließlich steuerpflichtige Abzugsumsätze ausführt.

Die **Bemessungsgrundlage** beläuft sich nach § 10 Abs. 1 UStG auf 4 200 €, und zwar **inklusive** der **Nebenkosten**, da Nebenleistungen das Schicksal der Hauptleistung teilen.

Die Umsatzsteuer beträgt nach § 12 Abs. 1 UStG 798 € monatlich.

1. OG: Rechtsanwalt Sänger (S.)

Eine Option nach § 9 Abs. 1 UStG ist möglich. Sie ist nicht nach § 9 Abs. 2 UStG ausgeschlossen, da S. ausschließlich steuerpflichtige Abzugsumsätze ausführt.

Die Bemessungsgrundlage beläuft sich nach § 10 Abs. 1 UStG auf 2 050 €, und zwar inklusive der Nebenkosten, da Nebenleistungen das Schicksal der Hauptleistung teilen.

Die Umsatzsteuer beträgt nach § 12 Abs. 1 UStG 389,50 € monatlich.

1. OG: Makler Hurtig (H.)

Eine Option nach § 9 Abs. 1 UStG ist möglich. Sie ist aber nach § 9 Abs. 2 UStG ausgeschlossen, da H. **nicht** ausschließlich steuerpflichtige Abzugsumsätze ausführt und die **Bagatellgrenze** von 5 % **überschritten** ist (vgl. Abschn. 148a Abs. 3 Satz 2 UStR 2005). Die Versicherungsmaklertätigkeit ist steuerfreier Ausschlussumsatz nach § 4 Nr. 11 UStG.

Ab dem 1. 10. 2007 liegen keine Ausschlussumsätze mehr vor, da H. seine Versicherungsmaklertätigkeit einstellt. Das heißt, ab dem 1. 10. 2007 führt er ausschließlich steuerpflichtige Abzugsumsätze aus. Damit ist ab dem 1. 10. 2007 eine **Option** zur Steuerpflicht **möglich**.

Die Bemessungsgrundlage beläuft sich nach § 10 Abs. 1 UStG auf 2 050 €, und zwar inklusive der Nebenkosten, da Nebenleistungen das Schicksal der Hauptleistung teilen.

Die Umsatzsteuer beträgt nach § 12 Abs. 1 UStG 389,50 € monatlich (ab Oktober 2007).

2. OG: Arzt Wenig (W.)

Hinsichtlich der Praxisräume ist eine Option nach § 9 Abs. 1 UStG möglich. Sie ist aber nach § 9 Abs. 2 UStG ausgeschlossen, da W. ausschließlich steuerfreie Ausschlussumsätze nach § 4 Nr. 14 UStG ausführt.

Für den **schriftstellerisch genutzten Raum** gilt Folgendes: Bei unterschiedlicher Nutzung ist eine raumweise Option möglich (vgl. Abschn. 148 Abs. 6 Satz 1 – 3 UStR 2005). Die Option ist insoweit nicht ausgeschlossen, da die schriftstellerische Tätigkeit nicht von der Steuerbefreiung nach § 4 Nr. 14 UStG erfasst wird (vgl. Abschn. 91a Abs. 3 Nr. 1 UStR 2005). W. ist auch kein Kleinunternehmer gem. § 19 Abs. 1 Satz 1 UStG.

Die Bemessungsgrundlage beläuft sich nach § 10 Abs. 1 UStG auf 750 € inklusive der Nebenkosten. Die Umsatzsteuer beträgt nach § 12 Abs. 1 UStG 142,50 € monatlich.

Ab dem 1. 10. 2007 wird der Raum ebenfalls für Ausschlussumsätze genutzt. Eine Option ist somit nach § 9 Abs. 2 UStG ab Oktober 2007 ausgeschlossen.

3. OG: Wohnungen

Für beide Wohnungen ist eine Option nach § 9 Abs. 1 UStG nicht möglich, da sie für **private Wohnzwecke** verwendet werden.

b) Renovierungsarbeiten 2005

Dachdeckerarbeiten

Der Vorsteuerabzug ist i. H. v. 1 040 € dem Grunde nach möglich (§ 15 Abs. 1 Satz 1 Nr. 1 UStG). Aber die Verwendung auch für Ausschlussumsätze nach § 15 Abs. 2 Satz 1 Nr. 1 UStG i. V. m. § 4 Nr. 12 Satz 1 Buchst. a UStG führt insoweit zum Vorsteuerausschluss. Deshalb ist eine Vorsteueraufteilung nach § 15 Abs. 4 UStG erforderlich. Die Aufteilung erfolgt auf Grundlage der Nutzflächen (Abschn. 208 Abs. 2 Satz 8 UStR 2005). 340 qm von 800 qm werden für Abzugsumsätze genutzt, d. h. 42,5 %. Der Vorsteuerabzug vor **Skontoabzug** beträgt also 42,5 % von 1 040 €, also 442 €. Der Skontoabzug **mindert** Entgelt und Umsatzsteuer im Zeitpunkt der Inanspruchnahme. Eine Berichtigung nach § 17 Abs. 1 Satz 2 UStG ist nicht erforderlich, da der Skontoabzug im selben Voranmeldungszeitraum vorgenommen wurde. Damit ergibt sich ein Vorsteuerabzug i. H. v. 433,16 € im Voranmeldungszeitraum September 2005.

Personenaufzug

Der Vorsteuerabzug ist i. H. v. 3 200 € dem Grunde nach möglich (§ 15 Abs. 1 Satz 1 Nr. 1 UStG). Aber die Verwendung auch für Ausschlussumsätze nach § 15 Abs. 2 Satz 1 Nr. 1 UStG i. V. m. § 4 Nr. 12 Satz 1 Buchst. a UStG führt insoweit zum Vorsteuerausschluss. Deshalb ist eine Vorsteueraufteilung nach § 15 Abs. 4 UStG erforderlich. Die Aufteilung erfolgt auf Grundlage der Nutzflächen (Abschn. 208 Abs. 2 Satz 8 UStR 2005). Da der Aufzug nur von den Obergeschossen in Anspruch genommen wird, bleibt in der **Musterlösung** das **EG außer Betracht**. Unter dieser Bedingung werden 140 qm von 600 qm für Abzugsumsätze genutzt, d. h. 23,33 %. Der Vorsteuerabzug beträgt also 23,33 % von 3 200 €, also 746,56 € im Voranmeldungszeitraum August 2005. Meines Erachtens ist es auch vertretbar, das EG mit in die Aufteilung einzubeziehen. In diesem Fall würde sich ein Aufteilungsverhältnis von 340 qm von 800 qm ergeben und damit ein Vorsteuerabzug i. H. v. 42,5 % von 3 200 €, also 1 360 €.

Fassade

Der Vorsteuerabzug ist i. H. v. 960 € dem Grunde nach möglich (§ 15 Abs. 1 Satz 1 Nr. 1 UStG). Aber die Verwendung auch für Ausschlussumsätze nach § 15 Abs. 2 Satz 1 Nr. 1 UStG i. V. m. § 4 Nr. 12 Satz 1 Buchst. a UStG führt insoweit zum Vorsteuerausschluss. Deshalb ist eine Vorsteueraufteilung nach § 15 Abs. 4 UStG erforderlich. Die Aufteilung erfolgt auf Grundlage der Nutzflächen (Abschn. 208 Abs. 2 Satz 8 UStR 2005). 340 qm von 800 qm werden für Abzugsumsätze genutzt, d. h. 42,5 %. Der Vorsteuerabzug beträgt also 42,5 % von 960 €, also 408 € im Voranmeldungszeitraum Juli 2005.

HINWEIS

Fraglich ist, ob die Beurteilung der gesamten Renovierungsarbeiten nach der Aufgabenstellung erforderlich ist. Nach der Aufgabenstellung soll der Besteuerungszeitraum 2007 beurteilt werden, d. h. die Renovierungsarbeiten im Jahre 2005 müssen nur insoweit beurteilt werden, als sich dies im Jahre 2007 umsatzsteuerlich auswirkt. Eine Auswirkung kann nur im Rahmen der Vorsteuerberichtigung gem. § 15a UStG im Jahre 2007 erfolgen. Die Vorsteuern bzgl. der Fassade betragen weniger als 1 000 €, so dass bereits aus diesem Grund eine Vorsteuerberichtigung ausscheidet (§ 44 Abs. 1 UStDV). Die Vorsteuern bzgl. der Dacheindeckung betragen weniger als 2 500 €, so dass eine Vorsteuerberichtigung erst im letzten Jahr des Berichtigungszeitraums zur Anwendung kommt (§ 44 Abs. 3 UStDV); dies ist nicht das Jahr 2007. Bleibt einzig die Maßnahme mit dem Personenaufzug, die sich im Jahre 2007 steuerlich auswirkt.

c) Übertragung an Enkel zum 1. 7. 2007

Die Vermietung des Gebäudes stellt das gesamte Unternehmen des K.K. dar. Die Übertragung auf den Enkel (L.K.) ist deshalb eine nicht steuerbare Geschäftsveräußerung im Ganzen gem. § 1 Abs. 1a UStG.

L.K. ist Einzelrechtsnachfolger des K.K. (§ 1 Abs. 1a Satz 3 UStG). Der **Berichtigungszeitraum** nach § 15a Abs. 1 UStG für Investitionsgüter **läuft weiter** (§ 15a Abs. 10 UStG).

Verwendung bzw. Verwendungsabsicht am 1. 7. 2007

EG, 1. OG, 2. OG (Verwendung für Praxisräume erst ab 1. 10. 2007) und 3. OG – bezüglich Vermietung an Paulig – ohne Änderung (siehe 2.a).

Wohnung L.K. ab 1. 7. 2007

Es ist **kein Leistungsaustausch** mehr gegeben, da keine Leistung an einen Anderen vorliegt (§ 1 Abs. 1 Nr. 1 Satz 1 UStG). Es handelt sich ab dem 1. 7. 2007 um eine unentgeltliche Wertabgabe nach § 3 Abs. 9a Nr. 1 UStG. Bei Herstellung im Jahr 1993 war zumindest ein teilweiser Vorsteuerabzug möglich. Der Vorsteuerabzug durch K.K. ist seinem Rechtsnachfolger L.K. zuzurechnen (§ 1 Abs. 1a Satz 3 UStG). Der Ort der unentgeltlichen Wertabgabe liegt nach § 3f Satz 1 UStG im Inland. Die Wertabgabe ist steuerbar gem. § 1 Abs. 1 Nr. 1 Satz 1 UStG und steuerpflichtig (keine Vermietung, daher kein § 4 Nr. 12 Satz 1 Buchst. a UStG).

Bemessungsgrundlage sind nach § 10 Abs. 4 Satz 1 Nr. 2 UStG die vorsteuerbelasteten Ausgaben i. H. v. 650 € monatlich. Die Umsatzsteuer beträgt nach § 12 Abs. 1 UStG 123,50 € monatlich. Sie entsteht nach § 13 Abs. 1 Nr. 2 UStG. Ab dem 1. 7. 2007 werden 440 qm von 800 qm = 55 % für Abzugsumsätze verwendet.

Notarrechnung

L.K. wird mit seiner ersten Vorbereitungshandlung im Hinblick auf die spätere Vermietertätigkeit – der Beurkundung der Grundstücksübertragung – zum **Unternehmer** nach § 2 UStG.

Der Vorsteuerabzug ist i. H. v. 760 € dem Grunde nach möglich (§ 15 Abs. 1 Satz 1 Nr. 1 UStG). Aber die Verwendung auch für Ausschlussumsätze nach § 15 Abs. 2 Satz 1 Nr. 1 UStG i. V. m. § 4 Nr. 12 Satz 1 Buchst. a UStG führt insoweit zum Vorsteuerausschluss. Deshalb ist eine Vorsteueraufteilung nach § 15 Abs. 4 UStG erforderlich. Der Vorsteuerabzug beträgt 55 % von 760 €, also 418 €, im Voranmeldungszeitraum Juni 2007.

Vorsteuerberichtigung, § 15a UStG

Gebäude:

Die Verwendung – Vermietung – erfolgte ab dem 1. 1. 1995 (§ 15a Abs. 1 Satz 1 UStG). Der Berichtigungszeitraum läuft vom 1. 1. 1995 bis zum 31. 12. 2004 (§ 15a Abs. 1 Satz 2 UStG, § 45 UStDV). Da der **Berichtigungszeitraum** bereits **abgelaufen** ist, ist eine Vorsteuerberichtigung nach § 15a UStG im Jahr 2007 nicht möglich.

Dach:

Da die verwendeten Dachziegel zu Bestandteilen eines Investitionsgutes werden, ist eine Vorsteuerberichtigung nach § 15a Abs. 3 Satz 1 i. V. m. Abs. 1 Satz 2 UStG zu prüfen. Für den Berichtigungszeitraum kommt es auf das Investitionsgut an.

Der Berichtigungszeitraum läuft vom 1. 9. 2005 bis zum 31. 8. 2015 gem. § 15a Abs. 1 Satz 2 UStG, § 45 UStDV.

Die in Rechnung gestellte Vorsteuer im Jahr 2005 beträgt 1 019,20 €. Da die **1 000 €-Grenze überschritten** wird, liegt kein Fall von § 44 Abs. 1 UStDV vor.

Der Jahresbetrag beträgt $^1/_{10}$ von 1 019,20 €, also 101,92 €. Falls eine Berichtigung erforderlich ist, ist sie mit der Jahreserklärung 2015 vorzunehmen (§ 44 Abs. 3 UStDV).

Ursprünglicher Vorsteuerabzug im Jahr 2005: 42,5 %. Verwendung für zum Vorsteuerabzug berechtigende Umsätze im Jahr 2007: 6 Monate 42,5 %, 3 Monate 55 %, 3 Monate 62,5 %, ergibt durchschnittlich 50,625 %. Die Änderung beträgt 8,125 %.

Berichtigungsbetrag. 101,92 € x 8,125 % = 8,28 €. Eine Berichtigung unterbleibt nach § 44 Abs. 2 UStDV für das Jahr 2007.

HINWEIS

Die Literaturmeinung zu dem Problem ist geteilt (für die Auffassung des Aufgabenstellers z. B. *Klenk* in *Sölch/Ringleb*, Umsatzsteuergesetz: UStG, § 1 Rdn. 483; dagegen z. B. *Husmann* in *Rau/Dürrwächter*, Umsatzsteuergesetz, § 1 Rdn. 1128 m. w. N. und *Völkel/Karg*, Umsatzsteuer, Finanz und Steuer Band 2, Tz. Q 7.7.6.). Für die Auffassung des Aufgabenstellers spricht:

1. Für alle Änderungen nach Veräußerung, d. h. bei einer Aufteilung des Jahres, müsste der Veräußerer Berichtigungen anteilig vornehmen, die er nicht mehr zu vertreten und auf die er keinen Einfluss hat.

2. Andererseits widerspricht m. E. eine Aufteilung des Jahres 2007 in zwei „Berichtigungszeiträume" den Regelungen in § 1 Abs. 1a Satz 3 und § 15a Abs. 10 UStG.

3. In den bei *Völkel/Karg* zitierten Beispielen kommt keine Änderung nach Veräußerung vor.

Aufzug:

Da der Aufzug zu einem Bestandteil eines Investitionsgutes wird, ist eine Vorsteuerberichtigung nach § 15a Abs. 3 Satz 1, Abs. 5 i. V. m. Abs. 1 Satz 2 UStG zu prüfen. Für den Berichtigungszeitraum kommt es auf das Investitionsgut an.

Der Berichtigungszeitraum läuft vom 1. 8. 2005 bis zum 31. 7. 2015 gem. § 15a Abs. 1 Satz 2 UStG, § 45 UStDV.

Die in Rechnung gestellte Vorsteuer im Jahr 2005 beträgt 3 200 €. Da die **1 000 €-Grenze überschritten** wird, liegt kein Fall von § 44 Abs. 1 UStDV vor. Auch die Grenze des § 44 Abs. 3 UStDV ist überschritten.

Der Jahresbetrag beträgt 1/10 von 3 200 €, also 320 €. Falls eine Berichtigung erforderlich ist, dann ist sie mit der **Jahreserklärung** vorzunehmen, da der Betrag von 6 000 € nicht überschritten wird (§ 44 Abs. 4 Satz 1 UStDV).

Ursprünglicher Vorsteuerabzug im Jahr 2005: 23,33 % (bei Nichtberücksichtigung des EG). Verwendung für zum Vorsteuerabzug berechtigende Umsätze im Jahr 2007: 6 Monate 23,33 %, 3 Monate 40 %, 3 Monate 50 %, ergibt durchschnittlich 34,165 %. Die Änderung beträgt 10,835 %.

Berichtigungsbetrag: 320 € x 10,835 % = 34,67 €.

Eine **Berichtigung** ist durchzuführen, da die Änderung größer als 10 % ist, § 44 Abs. 2 UStDV. Die Berichtigung erfolgt mit der Jahreserklärung 2007 gem. § 44 Abs. 4 Satz 1 UStDV.

Bei Berücksichtigung des EG ergibt sich ein ursprünglicher Vorsteuerabzug von 42,5 % und für 2007 ein durchschnittlicher Wert von 50,625 %. Die Änderung beträgt 8,125 %. Berichtigungsbetrag: 320 € x 8,125 % = 26 €. Eine Berichtigung ist gem. § 44 Abs. 2 UStDV nicht durchzuführen.

Fassade:

Eine Vorsteuerberichtigung nach § 15a UStG ist nicht vorzunehmen, da die in Rechnung gestellte Vorsteuer weniger als 1 000 € beträgt (§ 44 Abs. 1 UStDV).

Notar:

Eine Vorsteuerberichtigung nach § 15a UStG ist nicht vorzunehmen, da die in Rechnung gestellte Vorsteuer weniger als 1 000 € beträgt (§ 44 Abs. 1 UStDV).

3. Erwerb der Backöfen

Erwerb für die Filialen in Deutschland

Es liegt ein **innergemeinschaftlicher Erwerb** nach § 1a Abs. 1 UStG vor. Die Voraussetzungen der Nr. 1 bis Nr. 3 sind sämtlich erfüllt. Der Ort des Erwerbs liegt nach § 3d Satz 1 UStG am Ende der Warenbewegung im Inland. Der Erwerb ist steuerbar und steuerpflichtig (§ 1 Abs. 1 Nr. 5 UStG).

Die Bemessungsgrundlage beläuft sich nach § 10 Abs. 1 UStG auf 3 000 € pro Stück. Die Umsatzsteuer beträgt nach § 12 Abs. 1 UStG 570 €. Sie entsteht im Voranmeldungszeitraum der Rechnungsstellung, also im April 2007, § 13 Abs. 1 Nr. 6 UStG. Mit **„Ausstellung der Rechnung"** ist die Aushändigung, die Begebung an den Erwerber gemeint (siehe auch *Nieskens* in *Rau/Dürrwächter* § 13 Rdn. 421). Vertretbar ist auch, dass mit „Ausstellung der Rechnung" das Rechnungsdatum gemeint ist. In diesem Fall entsteht die Umsatzsteuer am 26. 3. 2007 und der Vorgang ist in der Voranmeldung März 2007 zu erfassen. Den Vorsteuerabzug i. H. v. 570 € kann die KG ebenfalls im Voranmeldungszeitraum April 2007 (bzw. März 2007) vornehmen (§ 15 Abs. 1 Satz 1 Nr. 3 UStG).

Erwerb für die Filialen in Österreich

Es liegt ein **innergemeinschaftlicher Erwerb** nach § 1a Abs. 1 UStG vor. Die Voraussetzungen der Nr. 1 bis Nr. 3 sind sämtlich erfüllt. Der Ort des Erwerbs liegt nach § 3d Satz 1 UStG am Ende der Warenbewegung in Österreich. Aber die KG verwendet ihre **deutsche Umsatzsteuer-Identifikationsnummer**. Deshalb ist auch ein **Erwerb im Inland** anzunehmen (§ 3d Satz 2 UStG), und zwar so lange, bis die Besteuerung in Österreich nachgewiesen wird. Der Erwerb ist steuerbar und steuerpflichtig (§ 1 Abs. 1 Nr. 5 UStG). Im Übrigen vgl. oben Erwerb für Deutschland.

Beförderung durch Puschkin (P)

Prüfung des § 13b Abs. 1 Satz 1 Nr. 1 UStG:

Die Beförderungsleistung ist eine sonstige Leistung nach § 3 Abs. 9 Satz 1 UStG. Der **Leistungsort** liegt nach § 3b Abs. 3 Satz 1 UStG grundsätzlich in Tschechien, aber die KG verwendet ihre deutsche Umsatzsteuer-Identifikationsnummer, so dass sich der Ort nach § 3b Abs. 3 Satz 2 UStG **ins Inland** verlagert. Die sonstige Leistung ist steuerbar und steuerpflichtig (§ 1 Abs. 1 Nr. 1 Satz 1 UStG). P. ist ausländischer Unternehmer nach § 13b Abs. 4 UStG, da er seinen Sitz im Ausland hat.

Die Bemessungsgrundlage beläuft sich nach § 10 Abs. 1 UStG auf 2 000 €, da es sich nach § 14a Abs. 5 Satz 3 UStG um eine Nettorechnung handelt.

Die Umsatzsteuer beträgt nach § 12 Abs. 1 UStG 380 €. Sie entsteht im Voranmeldungszeitraum der Rechnungsstellung April 2007 gem. § 13b Abs. 1 Satz 1 UStG. Steuerschuldner ist die KG (§ 13b Abs. 2 Satz 1 UStG).

Den Vorsteuerabzug i. H. v. 380 € kann die KG ebenfalls im Voranmeldungszeitraum April 2007 vornehmen (§ 15 Abs. 1 Satz 1 Nr. 4 UStG).

Teil III: Erbschaftsteuer

Verfasser: Steuerberater Jörg Koltermann

1. Steuerpflicht

Hier liegen **zwei unterschiedliche Erwerbe von Todes wegen** vor (§ 1 Abs. 1. Nr. 1 ErbStG), und zwar zum einen durch **Erbanfall** (§ 3 Abs. 1 Nr. 1 ErbStG) und zum anderen im Hinblick auf die **Lebensversicherungssumme** aufgrund eines Vertrages zugunsten Dritter (§ 3 Abs. 1 Nr. 4 ErbStG). Da der Erblasser R. R. seinen Wohnsitz im Inland hatte, ist die Alleinerbin C. R. unbeschränkt steuerpflichtig mit der Folge, dass der gesamte Vermögensanfall bei ihr der Erbschaftsteuer unterliegt (§ 2 Abs. 1 Nr. 1 Satz 1 und 2 Buchst. a ErbStG). Dabei gehört die Lebensversicherungssumme allerdings nicht zum Nachlass; sie wird von C. R. unmittelbar erworben.

Als steuerpflichtiger Erwerb gilt die jeweilige Bereicherung des Erwerbers, soweit sie nicht steuerfrei ist (§ 10 Abs. 1 Satz 1 ErbStG). Das ist bei Erwerben von Todes wegen der Betrag, der sich ergibt, wenn von dem nach § 12 ErbStG ermittelten Wert des gesamten steuerpflichtigen Vermögensanfalls die abzugsfähigen Nachlassverbindlichkeiten mit ihrem nach § 12 ErbStG ermittelten Wert abgezogen werden (§ 10 Abs. 1 Satz 2 ErbStG).

Bewertungsstichtag ist der Tag der Steuerentstehung (§ 11 ErbStG). Das ist beim Erwerb von Todes wegen der Todestag des Erblassers (§ 9 Abs. 1 Nr. 1 ErbStG): hier der 31. 1. 06.

2. Bewertung

a) Bewertung des Grundvermögens

Das Grundstück in Mögling stellt Grundbesitz dar (§ 19 Abs. 1 BewG).

Für Zwecke der Erbschaftsteuer ist ein Grundbesitzwert (138 Abs. 3 BewG) auf den Todestag festzustellen (§ 12 Abs. 3 ErbStG).

Maßgeblich sind die tatsächlichen Verhältnisse vom Todeszeitpunkt und (**letztmals** in 2006) grundsätzlich die Wertverhältnisse vom 1. 1. 1996 (§ 138 Abs. 1 Nr. 2 BewG a. F.). Zur Anwendung kommt hier das Ertragswertverfahren nach § 146 Abs. 2 BewG.

Für die selbst genutzte Wohnung wird die übliche Miete angesetzt. Das Gleiche gilt für die an die Nichte vermietete Wohnung, weil die Nichte Angehörige i. S. v. § 15 Abs. 1 Nr. 5 AO ist (§ 146 Abs. 3 Satz 1 BewG). Auf die tatsächlich gezahlte Miete kommt es nicht an (R 171 Abs. 2 Satz 5 ErbStR, ab 1. 1. 2007 überholt).

Die Betriebskosten sind nicht einzubeziehen (§ 146 Abs. 2 Satz 3 BewG).

Ermittlung des Grundstückwerts

Bei einem Gebäude, das innerhalb der letzten drei Jahre vor dem Besteuerungszeitpunkt bezugsfertig geworden ist, ist die Jahresmiete aus dem kürzeren Zeitraum zu ermitteln (R 170 Abs. 4 ErbStR, ab 1. 1. 2007 überholt).

10 € x 96 qm x 12 Monate = Jahresnettokaltmiete	11 520 €
Vervielfältiger 12,5	144 000 €
Ausgangswert: 11 520 € x 12,5	
Gleicher Wertansatz für die Wohnung der Nichte (s. o.)	144 000 €
Zwischensumme	288 000 €

Berechnung der Alterswertminderung (§ 146 Abs. 4 BewG)

Es ist zugunsten des Steuerpflichtigen von einer fiktiven Bezugsfertigkeit zu Beginn des Jahres (R 174 Abs. 1 ErbStR), hier 1. 1. 2005, auszugehen:
1. 1. 2005 – 31. 1. 2006 = 1 volles Jahr

Abschlag 288 000 € x 0,5 % =	./. 1 440 €
Zwischensumme	286 560 €

Zudem ist ein Zuschlag gem. § 146 Abs. 5 BewG vorzunehmen, da nur 2 Wohnungen vorhanden sind und diese nur für Wohnzwecke verwendet werden:

Zuschlagshöhe: 20 %	+ 57 312 €
Summe	343 872 €

Mindestwert (§§ 146 Abs. 6, 145 Abs. 3 BewG)

Bei der Ermittlung des Mindestwerts kommt es auf die tatsächlichen Verhältnisse (**Fläche**) zum Bewertungsstichtag (31. 1. 2006) und die Wertverhältnisse zum 1. 1. 1996 an (§ 138 Abs. 4 BewG, ab 1. 1. 2007 überholt).

Umrechnung in Euro: 2 000 DM x 1,95583 = 1 022,58 €.

990 qm x 1 022,58 €/qm x 80 % =	809 883 €
Abgerundet (§ 139 BewG):	809 500 €
Grundsätzlich ist der höhere Mindestwert anzusetzen. Wird aber ein niedrigerer Verkehrswert des unbebauten Grundstücks durch Gutachten nachgewiesen, ist dieser Wert maßgebend:	800 000 €

Da das Grundstück zum Nachlass gehört, ist ein gesondertes Feststellungsverfahren gem. § 138 Abs. 5 Nr. 1 BewG (ab 1. 1. 2007 § 151 BewG) erforderlich.

► Art: bebautes Grundstück (§§ 138 Abs. 5 Nr. 1, 146 Abs. 1 BewG)

► Zurechnung: C. R. zu 1/1 (§ 138 Abs. 5 Nr. 2 BewG)

► Wert: 800 000 €

b) Bewertung der Anteile an der GmbH

Da im letzten Jahr vor dem Besteuerungszeitpunkt keine Verkäufe von GmbH-Anteilen stattgefunden haben, ist der gemeine Wert der GmbH-Beteiligung des Erblasser zu schätzen (§ 12 Abs. 2 ErbStG i. V. m. § 11 Abs. 2 Satz 2 BewG).

Maßgeblich sind die Verhältnisse zum Besteuerungszeitpunkt (R 96 Abs. 1 Satz 2 ErbStR). Dies ist nach § 9 Abs. 1 Satz 1 i. V. m. § 11 BewG der Todestag. Es ist daher die Regelbewertung gem. R 97 ErbStR (Stuttgarter Verfahren) vorzunehmen.

Ermittlung des Vermögenswertes (R 98 ErbStR)

Da auf den Todestag kein Zwischenabschluss erstellt worden ist, erfolgt die Ableitung des Stichtagswertes aus der Bilanz zum 31. 12. 2005 (R 98 Abs. 2 ErbStR).

Ausgangsbetrag für den Wert des Betriebsvermögens der GmbH
gem. § 12 Abs. 5 ErbStG: 2 006 000 €

Korrektur gem. R 98 Abs. 3 Satz 2 Nr. 2 ErbStR

Die im Januar 2006 hinzu erworbenen Aktien sind mit dem Kurswert vom 31. 1. 2006 anzusetzen, dabei sind die Anschaffungskosten abzuziehen. Im Ergebnis sind sie in der Weise zu erfassen, dass der eingetretene **Kursgewinn** berücksichtigt wird:

Kurswert vom 31. 1. 2006 (§ 11 Abs. 1 BewG)	30 000 €	
Anschaffungskosten	./. 20 000 €	
Zuschlag	10 000 €	10 000 €
Wert des BV der GmbH am 31. 1. 2006		2 016 000 €
Stammkapital		500 000 €
Vermögenswert		403,2 %

Ermittlung des Ertragshundertsatzes (R 99 ErbStR)

	2003	2004	2005
Zu versteuerndes Einkommen (zvE)	176 000 €	136 000 €	76 000 €
AfA Firmenwert	+ 3 000 €		
KSt 25 % des zvE	./. 44 000 €	./. 34 000 €	./. 19 000 €
Solidaritätszuschlag 5,5 % der KSt	./. 2 420 €	./. 1 870 €	./. 1 045 €
Betriebsergebnis	132 580 €	100 130 €	55 955 €

Gewichtung nach R 99 Abs. 3 ErbStR:

2003:	132 580 €
2004: 2 x 100 130 €	200 260 €
2005: 3 x 55 955 €	167 865 €
Summe	500 705 €
Durchschnittsertrag (1/6)	83 450 €
bezogen auf 500 000 € =	16,69 % Ertragshundertsatz

Ein Abschlag kommt nicht in Betracht, da die GmbH **handwerklich tätig** ist (R 99 Abs. 2 Satz 3 ErbStR).

Ermittlung des gemeinen Wertes (R 100 ErbStR)

0,68 x (Vermögenswert + 5 x Ertragshundertsatz) = 330,92 %

Es ist zu prüfen, ob besondere Umstände vorliegen, die einen Abschlag nach R 100 Abs. 3 ErbStR rechtfertigen.

Im Verhältnis zum Vermögenswert (403,2 %) entspricht der Ertragshundertsatz (16,69 %) einer Rendite von 4,14 % (16,69/403,2 x 100). Liegt die Rendite unter 4,5 %, ist ein Abschlag von 3 % vorzunehmen (R 100 Abs. 3 Satz 6 ErbStR).

Endgültiger **gemeiner Wert**: (97 % von 330,92 % =) 320,99%, abgerundet 320 % (R 100 Abs. 2 Satz 7 ErbStR).

Der Anteil des Erblassers an der GmbH beträgt nominell 50 000 €. Als gemeiner Wert des Anteils ergibt sich zunächst ein Betrag von (320 % von 50 000) 160 000 €.

Erlauben die Anteile keinen Einfluss auf die Geschäftsführung, kommt ein weiterer Abschlag in Betracht. Das ist der Fall, wenn bei einem Anteilsbesitz zwischen 5 % und 10 % ein anderer Gesellschafter eine Beteiligung von mehr als 50 % hält (R 101 Abs. 1 Satz 3 Nr. 2 ErbStR). R. R. war mit 10 % beteiligt, während Gesellschafter Hecker mit 55 % beteiligt war. Die Voraussetzungen für einen Abschlag wegen **mangelnden Einflusses** auf die Geschäftsführung sind somit erfüllt. Der Abschlag beträgt 10 % (R 101 Abs. 8 ErbStR).

Der gemeiner Wert der Anteile an der GmbH beträgt sodann 144 000 €.

Eine Steuerbefreiung nach § 13a ErbStG ergibt sich für die GmbH-Beteiligung nicht, da die GmbH-Anteile die Maßgeblichkeitsgrenze des § 13a Abs. 4 Nr. 3 ErbStG nicht erreichen.

c) Bewertung des Betriebsvermögens

Die Hop und Jump Bungee KG erfüllt die Voraussetzungen eines **Gewerbebetriebs** gem. § 97 Abs. 1 Nr. 5 BewG. Es liegt somit **Betriebsvermögen** gem. § 95 Abs. 1 BewG vor. Die Bewertung erfolgt gem. §§ 95 – 109 BewG i. V. m. § 12 Abs. 5 ErbStG.

Auch hier ist Bewertungsstichtag der 31. 1. 2006 gem. §§ 9 Abs. 1 und 11 ErbStG.

Es ist **kein gesondertes Feststellungsverfahren** erforderlich, die Ermittlung erfolgt als unselbständige Besteuerungsgrundlage für die Erbschaftsteuer (anders ab 1. 1. 2007, § 151 Abs. 1 BewG).

Da auf den Todestag kein Zwischenabschluss erstellt worden ist, erfolgt die Ableitung des Stichtagswertes aus der Bilanz zum 31. 12. 2005 (R 39 Abs. 2 ErbStR). Technisch erfolgt die Wertermittlung in der Weise, dass mittels einer Vermögensaufstellung von den Besitzposten die Schulden abgezogen (§ 98a BewG) und Korrekturen für die Zeit vom 31. 12. 2005 bis 31. 1. 2006 vorgenommen werden (R 40 Abs. 2 ErbStR).

Es gilt – von Ausnahmen abgesehen – der Grundsatz der Bestands- und Bewertungsidentität der Vermögensaufstellung mit der Steuerbilanz (§ 97 Abs. 1 Nr. 5, § 95 Abs. 1, § 109 Abs. 1 BewG).

Grundstück Seilweg

Das Grundstück ist ein **Betriebsgrundstück** i. S. v. § 99 Abs. 2 Satz 4 BewG. Die Bewertung erfolgt nicht mit dem Steuerbilanzwert sondern mit dem **Grundbesitzwert** gem. § 12 Abs. 3 ErbStG. Der Grundbesitzwert umfasst den Grund und Boden und das Gebäude. Ansatz 1 600 000 €.

Wertpapiere

Diese gehören zum BV und sind ebenfalls nicht mit dem Steuerbilanzwert, sondern mit dem **Kurswert** vom Besteuerungszeitpunkt zu erfassen (§ 12 Abs. 5 ErbStG i.V. m. § 11 Abs. 1 BewG Abschn. 40 Abs. 2 Satz 2 ErbStR).

Es handelt sich um (70 000/100 =) 700 Stück. 700 Stück x 170 € = 119 000 €.

Bargeld

Das Bargeld gehört zum BV. Sein Wert wird durch **Zählen** (nicht durch Bewerten) ermittelt. Eine besondere Bewertung findet nicht statt. Bewerten bedeutet, Wirtschaftsgüter, die nicht in Geld bestehen, in Geld umzurechnen.

Übrige Aktiva

Ansatz gem. §§ 95, 109 BewG mit dem Steuerbilanzwert: 60 000 €.

Prozessrückstellungen

Sie stellen **echte Schulden** dar und mindern dementsprechend das BV (§ 95 Abs. 1, § 103 Abs. 1 BewG). Der Abzug erfolgt mit dem Wert laut Steuerbilanz (§ 109 Abs. 1 BewG, R 118 Abs. 1 ErbStR): 580 000 €.

6b-Rücklage

Die Rücklage kann nicht übernommen werden; sie stellt keine Schuld dar, sondern ist Teil des Eigenkapitals (§ 103 Abs. 3 BewG, R 118 Abs. 2 ErbStR).

Übrige Verbindlichkeiten

Diese sind entsprechend der Steuerbilanz anzusetzen (§ 103 BewG): 70 000 €.

Korrekturen nach R 39 Abs. 2 Satz 4 Nr. 3 ErbStR

Die im Januar 2006 hinzu erworbenen Aktien sind mit dem Kurswert vom 31. 1. 2006 anzusetzen, dabei sind die Anschaffungskosten abzuziehen. Im Ergebnis sind sie in der Weise zu erfassen, dass der eingetretene **Kursgewinn** berücksichtigt wird:

100 Stück x 50 € (170 € ./. 120 €) = 5 000 €

Zusammenfassung (Inhalt der VA):

Grundstück	1 600 000 €
Wertpapiere am 31. 12. 2005	119 000 €
Bargeld	10 000 €
übrige Aktiva	60 000 €
Summe	1 789 000 €
Prozesskostenrückstellungen	./. 580 000 €
übrige Verbindlichkeiten	./. 70 000 €
Zwischenergebnis	1 139 000 €
Korrektur nach R 39 Abs. 2 ErbStR	5 000 €
Wert des Betriebsvermögens	1 144 000 €

Der Anteil des R. R. an diesem Wert berechnet sich nach § 97 Abs. 1a BewG i.V. m. R 116 Abs. 2 ErbStR wie folgt:

Wert des Betriebsvermögens lt. VA	1 144 000 €
Kapitalkonten lt. Bilanz	./. 100 000 €
Unterschied	1 044 000 €
Anteil des R. R. 60 %	626 400 €
Kapitalkonto des R. R.	65 000 €
Anteil des R. R. am BV der KG	691 400 €
Anwendung des § 13a Abs. 1 ErbStG	./. 225 000 €
verbleiben	466 400 €
Ansatz mit 65 % (§ 13a Abs. 2 ErbStG)	303 160 €

d) Lebensversicherung

Die Forderung aus der Lebensversicherung gehört zwar nicht zur Erbmasse. Sie ist jedoch gem. § 3 Abs. 1 Nr. 4 ErbStG steuerpflichtig und mit dem Nennwert gem. § 12 Abs. 1 BewG zu erfassen: 1 000 000 €.

e) Hausrat

Die Wohnungseinrichtung einschließlich der gelieferten Ledergarnitur ist mit dem gemeinen Wert gem. § 9 Abs. 1 BewG zu bewerten: 60 000 €. Gemäß § 13 Abs. 1 Nr. 1a ErbStG ist ein **Freibetrag** von 41 000 € abzuziehen, so dass im Ergebnis 19 000 € anzusetzen sind.

3. Nachlassverbindlichkeiten

a) Rentenschuld

Bei der Rentenschuld gegenüber Heinrich Alt handelt es sich um eine Erblasserschuld, die nach § 10 Abs. 5 Nr. 1 ErbStG **abzugsfähig** ist.

Es liegt eine abgekürzte Leibrente (Höchstzeitrente) vor. Rechtsgrundlage für die Bewertung ist § 12 Abs. 1 ErbStG i. V. m. §§ 13 – 16 BewG. Für die Bewertung selbst ist eine Vergleichsrechnung anzustellen zwischen dem Wert nach § 13 Abs. 1 BewG und dem Wert nach § 14 Abs. 1 BewG. Der kleinere Wert ist maßgebend, da er dem wahrscheinlichen Geschehensablauf am nächsten kommt.

Jahreswert (§ 15 Abs. 1 BewG): 700 € x 12 Monate = 8 400 €.

Vervielfältiger für einen 62 Jahre alten Mann (Anl. 9 zu § 14 Abs. 1 BewG): 9,889.

Vervielfältiger nach Anl. 9a zu § 13 Abs. 1 BewG für eine Restlaufzeit von 16 Jahren und 1 Monat (1. 2. 2006 – 28. 2. 2022):

Vervielfältiger bei 16 Jahren	10,750
Vervielfältiger bei 17 Jahren	11,163
Unterschied	0,413
1/12	0,034

Vervielfältiger für 16 Jahre und 1 Monat (10,750 + 0,034 =) 10,784. Somit ist der Vervielfältiger von 9,889 zugrunde zu legen.

Kapitalwert: 8 400 € x 9,889 = 83 067 €.

b) Honorarverbindlichkeit gegenüber Carola

Diese ist gem. § 10 Abs. 3 ErbStG anzusetzen. Sie stellt eine **Erblasserschuld** dar, die als Nachlassverbindlichkeit nach § 10 Abs. 5 Nr. 1 ErbStG abzugsfähig ist. Die Kapitalschuld kommt zum Ansatz mit dem Nennwert nach § 12 Abs. 1 BewG: 10 000 €.

c) Zahlungsverpflichtung für Ledergarnitur

Es handelt sich um eine nach § 10 Abs. 5 Nr. 1 ErbStG abzugsfähige Erblasserschuld, die nach § 12 Abs. 1 BewG mit dem Nennwert zu bewerten ist: 15 000 €.

Es besteht zwar ein wirtschaftlicher Zusammenhang mit dem teilweise befreiten Hausrat. Da diesbezüglich jedoch (nur) ein **pauschaler Freibetrag** gem. § 13 Abs. 1 Nr. 1a ErbStG gewährt wird, können die korrespondierenden **Schulden** voll **abgezogen** werden (R 31 Abs. 3 Nr. 2 ErbStR).

d) Pflichtteilsanspruch

Der Anspruch wurde tatsächlich nicht geltend gemacht, daher entfällt ein Ansatz als Verbindlichkeit (vgl. § 10 Abs. 5 Nr. 2 ErbStG).

e) Erbfallkosten

Für **Beerdigungskosten** sind pauschal 10 300 € zu berücksichtigen (§ 10 Abs. 5 Nr. 3 ErbStG).

4. Veranlagung zur ErbSt

Grundvermögen	800 000 €
Beteiligung an GmbH	144 000 €
Betriebsvermögen (KG-Beteiligung)	303 160 €
Lebensversicherung	1 000 000 €
Hausrat	19 000 €
Vermögensanfall nach Steuerwerten	2 266 160 €
Rentenschuld	./. 83 067 €
Honorarverbindlichkeit	./. 10 000 €
Schuld für Ledergarnitur	./. 15 000 €
Erbfallkosten	./. 10 300 €
Bereicherung	2 147 793 €
Persönlicher Freibetrag für Ehegatten nach St.-Kl. I (§§ 15 Abs. 1, 16 Abs. Nr. 1 ErbStG)	./. 307 000 €
Versorgungsfreibetrag (§ 17 Abs. 1 ErbStG), ohne Kürzung gem. Satz 2, da Erbin keine Versorgungsbezüge erhält	./. 256 000 €
Steuerpflichtiger Erwerb (§ 10 Abs. 1 Satz 1 ErbStG)	1 584 793 €
abgerundet (§10 Abs. 1 Satz 5 ErbStG)	1 584 700 €
Steuersatz: 19 % (§ 19 Abs. 1 ErbStG)	301 093 €

Überprüfung Härteausgleich (§ 19 Abs. 3 ErbStG, vgl. auch Tabelle in H 75 ErbStH)

512 000 € mit 15 %	76 800 €
$1/2$ von (1 584 700 ./. 512 000)	536 350 €
Hiernach sich ergebende ErbSt	613 150 €

Da sich die bei Anwendung des § 19 Abs. 3 ErbStG ergebende Steuer höher ist, kommt es nicht zur Anwendung der Härteausgleichsregelung.

Die zu zahlende Erbschaftsteuer beträgt somit 301 093 €.

HINWEIS

Das Korrekturschema dieser Klausur können Sie kostenlos auf unserer Homepage www.nwb.de abrufen, indem Sie auf der Startseite unter „Suchen" die Nummer **53997** eingeben. Klicken Sie auf die Abbildung, so gelangen Sie sofort zum Titel.

Um die pdf zu öffnen, geben Sie bitte das Passwort **Verwaltungsakt** ein.

STEUERBERATERPRÜFUNG 2002/2007

Prüfungsaufgabe aus dem Verfahrensrecht und anderen Steuerrechtsgebieten

Bearbeitungszeit: 6 Stunden

Hilfsmittel:
Laut Ladungsschreiben zugelassene Hilfsmittel,
z. B.: NWB-Handausgabe Deutsche Steuergesetze

HINWEIS DER REDAKTION

Veranlagungszeiträume wie 01, 02 etc. sind fiktive Veranlagungszeiträume.
Anzuwenden ist die Rechtslage 2007.

Teil I: Abgabenordnung und Finanzgerichtsordnung

Sie sind als angestellter Steuerberater in der Kanzlei der Steuerberaterin Ramona Reh-auge in Neustadt tätig. Mehrere neue Mandanten haben Termine für eine steuerliche Beratung mit der Steuerberatungskanzlei vereinbart. Da Ihre Chefin an diesem Tag einen wichtigen auswärtigen Termin wahrnehmen muss, wurden Sie gebeten, diese Termine für sie wahrzunehmen.

Sachverhalt 1

Zum vereinbarten Termin (8. 10. 05) erscheint in der Kanzlei der Malermeister Paul Pinsel (nachfolgend als P bezeichnet). Er schildert Ihnen den folgenden, in tatsächlicher Hinsicht zutreffenden Sachverhalt, wobei er die im nachfolgenden Text erwähnten Schriftstücke vorlegt.

P betreibt in Neustadt ein Malergeschäft mit zwei Angestellten. Während er seine Umsatzsteuer-Voranmeldungen und Lohnsteueranmeldungen immer pünktlich beim für ihn zuständigen Finanzamt (FA) Neustadt abgegeben und die Steuern bezahlt hat, ist er wegen Arbeitsüberlastung der Pflicht zur Abgabe der Einkommen- und Umsatzsteuererklärung für die Jahre 02 und 03 nicht nachgekommen. Auch Aufforderungen des FA zur Abgabe der Erklärungen ließ er unbeachtet. Daraufhin erließ das FA mit einfachem Brief am 4. 10. 04 (= Tag der Aufgabe zur Post) Einkommen- und Umsatzsteuerbescheide für die Jahre 02 und 03. Das FA hat den Gewinn bei der Einkommensteuer auf Grundlage der Vorjahre sowie die Bemessungsgrundlagen für die Umsatzsteuer anhand der Umsatzsteuer-Voranmeldungen im Schätzungswege mit einem jeweiligen Sicherheitszuschlag von 10 % ermittelt. Die Steuerbescheide enthielten keine Nebenbestimmungen, jedoch eine ordnungsgemäße Rechtsbehelfsbelehrung.

Mit am 25. 10. 04 beim FA eingegangenem Schreiben legte P gegen alle Steuerbescheide Einspruch ein, ohne diese zu begründen oder die Steuererklärungen vorzulegen. Trotz mehrfacher Erinnerungen des FA reichte P weder eine Begründung noch die Steuererklärungen ein.

Mit Schreiben vom 24. 4. 05 forderte das FA den P erneut auf, seine Einsprüche zu begründen. Weiter heißt es in dem Schreiben:

„Unter Hinweis auf § 346b Abs. 1 Nr. 1 AO fordere ich Sie unter Fristsetzung bis zum 31. 5. 05 auf, die Tatsachen anzugeben, durch deren Berücksichtigung oder Nichtberücksichtigung Sie sich beschwert fühlen. Erklärungen und Beweismittel, die erst nach Ablauf der hiermit gesetzten Frist (= Ausschlussfrist) vorgebracht werden, sind im Einspruchsverfahren nicht mehr zu berücksichtigen, es sei denn, die Voraussetzungen für eine Änderung zu Ihrem Nachteil oder für eine Wiedereinsetzung in den vorigen Stand liegen vor.“

Das Schreiben enthielt keine Rechtsbehelfsbelehrung.

P ließ auch diesen Termin verstreichen, ohne eine Begründung der Einsprüche oder die Steuererklärungen einzureichen. Daraufhin wies das FA mit Einspruchsentscheidung vom 2. 7. 05 die Einsprüche gegen die Einkommen- und Umsatzsteuerbescheide 02 und 03 als unbegründet zurück.

Mit Schreiben vom 24. 7. 05, das am nächsten Tag beim zuständigen Finanzgericht (FG) einging, erhob P Klage. Das Schreiben ist nachfolgend vollinhaltlich wiedergegeben:

„*Paul Pinsel*   *99999 Neustadt, den 24. 7. 05*
                                                                                 Goldmersch 1

Finanzgericht Neustadt
Postfach 1111
99999 Neustadt

K l a g e

des Paul Pinsel, Goldmersch 1, 99999 Neustadt

gegen

das Finanzamt Neustadt, Grünstr. 2, 99999 Neustadt,

wegen Einkommen- und Umsatzsteuer 02 und 03

Ich beantrage, das beklagte Finanzamt zu verurteilen, die Einkommen- und Umsatzsteuerbescheide 02 und 03 in Gestalt der Einspruchsentscheidung vom 2. 7. 05 zu ändern.

Zur Begründung meines Antrages lege ich die Einkommensteuer- und Umsatzsteuer-Erklärungen 02 und 03 nebst umfangreichen Anlagen vor. Danach sind die vom FA durchgeführten Schätzungen zu hoch. Das FG möge die Schätzungsbescheide und die Einspruchsentscheidung beim FA anfordern.

Zur weiteren Begründung trage ich vor, dass es die vom Finanzamt genannte Vorschrift „§ 346b AO“ nicht gibt. Die vom Finanzamt gesetzte Ausschlussfrist kann daher keine Wirkung zeigen. Zudem war die Frist zur Erstellung der Steuererklärungen zu kurz. Im Übrigen weise ich darauf hin, dass es das Finanzamt im Schreiben vom 24. 4. 05 unterlassen hat, mich über die Rechtsfolgen des § 76 Abs. 3 FGO zu belehren. Meinem Antrag ist daher stattzugeben.

gez. Paul Pinsel“

Der Berichterstatter des zuständigen Senats beim FG stellte bei Durchsicht der von P eingereichten Unterlagen fest, dass P in 02 und 03 gewinnmindernd Forderungs-abschreibungen i. H. v. 30 000 € sowie Umsatzsteuerkürzungen i. H. v. 5 700 € geltend gemacht hat. Diese waren in den von P eingereichten Unterlagen nicht näher erläutert.

Der Berichterstatter forderte P mit Schreiben vom 15. 8. 05 auf, die Forderungsabschrei-bungen und Umsatzsteuerkürzungen dem Grunde und der Höhe nach zu erläutern und durch geeignete Unterlagen nachzuweisen sowie die Namen der Schuldner anzugeben. Hierfür setzte er dem P eine Frist bis zum 13. 9. 05. Mit gleicher Post setzte der Bericht-erstatter wegen der günstigen Geschäftslage des FG den Termin für die mündliche Ver-handlung auf den 21. 10. 05 fest. Gleichzeitig übersandte der Berichterstatter die Klage des P dem FA mit der Bitte um Gegenäußerung bis zum 13. 9. 05 und bat um Übersen-dung der Steuerakten des P zum gleichen Termin.

Das FA übersandte fristgerecht die Steuerakten des P sowie die Gegenäußerung und beantragte aus den in der Einspruchsentscheidung genannten Gründen Klageabwei-sung.

In dem Gespräch mit Ihnen teilt P mit, dass er die vom FG gesetzte Frist wegen Arbeits-überlastung habe verstreichen lassen. Zudem sehe er nicht ein, wozu das FG die gefor-derten Angaben benötige, denn das Gericht müsste ebenso wie das FA seinen Angaben vertrauen. Schließlich habe er mit der Unterschrift unter die Steuererklärungen deren Richtigkeit bestätigt. Er werde deshalb der Forderung des FG nicht nachkommen, auch wenn das FG ihn nochmals mit Schreiben vom 16. 9. 05 aufgefordert habe, spätestens bis zur mündlichen Verhandlung die geforderten Erläuterungen und Nachweise zu er-bringen, da die Frage der Berechtigung der Forderungsabschreibungen anhand der vom FA übersandten Steuerakten nicht aufgeklärt werden kann. Zudem teilte das FG mit, dass sich in den Steuerakten zu den festgesetzten Besteuerungsgrundlagen keine Hin-weise finden, die das FA bei der Schätzung außer Acht gelassen hat. P erklärt Ihnen fer-ner, er habe dem FG gegenüber unmittelbar nach Erhalt des letztgenannten Schreibens unter Hinweis auf seine unterschriebenen Steuererklärungen einen weiteren Nachweis abgelehnt.

Aufgabe

P, der von Ihnen eine steuerrechtliche Beratung wünscht, möchte folgende Fragen ge-klärt haben:

1) Hat die Klage vom 24. 7. 05 Aussicht auf Erfolg?
   Gehen Sie in diesem Zusammenhang auf den Charakter und die Rechtmäßigkeit der Fristsetzung durch das FA ein.

2) In welcher Form wird das FG über die Klage entscheiden, wenn die Sache von grund-sätzlicher Bedeutung ist und das Gericht deshalb die Revision zulassen will?

Sachverhalt 2

Am selben Tag – 8. 10. 05 – erscheint der bisher steuerlich nicht beratene ledige und konfessionslose Benno Becker (nachfolgend als B bezeichnet) mit seiner Freundin Daisy Dollar (nachfolgend: D) in der Steuerberatungskanzlei und bittet Sie um Beratung.

B war bis zum 31. 8. 05 Angestellter in einer Zoohandlung in Neustadt und erzielte Einkünfte aus nichtselbstständiger Tätigkeit. Nunmehr ist er arbeitslos. Daneben ist er als selbstständiger Schriftsteller tätig.

B schildert den nachfolgenden, in tatsächlicher Hinsicht zutreffenden Sachverhalt und legt Ihnen die dort genannten Schriftstücke vor:

B ist seit fast 14 Jahren als äußerst produktiver, aber erfolgloser Schriftsteller tätig. Seit Beginn der schriftstellerischen Tätigkeit bis heute hat er trotz Verkaufs einiger Manuskripte an verschiedene kleine Verlage Verluste von jährlich ca. 10 000 € gemacht. Bis einschließlich des Veranlagungszeitraums 01 wurden diese Verluste auch stets steuerlich anerkannt. Die Einkommensteuerbescheide 02 und 03 ergingen bezüglich der Verluste aus der schriftstellerischen Tätigkeit vorläufig nach § 165 AO mit dem weiteren Hinweis, dass im Rahmen der Veranlagung 04 die Frage der steuerlich schädlichen Liebhaberei geprüft werden soll. In der im April 05 eingereichten Einkommensteuererklärung 04 erklärt B wiederum einen Verlust aus schriftstellerischer Tätigkeit i. H. v. 10 000 €.

Das FA erkannte den für 04 erklärten neuerlichen Verlust aus der schriftstellerischen Tätigkeit wegen Liebhaberei nicht an. Zudem änderte das FA die vorläufigen Einkommensteuerbescheide 02 und 03 durch Streichung der bisher anerkannten Verluste.

Die geänderten Einkommensteuerbescheide 02 und 03, gestützt auf § 165 AO, sowie der Erstbescheid für 04 gingen am 13. 6. 05 mit einfachem Brief zur Post. Die Einkommensteuerbescheide 02 bis 04 enthielten als Begründung den Vermerk: „Die Verluste aus der schriftstellerischen Tätigkeit werden wegen Liebhaberei nicht mehr anerkannt. Auf die rechtlichen Hinweise in der Vergangenheit in dieser Angelegenheit wird hingewiesen."

Während der Einkommensteuerbescheid 04 weder eine Erstattung noch eine Nachzahlung ergab, wiesen die geänderten Bescheide für 02 einen Betrag von 4 900 € und für 03 von 4 250 € auf, die jeweils für Einkommensteuer, Zinsen und Solidaritätszuschlag einzeln in den Bescheiden angegeben waren. Die Steuerbescheide forderten die Nachzahlung dieser beiden Beträge mit Leistungsgebot zum 17. 7. 05 an.

B legte mit Schreiben vom 5. 7. 05 Einspruch ein. Er wies die Liebhaberei weit von sich und pochte auf die Ernsthaftigkeit seiner schriftstellerischen Tätigkeit. Letztlich habe es nicht an ihm gelegen, wenn die Mehrzahl der Verlage seine Manuskripte nicht angenommen habe. Die Nachzahlungen lehnt er deshalb ab und zahlte bei Fälligkeit nicht. Über die Einsprüche hat das FA bis zum heutigen Tage noch nicht entschieden. Einen Antrag auf Aussetzung der Vollziehung hat B bislang nicht gestellt.

Mit Schreiben vom 16. 8. 05 erhielt B eine Mahnung des FA über die geforderten Beträge einschließlich Säumniszuschlägen mit einer Zahlungsfrist von einer Woche.

Am 30. 8. 05 wurde von der Vollstreckungsstelle des FA eine Vollstreckungsankündigung abgeschickt. Auf alle Schreiben reagierte B wiederum nicht.

Am 10. 9. 05 erschien der Vollziehungsbeamte des FA Rainer Ramb (nachfolgend R) bei B und verlangte unter Vorlage des Vollstreckungsauftrages die Zahlung der Rückstände sowie die Vollstreckungskosten. B ließ den Vollziehungsbeamten nach Belehrung in seine Wohnung, um vor neugierigen Nachbarn sicher zu sein. B erklärte dem R, er möge sich einen Moment gedulden, weil er noch den Schlusssatz seines Manuskripts schreiben müsse. In der Zwischenzeit könne sich R in der Wohnung umsehen. Dabei entdeckte R im Arbeitszimmer einen neuen PC mit Drucker und Tastatur sowie eine alte Regalwand mit Büchern. Gegen den Protest des B, er müsse am PC ein neues Manuskript schreiben, pfändet R durch Anbringen von Pfandsiegeln den PC nebst Drucker und Tastatur. Im Wohnzimmer entdeckte R eine hochwertige Stereoanlage der Marke „Bung & Ulofsen" mit einem geschätzten Verkehrswert von 3 500 €. Auch diese pfändete R durch Anbringen von Pfandsiegeln. Hinsichtlich der Stereoanlage weist B den R darauf hin, dass diese nicht in seinem Eigentum stehe, sondern seiner Freundin D gehöre und daher eine Pfändung unzulässig sei. Im Wohnzimmer findet R einen uralten Schwarzweißfernseher vor. Von einer Pfändung nimmt er Abstand, da eine Verwertbarkeit aussichtslos ist.

B, nach einem Girokonto befragt, erklärt glaubhaft, dass er aus Überzeugung auf Barzahlung bestehe und kein Girokonto unterhalte. Dies habe auch für seine Gehaltszahlung durch die Zoohandlung gegolten.

Nach Abschluss der Vollstreckungsmaßnahmen händigt R dem B ein Pfändungsprotokoll aus.

Am 20. 9. 05 ließ R die bei B gepfändeten Gegenstände (PC, Monitor, Tastatur und Stereoanlage) abholen, weil das FA beabsichtigt, Mitte Oktober 05 wegen Platzmangels in der Pfandkammer Pfandsachen zu versteigern.

Aufgabe

Benno Becker und Daisy Dollar möchten von Ihnen wegen der drohenden Versteigerung der gepfändeten Sachen wissen, ob

1) die durch das FA vorgenommenen Pfändungen rechtmäßig erfolgt sind oder ganz oder teilweise aufzuheben sind und

2) ein aufgrund der Einsprüche gegen die Änderungsbescheide betreffend die Veranlagungszeiträume 02 und 03 jetzt noch zu stellender Antrag auf Aussetzung der Vollziehung die Vollstreckungsmaßnahmen außer Kraft setzen könne, oder was sonst noch erforderlich ist, um die Fortsetzung der Vollstreckungsmaßnahmen gegenüber B und D zu verhindern.

BEARBEITUNGSHINWEIS ZU SACHVERHALT 1 UND 2:

Begründen Sie Ihre Antworten unter genauer Angabe der gesetzlichen Vorschriften.

Maßgeblicher Zeitpunkt für Ihre Entscheidung ist der 8. 10. 05.

Anlage 1

Kalender 05

KALENDERÜBERSICHT 05

JANUAR

1	Di	Neujahr	1.W
2	Mi		
3	Do		
4	Fr		
5	Sa		
6	So	Hl. Drei Könige z.T.	
7	Mo		2.W
8	Di		
9	Mi		
10	Do		
11	Fr		
12	Sa		
13	So		
14	Mo		3.W
15	Di		
16	Mi		
17	Do		
18	Fr		
19	Sa		
20	So		
21	Mo		4.W
22	Di		
23	Mi		
24	Do		
25	Fr		
26	Sa		
27	So		
28	Mo		5.W
29	Di		
30	Mi		
31	Do		

FEBRUAR

1	Fr		
2	Sa		
3	So		
4	Mo		6.W
5	Di		
6	Mi		
7	Do		
8	Fr		
9	Sa		
10	So		
11	Mo		7.W
12	Di		
13	Mi		
14	Do		
15	Fr		
16	Sa		
17	So		
18	Mo		8.W
19	Di		
20	Mi		
21	Do		
22	Fr		
23	Sa		
24	So		
25	Mo		9.W
26	Di		
27	Mi		
28	Do		

MÄRZ

1	Fr		
2	Sa		
3	So		
4	Mo		10.W
5	Di		
6	Mi		
7	Do		
8	Fr		
9	Sa		
10	So		
11	Mo		11.W
12	Di		
13	Mi		
14	Do		
15	Fr		
16	Sa		
17	So		
18	Mo		12.W
19	Di		
20	Mi		
21	Do		
22	Fr		
23	Sa		
24	So		
25	Mo		13.W
26	Di		
27	Mi		
28	Do		
29	Fr	Karfreitag	
30	Sa		
31	So	Ostersonntag	

APRIL

1	Mo	Ostermontag	14.W
2	Di		
3	Mi		
4	Do		
5	Fr		
6	Sa		
7	So		
8	Mo		15.W
9	Di		
10	Mi		
11	Do		
12	Fr		
13	Sa		
14	So		
15	Mo		16.W
16	Di		
17	Mi		
18	Do		
19	Fr		
20	Sa		
21	So		
22	Mo		17.W
23	Di		
24	Mi		
25	Do		
26	Fr		
27	Sa		
28	So		
29	Mo		18.W
30	Di		

MAI

1	Mi	Maifeiertag	
2	Do		
3	Fr		
4	Sa		
5	So		
6	Mo		19.W
7	Di		
8	Mi		
9	Do	Christi Himmelfahrt	
10	Fr		
11	Sa		
12	So		
13	Mo		20.W
14	Di		
15	Mi		
16	Do		
17	Fr		
18	Sa		
19	So	Pfingstsonntag	
20	Mo	Pfingstmontag	21.W
21	Di		
22	Mi		
23	Do		
24	Fr		
25	Sa		
26	So		
27	Mo		22.W
28	Di		
29	Mi		
30	Do	Fronleichnam z.T.	
31	Fr		

JUNI

1	Sa		
2	So		
3	Mo		23.W
4	Di		
5	Mi		
6	Do		
7	Fr		
8	Sa		
9	So		
10	Mo		24.W
11	Di		
12	Mi		
13	Do		
14	Fr		
15	Sa		
16	So		
17	Mo		25.W
18	Di		
19	Mi		
20	Do		
21	Fr		
22	Sa		
23	So		
24	Mo		26.W
25	Di		
26	Mi		
27	Do		
28	Fr		
29	Sa		
30	So		

JULI

1	Mo		27.W
2	Di		
3	Mi		
4	Do		
5	Fr		
6	Sa		
7	So		
8	Mo		28.W
9	Di		
10	Mi		
11	Do		
12	Fr		
13	Sa		
14	So		
15	Mo		29.W
16	Di		
17	Mi		
18	Do		
19	Fr		
20	Sa		
21	So		
22	Mo		30.W
23	Di		
24	Mi		
25	Do		
26	Fr		
27	Sa		
28	So		
29	Mo		31.W
30	Di		
31	Mi		

AUGUST

1	Do		
2	Fr		
3	Sa		
4	So		
5	Mo		32.W
6	Di		
7	Mi		
8	Do		
9	Fr		
10	Sa		
11	So		
12	Mo		33.W
13	Di		
14	Mi		
15	Do	Mariä Himmelfahrt z.T.	
16	Fr		
17	Sa		
18	So		
19	Mo		34.W
20	Di		
21	Mi		
22	Do		
23	Fr		
24	Sa		
25	So		
26	Mo		35.W
27	Di		
28	Mi		
29	Do		
30	Fr		
31	Sa		

SEPTEMBER

1	So		
2	Mo		36.W
3	Di		
4	Mi		
5	Do		
6	Fr		
7	Sa		
8	So		
9	Mo		37.W
10	Di		
11	Mi		
12	Do		
13	Fr		
14	Sa		
15	So		
16	Mo		38.W
17	Di		
18	Mi		
19	Do		
20	Fr		
21	Sa		
22	So		
23	Mo		39.W
24	Di		
25	Mi		
26	Do		
27	Fr		
28	Sa		
29	So		
30	Mo		40.W

OKTOBER

1	Di		
2	Mi		
3	Do	Tag d.dt. Einheit	
4	Fr		
5	Sa		
6	So		
7	Mo		41.W
8	Di		
9	Mi		
10	Do		
11	Fr		
12	Sa		
13	So		
14	Mo		42.W
15	Di		
16	Mi		
17	Do		
18	Fr		
19	Sa		
20	So		
21	Mo		43.W
22	Di		
23	Mi		
24	Do		
25	Fr		
26	Sa		
27	So		
28	Mo		44.W
29	Di		
30	Mi		
31	Do	Reformationstag z.T.	

NOVEMBER

1	Fr	Allerheiligen z.T.	
2	Sa		
3	So		
4	Mo		45.W
5	Di		
6	Mi		
7	Do		
8	Fr		
9	Sa		
10	So		
11	Mo		46.W
12	Di		
13	Mi		
14	Do		
15	Fr		
16	Sa		
17	So		
18	Mo		47.W
19	Di		
20	Mi	Buß- und Bettag z.T.	
21	Do		
22	Fr		
23	Sa		
24	So		
25	Mo		48.W
26	Di		
27	Mi		
28	Do		
29	Fr		
30	Sa		

DEZEMBER

1	So		
2	Mo		49.W
3	Di		
4	Mi		
5	Do		
6	Fr		
7	Sa		
8	So		
9	Mo		50.W
10	Di		
11	Mi		
12	Do		
13	Fr		
14	Sa		
15	So		
16	Mo		51.W
17	Di		
18	Mi		
19	Do		
20	Fr		
21	Sa		
22	So		
23	Mo		52.W
24	Di		
25	Mi	1. Weihnachtstag	
26	Do	2. Weihnachtstag	
27	Fr		
28	Sa		
29	So		
30	Mo		1.W
31	Di		

Regionale Feiertage in Deutschland

Heilige Drei Könige:
Baden-Württemberg, Bayern, Sachsen-Anhalt

Fronleichnam:
Baden-Württemberg, Bayern, Hessen, Nordrhein-Westfalen, Rheinland-Pfalz, Saarland, Sachsen teilw., Thüringen teilw.

Mariä Himmelfahrt:
Bayern teilw., Saarland

Reformationstag:
Brandenburg, Mecklenburg-Vorpommern, Sachsen, Sachsen-Anhalt, Thüringen

Allerheiligen:
Baden-Württemberg, Bayern, Nordrhein-Westfalen, Rheinland-Pfalz, Saarland

Buß- und Bettag:
Sachsen

Teil II: Umsatzsteuer

Sachverhalt 1

Verona Waldbaum (VW) ist in Hamburg als Immobilien- und Versicherungsmaklerin tätig. Sie versteuert ihre Umsätze nach vereinbarten Entgelten und gibt monatlich Voranmeldungen ab.

Im Februar 2007 bestellt VW angesichts plötzlich aufgetretener heftiger Schneefälle beim Autohändler Max Brunner (MB) einen Geländewagen. Liefertermin soll Ende März 2007 sein. Am 19. 3. 2007 erbittet MB telefonisch eine Anzahlung i. H. v. 10 000 €, die VW auch umgehend zahlt.

Wegen technischer Probleme beim Hersteller verzögert sich die Auslieferung des Fahrzeugs bis Anfang April 2007. Am 2. 4. 2007 holt VW schließlich ihr Auto bei MB ab. MB stellt ihr am gleichen Tag eine Rechnung über 30 500 € + 6 795 € Umsatzsteuer aus, die VW am 20. 4. 2007 unter Abzug der bereits gezahlten 10 000 € überweist.

VW nutzt das Fahrzeug zu 40 % für ihre Tätigkeit als Immobilienmaklerin, zu 20 % für ihre Versicherungsmaklerarbeit und zu 40 % für private Fahrten (Nachweis durch ein Fahrtenbuch, das VW für ertragsteuerliche Zwecke führt).

Im Laufe der Zeit und mit zunehmend schönem Wetter merkt VW, dass ein Geländewagen doch nicht das Richtige für sie ist. Sie schaut sich deshalb bei MB um und sieht ein Cabriolet, das ihr nun viel besser gefällt.

VW und MB werden sich schnell handelseinig. Am 1. 6. 2007 holt VW bei MB ihr neues Fahrzeug ab und gibt ihren Geländewagen in Zahlung. MB stellt ihr – vereinfacht dargestellt – folgende Rechnung aus:

„Cabriolet	71 920 €
Geländewagen	31 900 €
zu zahlen	40 020 €

In diesem Betrag sind – berechnet auf das Nettoentgelt von 33 630,25 € – 6 389,75 € Umsatzsteuer enthalten.“

VW nutzt das Cabriolet für die gleichen Zwecke und im gleichen Umfang wie vorher den Geländewagen.

Aufgabe

VW stellt Ihnen folgende Fragen:

1. Kann ich aus dem Kauf der beiden Autos Vorsteuern abziehen? Ich möchte so viel wie möglich abziehen. Muss ich dann für meine privaten Fahrten Umsatzsteuer zahlen?

2. Hat es umsatzsteuerliche Auswirkungen bei mir, weil ich den Geländewagen – so schnell – wieder verkauft habe?

Sachverhalt 2

Der schottische Kinderwarenhändler Stephen Hill (SH) liefert Waren direkt von Schottland nach Deutschland. SHs Vertriebsleiter schickt Ihnen aus Schottland eine Musterrechnung und bittet Sie um Prüfung, ob eine derartige Rechnungsgestaltung (nach den deutschen Vorschriften) ordnungsgemäß ist.

Die Rechnung enthält u. a. folgende Angaben:

Artikel	Einzelpreis netto	MwSt %	Anzahl	Gesamtbetrag ohne MwSt	Gesamtbetrag inkl. MwSt
Puppe	46 €	19	1	46,00 €	54,74 €
Bilderbuch	19 €	7	1	19,00 €	20,33 €
Schuhe	75 €	0	1	75,00 €	75,00 €
				140,00 €	150,07 €
		Verpackung		6,20 €	6,20 €
		Versand		9,10 €	9,10 €
		zu zahlen			165,37 €

Aufgabe

Sie wissen von dem Unternehmen SH nicht mehr, als aus der Rechnung entnommen werden kann. Nehmen Sie ungeachtet dieser beschränkten Kenntnis des Sachverhalts dazu Stellung, ob die Rechnung des Unternehmers SH zutreffend ist. Zahlenmäßige Auswirkungen brauchen nicht dargestellt zu werden. Soll/muss SH für seine künftigen Umsätze überhaupt Rechnungen in Deutschland erteilen oder kann er ganz darauf verzichten?

Sachverhalt 3

Das Bauunternehmen Hans Huber KG hat sein gesamtes Unternehmen am 31. 12. 2007 entgeltlich veräußert. Das vorhandene Anlagevermögen wurde zum großen Teil an die Maier KG, die anderen für den Betrieb des Bauunternehmens wesentlichen Wirtschaftsgüter des Anlagevermögens und des Umlaufvermögen (ohne Kassenbestand) an die Konzept Bau GmbH veräußert. Die Anteile der GmbH werden von den Gesellschaftern der Maier KG gehalten. Die GmbH mietet das Anlagevermögen von der Maier KG und wird das Unternehmen unverändert fortführen. Die Hans Huber KG hat der Maier KG und der Konzept Bau GmbH jeweils eine Rechnung mit gesondertem Steuerausweis erteilt.

Aufgabe

Die Veräußerung des Unternehmens durch die Hans Huber KG unterliegt der Umsatzsteuer (und Umsatzsteuer ist – dem Grunde nach – zutreffend in Rechnung gestellt worden), soweit die im Zusammenhang mit der Veräußerung ausgeführten Leistungen steuerbar und steuerpflichtig sind.

Die Hans Huber KG fragt bei Ihnen als steuerlicher Vertreter an, ob die Veräußerung des Unternehmens der Umsatzsteuer unterliegt. Insbesondere wirft die KG die Frage auf, ob sie zutreffend Umsatzsteuer in Rechnung gestellt hat.

Zeigen Sie kurz die verschiedenen rechtlichen Möglichkeiten der Beurteilung des Sachverhalts und deren jeweilige Auswirkung auf den Umsatzsteuerausweis auf.

Teil III: Erbschaftsteuer und Schenkungsteuer

Herr A. Meier, geboren am 24. 2. 1957, wohnhaft in Nürnberg, Weidener Str. 2, ist nach einem Aufenthalt in Westafrika an einer unheilbaren Infektionskrankheit erkrankt und – nach seiner Rückkehr nach Deutschland – am 1. 7. 2007 im Klinikum der Universität Erlangen verstorben.

Mit notariellem Testament vom 7. 12. 2001 hatte Herr Meier seinen verwitweten Vater, wohnhaft in Nürnberg, zu drei Viertel und seine Schwester zu einem Viertel als seine Erben eingesetzt. Gleichzeitig hatte er im Testament verfügt, dass seine Lebensgefährtin eine Rente i. H. v. 18 000 € jährlich über eine Laufzeit von 10 Jahren und die Einrichtung „Weißer Ring – Gemeinnütziger Verein zur Unterstützung von Kriminalitätsopfern und zur Verhütung von Straftaten e. V. – Mainz", einen Betrag von 50 000 € erhalten sollten.

Nachlass des Erblassers

Grundstück (Dreifamilienhaus) in Nürnberg, Weidener Str. 2

Das Grundstück (Bezugsfertigkeit: 15. 10. 2001) hatte der Vater noch im Dezember 2002 seinem Sohn (Erblasser) geschenkt. Das Grundstück hat eine Fläche von 710 qm. Das Gebäude wurde seit Bezugsfertigkeit bis zum Todestag des Erblassers wie folgt genutzt:

Erdgeschoss:	100 qm Wohnung des Erblassers
1. Stock:	100 qm Wohnung der Schwester des Erblassers
2. Stock:	100 qm Wohnung des Freundes des Erblassers (Angestellter bei der Fa. Siemens)

Zu jeder Wohnung gehört eine Garage.

Die Schwester und der Freund des Erblassers haben deshalb bei Beginn des Mietverhältnisses jeweils eine Wohnung und die dazu gehörige Garage gemietet. Die vereinbarte Miete beträgt seither unverändert jeweils:

Wohnungsmiete 700 €/mtl., Garagenmiete: 50 €/mtl.

Von den Mietern sind daneben noch die Betriebskosten zu tragen, die am Todestag des Erblassers 75 €/mtl. betrugen.

Die ortsübliche Miete beträgt für die o. a. Wohnungen jeweils 1 100 €/mtl. und für die Garagen jeweils 60 €/mtl.

Der vom Gutachterausschuss ermittelte Bodenrichtwert beträgt im Besteuerungszeitpunkt 949 €/qm.

Aktien an der Oberland-AG

Der Erblasser war mit 80 000 € am Grundkapital (8 000 000 €) der Oberland-AG beteiligt. Der Kurswert für diese Aktien betrug am 1. 7. 2007 an den Börsen in Frankfurt 326 % und in München 324 %.

Nichtnotierte Anteile an der Universal-GmbH Nürnberg

Der Erblasser hatte die GmbH-Beteiligung (35 % am Stammkapital von 1 000 000 €) im Nennwert von 350 000 € am 8. 3. 2002 von seinem Großvater geerbt. Im gewöhnlichen Geschäftsverkehr hatte der Erblasser am 12. 10. 2006 und am 18. 10. 2006 jeweils Anteile im Nennwert von 50 000 € für jeweils 140 000 € veräußert. Im Verkaufserlös waren Zuschläge für den Beteiligungscharakter nicht enthalten.

Unverzinsliches Darlehen

Der Erblasser hatte seiner Schwester am 20. 1. 2007 ein unverzinsliches Darlehen von 48 000 € gewährt, das in gleichen Jahresraten zu tilgen ist.

Fälligkeit der ersten Rate nach dem Besteuerungszeitpunkt 20. 7. 2007, Fälligkeit der letzten Rate 20. 7. 2014.

Bankguthaben und Bargeld

Das Bankguthaben und das Bargeld des Erblassers betrugen am Todestag 220 000 €.

Lebensversicherung

Der Erblasser hatte für sich eine Lebensversicherung von 200 000 € abgeschlossen. Bezugsberechtigte dieser Lebensversicherung ist die Lebensgefährtin des Erblassers.

Schulden des Erblasses

Die Hypothek valutiert am Todestag des Erblassers noch mit 549 590 €.

Einkommensteuerschuld 2005 (Abschlusszahlung) 14 600 €.

Sonstige Angaben

Der Erblasser hatte seiner Lebensgefährtin am 12. 8. 2006 zum „45. Geburtstag" einen Ring im Wert von 2 500 € geschenkt.

Nach der Auflösung der Bankkonten des Erblassers hat sein Vater am 15. 9. 2007 einen Teil seines geerbten Geldvermögens, und zwar i. H. v. 15 000 €, dem Stadtmuseum in Nürnberg zugewendet.

Aufgabe

Ermitteln Sie den Grundbesitzwert für das Grundstück Nürnberg, Weidener Str. 2 auf den 1. 7. 2007.

Beurteilen Sie alle Erwerbe erbschaft- und schenkungsteuerlich und berechnen Sie die Erbschaftsteuer (Schenkungsteuer), die von den einzelnen Erwerbern zu entrichten ist.

Die schenkungsteuerliche Beurteilung der Grundstücksschenkung des Vaters an den Sohn im Dezember 2002 ist nicht erforderlich.

Die unentgeltliche Zuwendung der Nutzungsmöglichkeit des Darlehens an die Schwester des Erblassers und die Kosten im Zusammenhang mit der Beerdigung des Erblassers (§ 10 Abs. 5 Nr. 3 ErbStG) sind bei der Ermittlung der Steuerbeträge nicht zu berücksichtigen.

Begründen Sie Ihre Entscheidungen unter Angabe der maßgebenden Vorschriften.

STEUERBERATERPRÜFUNG 2002/2007

Lösung der Prüfungsaufgabe aus dem Verfahrensrecht und anderen Steuerrechtsgebieten

Teil I: Abgabenordnung und Finanzgerichtsordnung

Verfasser: Prof. Dr. Martin Stirnberg

Sachverhalt 1

Aufgabe 1

Die am 25. 7. 05 beim Finanzgericht (FG) Neustadt eingegangene Klage des Malermeisters Paul Pinsel (nachfolgend: P) gegen die vom Finanzamt (FA) Neustadt am 4. 10. 04 (= Tag der Aufgabe zur Post) erlassenen Einkommensteuer- und Umsatzsteuer-Schätzungsbescheide der Jahre 02 und 03 wird erfolgreich sein, wenn

► die Klage zulässig ist,

► das Gericht nicht gehindert ist, im gegenwärtigen Verfahrensstand über den Rechtsstreit zu entscheiden, **und**

► die Klage begründet ist.

I. Zulässigkeit der Klage

Im Zeitpunkt der Entscheidung des FG über eine Klage müssen sämtliche Zulässigkeits- (= Sachentscheidungs-) Voraussetzungen gegeben sein.

1. Zulässigkeit des Finanzrechtswegs

Der Finanzrechtsweg ist für die Klage des P nach § 33 Abs. 1 Nr. 1 i.V. m. Abs. 2 FGO gegeben, weil es sich bei dem Streit über die Rechtmäßigkeit der Einkommensteuer- und Umsatzsteuer-Schätzungsbescheide um eine öffentlich-rechtliche Streitigkeit über Abgabenangelegenheiten handelt.

2. Zuständigkeit des FG

Nach § 35 FGO entscheidet stets das FG im ersten Rechtszug über alle Streitigkeiten, für die der Finanzrechtsweg gegeben ist.

Gemäß § 38 Abs. 1 FGO ist örtlich zuständig das FG, in dessen Bezirk die beklagte Behörde ihren Sitz hat, also hier das FG Neustadt, in dessen Zuständigkeitsbereich das beklagte FA liegt.

3. (Zutreffende) Klageart

Ausgehend von dem Ziel des P, die Änderung der in den Steuerbescheiden vom 4. 10. 04 festgesetzten Einkommensteuer und Umsatzsteuer der Jahre 02 bzw. 03 zu erreichen, kommt als statthafte Klageart die Anfechtungsklage nach § 40 Abs. 1 erste Alt. FGO in Betracht.

Die Anfechtungsklage, deren Gegenstand nach einem **Vorverfahren** gem. § 44 Abs. 2 FGO der **ursprüngliche Verwaltungsakt** (VA) in der Gestalt ist, die er durch die Entscheidung über den außergerichtlichen Rechtsbehelf gefunden hat, ist eine Gestaltungsklage, weil sie in den Fällen des § 100 Abs. 2 FGO, also u. a. bei den einen Geldbetrag festsetzenden VAen, auf eine Änderung des mit dem Erlass des VA geschaffenen Rechtszustandes gerichtet ist.

4. Durchführung des außergerichtlichen Rechtsbehelfsverfahren

Das FG kann grundsätzlich im Klageweg nur angerufen werden, wenn ein außergerichtliches **Vorverfahren** (= Einspruchsverfahren nach § 347 Abs. 1 AO) ganz oder teilweise **erfolglos** durchgeführt worden ist. Dies gilt nach § 44 Abs. 1 FGO für alle Fälle, in denen ein außergerichtlicher Rechtsbehelf gesetzlich vorgesehen ist, wobei es unerheblich ist, ob der Einspruch als unzulässig verworfen oder als unbegründet bzw. teilweise unbegründet zurückgewiesen worden ist.

P hat gegen die Schätzungsbescheide mit am 25. 10. 04 beim FA eingegangenen Schreiben Einspruch eingelegt. Die Einsprüche gegen die Einkommensteuer- und Umsatzsteuerbescheide 02 und 03 hat das FA Neustadt mit Einspruchsentscheidung vom 2. 7. 05 als unbegründet zurückgewiesen.

5. Klagebefugnis

Die Klagebefugnis ist nach § 40 Abs. 2 FGO gegeben, wenn der Kläger geltend macht, durch den VA in seinen Rechten verletzt zu sein; d. h. der von ihm vorgetragene Sachverhalt muss, seine Richtigkeit unterstellt, den Schluss auf eine Rechtsverletzung zulassen. Ob der Kläger durch den angefochtenen VA tatsächlich in seinen Rechten verletzt ist, ist eine Frage der Begründetheit.

Da der P sich gegen ihn belastende VAe zur Wehr setzen will, nämlich gegen die seiner Ansicht nach fehlerhaft festgesetzte Einkommensteuer und Umsatzsteuer der Jahre 02 und 03, scheitert die Zulässigkeit der Klage nicht an der Klagebefugnis.

6. Klagefrist

Die Frist für die Erhebung der Anfechtungsklage beträgt nach § 47 Abs. 1 Satz 1 erster Halbsatz FGO einen Monat und beginnt ausweislich des zweiten Halbsatzes mit der Bekanntgabe der Entscheidung über den außergerichtlichen Rechtsbehelf.

Diese Frist hat P offensichtlich eingehalten, weil die Einspruchsentscheidung vom 2. 7. 05 datierte, seine Klage beim FG Neustadt bereits am 25. 7. 05 eingegangen ist (Berechnung des Ablaufs der Klagefrist: nach § 54 Abs. 1 und Abs. 2 FGO i. V. m. § 222 Abs. 1 ZPO i. V. m. § 187 Abs. 1, § 188 Abs. 2 BGB mit Ablauf des 5. 8. 05).

7. Ordnungsmäßigkeit der Klage

a) Nach § 64 Abs. 1 FGO ist die Klage schriftlich oder zur Niederschrift zu erheben. Dem **Schriftformerfordernis** hat P mit seinem Schreiben an das FG Neustadt vom 24. 7. 05 genügt.

Die Klage hat er auch zutreffend gegen das FA Neustadt als diejenige Behörde gerichtet, die die vier VAe – nämlich die Einkommensteuerbescheide und die Umsatzsteuerbescheide der Jahre 02 und 03 – erlassen hat (vgl. § 63 Abs. 1 Nr. 1 FGO).

b) Die beim FG Neustadt erhobene Klage erfüllt auch die sog. **Mussvoraussetzungen** des § 65 Abs. 1 Satz 1 FGO.

Der Kläger (hier: Malermeister P), der Beklagte (hier: das FA Neustadt), der Gegenstand des Klagebegehrens (hier: Herabsetzung der festgesetzten Einkommensteuer und Umsatzsteuer der Jahre 02 und 03 auf den sich aus den vorgelegten Steuererklärungen ergebenden Steuerbetrag) und der VA sowie die Entscheidung über den außergerichtlichen Rechtsbehelf (hier: Einkommensteuer- und Umsatzsteuerbescheide 02 und 03 sowie Einspruchsentscheidung vom 2. 7. 05) sind in der Klage bezeichnet.

ERGÄNZENDER HINWEIS

Im Hinblick darauf, dass das Gericht nach § 96 Abs. 1 Satz 2 FGO nicht über das Klagebegehren hinausgehen darf, muss der Kläger regelmäßig angeben, worin die ihn treffende Rechtsverletzung liegt, inwiefern also der angefochtene VA rechtswidrig ist. Das heißt neben dem angefochtenen Bescheid muss durch Darlegung des Sachverhalts konkret die Zielsetzung der Klage genannt werden. Wie weit ein Klagebegehren zu substantiieren ist, hängt von den Umständen des Einzelfalles ab. Entscheidend ist, ob das Gericht durch die Angaben des Klägers in die Lage versetzt wird zu erkennen, worin die ihn treffende Rechtsverletzung nach dessen Ansicht liegt.

So kann es im Einzelfall für die Bezeichnung des Klagebegehrens ausreichen, dass die anderweitig anzusetzenden Besteuerungsgrundlagen dem Betrag nach bezeichnet werden (vgl. BFH v. 17. 10. 1990 I R 118/88, BStBl 1991 II 242; BFH v. 23. 1. 1997 IV R 84/95, BStBl 1997 II 462) oder das mit der Klage verfolgte Begehren durch Angabe von Umsatz, Vorsteuer und Gewinn präzisiert wird (vgl. BFH v. 22. 4. 1998 XI R 31 – 32/97, BFH/NV 1998, 1245; BFH v. 18. 5. 1999 X R 20/98, BFH/NV 1999, 1603) oder wenn das Begehren durch Bezugnahme auf ein Vorbringen im gleichzeitig beim Gericht anhängigen Aussetzungsverfahren (vgl. BFH v. 27. 6. 1996 IV R 61/95, BFH/NV 1997, 232) oder auf das Einspruchsverfahren (vgl. BFH v. 17. 10. 1996 V B 75/96, BFH/NV 1997, 415; BFH v. 24. 5. 2000 VI R 183/98, BFH/NV 2000, 1480) präzisiert wird. Zur Bezeichnung des Gegenstands des Klagebegehrens kann auch ein bestimmter Klageantrag genügen, wenn der Sachverhalt, um den gestritten wird, in groben Zügen aus der Einspruchsentscheidung, auf die Bezug genommen wird, erkennbar ist (vgl. BFH v. 11. 2. 2003 VII R 18/02, BStBl 2003 II 606).

Demgegenüber wird durch einen Antrag auf „Aufhebung" eines Schätzungsbescheides der Gegenstand des Klagebegehrens jedenfalls dann nicht hinreichend bezeichnet, wenn Anhaltspunkte dafür vorliegen, dass der Kläger tatsächlich nur eine Herabsetzung der festgesetzten Steuer begehrt (vgl. BFH v. 23. 1. 1997 IV R 84/95, BStBl 1997 II 462; BFH v. 8. 7. 1998 I R 23/97, BStBl 1998 II 628). Der Gegenstand des Klagebegehrens wird hingegen durch einen Antrag auf Aufhebung eines Bescheids, mit dem die Änderung eines Steuerbescheids abgelehnt wurde, hinreichend bezeichnet (vgl. BFH v. 17. 1. 2002 IV B 114/01, BStBl 2002 II 306).

c) Nur zum sog. **Sollinhalt** einer Klage gehört die in § 65 Abs. 1 Satz 4 FGO geregelte „Verpflichtung", der Klage die Urschrift oder eine Abschrift des angefochtenen VA und der Einspruchsentscheidung beizufügen.

Dass P es unterlassen hat, seiner Klage die Schätzungsbescheide vom 4. 10. 04 und die Einspruchsentscheidung vom 2. 7. 05 beizufügen, führt mithin nicht zur Unzulässigkeit der Klage.

8. Sonstige Zulässigkeitsvoraussetzungen

Sonstige Gründe, die gegen die Zulässigkeit der Klage sprechen könnten – etwa mangelnde Prozessfähigkeit des P nach § 58 FGO, Klageverzicht nach § 50 FGO – sind dem Sachverhalt nicht zu entnehmen.

ZWISCHENERGEBNIS ▶ Gegen die Zulässigkeit der von P beim FG Neustadt am 25. 7. 05 erhobenen Anfechtungsklage bestehen keine Bedenken.

II. Entscheidungsreife der Klage

Ob das FG Neustadt über die **Begründetheit** der zulässigen Klage gegen die Einkommensteuer- und Umsatzsteuer-Schätzungsbescheide 02 und 03 zum vorgesehenen Zeitpunkt, nämlich im Anschluss auf die auf den 21. 10. 05 terminierte mündliche Verhandlung, **entscheiden** kann, hängt davon ab, ob eine Aussetzung der Verhandlung in entsprechender Anwendung des § 74 FGO in Betracht kommt.

Dies wäre dann der Fall, wenn der P einen zulässigen Einspruch gegen die vom FA Neustadt im Einspruchsverfahren gesetzte Ausschlussfrist nach § 364b AO eingelegt hätte bzw. gegen die Fristsetzung bis zur anberaumten mündlichen Verhandlung über die Klage noch zulässigerweise Einspruch einlegen könnte und auch einlegen würde und die Entscheidung der Klage von der Entscheidung des FA über den Einspruch gegen die Fristsetzung abhängt.

1. Zwar wird nahezu einhellig die Ansicht vertreten, dass die Fristsetzung gem. § 364 b Abs. 1 AO ein VA i. S. d. § 118 Satz 1 AO ist (vgl. *Hübschmann/Hepp/Spitaler/Birkenfeld*, Kommentar zur Abgabenordnung und Finanzgerichtsordnung, § 364b AO Rdn. 70; *Kein/Brockmeyer*, Abgabenordnung: AO, § 364b AO Rdn. 13 jeweils m. w. N.), weil der Einspruchsführer (Ef.) mit der Ausschlussfrist zur Erfüllung seiner Mitwirkungspflicht im Einspruchsverfahren angehalten werden soll und die unmittelbare Rechtswirkung gegenüber dem Ef. darin besteht, dass dessen verspätetes Vorbringen bei der Entscheidung über den Einspruch nicht mehr berücksichtigt wird. In der Anordnung der Ausschlussfrist wird also keine von dem VA selbst zu unterscheidende bloße Vorbereitungshandlung zum Erlass eines VA gesehen; **Vorbereitungshandlungen** sind **nur zusammen** mit dem **VA**, dessen Erlass sie dienen, anfechtbar.

2. Dennoch ist umstritten, ob die Anordnung einer Ausschlussfrist nach § 364b Abs. 1 AO selbstständig mit dem außergerichtlichen Rechtsbehelf des Einspruchs gem. § 347 Abs. 1 Satz 1 Nr. 1 i. V. m. Abs. 2 AO und – nach einer einen derartigen Einspruch gegen die Fristsetzung zurückweisenden Einspruchsentscheidung – mittels Anfechtungsklage angefochten werden kann.
Sieht man in der Fristsetzung nach § 364b Abs. 1 AO einen einspruchs- und klagefähigen VA, so könnte vorliegend, weil die im Schreiben des FA Neustadt vom 24. 4. 05 enthaltene Anordnung der Fristsetzung mit Ausschlusswirkung nicht mit einer Rechtsbehelfsbelehrung versehen war und damit nicht die einmonatige Einspruchsfrist nach § 355 Abs. 1 Satz 1 AO zu laufen begonnen hat, im Oktober 05 noch im Hinblick auf § 356 Abs. 2 Satz 1 AO zulässigerweise Einspruch eingelegt werden.

a) Die das Vorliegen eines einspruchsfähigen VA **verneinende Auffassung** (vgl. insoweit Nr. 4 Satz 3 AE zu § 364b AO; FG Saarland v. 21.2.1997 1 K 166/96, EFG 1997, 651; FG München v. 4.12.1997 13 K 2613/97, EFG 1998, 436; *Tipke/Kruse*, Abgabenordnung – Finanzgerichtsordnung, § 364b AO Rdn. 41; *Rößler*, DStZ 1995, 270; *Tiedchen*, BB 1996, 1033) argumentiert – sofern nicht ausnahmsweise bereits der VA-Charakter der Fristsetzung vergleichbar dem Benennungsverlangen gem. § 160 AO mit dem Hinweis negiert wird, es handele sich nur um eine die ohnehin bestehende Mitwirkungspflicht des Stpfl. konkretisierende, das Einspruchsverfahren selbst aber noch nicht abschließende Vorbereitungshandlung – u. a. folgendermaßen:

Bei der Fristsetzung nach § 364b Abs. 1 AO handele es sich um eine verfahrensleitende Handlung, die analog § 128 Abs. 2 FGO nur mit der Entscheidung, deren Vorbereitung sie dient, also nur mit der Klage gegen die Einspruchsentscheidung auf Rechtmäßigkeit hin überprüft werden könne.

Außerdem wäre das verfahrenstechnische Durcheinander, das bei isolierter Anfechtungsmöglichkeit der Fristsetzung einerseits und der Einspruchsentscheidung andererseits entstünde, die wirksamste Verzögerungstaktik für den daran interessierten Stpfl; die selbstständige Anfechtbarkeit der Fristsetzung widerspreche also dem Beschleunigungszweck des § 364b AO.

Für den Schluss, dass kein Einspruch gegen die Maßnahme nach § 364b Abs. 1 AO gewollt ist, spreche auch § 76 Abs. 3 FGO; diese Vorschrift gebiete es, das Ermessen dahin auszuüben, dass bei rechtswidriger Fristsetzung die Folgen des § 364b Abs. 2 AO nicht angewendet werden.

b) Die demgegenüber eine selbstständige Anfechtbarkeit der Fristsetzung **bejahende Ansicht** (vgl. *Siegert*, DStZ 1995, 25 und 517; *Späth*, DStZ 1995, 175; *Söffing*, DStR 1995, 1487; *Große*, DB 1996, 60; *Klein/Brockmeyer*, § 364b AO Rdn. 14) hält dieser Argumentation, auch wenn das Ergebnis von der fehlenden Einspruchsfähigkeit als wünschenswert und als dem Zweck des § 364b AO entsprechend angesehen wird, Folgendes entgegen:

Die Unanfechtbarkeit der Fristsetzung lasse sich **nicht aus dem Gesetz** ableiten. Sie sei weder in § 348 AO noch irgendwo sonst in der AO angeordnet.

Im Übrigen habe der Gesetzgeber in § 363 Abs. 3 AO die Einspruchsmöglichkeit gegen die Ablehnung von Anträgen auf Aussetzung oder Ruhen des Verfahrens oder den Widerruf der Aussetzung oder des Ruhens des Verfahrens ausgeschlossen, eine vergleichbare Regelung in § 364b AO jedoch nicht geschaffen.

c) Vorliegend kann aber die Rechtsfrage, ob gegen eine Fristsetzung nach § 364b AO ein zulässiger Einspruch eingelegt werden kann, offen bleiben.

Auch wenn man die Statthaftigkeit eines Einspruchs gegen die Fristsetzung bejaht, **fehlt** für einen solchen Einspruch jedenfalls dann das **Rechtsschutzinteresse** mit der Folge dessen Unzulässigkeit, wenn in der Hauptsache bereits eine Einspruchsentscheidung ergangen ist. In dieser Situation ist nämlich die Rechtmäßigkeit der Fristsetzung nach § 364b AO inzidenter im Rahmen der gegen die Hauptsacheentscheidung gerichteten Klage – hier also im Rahmen der beim FG Neustadt erhobenen Klage gegen die Schätzungsbescheide und gegen die die

Einsprüche als unbegründet zurückweisende Entscheidung – zu überprüfen (vgl. insoweit BFH v. 9.9.1998 I R 31/98, BStBl 1999 II 26; BFH v. 10.6.1999 IV R 23/98, BStBl 1999 II 664; v. 24.6.2003 IX B 139/02, BFH/NV 2003, 1436).

Demzufolge würde auch ein noch beim FA Neustadt eingelegter Einspruch gegen die Fristsetzung einer das finanzgerichtliche Klageverfahren abschließenden Entscheidung nicht entgegenstehen.

ZWISCHENERGEBNIS ▶ Eine Aussetzung des Klageverfahrens in entsprechender Anwendung des § 74 FGO kommt nicht in Betracht. Das FG hat über die Rechtmäßigkeit der vom FA im Einspruchsverfahren nach § 364b AO gesetzten Frist zu entscheiden.

III. Begründetheit der Klage

Nach § 76 Abs. 3 Satz 1 FGO kann das Gericht Erklärungen oder Beweismittel, die erst nach Ablauf der vom FA nach § 364b Abs. 1 AO gesetzten Frist im Einspruchsverfahren oder im finanzgerichtlichen Verfahren vorgebracht werden, **zurückweisen** und ohne weitere Ermittlungen entscheiden.

Liegen die Voraussetzungen des § 79b Abs. 3 FGO vor, der nach § 76 Abs. 3 Satz 2 FGO entsprechend gilt, und entscheidet sich das FG Neustadt in Ausübung pflichtgemäßen Ermessens, die erst mit Klageerhebung eingereichten Steuererklärungen zurückzuweisen, so bedarf es für die Entscheidung, ob die Klage begründet ist, lediglich noch der Klärung, ob die angegriffenen Einkommensteuer- und Umsatzsteuer-Schätzungsbescheide rechtmäßig ergangen sind, ohne dass das Gericht insoweit die Berechtigung der Forderungsabschreibungen und Umsatzsteuerkürzungen aufzuklären hat.

1. Vorliegen der Voraussetzungen gem. § 76 Abs. 3 FGO i.V. m. § 79 b Abs. 3 FGO

§ 76 Abs. 3 FGO i.V. m. § 79b Abs. 3 FGO verlangt für die Zurückweisung der von P trotz der im Einspruchsverfahren nach § 364b AO gesetzten Frist erst im Klageverfahren eingereichten Steuererklärungen und damit für eine Entscheidung ohne weitere Ermittlungen,

▶ dass die Zulassung der Erklärungen nach der freien Überzeugung des Gerichts die Erledigung des Rechtsstreits verzögern würde **und**

▶ dass der über die Folgen der Fristversäumnis belehrte Beteiligte die Verspätung nicht genügend entschuldigt.

Eine Zurückweisung darf nach § 79b Abs. 3 Satz 3 FGO aber dennoch nicht erfolgen, wenn es dem FG mit geringem Aufwand möglich ist, den Sachverhalt auch ohne Mitwirkung des Beteiligten zu ermitteln.

Das FG hat im Rahmen der Begründetheitsprüfung, weil § 76 Abs. 3 FGO nur für eine rechtmäßig gesetzte Ausschlussfrist gelten kann, also zunächst zu untersuchen, ob

▶ die Ausschlussfrist vom FA wirksam und ermessensfehlerfrei gesetzt worden ist,

▶ der Beteiligte über die Folgen der Fristversäumung zutreffend belehrt worden ist,

▶ die Erklärungen/Beweismittel erst nach Ablauf der Frist vorgebracht worden sind,

▶ die Verspätung nicht genügend entschuldigt worden ist und

▶ der Sachverhalt nicht mit geringem Aufwand vom Gericht selbst bis zur Entscheidungsreife ermittelt werden kann.

Sind diese Fragen zu bejahen und würde die Zulassung des verspäteten Vorbringens die Erledigung des Rechtsstreits nach der freien Überzeugung des Gerichts verzögern, so liegt es in dessen **pflichtgemäßen Ermessen**, die **Erklärungen** oder **Beweismittel zurückzuweisen**.

a) Wirksamkeit der Fristsetzung

Der dem FA Neustadt bei der Benennung der Vorschrift des § 364 b AO unterlaufene Zahlendreher führt nicht zur Unwirksamkeit der Fristsetzung. § 364b Abs. 1 AO schreibt nicht vor, dass die Vorschrift in der behördlichen Fristsetzung genannt wird. Außerdem ist zu berücksichtigen, dass es die genannte Vorschrift des § 346b Abs. 1 Nr. 1 AO nicht gibt, was auch der P erkannt hat. Eine fehlende Eindeutigkeit der Anordnung kann aus diesem Grunde nicht angenommen werden.

Von zur Nichtigkeit der Fristsetzung führender mangelnder Bestimmtheit nach § 119 Abs. 1, § 125 Abs. 1 AO kann nur ausgegangen werden, wenn der Betroffene aus der Formulierung der Fristsetzung nicht entnehmen kann, mit welchen Tatsachen, Beweismitteln etc. er nach Ablauf der Frist vom FA nicht mehr gehört werden kann (vgl. BFH v. 25. 4. 1995 IX R 6/94, BStBl 1995 II 545 zu § 79b FGO). Es ist ausreichend, wenn bei der Fristsetzung die für aufklärungs- und beweisbedürftig erachteten Punkte so genau bezeichnet werden, dass es dem Ef. möglich ist, die Anordnung zu befolgen und damit die Präklusion zu vermeiden.

Laut Sachverhalt hat das FA Neustadt bei der Fristsetzung den Wortlaut des § 364b Abs. 1 Nr. 1 AO verwandt. Für den P war aus dem Schreiben vom 24. 4. 05 eindeutig erkennbar, dass er seine Einsprüche gegen die Einkommensteuer- und Umsatzsteuer-Schätzungsbescheide 02 und 03 begründen und hierzu die entsprechenden Steuererklärungen für diese Jahre abgeben sollte.

b) Sachgerechte Ermessensausübung und Dauer der Frist

aa) Nach dem Wortlaut – „kann" – stellt § 364b AO eine **Ermessensvorschrift** dar. Dies bedeutet, dass die Fristsetzung nur dann rechtmäßig ist, wenn die Finanzbehörde ihr Ermessen sachgerecht, also nach § 5 AO dem Zweck der Ermächtigung entsprechend ausgeübt hat.

Das FA Neustadt hat den P in dem Schreiben vom 24. 4. 05, das die Fristsetzung nach § 364b AO enthielt, nicht zum ersten Mal zur Abgabe der Steuererklärungen aufgefordert. Bereits vor Erlass der Schätzungsbescheide, aber auch noch während des Einspruchsverfahrens ist P mehrfach auf seine Pflicht zur Abgabe der Steuererklärungen hingewiesen worden. Das FA hat daher von seinem durch § 364b AO eingeräumten Recht, eine Ausschlussfrist zu setzen, fehlerfrei Gebrauch gemacht.

ERGÄNZENDER HINWEIS

Ausgehend vom Zweck des § 364b AO, dem Missbrauch des Einspruchsverfahrens zu rechtsbehelfsfremden Zwecken entgegenzuwirken, nämlich zu verhindern, dass Einspruch und Klage erhoben werden, um evtl. erst nach Jahren Steuererklärungen und sonstige steuerlich relevante Erklärungen abzugeben, ist es insbesondere im Einspruchsverfahren gegen einen Schätzungsbescheid eine sachgerechte Ermessensentscheidung, eine Ausschlussfrist zu setzen, ohne dass dieser eine Aufforderung zur Einspruchsbegründung und Abgabe der Steuererklärung verbunden mit einer „einfachen" Fristsetzung vorausgegangen ist. Aber auch im Schätzungsfall wegen Nichtabgabe einer Steuererklärung muss eine **Ermessensausübung erkennbar** sein. Dies ist nicht der Fall, wenn das FA in einem solchen Fall unmittelbar nach Eingang des zunächst unbegründeten Einspruchs ohne nähere Begründung und ohne Abwarten oder eine Aufforderung, den Rechtsbehelf zu begründen, sofort eine einmonatige Ausschlussfrist setzt; anders mag dies jedoch zu beurteilen sein, wenn der Stpfl. in den Vorjahren bereits des Öfteren seinen steuerlichen Abgabeverpflichtungen nicht nachgekommen ist. Von der Möglichkeit der Fristsetzung nach § 364b AO Gebrauch zu machen, ist auch ermessensfehlerhaft, wenn abzusehen ist, dass über den Einspruch nicht innerhalb einer angemessenen Zeit nach Ablauf der gesetzten Frist entschieden werden kann, oder wenn die Behörde selbst den Einspruch bereits längere Zeit ohne erkennbaren Grund hat liegen lassen.

bb) Die Dauer der dem Ef. gesetzten Frist, innerhalb der er Erklärungen oder Beweismittel i. S. d. § 364b Abs. 1 Nr. 1 – 3 AO vorzubringen hat, muss angemessen sein. Der Gesetzgeber hat davon abgesehen, den Eintritt der Präklusion an den Ablauf einer Mindestfrist zu knüpfen, um es der Behörde zu ermöglichen, dass eine dem jeweiligen Einzelfall entsprechend angemessene Frist gesetzt werden kann.

Dem Einwand des P, die ihm vom FA gesetzte Frist sei zu kurz gewesen, kann nicht gefolgt werden. Zum einen betrug die Frist mehr als einen Monat und war damit sogar länger als die vom Gesetzgeber vorgesehenen Fristen für die Einlegung von Rechtsbehelfen, weil in dem Schreiben vom 24. 4. das Fristende auf den 31. 5. festgesetzt worden war (vgl. zur Dauer einer i. d. R. angemessenen Frist auch Nr. 2 Satz 2 AE zu § 364b AO; *Tipke/Kruse*, a. a. O. § 364b AO Rdn. 22 f.; FG Brandenburg v. 24. 10. 1997 2 K 566/97, EFG 1998, 387; FG Mecklenburg-Vorpommern v. 10. 2. 1998 2 V 25/97, EFG 1998, 798 – „Monatsfrist ausnahmsweise zu kurz, wenn besondere Umstände zu berücksichtigen sind" –; FG Saarland EFG 1999, 1065 – „Frist von sechs Wochen regelmäßig ausreichend" –). Zum anderen ist zu berücksichtigen, dass P bereits vorher mehrfach vergeblich zur Begründung seiner Einsprüche aufgefordert worden war.

ERGÄNZENDER HINWEIS

Die in § 364b AO geregelte Frist ist keine gesetzliche Frist; sie wird von der Finanzbehörde gesetzt und ist damit nach § 109 Abs. 1 Satz 1 AO auf Antrag verlängerbar (vgl. Nr. 4 AE zu § 364b AO). Für die Anwendung von § 109 Abs. 1 AO ist entscheidend, dass der Verlängerungsantrag vor Fristablauf gestellt wird; irrelevant ist insoweit, ob der Antrag noch vor Fristablauf an das FA abgesandt worden ist. Die entsprechende Geltung des § 110 AO steht einer Verlängerung nach § 109 Abs. 1 AO nur bei einem erst nach Fristablauf eingegangenen Antrag entgegen, weil eine der Voraussetzungen für die entsprechende Anwendung der Wiedereinsetzungsvorschrift ist, dass Fristablauf eingetreten ist. Wird über einen vor Fristablauf beim FA eingegangenen Verlängerungsantrag erst nach Ablauf der gesetzten Ausschlussfrist entschieden, so kann gem. § 109 Abs. 1 Satz 2 AO eine Fristverlängerung auch rückwirkend gewährt werden.

Hat der Ef. die Ausschlussfrist verstreichen lassen, kommt eine erneute Fristsetzung nach § 364b AO wegen desselben Punktes – weil mit der Präklusionswirkung unvereinbar – nicht in Betracht.

c) Zutreffende Belehrung über die Folgen der Fristversäumung

Nach § 364b Abs. 3 AO ist der Ef. mit der Fristsetzung über die Rechtsfolgen nach Abs. 2 zu **belehren**. Das Schreiben vom 24. 4. 05 enthält eine entsprechende Belehrung über die Rechtsfolgen im Einspruchsverfahren für den Fall der Versäumung der gesetzten Frist. Diese Belehrung ist **ausreichend**, denn entgegen der von P in seiner Klage geäußerten Ansicht ist eine Belehrung über die Rechtsfolgen der Fristversäumung für das finanzgerichtliche Verfahren nach § 76 Abs. 3 FGO nicht vorgeschrieben (vgl. hierzu FG Brandenburg v. 28. 11. 1996 2 K 656/96, EFG 1997, 178 und FG Saarland EFG 1997, 651, wonach Belehrung i. S. v. § 79b Abs. 3 Satz 1 Nr. 3 FGO die Belehrung nach § 364b AO ist). Die Belehrung des FA Neustadt entspricht der gesetzlichen Vorgabe und konnte für den P nicht den Schluss zulassen, er könne uneingeschränkt noch ohne Verfahrensnachteile erst im Rahmen der Klage die Steuererklärungen als Begründung seines Begehrens vorlegen.

d) Vorlage der Erklärungen nach Fristablauf und Entschuldigung der Verspätung

aa) P hat die vom FA im Rahmen des Einspruchsverfahrens gesetzte Ausschlussfrist zum 31. 5. 05 zwecks Begründung seiner Einsprüche nicht eingehalten, sondern die Steuererklärung erst mit der Klage Ende Juli 05 vorgelegt.

bb) Der von P vorgetragene Grund für die Nichteinhaltung der gesetzten Frist „Arbeitsüberlastung" ist kein zureichender Entschuldigungsgrund. Die Fristversäumung können nur solche Umstände entschuldigen, die auch eine Wiedereinsetzung nach § 364 b Abs. 2 Satz 3 AO i. V. m. § 110 AO hätten begründen können.

Auch der von P angeführte Wahrheitsgehalt seiner Steuererklärungen, an dem weder das FA noch das FG zu zweifeln berechtigt seien, führt zu keinem anderen Ergebnis. Denn bei unklaren Sachverhalten, deren Aufklärung allein im Wissensbereich des Stpfl. liegen, trifft diesen eine entsprechende **Mitwirkungspflicht**.

Andere Gründe für die Nichtbeachtung der Frist hat P nicht vorgetragen und sind für das FG auch nicht ersichtlich.

e) Ermittlung des Sachverhalts durch das FG mit geringem Aufwand

Nach § 76 Abs. 3 FGO i. V. m. § 79b Abs. 3 Satz 3 FGO darf das FG Neustadt das verspätete Vorbringen des P nicht zurückweisen und ohne weitere Ermittlungen entscheiden, wenn es für das Gericht mit geringem Aufwand möglich ist, den Sachverhalt auch ohne dessen Mitwirkung bis zur Entscheidungsreife zu ermitteln.

Dies ist jedoch zu verneinen, weil sich die Berechtigung der von P vorgenommenen Forderungsabschreibungen und Umsatzsteuerkürzungen weder aus den Steuererklärungen noch aus den sonstigen dem Gericht eingereichten Unterlagen ergibt.

f) Verzögerung der Rechtsstreiterledigung und Ermessen

Da die unter a) bis e) angesprochenen Voraussetzungen für eine Zurückweisung des verspäteten Vorbringens erfüllt sind, ist das FG berechtigt, das verspätete Vorbringen des P **zurückzuweisen** und ohne weitere Ermittlungen zu entscheiden, jedoch gem. § 76 Abs. 3 Satz 2 FGO i. V. m. § 79b Abs. 3 Satz 1 Nr. 1 FGO nur bei Vorliegen der weiteren Voraussetzung der Verzögerung der Erledigung des Rechtsstreits im Falle der Zulassung des verspäteten Vorbringens.

aa) Nach dem von der Rspr. für maßgeblich erachteten **absoluten Verzögerungsbegriff** tritt eine Verzögerung dann ein, wenn der Rechtsstreit bei Zulassung der verspäteten Erklärungen länger als bei deren Zurückweisung dauern würde – nicht abzustellen ist auf die vermutliche Prozessdauer bei rechtzeitigem Vorbringen als Vergleichsgröße – (vgl. BFH v. 10. 6. 1999 IV R 23/98, BStBl 1999 II 664; BFH v. 13. 5. 2004 IV B 230/02, BStBl 2004 II 834).

Demnach kann es nicht zu einer Verzögerung des Rechtsstreits kommen, wenn eine Erledigung in der ersten vom FG nach pflichtgemäßen Ermessen terminierten mündlichen Verhandlung möglich ist. Auch im Fall einer versäumten Ausschlussfrist gem. § 364b AO besteht die Verpflichtung des Gerichts, die mündliche Verhandlung nach § 79 Abs. 1 FGO vorzubereiten und alle prozessleitenden Maßnahmen zu ergreifen, um den Rechtsstreit nach Möglichkeit bis zur mündlichen Verhandlung bis zur Entscheidungsreife zu bringen (vgl. BFHv. 9. 9. 1998 I R 31/98, BStBl 1999 II 26; v. 10. 6. 1999 IV R 23/98, BStBl 1999 II 664; v. 17. 2. 2000 I R 52 – 55/99, BStBl 2000 II 354; v. 30. 6. 2004 III B 6/04, BFH/NV 2005, 63, und v. 30. 11. 2004 IX B 29/04, BFH/NV 2005, 711). Erkennt das Gericht, dass der verspätet vorgetragene Sachverhalt auch unter Berücksichtigung des Akteninhalts in einem entscheidungserheblichen Punkt unvollständig oder unklar ist, muss es die Maßnahmen ergreifen, die zur Sachverhaltsklärung bis zur mündlichen Verhandlung geeignet erscheinen. Auf welchen Tag die mündliche Verhandlung angesetzt wird, richtet sich mit Rücksicht auf den Beschleunigungszweck der Präklusionsregelung nicht nach dem Umfang des Aufklärungsbedarfs, sondern ist vom FG unter Berücksichtigung seiner Geschäftslage zu bestimmen.

Der Berichterstatter hat erkannt, dass der von P verspätet vorgetragene Sachverhalt „Forderungsabschreibung" auch unter Berücksichtigung des Akteninhalts in diesem entscheidungserheblichen Punkt der weiteren Aufklärung bedarf. Er hat deshalb den P mit Schreiben vom 15. 8. 05 aufgefordert, die Abschreibungen zu erläutern und entsprechende Nachweise zu erbringen. Gleichwohl hat P die zum 13. 9. 05 gesetzte Frist wegen Arbeitsüberlastung – so seine Erklärung gegenüber seinem Steuerberater – verstreichen lassen. Auch die weitere vom FG gesetzte Nachfrist hat er mit der Begründung nicht beachtet, das Gericht müsse seinen unterschriebenen Angaben in der Steuererklärung glauben.

Dem FG ist es daher trotz der vom Berichterstatter des erkennenden Senats ergriffenen prozessleitenden Maßnahmen – Aufforderung an P zur Erläuterung der Abschreibungen, erfolgreiche Aufforderung an das FA zur Gegenäußerung zur Klage mit Aktenübersendung – **nicht möglich**, die **Entscheidungsreife** bis zu der auf den 21. 10. 05 terminierten mündlichen Verhandlung herbeizuführen.

Demnach würde die Zulassung des verspäteten Vorbringens zu einer Verzögerung der Erledigung des Rechtsstreits führen, wenn P bei seiner ablehnenden Haltung bleibt und die Unklarheiten bezüglich der Berechtigung der Forderungsabschreibungen nicht spätestens in der mündlichen Verhandlung am 21. 10. 05 unter Vorlage entsprechender Nachweise ausräumt. Der Rechtsstreit könnte noch nicht aufgrund der terminierten mündlichen Verhandlung entschieden werden.

bb) Zwar steht es im Ermessen des Gerichts, das verspätete Vorbringen zurückzuweisen oder es noch zuzulassen, obwohl dies die Erledigung des Rechtsstreits verzögern würde.

Vorliegend sind keine Erwägungen ersichtlich, die eine Ausübung des Ermessens dahin gehend, das Vorbringen des P **zurückzuweisen** und ohne weitere Ermittlung des Sachverhalts der Forderungsabschreibungen über den Rechtsstreit zu entscheiden, als nicht sachgerecht erscheinen lassen könnten.

Folglich wird das FG, sofern P seiner Mitwirkungspflicht auch weiterhin nicht nachkommt, in sachgerechter Ausübung des eingeräumten Ermessens das verspätete Vorbringen zurückweisen.

ERGÄNZENDE HINWEISE

(1) Lässt das FG in Ausübung pflichtgemäßen Ermessens oder mangels Verzögerung der Rechtsstreiterledigung verspätetes Vorbringen noch zu, muss es, wenn sich hieraus die Begründetheit der Klage ergibt, den angefochtenen VA gem. § 100 Abs. 2 FGO ändern. Die im Einspruchsverfahren rechtmäßig erlassene Ausschlussfrist hindert aber auch das FA nicht daran, dem Klagebegehren durch Erlass eines Abhilfebescheids abzuhelfen. § 172 Abs. 1 Satz 3 zweiter Halbsatz AO steht dem nicht entgegen, weil hierdurch nur klargestellt wird, dass die Ausschlusswirkung des § 364b Abs. 2 AO für das gesamte finanzamtliche Verfahren gilt; die Änderungs- und Abhilfebefugnis des FA im finanzgerichtlichen Verfahren ist hierdurch nicht betroffen (vgl. Nr. 5 AE zu § 364b AO; BFH v. 13. 5. 2004 IV B 230/02, BStBl 2004 II 834 – der BFH hat die Frage offen gelassen, inwieweit dem FA trotz der Kostenpflicht des Klägers nach § 137 Satz 3 FGO gem. § 137 Satz 2 FGO Verfahrenskosten deshalb auferlegt werden können, weil die Kosten durch ein Verschulden der Behörde entstanden sind, wenn diese trotz Aufforderung durch das FG keinen Abhilfebescheid erlassen hat).

(2) Die Entscheidung des FG, Erklärungen/Beweismittel, die erst nach Ablauf der vom FA gem. § 364b AO rechtmäßig gesetzten Frist im Einspruchsverfahren vorgebracht werden, nicht zurückzuweisen, unterliegt – anders als die Nichtzulassung des Vorbringens – keiner revisionsrechtlichen Überprüfung.

2. Konsequenz der Zurückweisung des verspäteten Vorbringens für die Entscheidung des Rechtsstreits

Das FG muss bei Zurückweisung verspäteten Vorbringens gem. § 76 Abs. 3 FGO i. V. m. § 79b Abs. 3 FGO berücksichtigen, dass der Kläger nach dieser die Ausschlusswirkung des § 364b AO vor Gericht fortsetzenden Norm nur mit seinem verspäteten Vorbringen ausgeschlossen ist, jedoch die übrigen für die Entscheidung erforderlichen Ermittlungen durchgeführt werden müssen. Das heißt, das FG muss prüfen, ob nach Lage der Akten Bedenken gegen die Rechtmäßigkeit der angefochtenen behördlichen Entscheidungen bestehen.

Das FG Neustadt hat mithin zu klären, ob die angegriffenen Einkommensteuer- und Umsatzsteuer-Schätzungsbescheide für die Jahre 02 und 03 rechtmäßig sind (vgl. BFH v. 19. 3. 1998 V R 7/97, BStBl 1998 II 399, wonach das FG prüfen muss, ob die Schätzung der Besteuerungsgrundlagen dem Grunde und der Höhe nach zu beanstanden ist). Auch wenn dem Gericht grundsätzlich ein eigenes Schätzungsrecht zusteht, wird sich die Prüfung darauf beschränken, ob die Schätzung des FA in sich schlüssig und wirtschaftlich möglich ist und die allgemeinen Erfahrungssätze und die anerkannten Schätzungsmethoden beachtet worden sind.

Dem Sachverhalt sind keine Anhaltspunkte dafür zu entnehmen, dass die vom FA Neustadt vorgenommenen Schätzungen der Besteuerungsgrundlagen diesen Grundsätzen nicht entsprechen. Das FA hat sich an den Vorjahresergebnissen und den vom Stpfl. eingereichten Umsatzsteuer-Voranmeldungen orientiert. Ein 10 %iger Sicherheitszuschlag ist angemessen und stellt keine unzulässige „Strafschätzung" dar.

Die Schätzungsbescheide sind demnach, auch wenn die hierdurch festgesetzten Steuern von den kraft Gesetzes entstandenen Steuern abweichen sollten, rechtlich nicht zu beanstanden. Auch die Einspruchsentscheidung ist rechtmäßig, weil das FA im Hinblick auf § 364b Abs. 2 AO keine andere Entscheidung treffen konnte.

ERGEBNIS ▶ Das FG Neustadt wird die zulässige Klage des P gegen die Einkommensteuer- und Umsatzsteuer-Schätzungsbescheide 02 und 03 als unbegründet zurückweisen, sollte dieser nicht spätestens in der mündlichen Verhandlung die Unklarheiten bezüglich des Sachverhalts „Forderungsabschreibungen" aufklären.

Aufgabe 2

Das FG Neustadt hat zwei Möglichkeiten, über die Klage des P gegen das FA Neustadt zu entscheiden, nämlich

▶ durch Urteil nach § 95 FGO oder

▶ durch Gerichtsbescheid nach § 90a Abs. 1 FGO.

a) Entscheidung durch Urteil

Nach § 95 FGO wird über die Klage grds. – „soweit nichts anderes bestimmt ist" – durch Urteil entschieden.

Urteile als gerichtliche Entscheidungen von besonderer Bedeutung und Tragweite **beenden i. d. R. die Instanz** – Ausnahme: Zwischenurteil über die Zulässigkeit der Klage nach § 97 FGO.

Das Urteil setzt grds. – „soweit nichts anderes bestimmt ist" – nach § 90 Abs. 1 Satz 1 FGO eine mündliche Verhandlung voraus. Als Ausnahme hiervon können Urteile bei Vorliegen der in § 90 Abs. 2, § 94a FGO normierten Voraussetzungen ohne mündliche Verhandlung ergehen.

ERGÄNZENDER HINWEIS

Damit das Gericht nach § 90 Abs. 2 FGO ohne mündliche Verhandlung durch Urteil entscheiden kann, müssen alle Beteiligten i. S. d. § 57 FGO das Einverständnis erklären, also auch Beigeladene (§ 60 FGO).

Die dem Gericht gegenüber anzugebende Einverständniserklärung, für die keine besondere Form vorgeschrieben ist und die auch im Erörterungstermin nach § 79 Abs. 1 Satz 2 Nr. 1 FGO abgegeben werden kann, muss klar, eindeutig und bedingungslos sein. Macht der Verzichtende sein Einverständnis lediglich davon abhängig, dass alle Beteiligten auf die mündliche Verhandlung verzichten, so handelt es sich nicht um eine echte Bedingung, weil das Gesetz selbst verlangt, dass alle Beteiligten verzichten.

Als Prozesshandlung ist die Einverständniserklärung grds. unwiderruflich, auch bei wesentlicher Änderung der Prozesslage, und nicht wegen Irrtums anfechtbar. Da die Erklärung durch Zugang bei Gericht wirksam wird, kann sie danach auch dann nicht widerrufen werden, wenn die übrigen Beteiligten sich noch nicht erklärt haben.

Die Einverständniserklärungen entbinden das Gericht nicht von gebotener Sachaufklärung und Gewährung rechtlichen Gehörs. Haben die Beteiligten ihr Einverständnis mit einem Urteil ohne mündliche Verhandlung erklärt, so müssen sie jederzeit – ohne Gelegenheit zu weiterer Äußerungen – mit einem Urteil rechnen. Maßgeblicher Zeitpunkt, bis zu dem nach Verzichtserklärung noch eingehende Schriftsätze berücksichtigt werden müssen, ist nicht der Tag der Beschlussfassung des Gerichts, sondern der Tag der Herausgabe des Urteils durch die Geschäftsstelle an die Beteiligten.

Ist unter den Voraussetzungen des § 6 FGO die Entscheidung vom Senat auf den Einzelrichter übertragen worden, darf dieser nach § 90 Abs. 2 FGO ohne mündliche Verhandlung durch Urteil nur entscheiden, wenn das Einverständnis der Beteiligten in Kenntnis der Übertragung des

Rechtsstreits auf den Einzelrichter erklärt worden ist (vgl. BFH v. 9.8.1996 VI R 37/96, BStBl 1997 II 77).

Ein Verstoß gegen § 90 Abs. 2 FGO stellt einen Revisionsgrund nach § 119 Nr. 4 FGO dar, denn bei einem Urteil ohne mündliche Verhandlung, obwohl kein wirksames Einverständnis der Beteiligten vorliegt, war der nicht verzichtende Beteiligte nicht nach Vorschrift des Gesetzes vertreten (vgl. BFH v. 29.8.1996 V R 18/96, BFH/NV 1997, 351). Ein Verstoß gegen § 90 Abs. 1 Satz 1, Abs. 2 FGO kann nicht dadurch geheilt werden, dass nach Erlass des Urteils das Einverständnis erklärt wird.

b) Entscheidung durch Gerichtsbescheid

Statt eines Urteils – sei es nach mündlicher Verhandlung oder mit Einverständnis der Beteiligten bzw. im Falle des § 94a FGO ohne mündliche Verhandlung – kann das Gericht nach § 90a Abs. 1 FGO, und zwar stets ohne mündliche Verhandlung, in geeigneten Fällen durch **Gerichtsbescheid** entscheiden. Der Erlass des Gerichtsbescheids durch das FG bedarf nicht des Einverständnisses der Beteiligten.

Als **„geeignete Fälle"** für den Erlass eines Gerichtsbescheids kommen nur solche in Betracht, bei denen das Gericht eine zutreffende Entscheidung auch ohne mündliche Verhandlung für möglich hält. Dies sind vor allem Fälle, in denen der Sachverhalt unstreitig ist oder in denen er aufgrund eines Erörterungstermins geklärt worden ist und in denen die mündliche Verhandlung voraussichtlich auch zur Klärung der Rechtslage nicht weiter beitragen könnte. Auch muss es sich, weil nach § 5 Abs. 3 Satz 2 FGO die ehrenamtlichen Richter an Gerichtsbescheiden nicht mitwirken, um Fälle handeln, in denen deren Mitwirkung entbehrlich erscheint.

ERGÄNZENDE HINWEISE

(1) Nach § 90a Abs. 2 Satz 1 FGO können die Beteiligten innerhalb eines Monats nach Zustellung des Gerichtsbescheides **mündliche Verhandlung beantragen**. Erfolgt dieser Antrag, so gilt der Gerichtsbescheid, dem die Wirkung eines Urteils zukommt, nach § 90a Abs. 3 zweiter Halbsatz FGO als nicht ergangen mit der Folge, dass der Rechtsstreit dann in die Lage vor Ergehen des Gerichtsbescheids zurückversetzt wird, mithin vor Erlass des Gerichtsbescheids vorgenommene Prozesshandlungen nicht wiederholt werden müssen. Der zulässige Antrag auf mündliche Verhandlung darf nicht ein zweites Mal mit einem Gerichtsbescheid beantwortet werden.
Der Antrag auf mündliche Verhandlung ist auch dann nicht als rechtsmissbräuchlich anzusehen, wenn sich der Antragsteller nicht gegen die sachliche Richtigkeit des Gerichtsbescheids wehrt, sondern die Entscheidung tatsächlich annimmt. Deshalb darf ein Kläger nach Ergehen des Gerichtsbescheids mündliche Verhandlung beantragen und die Klage zurücknehmen. Ebenso darf das FA einen Antrag auf mündliche Verhandlung stellen, um der Klage abzuhelfen, wobei es keine Rolle spielt, ob die Abhilfe erst im weiteren Verlauf des Verfahrens oder gleichzeitig mit dem Antrag auf mündliche Verhandlung erfolgt (vgl. BFH v. 30.3.2006 V R 12/04, BStBl 2006 II 542 m.w.N.).
Der Antrag auf mündliche Verhandlung kann zurückgenommen werden, auch noch während der mündlichen Verhandlung (vgl. BFH v. 9.5.1990 II B 85/86, BStBl 1990 II 548); der Gerichtsbescheid lebt dann wieder auf und wirkt als Urteil.
Wird der Antrag auf mündliche Verhandlung nicht innerhalb der Monatsfrist gestellt und kommt auch keine Wiedereinsetzung in den vorigen Stand nach § 56 FGO in Betracht, so ist über den unzulässigen Antrag durch Urteil zu entscheiden und zugleich festzustellen, dass der Gerichtsbescheid als Urteil wirkt.

(2) Hat das FG im Gerichtsbescheid die Revision zugelassen, haben die Beteiligten die Wahl zwischen Antrag auf mündliche Verhandlung und Revision. Die Revision liegt nahe und dient der

Prozessbeschleunigung, wenn die Beteiligten nur über die Rechtsfrage streiten, deretwegen das FG die Revision zugelassen hat. Wird von beiden Rechtsbehelfen Gebrauch gemacht, so ist gem. § 90a Abs. 2 Satz 3 FGO mündlich zu verhandeln.

(3) Da § 90a Abs. 2 Satz 2 FGO nur die Zulassung der Revision durch das FG erwähnt, kann gegen den Gerichtsbescheid keine Nichtzulassungsbeschwerde eingelegt werden. Die mündliche Verhandlung kann dazu führen, dass der BFH nicht angerufen und so entlastet wird.

Da es laut Sachverhalt bei den Forderungsabschreibungen um Tatfragen geht, also um eine Sachverhaltsaufklärung, kann auch bei Zulassung der Revision durch das FG im Gerichtsbescheid wegen grundsätzlicher Bedeutung die mündliche Verhandlung vor dem BFH nicht die mündliche Verhandlung vor dem FG ersetzen. Die Revisionsinstanz hat ausschließlich Rechtsfragen, nicht jedoch Tatfragen zu klären (FG als sog. Tatsacheninstanz). Wegen der Unklarheiten im Sachverhalt bietet es sich nicht an, durch Gerichtsbescheid zu entscheiden.

Außerdem ist zu beachten, dass das FG bereits die mündliche Verhandlung auf den 21. 10. 05 terminiert hat und diesen Verhandlungstermin auch in der Zwischenzeit nicht wieder aufgehoben hat. Dies zeigt, dass das FG nicht die Möglichkeit der Entscheidung durch Gerichtsbescheid in Erwägung gezogen hat.

ERGEBNIS ▶ Das FG Neustadt wird über die Anfechtungsklage des P aufgrund mündlicher Verhandlung durch Urteil nach § 90 Abs. 1 Satz 1, § 95 FGO entscheiden.

Sachverhalt 2

Aufgabe 1

Die von dem Vollziehungsbeamten des FA Neustadt Rainer Ramb (nachfolgend R) am 10. 9. 05 in der Wohnung des Vollstreckungsschuldners Benno Becker (im Folgenden B) durchgeführten Vollstreckungsmaßnahmen sind **rechtmäßig**, sie können also nicht mit Erfolg angefochten werden, wenn

▶ im Zeitpunkt der Durchführung der Pfändungen der PC-Anlage und der Stereoanlage die allgemeinen Vollstreckungsvoraussetzungen vorgelegen haben;

▶ R für die Durchführung dieser Vollstreckungshandlungen zuständig war und er die für eine ordnungsgemäße Vollstreckung zu beachtenden Verfahrensvorschriften eingehalten hat.

I. Vorliegen der allgemeinen Vollstreckungsvoraussetzungen

Am 10. 9. 05 müssen die folgenden allgemeinen Vollstreckungsvoraussetzungen erfüllt sein:

▶ Vorliegen eines vollstreckungsfähigen und vollstreckbaren Verwaltungsaktes (VA),

▶ Fälligkeit der Leistung,

▶ Vorliegen eines Leistungsgebots,

▶ Einhaltung der Vollstreckungsschonfrist.

1. Vollstreckungsfähiger und vollstreckbarer VA

a) Nach § 249 Abs. 1 Satz 1 AO können (= **Ermessensentscheidung**) die Finanzbehörden VAe, mit denen eine Geldleistung gefordert wird, im Verwaltungsweg vollstrecken. Vollstreckungsfähige VAe i. S. dieser Vorschrift, die das FA Neustadt als Vollstreckungsbehörde gem. § 249 Abs. 1 Satz 3 AO im Verwaltungsweg vollstrecken kann, sind vorliegend die aufgrund der geänderten Einkommensteuerbescheide 02 und 03 vom 13. 6. 05 festgesetzte Einkommensteuer für diese beiden Jahre, der festgesetzte Solidaritätszuschlag als Ergänzungsabgabe zur Einkommensteuer sowie die Festsetzung der Zinsen gem. § 233a AO. Mit diesen VAen wurden von B als Vollstreckungsschuldner (VS) Geldleistungen in Höhe von 4 900 € für 02 und 4 250 € für 03, mithin ein Gesamtbetrag von 9 150 € gefordert. Die Geldleistungen, die das FA von B fordert, bestehen demnach aus Steuern i. S. d. § 3 Abs. 1 AO (Einkommensteuer und Solidaritätszuschlag) sowie steuerlichen Nebenleistungen i. S. d. § 3 Abs. 4 AO (Zinsen).

b) Nach § 251 Abs. 1 AO können VAe vollstreckt werden, soweit nicht ihre Vollziehung ausgesetzt oder die Vollziehung durch Einlegung eines Rechtsbehelfs gehemmt ist.
B hat zwar mit Schreiben vom 5. 7. 05 form- und fristgerecht Einspruch gegen die nach § 165 Abs. 2 AO geänderten Einkommensteuerbescheide eingelegt. Das FA hat jedoch keine Aussetzung der Vollziehung nach § 361 Abs. 2 AO gewährt. Zu beachten ist in diesem Zusammenhang Folgendes:
Allein die Einlegung eines **Einspruchs** bzw. die Erhebung einer **Klage** gegen einen Steuerbescheid steht nach §§ 361 Abs. 1 AO, 69 Abs. 1 FGO der Vollziehung des angefochtenen VA **nicht** entgegen.
Auch führt der Umstand, dass ein Einspruchsführer einen Antrag auf Aussetzung der Vollziehung (AdV) gestellt hat, selbst noch nicht dazu, dass die Vollstreckbarkeit des eine Geldleistung fordernden VA entfällt. Erst wenn die Vollziehung des angefochtenen Bescheids tatsächlich ausgesetzt worden ist, fehlt einem vollstreckungsfähigen VA die Vollstreckbarkeit.
Ebenso wie das FA eine Vollstreckung nicht schon allein deshalb zu unterlassen hat, weil die Behörde über die vom VS beantragte AdV des vollstreckungsfähigen Bescheids noch nicht entschieden hat, kann erst recht die **Ablehnung eines Aussetzungsantrags** und die daraus resultierende Möglichkeit, gegen den ablehnenden Bescheid Einspruch einzulegen oder den Antrag an das FG nach § 69 Abs. 3 FGO zu stellen, nicht dazu führen, dass Vollstreckungsmaßnahmen bis zur Bestandskraft des Ablehnungsbescheids unterbleiben müssen (vgl. BFH v. 27. 10. 2004 VII R 65/03, BStBl 2005 II 198, wonach das FA nach Ablehnung des Antrags auf AdV grundsätzlich nicht verpflichtet ist, dem VS vor Einleitung von Vollstreckungsmaßnahmen eine bis zu sechs Wochen zu bemessende Frist einzuräumen, um ihm Gelegenheit zu geben, beim FG einen AdV-Antrag stellen zu können).

ERGÄNZENDE HINWEISE

(1) Das Vollstreckungsverfahren ist ein **selbstständiges**, vom Festsetzungsverfahren getrenntes Verwaltungsverfahren, weshalb nach § 256 AO Einwendungen gegen den Anspruch aus dem Steuerschuldverhältnis nur mit Rechtsbehelfen gegen den diesen Anspruch festsetzenden Bescheid zu verfolgen sind, also z. B. nur mittels Einspruch/Klage gegen den Einkommensteuerbescheid und nicht mit einem Einspruch gegen die wegen des Einkommensteuerrückstands durchgeführte Pfändungsmaßnahme.

Hierzu nicht im Widerspruch steht, dass der Vollstreckungsschuldner mittels Einspruch gegen die einen VA darstellende Vollstreckungsmaßnahme geltend machen kann, dass der zu vollstreckende Bescheid, aus dem die Leistungspflicht resultiert, nichtig/nicht ordnungsgemäß bekannt gegeben und damit nach § 124 Abs. 3 AO unwirksam sei. Denn insoweit fehlt es an einem vollstreckungsfähigen VA als Grundvoraussetzung jeder Vollstreckungshandlung. Entgegen der in der zivilrechtlichen Rspr. vertretenen Ansicht, wonach Zwangsvollstreckungsmaßnahmen nach der ZPO bei Fehlen eines wirksamen Vollstreckungstitels als nichtig angesehen werden, ist eine Vollstreckungsmaßnahme, der ein z. B. mangels Bekanntgabe nicht wirksam gewordener Steuerbescheid und damit kein wirksamer Vollstreckungstitel zugrunde liegt, **nicht nichtig**, sondern nur − anfechtbar − **rechtswidrig**; Gleiches gilt bei Fehlen eines wirksamen Leistungsgebots. Zwar leidet eine Vollstreckungsmaßnahme, der die wesentliche Voraussetzung eines vollstreckungsfähigen VA als Grundlage fehlt, an einem besonders schwerwiegenden Mangel; jedoch ist dieser Fehler i. d. R. nicht offenkundig (vgl. BFH v. 22. 10. 2002 VII R 56/00, BStBl 2003 II 109 mit dem weiteren Hinweis, dass das Fehlen der Vollstreckungsvoraussetzungen gem. §§ 249 Abs. 1, 254 Abs. 1 AO bei Beginn der Vollstreckungshandlung zu einem − auch durch Nachholung während des Vollstreckungsverfahrens − nicht heilbaren Fehler und damit bei Anfechtung zur Aufhebung der Vollstreckungsmaßnahme führt).

(2) Ebenfalls mittels Einspruch gegen die Vollstreckungsmaßnahme kann geltend gemacht werden, dass die Vollziehung des vollstreckten Bescheides ausgesetzt worden war. Diesbezüglich liegt zwar ein **vollstreckungsfähiger**, aber **kein vollstreckbarer** VA vor (vgl. § 251 Abs. 1 AO) mit der Folge der Rechtswidrigkeit − nicht jedoch Nichtigkeit − der Vollstreckungsmaßnahme.

2. Fälligkeit der Leistung

Nach § 254 Abs. 1 Satz 1 AO darf die Vollstreckung erst beginnen, wenn die Leistung fällig ist.

a) Gemäß § 220 Abs. 1 AO richtet sich die Fälligkeit von Ansprüchen aus dem Steuerschuldverhältnis nach den Vorschriften der Steuergesetze.
   Die Fälligkeit der aufgrund der geänderten Steuerbescheide vom 13. 6. 05 von B noch zu zahlende Einkommensteuer 02 und 03 ergibt sich aus § 36 Abs. 4 Satz 1 EStG: einen Monat nach Bekanntgabe der Steuerbescheide.
   Gleiches gilt nach § 1 Abs. 2 SolZG für den rückständigen Solidaritätszuschlag dieser beiden Jahre.
   Unter Berücksichtigung der §§ 122 Abs. 2 Nr. 1, 108 Abs. 1 und Abs. 3 AO i. V. m. §§ 187 Abs. 1, 188 Abs. 2 BGB waren diese Ansprüche mit Ablauf des 17. 7. 05 fällig. Da es sich nämlich beim 16. 6. 05 als dem Tag, an dem die Bescheide nach § 122 Abs. 2 Nr. 1 AO als bekannt gegeben gelten, um einen Sonntag handelte, hatte sich der Bekanntgabetag auf den 17. 6. 05 verschoben, weil § 108 Abs. 3 AO auch auf die **Drei-Tage-Regelung** anwendbar ist (vgl. Nr. 2 AE zu § 108 AO).

b) Hinsichtlich der **Zinsen** nach § 233a AO, deren Festsetzung − wie vorliegend auch geschehen − nach Abs. 4 mit der Steuerfestsetzung verbunden werden soll, ergibt sich die Fälligkeit aus § 220 Abs. 2 AO. Sie trat mit Ablauf der eingeräumten **Zahlungsfrist** ein. In den geänderten Bescheiden wurden die von B zu entrichtenden Beträge und damit auch die festgesetzten Zinsen zum 17. 7. 05 angefordert.
   Folglich war im Zeitpunkt der von R durchgeführten Pfändungen die Fälligkeit der Ansprüche, derentwegen vollstreckt wurde, gegeben.

3. Leistungsgebot

Nach § 254 Abs. 1 Satz 1 AO ist für den Beginn der Vollstreckung weiterhin erforderlich, dass der VS zur Leistung **aufgefordert** worden ist.

Das noch keine Maßnahme der Vollstreckung darstellende Leistungsgebot, dass gem. § 254 Abs. 1 Satz 2 AO mit dem zu vollstreckenden VA verbunden werden kann, aber ein selbstständiger VA bleibt, soll den VS vor Überraschungen schützen. Die geänderten Steuerbescheide enthielten laut Sachverhalt das erforderliche Leistungsgebot (zur Entbehrlichkeit eines Leistungsgebotes siehe § 254 Abs. 1 Satz 4 und Abs. 2 AO).

4. Beachtung der Vollstreckungsschonfrist

§ 254 Abs. 1 Satz 1 AO verlangt für den Beginn der Vollstreckung außer Fälligkeit der Leistung und dem Leistungsgebot noch, dass seit der Aufforderung zur Leistung mindestens eine Woche verstrichen ist. Für die Berechnung der **einwöchigen Vollstreckungsschonfrist**, die an die nach § 122 Abs. 2 AO zu ermittelnde Bekanntgabe des Leistungsgebots anknüpft, gelten die §§ 187 ff. BGB.

Zwischen der Bekanntgabe der Leistungsgebote (17. 6. 05) und dem Beginn der Vollstreckung (10. 9. 05) sind vorliegend fast drei Monate vergangen.

ERGÄNZENDE HINWEISE

(1) Die Vollstreckungsschonfrist knüpft an das Leistungsgebot an, so dass es diese Frist nicht einzuhalten gilt, wenn ein Leistungsgebot berechtigterweise fehlt, z. B. weil dieses nach § 254 Abs. 1 Satz 4 AO nicht erforderlich ist.

(2) Dass erst grds. nach Ablauf der Wochenfrist mit der Vollstreckung begonnen werden darf, bedeutet nicht, dass die die Vollstreckung bloß vorbereitenden, keinen rechtsbehelfsfähigen VA darstellenden Maßnahmen wie das Vollstreckungsersuchen nach § 250 AO oder der Vollstreckungsauftrag an den Vollziehungsbeamten gem. § 285 Abs. 2 AO innerhalb dieser Frist auch nicht erfolgen dürften.

5. Mahnung

Da das FA mit Schreiben vom 16. 8. 05 die Zahlung der rückständigen Beträge mit einer Zahlungsfrist von einer Woche angemahnt und darüber hinaus sogar noch mit Schreiben vom 30. 8. 05 Vollstreckungshandlungen angekündigt hat, mithin mehr unternommen hat, als der Gesetzgeber als unerlässlich vor Ergreifen von Zwangsmaßnahmen zur Durchsetzung des Steueranspruchs vorschreibt, kamen für den B die Maßnahmen der Behörde im September 05 auch nicht überraschend.

Zu beachten ist in diesem Zusammenhang, dass **selbst das Fehlen einer Mahnung** vor Durchführung von Vollstreckungsmaßnahmen deren **Rechtmäßigkeit nicht beeinflusst**. Denn nach § 259 Satz 1 AO „soll" – nicht „muss" – der VS in der Regel vor Vollstreckungsbeginn gemahnt werden (zur Mahnung vgl. Abschn. 19 Abs. 3 VollstrA).

ZWISCHENERGEBNIS Im Zeitpunkt der Pfändungen im September 05 lagen die allgemeinen Voraussetzungen für die Zulässigkeit von Vollstreckungsmaßnahmen durch das FA Neustadt vor.

Bedenken gegen die Rechtmäßigkeit dieser Maßnahmen bestehen auch nicht im Hinblick auf den Umstand, dass das FA über die Frage, ob überhaupt bzw. ob zum jetzigen Zeitpunkt vollstreckt werden soll, nach pflichtgemäßem Ermessen entscheidet – § 249 Abs. 1 Satz 1 AO als

„Kann-Vorschrift" ausgestaltet –, zumal es wegen § 85 Satz 1 AO im Regelfall zu Vollstreckungsmaßnahmen verpflichtet ist.

II. Einhaltung der die Mobiliarvollstreckung betreffenden Vorschriften

Der Vollziehungsbeamte R muss für die von ihm durchgeführten Maßnahmen zuständig sein und diese müssen „am rechten Ort", „zur rechten Zeit", „in der rechten Weise" und „im rechten Umfang" erfolgt sein.

1. Zuständigkeit des Vollziehungsbeamten

Nach §§ 281 Abs. 1, 285 Abs. 1 AO erfolgt die Vollstreckung in das bewegliche Vermögen durch **Pfändung**, die die Vollstreckungsbehörde durch Vollziehungsbeamte ausführt. Nach § 285 Abs. 2 AO wird dieser aufgrund Vollstreckungsauftrags der Vollstreckungsbehörde – ausgestellt durch den Innendienst des FA – ermächtigt, vom VS außerhalb des FA die im Auftrag genannten rückständigen Zahlungen anzunehmen oder Vollstreckungsmaßnahmen gegen ihn durchzuführen (vgl. Abschn. 7 VollzA; zum Inhalt des Vollstreckungsauftrags siehe Abschn. 34 VollstrA).

Bei der PC-Anlage und der Stereoanlage in der Wohnung des VS handelt es sich um Gegenstände, die den Sachbegriff des § 90 BGB erfüllen und damit in den vollstreckungsrechtlichen Zuständigkeitsbereich des R fallen.

> **ERGÄNZENDER HINWEIS**
>
> Es gibt auch bewegliche Sachen, die nicht durch den Vollziehungsbeamten gepfändet werden dürfen, weil sie der **Vollstreckung in das unbewegliche Vermögen** unterliegen.
>
> Dies ist z. B. der Fall bei Grundstückszubehör, soweit dies dem Grundstückseigentümer gehört (§ 1120 zweiter Halbsatz BGB), weil gem. § 322 Abs. 1 Satz 2 AO die §§ 864 ff. ZPO und das ZVG Anwendung finden und sich die Immobiliarvollstreckung damit nach § 865 Abs. 1 i. V. m. Abs. 2 Satz 1 ZPO auch auf die Gegenstände erstreckt, die in den – abstrakten – Haftungsverband der Hypothek fallen. Der wirtschaftliche Zusammenhang zwischen dem Grundstück und dem Zubehör, also nach § 97 Abs. 1 Satz 1 BGB den beweglichen Sachen, die, ohne Bestandteile des Grundstücks zu sein, dem wirtschaftlichen Zweck des Grundstücks zu dienen bestimmt sind und dazu in einem dieser Bestimmung entsprechenden räumlichen Verhältnis stehen – z. B. die Einrichtung der auf dem Grundstück betriebenen Apotheke, Gastwirtschaft, Ladengeschäfte oder bei für einen gewerblichen Betrieb dauernd eingerichteten Gebäuden die zum Betriebe bestimmten Maschinen und Gerätschaften – soll für die Vollstreckung in das unbewegliche Vermögen erhalten bleiben (vgl. hierzu Abschn. 40 Abs. 1 – 3 VollzA). Dabei spielt es keine Rolle, ob das Grundstück bereits mit einem Grundpfandrecht belastet ist oder nicht, denn der Vollziehungsbeamte kann bei der Pfändung „vor Ort" gar nicht feststellen, ob das Grundstück belastet ist; erst recht kann der Vollziehungsbeamte nicht feststellen, ob eine Grundschuld noch valutiert oder sich eine Hypothek bereits in eine Eigentümergrundschuld umgewandelt hat.
>
> Grundstückserzeugnisse i. S. d. § 99 Abs. 1 BGB, also die unmittelbaren Sachfrüchte (z. B. vom Boden getrennte Pflanzen und Bäume) und sonstige Ausbeuten (z. B. Kohle, Erze, Kies) können gepfändet werden, solange das Grundstück noch nicht im Wege der Immobiliarvollstreckung durch Beschluss der Zwangsversteigerung oder -verwaltung beschlagnahmt ist. Nach § 865 Abs. 2 Satz 2 ZPO werden die Erzeugnisse anders als das Zubehör erst mit der Beschlagnahme der Pfändung durch den Vollziehungsbeamten entzogen.

2. Ordnungsgemäße Durchführung der Pfändung

a) Gewahrsam des VS

Aus § 286 Abs. 1 AO folgt, dass die zu pfändende bewegliche Sache sich im Gewahrsam des VS befinden muss.

Gewahrsam ist der Zustand rein **tatsächlicher Sachherrschaft**, wobei diese in einer nach außen leicht erkennbaren Weise der Person zuzuordnen sein muss, auf die es ankommt. Ob Gewahrsam an einer Sache besteht, entscheidet sich nach den Umständen des Einzelfalles unter Berücksichtigung der Verkehrsauffassung. Ein Wohnungsinhaber hat regelmäßig an allen in der Wohnung befindlichen Sachen Gewahrsam.

Bei **Mitgewahrsam** eines Dritten und erst recht bei **alleinigem Gewahrsam eines Dritten** ist die Pfändung nach § 286 Abs. 4 AO nur zulässig, wenn der Dritte zur Herausgabe der beweglichen Sache bereit ist. Zwar ist auch bei in eheähnlichem Verhältnis zusammenlebenden Partnern die Zustimmung des Lebensgefährten als Mitgewahrsamsinhaber erforderlich. Vorliegend muss jedoch der B als alleiniger Gewahrsamsinhaber der PC-Anlage und der Stereoanlage angesehen werden, weil dem Sachverhalt nicht entnommen werden kann, dass er die Wohnung zusammen mit seiner Freundin Daisy Dollar (D) bewohnt.

ERGÄNZENDE HINWEISE

(1) Kommt es wegen Mitgewahrsams oder sogar alleinigem Gewahrsam eines Dritten nach § 286 Abs. 4 AO auf dessen Herausgabebereitschaft an und ist dieser nicht zur Herausgabe bereit, so muss der Herausgabeanspruch des VS gegen den Dritten gepfändet und die Einziehung angeordnet werden. Ein Verstoß gegen § 286 Abs. 4 AO führt zur Anfechtbarkeit der Vollstreckungsmaßnahme mittels Einspruch/Klage durch den VS oder den Dritten.

(2) Nicht getrennt lebende Ehegatten haben zwar Mitgewahrsam, jedoch gilt gem. § 739 Abs. 1 ZPO − anwendbar nach § 263 AO − i. V. m. § 1362 BGB stets derjenige Ehegatte als alleiniger Gewahrsamsinhaber, gegen den die Vollstreckung gerichtet ist. Bei § 739 ZPO handelt es sich um eine unwiderlegbare Vermutung, die selbst dann eingreift, wenn die widerlegbare Vermutung des § 1362 BGB entkräftet wird. Es sollen die Eigentumsverhältnisse, an die § 1362 BGB anknüpft, vom Vollziehungsbeamten bei der Pfändung nicht geprüft werden. Der Ehegatte, der nicht Schuldner ist, kann sich bei Eingreifen des § 739 ZPO gegen die Pfändung einer ihm gehörenden Sache nur mit der **Drittwiderspruchsklage** wehren. Die Eigentumsvermutung des § 1362 Abs. 1 Satz 1 BGB, an die die Gewahrsamsvermutung des § 739 Abs. 1 ZPO anknüpft, gilt jedoch nicht im Falle des § 1362 Abs. 2 BGB, d. h. für die ausschließlich zum persönlichen Gebrauch eines Ehegatten bestimmten Sachen wird im Verhältnis zu den Gläubigern dessen Eigentum und daran anknüpfend dessen Alleingewahrsam vermutet (Beispiel: Alleingewahrsamsvermutung zugunsten des Mannes als VS greift bei einer nicht als Kapitalanlage, sondern als Schmuck für die Ehefrau gekauften Perlenkette nicht ein).

---

b) Pfändung „zur rechten Zeit"

Nach § 289 Abs. 1 AO darf eine Vollstreckungshandlung zu bestimmten Zeiten nur mit schriftlicher Erlaubnis der Vollstreckungsbehörde vorgenommen werden.

Dem Sachverhalt kann nicht entnommen werden, dass der R den VS zur Nachtzeit in dessen Wohnung aufgesucht hat.

c) Pfändung durch Inbesitznahme (Pfändung „in der rechten Weise")

aa) Vor Durchführung der Vollstreckungshandlungen hat der R den VS unter Vorlage des Vollstreckungsauftrags zur freiwilligen Zahlung aufgefordert (§§ 285 Abs. 2, 292 Abs. 1 AO; vgl. hierzu Abschn. 24 VollzA).

bb) Nach § 287 Abs. 4 Satz 1 AO dürfen die Wohnräume des VS ohne dessen Einwilligung nur aufgrund einer **richterlichen Anordnung** durchsucht werden, sofern diese nicht ausnahmsweise nach Satz 2 entbehrlich ist (vgl. hierzu Abschn. 28 Abs. 2 und 3 VollzA). Vorliegend hat B dem R jedoch das Betreten der Wohnung erlaubt und ihm auch gestattet, sich in der Wohnung umzusehen.

cc) Der Vollziehungsbeamte pfändet durch **Inbesitznahme**, d. h. dadurch, dass er die tatsächliche Gewalt über die Sache erlangt. Dazu ist erforderlich, dass er die Sache entweder mitnimmt oder gem. § 286 Abs. 2 Satz 2 AO die Pfändung kenntlich macht. **Wegnahme** der Sache ist die **Ausnahme**, Belassung beim VS die Regel. R hat die Pfändung der PC-Anlage durch Anbringung von Pfandsiegeln auf dem Rechner, der Tastatur und dem Drucker ersichtlich gemacht. Auch auf der Stereoanlage hat er ein Pfandsiegel angebracht.

ERGÄNZENDER HINWEIS

Mangelnde Kenntlichmachung macht die Pfändung nichtig und hindert damit die Entstehung der Verstrickung und des Pfändungspfandrechts nach § 282 AO. Hingegen ist der Fortbestand der Verstrickung **nicht von der Fortdauer** der Erkennbarkeit abhängig, außer wenn die Pfandzeichen mit Wissen und Wollen der Behörde entfernt werden. Die Verstrickung bleibt also bestehen, wenn das Siegel oder die Pfandanzeige später gegen den Willen der Behörde entfernt, unkenntlich wird oder abfällt (vgl. hierzu Abschn. 44 Abs. 5 VollzA).

---

dd) Der Einwand des B, die Stereoanlage gehöre nicht ihm, sondern sie stehe im Eigentum seiner Freundin, durfte den R nicht von der Pfändung abhalten.

Für die Rechtmäßigkeit einer Sachpfändung kommt es **nur auf den Gewahrsam** des VS an, so dass es einem Vollziehungsbeamten grds. verwehrt ist, die Eigentumsverhältnisse an der Sache, deren Pfändung er beabsichtigt, zu prüfen. Es soll verhindert werden, dass allein wegen entsprechender Einwendungen des VS, er sei nicht Eigentümer der sich in seinem Gewahrsam befindlichen Sachen, deren Richtigkeit häufig in der Kürze der Zeit und angesichts der bei Klärung der Rechtslage auftretenden materiell-rechtlichen Probleme für den nicht mit einer juristischen Ausbildung ausgestatteten Vollziehungsbeamten nicht zu überprüfen sein wird, eine Pfändung und damit das Entstehen von Verstrickung und Pfändungspfandrecht unterbleibt. Der Vollziehungsbeamte soll den Schuldner, falls dieser sein fehlendes Eigentum an der gepfändeten Sache geltend macht, lediglich darauf hinweisen, dass der Berechtigte, also der Dritte, der angeblich Eigentümer der Sache ist und dem damit am Gegenstand der Vollstreckung ein die Veräußerung hinderndes Recht zustehen würde, seinen Anspruch gegenüber dem Vollstreckungsinnendienst und ggf. mittels Drittwiderspruchsklage nach § 262 AO vor dem Zivilgericht geltend machen muss (vgl. Abschn. 31 Abs. 3 Satz 3 VollzA).

ERGÄNZENDER HINWEIS

Eine **Ausnahme** von dem Grundsatz, dass der Vollziehungsbeamte nicht die Eigentumsverhältnisse an dem von ihm gepfändeten Gegenstand zu prüfen hat, gilt in den sog. **Evidenzfällen**, d. h.

bei Sachen, die ohne jeden Zweifel nicht dem Schuldner gehören, wobei es auf die besonderen Umstände des Falles und die konkreten Geschäftsgebräuche ankommt (vgl. Abschn. 43 Abs. 5 VollzA – Beispiele: Fahrzeuge, die sich in einer Kfz-Werkstatt zur Reparatur befinden; einem Frachtführer zum Transport übergebene Sachen; Filmkopien beim Kinoinhaber; Klagewechsel in den Akten eines Rechtsanwalts; Geld in der Geldbörse eines Steuern schuldenden Kellners in einem Restaurant).

Eine Berücksichtigung der materiellen Rechtslage durch den Vollziehungsbeamten ist ausnahmsweise auch dann notwendig, wenn der Schuldner nicht mit seinem eigenen Vermögen, sondern mit dem **seiner Verwaltung unterliegenden fremden Vermögen** herangezogen wird, z. B. Testamentsvollstrecker, Insolvenzverwalter. Hier muss der Vollziehungsbeamte prüfen, ob die zu pfändende Sache zu dem verwalteten fremden Vermögen gehört.

d) Pfändung „im rechten Umfang"

aa) Der Rechtmäßigkeit der Pfändung der PC-Anlage könnte vorliegend jedoch § 295 Satz 1 AO, wonach u. a. § 811 ZPO entsprechend gilt, entgegenstehen. Diese Vorschrift konkretisiert den **Schutzgedanken des Sozialstaatsprinzips** für die Zwecke des Vollstreckungsverfahrens und trägt dem Schutz des Existenzminimums des VS Rechnung, so dass die für anwendbar erklärten zivilprozessualen Vollstreckungsschutzvorschriften nicht zur Disposition der Beteiligten stehen, sondern von Amts wegen beachtet werden müssen (vgl. hierzu Abschn. 33 Abs. 1 VollzA).

Nach § 811 Abs. 1 Nr. 5 ZPO sind bei Personen, die aus ihrer körperlichen oder geistigen Arbeit oder sonstigen persönlichen Leistung ihren Erwerb ziehen, die zur Fortsetzung dieser **Erwerbstätigkeit erforderlichen Gegenstände** nicht der Pfändung unterworfen.

B hat bereits seit einigen Jahren auf der PC-Anlage Manuskripte erstellt, die er verschiedenen Verlagen zum Kauf angeboten hat, mithin hat er aus geistiger Arbeit seinen Erwerb gezogen. Die Computeranlage dient ihm also zur Fortsetzung dieser Tätigkeit als Schriftsteller.

Für die Annahme der Unpfändbarkeit der zur Fortsetzung der Erwerbstätigkeit erforderlichen Sachen braucht eine **Unentbehrlichkeit in einem strengen Sinne** nicht vorzuliegen. Der Vollziehungsbeamte muss insoweit auch die technische Entwicklung beachten und berücksichtigen, wie die Erwerbstätigkeit bisher ausgeübt worden ist. Die Pfändbarkeit der PC-Anlage lässt sich vorliegend also nicht mit der Erwägung begründen, B könne seine Texte in Zukunft auch – wie früher üblich – auf einer Schreibmaschine verfassen oder sich gar – Goethe, Schiller etc. zum Vorbild nehmend – mit Papier und Bleistift begnügen, um vielleicht doch noch literarischen Weltruhm zu erlangen.

Der Anwendung von § 811 Abs. 1 Nr. 5 ZPO steht auch nicht entgegen, dass B bisher mit seiner schriftstellerischen Tätigkeit nicht erfolgreich war und nur einige Manuskripte in den vergangenen Jahren an kleine Verlage verkaufen konnte, so dass ihm aus dieser Arbeit jährliche Verluste von ca. 10 000 € entstanden sind. Ob die Tätigkeit des VS steuerlich als **Liebhaberei** zu qualifizieren ist, ist **irrelevant**. Entscheidend ist, dass er aus seiner Arbeit einen Erwerb zieht, was bei B unzweifelhaft der Fall ist, wie die Tatsache des Verkaufs einiger Texte belegt, mag er möglicherweise hieraus allein seinen Lebensunterhalt auch nicht bestreiten können. § 811 Abs. 1 Nr. 5 ZPO wäre nur dann nicht einschlägig, wenn B seine Texte nur für sich oder seinen Verwandten- und Bekanntenkreis verfassen würde, also nicht um sie einem breiten Publikum gegen Entgelt zur Kenntnis zu bringen (vgl. in diesem Zusammenhang AG Ibbenbüren, DGVZ 2001, 30, wonach es unerheblich ist, ob ein Beruf schon Einnahmen erbringt, soweit er schon ausgeübt wird und Einnahmen verspricht).

Die Rechtmäßigkeit der Pfändung der PC-Anlage lässt sich vorliegend auch nicht mit dem Argument begründen, bei einem Schuldner, der bereits über eine seine Existenz sichernde Erwerbsquelle verfügt, sei alles pfändbar, was lediglich zu einem zusätzlichen Einkommen führt (vgl. LG Regensburg DGVZ 1987, 46). Zum einen lässt § 811 Abs. 1 Nr. 5 ZPO **auch bei bloßem Nebenerwerb** Unpfändbarkeit eintreten (vgl. LG Rottweil DGVZ 1993, 58; AG Itzehohe DGVZ 1996, 44). Zum anderen ist für die Beurteilung des Eingreifens dieser Vorschrift der **Entscheidungszeitpunkt** maßgebend. Bereits im Zeitpunkt der Pfändung war B nur noch als Schriftsteller tätig; seine frühere Haupttätigkeit als Angestellter in einer Zoohandlung übte er seit zehn Tagen nicht mehr aus.

Die von R vorgenommene Pfändung des Computers samt Drucker und Tastatur ist folglich **rechtswidrig**. Ein Verstoß gegen § 295 Satz 1 AO i.V. m. § 811 Abs. 1 Nr. 5 ZPO führt **nicht zur Nichtigkeit**, sondern begründet nur die **Anfechtbarkeit** der Pfändung (Einspruch nach § 347 Abs. 1 Satz 1 Nr. 1 AO bzw. Anfechtungsklage gem. § 40 Abs. 1 erste Alt. FGO).

ERGÄNZENDER HINWEIS ZU § 811 ABS. 1 NR. 5 ZPO:

§ 811 Abs. 1 Nr. 5 ZPO schützt alle diejenigen Personen, die durch ihre **persönliche Leistung** ihren Erwerb finden, mag die Leistung **körperlich** oder **geistig** sein. Die persönliche, in rechtlich abhängiger Stellung oder als Selbstständiger erbrachte Arbeit muss das wirtschaftlich Wesentliche des Berufs sein. Der Pfändungsschutz greift demnach bei sog. kapitalistischer Arbeitsweise nicht ein. Eine überwiegende Kapitalnutzung ist grds. anzunehmen bei einer Kapitalgesellschaft, selbst wenn bei einer GmbH der Geschäftsführer und Alleingesellschafter mitarbeitet, bei einem Kaufmann i. S. d. § 1 Abs. 1 HGB, es sei denn, dass es sich um einen im Wesentlichen allein arbeitenden Handelsvertreter handelt, bei einer Personenhandelsgesellschaft, es sei denn alle Gesellschafter ziehen allein aus körperlicher Arbeit oder durch kaufmännische Mitarbeit ihren Erwerb aus der Gesellschaft. Kapitaleinsatz kann auch dann vorherrschen, wenn auch eine Arbeitsleistung hinzutritt. Andererseits greift die den Kopf- und Handwerker jeder Art schützende Regelung der Nr. 5 auch zugunsten desjenigen Schuldners ein, der mit einem Kapital arbeitet, soweit seine persönliche Arbeit und nicht die Ausnutzung des Kapitals die Hauptsache ist.

Die Unterstützung der Arbeitsleistung durch Werkzeuge, auch Maschinen, steht der Anwendung des § 811 Abs. 1 Nr. 5 ZPO nicht entgegen. Auch größere Maschine können zur Fortsetzung der Erwerbstätigkeit erforderlich sein, denn die Entwicklung hat es mit sich gebracht, dass heutzutage selbst reine Handwerksbetriebe ohne Maschineneinsatz nicht mehr auskommen, um den unter wirtschaftlichen Aspekten erforderlichen Produktivitätsfortschritt und die notwendigen technische Perfektion zu erreichen. Ebenso wenig kann von einer die Anwendbarkeit dieser Pfändungsschutzbestimmung ausschließenden kapitalistischen Arbeitsweise allein deshalb ausgegangen werden, weil sich der VS bei seiner Arbeit der Unterstützung durch Dritte bedient; die Mitarbeit eines Gehilfen macht die Arbeit des Chefs nicht zu einer kapitalistischen – ein Maler braucht ein Modell, ein Schriftsteller benötigt eine Schreibkraft, bei mehreren Mitarbeitern kann der Schutz aufhören – im Einzelfall abhängig davon, welchen Umfang die persönliche Arbeitsleistung des Schuldners noch hat.

Ob eine Sache zur Fortsetzung der Erwerbstätigkeit in der bisherigen Weise erforderlich ist – entscheidend ist, dass ein Wegfall der Sache den bisherigen Betrieb nach der Art seiner bisherigen Ausübung grundlegend verändern würde, nicht aber, dass die Möglichkeit der Einschränkung des Betriebs gegeben ist –, ist eine Frage des jeweiligen Einzelfalls, wie das Beispiel der Kraftfahrzeugpfändung verdeutlicht. Unpfändbar sein kann der Pkw eines Arbeitnehmers für Fahrten zwischen Wohnung und Arbeitsstätte, das Fahrzeug für Kundenbesuche des Handelsvertreters, das Fahrzeug für Warenlieferungen etwa eines Gastwirts, der Kombiwagen eines Obst- und Gemüsehändlers, der Leichenwagen des Bestatters, der Pkw der berufstätigen Alleinerziehenden, den sie nur deshalb benötigt, um ihr Kind zur Kindertagesstätte zu bringen (vgl. OLG Hamm, OLGZ 1984, 368; LG Hagen, DGVZ 1995, 121; AG Brühl, DGVZ 2000, 127; LG Tübingen, DGVZ 1992, 137; AG Bersenbrück, DGVZ 1992, 140; BGH BB 1993, 324). Pfändbar sein kann ein Pkw aber z. B. dann, wenn der Schuldner zumutbar auch ein öffentliches Verkehrsmittel benutzen kann (vgl. LG Stuttgart, DGVZ 1996, 121).

bb) Der Rechtmäßigkeit der Pfändung der Stereoanlage könnte ebenfalls § 295 Satz 1 AO, und zwar diesmal i. V. m. § 811 Abs. 1 Nr. 1 ZPO, entgegenstehen. Diese Pfändungsschutznorm bezweckt die Sicherung des häuslichen Lebens. Sie will einem VS alle Gegenstände des persönlichen Gebrauchs oder des Haushalts belassen, die er zur Führung eines seinem **Beruf** und seinen **Verhältnissen**, insbesondere seinen **Schulden**, **angemessenen**, bescheidenen Lebens oder Haushalts bedarf. Entscheidend für die Angemessenheit des Haushalts sind die Berufstätigkeit und die Verschuldung, also deren Höhe und die Möglichkeit, die Schuld abzutragen. Der Haushalt darf nur bescheiden eingerichtet sein, was aber nicht bedeutet, dass nur eine völlige Ärmlichkeit geschützt wird; andererseits darf auch kein Überfluss vorliegen.
Die Stereoanlage ist aber nicht unpfändbar, weil B im Wohnzimmer noch über ein Schwarzweißfernsehgerät verfügt. Dieses Gerät, auch wenn es technisch veraltet sein dürfte, ermöglicht es dem Schuldner, sich über die Tagesaktualitäten zu informieren. Die Pfändung der Stereoanlage und deren spätere Abholung zum Zwecke der Versteigerung beeinträchtigt den B also nicht in seinem durch das GG geschützten Recht auf **Teilhabe** durch **Informationsbeschaffung** am **politischen, kulturellen Leben** etc. (vgl. hierzu VGH Mannheim, NJW 1995, 2804, wonach neben einem Fernsehgerät eine Stereoanlage meist pfändbar ist; LG Duisburg, MDR 1986, 682 und AG Essen, DGVZ 1998, 94 zur Pfändbarkeit einer Stereokompaktanlage bei Vorhandensein eines Farbfernsehgeräts).
Die Pfändung der Stereoanlage hätte der Vollziehungsbeamte auch nicht im Hinblick auf § 295 Satz 1 AO i. V. m. § 812 ZPO unterlassen sollen bzw. gem. § 281 Abs. 3 AO unterlassen müssen.
§ 812 ZPO bestimmt für nicht nach § 811 Abs. 1 Nr. 1 ZPO unpfändbare Gegenstände des gewöhnlichen Hausrats ebenso wie die vorliegend aber ebenfalls einer Pfändung der Stereoanlage nicht entgegenstehende Vorschrift des § 281 Abs. 3 AO für die Pfändung im Allgemeinen, dass eine Pfändung zu unterbleiben hat, wenn durch die Verwertung nur ein Erlös erzielt werden würde, der zu dem Wert des gepfändeten Gegenstandes außer allem Verhältnis steht bzw. wenn die Verwertung nicht einmal einen Überschuss über die Kosten der Vollstreckung erwarten lässt. Damit entzieht § 812 ZPO viele Gegenstände des durchschnittlichen Haushalts der Pfändung, sobald sie ein gewisses Alter erreicht haben, oft sogar schon, sobald sie nur in Gebrauch genommen werden. Bei einem Verkehrswert der Stereoanlage i. H. v. 3 500 € wird die Versteigerung mit Sicherheit einen Erlös erbringen, der die Vollstreckungskosten weit übersteigen wird. Auch kann nicht davon ausgegangen werden, dass der Erlös in krassem Missverhältnis zu dem Wert der Anlage stehen wird.

(1) Die **Mindestausstattung** eines Haushalts mit technischen Geräten ist **unpfändbar**. Weil einstmals teure Geräte inzwischen häufig billig geworden sind, hat sich in den vergangenen Jahrzehnten die Ansicht über die Unpfändbarkeit von im Haushalt verwandten Geräten geändert (vgl. hierzu *Tipke/Kruse*, a. a. O. § 295 AO Rdn. 14, 15; zu im Regelfall im Privathaushalt pfändbaren Gegenständen vgl. Rdn. 16).

(2) Für die Unpfändbarkeit kommt es nicht auf die Verhältnisse im Zeitpunkt der Pfändung an, sondern auf den Zeitpunkt der letztinstanzlichen Verwaltungsentscheidung bzw. der letzten mündlichen Gerichtsverhandlung (vgl. *Tipke/Kruse*, a. a. O. § 295 Rdn. 11 m. w. N.). Folglich kommt eine Aufhebung der Pfändung nicht in Betracht, wenn eine zunächst unpfändbare Sache später pfändbar wird (Parallele zur Vorwegpfändung nach § 811d ZPO). Zum selben Ergebnis muss man aber auch gelangen, wenn nach Pfändung einer zunächst nicht unter § 811 Abs. 1 Nr. 1 ZPO fallenden Sache der VS durch Veräußerung sonstiger Sachen die Unpfändbarkeit herbeizuführen beabsichtigt (vgl. in diesem Zusammenhang auch Abschn. 34 Abs. 2 VollzA).

(3) Nach *Tipke/Kruse*, a. a. O. (vgl. § 295 Rdn. 14 a. E.) hat der VS, sofern sich in dem Haushalt sowohl ein Fernsehgerät als auch ein Radio/eine Stereoanlage befinden, bei der Pfändung ein **Wahlrecht**, welches Gerät er behalten will. Selbst wenn man einem Schuldner ein derartiges den Vollziehungsbeamten bindendes Recht zubilligt, kann sich hieraus vorliegend nicht die Unzulässigkeit der Pfändung der Stereoanlage ergeben. Zum einen lässt sich dem SV nicht entnehmen, dass B dieses Wahlrecht gegenüber dem Vollziehungsbeamten ausgeübt hat. Zum anderen kann das Wahlrecht keinesfalls dem Schuldner zugestanden werden, wenn die Verkehrswerte und damit auch der voraussichtliche Verwertungserlös der Gegenstände eklatant **auseinanderfallen**. Der Vollziehungsbeamte kann durch die Wahl des VS nicht auf eine Sache verwiesen werden, deren Pfändung er wegen offensichtlicher Wertlosigkeit schon nach § 281 Abs. 3 AO unterlassen müsste.

ERGEBNIS

1. Die durch den Vollziehungsbeamten R in der Wohnung des B vorgenommene Pfändung der hochwertigen Stereoanlage ist **rechtmäßig** erfolgt. § 295 Satz 1 AO i. V. m. § 811 Abs. 1 Nr. 1 ZPO stand dieser Vollstreckungsmaßnahme nicht entgegen.

2. Demgegenüber war die von R vorgenommene Pfändung der PC-Anlage – bestehend aus Rechner, Tastatur und Drucker – **rechtswidrig**. Wegen § 295 Satz 1 AO i. V. m. § 811 Abs. 1 Nr. 5 ZPO durften diese beweglichen Sachen nicht gepfändet werden.

Aufgabe 2

Bei der von dem VS B und seiner Freundin D in dem Gespräch am 8. 10. 05 gewünschten steuerrechtlichen Beratung ist zu klären,

▶ ob zu diesem Zeitpunkt ein im Hinblick auf die von B bereits eingelegten, aber vom FA bislang nicht entschiedenen Einsprüche gegen die Einkommensteuer-Änderungsbescheide 02 und 03 jetzt noch zu stellender Antrag auf Aussetzung der Vollziehung die Vollstreckungsmaßnahmen außer Kraft setzen kann;

▶ welche sonstigen Möglichkeiten für den B bestehen, die Vollstreckungsmaßnahmen rückgängig zu machen bzw. die für Mitte Oktober 05 beabsichtigte Versteigerung der gepfändeten Sachen zu verhindern;

▶ welche Maßnahmen die D ergreifen kann, um die Pfändung der Stereoanlage rückgängig zu machen bzw. zumindest die bevorstehende Versteigerung zu verhindern.

1. Auswirkung eines AdV-Antrages auf die Pfändungen

Da über die form- und fristgerecht eingelegten und damit zulässigen Einsprüche gegen die Einkommensteuer-Änderungsbescheide 02 und 03 noch nicht entschieden worden ist, kann von B, ggf. vertreten durch den steuerlichen Berater, zum jetzigen Zeitpunkt noch ein Antrag nach § 361 Abs. 2 AO beim FA Neustadt auf Aussetzung der Vollziehung der angefochtenen und – weil eine Leistungspflicht begründend – vollziehbaren Bescheide gestellt werden.

Die Stellung eines AdV-Antrags führt jedoch allein noch nicht dazu, dass die Vollziehbarkeit des angefochtenen VA entfällt. Dies ist erst dann der Fall, wenn das FA wegen **ernstlicher Zweifel** an der Rechtmäßigkeit des angefochtenen Bescheids oder, weil die Vollziehung für den Betroffenen eine unbillige, nicht durch überwiegende öffentliche Interessen gebotene Härte zur Folge hätte, die beantragte Aussetzung tatsächlich gewährt.

a) Dem Sachverhalt sind **keine** Gründe zu entnehmen, die es rechtfertigen würden, **ernstliche Zweifel** an der **Rechtmäßigkeit der Änderungsbescheide** aufkommen zu lassen (zu den zur Aussetzung berechtigenden **ernstlichen Zweifeln** vgl. Nr. 2.5 AE zu § 361 AO).

b) Auch ist nicht erkennbar, dass bei sofortiger Vollziehung der Änderungsbescheide, also bevor über die eingelegten Rechtsbehelfe entschieden worden ist, dem B **Nachteile** drohen, die über die eigentliche Realisierung der Bescheide hinausgehen (zur **unbilligen Härte** als Aussetzungsvoraussetzung vgl. Nr. 2.6 AE zu § 361 AO).

c) Sollte das FA jedoch dem – jetzt noch zu stellenden – **Antrag** auf Aussetzung der angefochtenen Einkommensteuer-Änderungsbescheide 02 und 03 **stattgeben**, etwa weil sich aufgrund der über die Einspruchsbegründung inhaltlich hinausgehenden Begründung des Antrags dann doch ernstliche Zweifel an der Rechtmäßigkeit der Änderungsbescheide ergeben sollten, so hätte diese Entscheidung folgende **Konsequenzen**:

  – **Einstellung der Vollstreckung** nach § 257 Abs. 1 Nr. 1 AO wegen Wegfalls der Vollstreckbarkeitsvoraussetzung des § 251 Abs. 1 AO, d. h. das FA dürfte die für Mitte Oktober 05 beabsichtige Versteigerung der gepfändeten Gegenstände nicht durchführen (vgl. hierzu Abschn. 5 Abs. 2 Satz 4 VollstrA).
  Das FA müsste die PC-Anlage und die Stereoanlage wieder in die Wohnung des B zurückschaffen, wenn auch unter Belassung der angebrachten Pfandsiegel, um dem VS weiterhin den Gebrauch der Sachen zu ermöglichen, weil deren Abholung durch den Vollziehungsbeamten nur im Hinblick auf die – nun nicht mehr unmittelbar bevorstehende – Versteigerung erfolgt war.

  – **keine Aufhebung** der bereits durchgeführten **Pfändungen**, weil nach § 257 Abs. 2 Satz 3 AO bei einer Einstellung der Vollstreckung gem. § 257 Abs. 1 Nr. 1 AO Vollstreckungsmaßnahmen bestehen bleiben, es sei denn, ihre Aufhebung ist ausdrücklich angeordnet worden.
  Dass der Gesetzgeber beim Wegfall der Vollstreckungsvoraussetzung des § 251 Abs. 1 AO anders als nach § 257 Abs. 2 Satz 1 AO in den Fällen der Aufhebung des VA, aus dem vollstreckt wird, bzw. des Erlöschens des Anspruchs nicht zwingend

die Aufhebung bereits getroffener Vollstreckungsmaßnahmen anordnet, hat seinen Grund darin, dass der **Ausgang des Rechtsbehelfsverfahrens** gegen den Bescheid, aus dem sich der Anspruch für den Fiskus ergibt, **noch offen** ist. Bei einer Aufhebung der Pfändung verliert der Gläubiger sein Pfändungspfandrecht.

Zu einer Aufhebung der Pfändung käme es außer im Fall von deren ausdrücklicher Anordnung auch dann, wenn das FA die beantragte AdV rückwirkend auf den Zeitpunkt der Fälligkeit der Zahlungspflichten im Juli 05 verfügen würde, weil dann bereits zur Zeit der Durchführung der Vollstreckungshandlung durch den Vollziehungsbeamten am 10.9.05 kein vollstreckbarer VA vorgelegen hätte (vgl. hierzu Nr. 7.4 Satz 4 AE zu § 361 AO und Nr. 8.1.2 AE zu § 361 AO zum Beginn der AdV bei Antragstellung erst nach Fälligkeit der strittigen Steuerforderung).

ERGEBNIS Allein durch die Stellung eines AdV-Antrags werden die bereits getroffenen Vollstreckungsmaßnahmen **nicht außer Kraft** gesetzt (vgl. in diesem Zusammenhang auch Abschn. 5 Abs. 4 Satz 5 VollstrA, wonach das Vollstreckungsverfahren fortzuführen ist, wenn ein AdV-Antrag aussichtslos erscheint, er offensichtlich nur den Zweck verfolgt, das Vollstreckungsverfahren hinauszuschieben, oder wenn Gefahr im Verzug besteht).

Nur die – vorliegend aber nicht wahrscheinliche – Gewährung der Aussetzung der Vollziehung der angefochtenen Einkommensteuer-Änderungsbescheide 02 und 03 führt zur Einstellung der Vollstreckung.

Gründe für eine ausdrückliche Anordnung der Pfändungsaufhebung oder eine rückwirkende Verfügung der AdV sind erst recht nicht ersichtlich.

2. Weitere Möglichen für den Vollstreckungsschuldner, gegen die Pfändungen vorzugehen

I. Einsprüche gegen die Pfändungen und Anträge auf AdV

1) Zulässigkeit der Einsprüche

Da die Pfändung ein VA in Abgabenangelegenheiten ist – vorliegend hat R die Stereoanlage, den Rechner, den Drucker und die Tastatur gepfändet, so dass vom Vorliegen mehrerer VAe auszugehen ist –, ist gegen jeden dieser VAe nach § 347 Abs. 1 Satz 1 Nr. 1 i.V.m. Abs. 2 AO als Rechtsbehelf der **Einspruch** statthaft. Die AO kennt keine Erinnerung gegen die Art und Weise der Zwangsvollstreckung nach dem Vorbild des § 766 ZPO; soweit Maßnahmen des Vollziehungsbeamten oder anderer Vollstreckungsorgane VAe sind, ist der Einspruch gegeben.

Die Pfändungen haben am 10.9.05 stattgefunden. Folglich ist am 8.10.05, dem Tag des Beratungsgesprächs, die **Monatsfrist** des § 355 Abs. 1 Satz 1 AO noch nicht verstrichen. B kann also bis zum Ablauf des 10.10.05 noch fristgerecht unter Beachtung der Formvorschrift des § 357 Abs. 1 Satz 1 AO beim FA Neustadt als der nach § 357 Abs. 2 Satz 1 AO **zuständigen Anbringungsbehörde** Einspruch gegen die Pfändungen einlegen. Die Jahresfrist nach § 356 Abs. 2 AO ist nicht einschlägig, weil Abs. 1 für die Anknüpfung des Beginns der Einspruchsfrist an die Belehrung voraussetzt, dass ein VA schriftlich ergangen ist.

Die für die Zulässigkeit eines Einspruchs nach § 350 AO erforderliche Beschwer ist ebenfalls gegeben, weil B geltend machen kann, in eigenen Rechten verletzt zu sein. Zwar kann ein Einspruch gegen einen VA, der sich erledigt hat, nicht mehr zulässigerweise eingelegt werden, weil das Ziel des Rechtsbehelfsverfahrens, die Aufhebung des VA zu erwirken, nicht mehr erreicht werden kann. Es ist nicht Aufgabe des Vorverfahrens, der Verwaltung die Möglichkeit zu geben, die Rechtswidrigkeit oder Rechtmäßigkeit einer von ihr getroffenen Maßnahme festzustellen; diese Feststellung ist allein Aufgabe der Gerichte. Ein Einspruch gegen eine einzelne Vollstreckungsmaßnahme ist daher nur so lange zulässig, als die Vollstreckungsmaßnahme nicht beendet und noch rückgängig zu machen ist (vgl. hierzu Abschn. 12 Abs. 2 VollstrA). Dies ist hier der Fall, weil **Pfändungen** in bewegliches Vermögen erst mit der **Pfandverwertung abgeschlossen** sind. Die Versteigerung der gepfändeten Gegenstände hat bislang noch nicht stattgefunden.

2) Begründetheit der Einsprüche

a) Gegen die Pfändung der Stereoanlage wird ein Einspruch **nicht erfolgreich** sein. Denn insoweit ist die Pfändung durch den R rechtmäßig erfolgt, insbesondere lag kein Verstoß gegen § 295 Satz 1 AO i. V. m. § 811 ZPO vor; auch war es dem Vollziehungsbeamten verwehrt, dem Einwand des VS nachzugehen, er sei nicht Eigentümer dieses Geräts.

b) Der Einspruch gegen die Pfändung der PC-Anlage bestehend aus Rechner, Tastatur und Drucker ist demgegenüber **begründet**. Denn die Pfändung dieser Gegenstände ist **rechtswidrig**, weil diese wegen Unpfändbarkeit nach § 295 Satz 1 AO i. V. m. § 811 Abs. 1 Nr. 5 ZPO nicht hätten gepfändet werden dürfen.

3) Konsequenz der Begründetheit des Einspruchs gegen die Pfändung der PC-Anlage
Als Folge des noch von B bis zum Ablauf des 10. 10. 05 zulässigerweise einzulegenden Einspruchs müsste das FA Neustadt die **Pfändung** der PC-Anlage **aufheben.**
Da nach § 361 Abs. 1 Satz 1 AO die rechtzeitige Einlegung des Einspruchs die Vollziehung des angefochtenen VA nicht hemmt, also allein die Einspruchseinlegung nicht ausreicht, um die Versteigerung der gepfändeten PC-Anlage Mitte Oktober 05 zu verhindern, es sei denn das FA gibt dem Einspruch in dem Zeitraum von einer Woche bis zur beabsichtigen Pfandverwertung statt, ist es erforderlich, dass der Einspruch gegen die Pfändung mit einem **Antrag auf AdV** verbunden wird. Die Voraussetzungen für die Gewährung der AdV nach § 361 Abs. 2 Satz 2 AO sind bei Vorliegen eines Einspruchs gegen die Pfändung als einen vollziehbaren, weil die Pflicht zur Duldung der Verwertung begründenden VA gegeben. Es bestehen nicht nur ernstliche Zweifel an der Rechtmäßigkeit der Pfändung der PC-Anlage, sondern es ist unzweifelhaft die Rechtswidrigkeit dieses VA gegeben.
Konsequenz der Gewährung der Vollziehungsaussetzung ist die Einstellung der Vollstreckung bezüglich der Computeranlage nach § 257 Abs. 1 Nr. 1 AO.

ERGEBNIS ▸ Mit einem Einspruch gegen die Pfändung verbunden mit einem Antrag auf Gewährung von AdV kann B die Versteigerung der PC-Anlage verhindern.

II. Antrag auf Vollstreckungsaufschub

Eine weitere Möglichkeit, die bevorstehende Versteigerung der gepfändeten PC-Anlage zu verhindern, besteht für den B darin, einen Antrag auf sog. **Vollstreckungsaufschub** nach § 258 AO zu stellen. Voraussetzung für die Gewährung dieser Billigkeitsmaßnahme ist, dass die Zwangsvollstreckung schlechthin oder eine einzelne Maßnahme der

Zwangsvollstreckung unbillig sind (zu diesem unbestimmten Rechtsbegriff vgl. Abschn. 7 Abs. 2 VollstrA).

Vorliegend lässt sich die Unbilligkeit der konkreten Vollstreckungsmaßnahme damit begründen, dass die Computeranlage wegen § 811 Abs. 1 Nr. 5 ZPO unpfändbar ist. Zwar hindert ein Antrag auf Aussetzung der Vollziehung die Vollstreckung als solche nicht, lässt sie aber unbillig werden, wenn voraussehbar ist, dass dem Antrag stattgegeben wird, weil die sofortige Vollstreckung dem aus Treu und Glauben abgeleiteten Grundsatz „dolo agit, qui petit, quod statim redditurus est" widerspricht.

3. Möglichkeiten für die D, gegen die Pfändungen vorzugehen

I. Einspruch gegen die Pfändungen

1) Gegen die Pfändung der PC-Anlage wäre ein von der D erhobener Einspruch schon **mangels Beschwer** unzulässig, weil § 811 Abs. 1 Nr. 5 ZPO keine ihrem Schutz dienende Vorschrift ist.
   Demzufolge dürfte das FA auch einem mit dem Einspruch verbunden Antrag auf Vollziehungsaussetzung ebenfalls nicht stattgeben (vgl. insoweit Nr. 2.5.3 AE zu § 361 AO; keine zur AdV berechtigenden ernstlichen Zweifel bei Unzulässigkeit des Rechtsbehelfs).

2) Ein von der D bis zum Ablauf des 10. 10. 05, also noch **fristgerecht** eingelegter Einspruch gegen die Pfändung der in **ihrem Eigentum** stehenden Stereoanlage könnte ebenfalls keinen Erfolg haben, so dass ein gleichzeitig gestellter Antrag auf Aussetzung der Vollziehung dieser Pfändung mangels ernstlicher Zweifel an der Rechtmäßigkeit dieses VA auch abgewiesen werden müsste und damit auf diesem Wege die bevorstehende Versteigerung nicht verhindert werden kann.
   Denn der Einspruch kann nicht auf Einwendungen gestützt werden, die nach § 262 AO zu verfolgen sind. Folglich könnte die D in einem Einspruch gegen die Pfändung nicht mit dem Einwand erfolgreich sein, es sei in ihr Eigentum an der Stereoanlage und damit **in eine schuldnerfremde Sache vollstreckt** worden. Mit dem Einspruch kann in Anlehnung an die Erinnerung nach § 766 ZPO nur die Art und Weise der Zwangsvollstreckung gerügt werden. Da die **Pfändung** der Stereoanlage durch den Vollziehungsbeamten des FA Neustadt **rechtmäßig** erfolgt ist, insbesondere kein Pfändungsverbot eingreift und dieser nicht berechtigt war, die Eigentumsverhältnisse an dem von ihm gepfändeten Gegenständen zu prüfen – ein Fall von evidentem Dritteigentum liegt nicht vor –, der Einwand des VS, die Stereoanlage gehöre seiner Freundin D ihn mithin nicht von der Pfändung abhalten durfte, müsste ihr Einspruch zurückgewiesen werden.

ERGÄNZENDER HINWEIS

Selbst wenn der Rechtmäßigkeit der Pfändung § 811 Abs. 1 Nr. 1 ZPO entgegen gestanden hätte – vorliegend jedoch nicht der Fall – wäre ein Einspruch der D gegen diesen VA nicht erfolgreich, weil diese Norm nicht ihren Schutz bezweckt hätte, sondern sich das Eingreifen der Vorschrift aus den persönlichen Lebensumständen des B ergeben hätte. Durch einen Verstoß gegen § 811 Abs. 1 Nr. 1 ZPO ist ein Dritter nicht beschwert.

II. Drittwiderspruch

1) Nach § 262 Abs. 1 Satz 1 AO ist für einen **Dritten**, der behauptet, dass ihm am Gegenstand der Vollstreckung ein die Veräußerung hinderndes Recht zustehe, der **Widerspruch** gegen die Vollstreckung erforderlichenfalls durch Klage vor den ordentlichen Gerichten geltend zu machen.

   a) Die D ist Dritte i. S. d. Vorschrift, weil nicht sie, sondern ihr Freund B Vollstreckungsschuldner ist.
   Da ihr die in der Wohnung des VS gepfändete Stereoanlage gehört, steht ihr an diesem Vollstreckungsgegenstand ein **die Veräußerung hinderndes Recht** zu. Zwar gibt es ein „die Veräußerung hinderndes Recht" im Wortsinne nicht, weil selbst das fremde Eigentum an beweglichen Sachen wegen der Möglichkeit gutgläubigen Erwerbs nach §§ 932 ff. BGB einer Veräußerung nicht entgegensteht. Gemeint ist mit der mit § 771 Abs. 1 ZPO übereinstimmenden Formulierung in § 262 Abs. 1 Satz 1 AO ein Recht, das den **Vollstreckungsgläubiger** daran **hindert**, die Sache im Wege der Zwangsvollstreckung zu verwerten, weil sie nicht zum Vermögen des VS gehört. Denn beiden Vorschriften liegt der Gedanke zugrunde, dass Gegenstand der Vollstreckung nur das Vermögen des im Titel (Leistungsgebot) genannten VS ist. Gemäß § 262 Abs. 1 Satz 3 AO bestimmt sich nach bürgerlichem Recht, welches Recht i. d. S. der Zwangsvollstreckung entgegensteht. Darunter fällt insbesondere das Eigentum eines Dritten an der gepfändeten Sache.

   b) Die D ist berechtigt, unter Darlegung und Begründung ihres Eigentumsrechts an der gepfändeten Stereoanlage vom FA die **Freigabe** dieser Sache zu verlangen. Denn die Formulierung in § 262 Abs. 1 Satz 1 AO „erforderlichenfalls durch Klage" bedeutet, dass der Dritte zunächst die Freigabe der Gegenstände vom FA verlangen kann und Klage erheben kann, wenn das FA dies verweigert (vgl. hierzu Abschn. 13 Abs. 1 VollstrA, wonach das FA über die Einwendungen nach § 262 AO unverzüglich zu entscheiden hat).

   c) D hat auch das Recht, sofort, d. h. ohne zuvor ihr Eigentumsrecht an der Stereoanlage dem FA darzulegen und zu begründen, bei dem ordentlichen Gericht – vorliegend im Hinblick auf den Streitwert das Amtsgericht – **Drittwiderspruchsklage** zu erheben, in dessen Bezirk die Pfändung erfolgt ist (§ 262 Abs. 3 Satz 1 AO). Zwar wird sie diese Klage gewinnen und das Zivilgericht die Zwangsvollstreckung in die Stereoanlage für unzulässig erklären, sofern man unterstellt, dass ihr der Nachweis ihres Eigentums an der Pfandsache gelingt, sie also nicht hinsichtlich des Merkmals des die Veräußerung hindernden Rechts beweisfällig bleibt. Sie muss jedoch nach § 93 ZPO die Kosten des Rechtsstreits tragen, wenn das FA den Anspruch anerkennt, sobald sie im Prozess ihren Anspruch dargelegt und begründet hat.

ERGÄNZENDE HINWEISE

(1) **Ehegatten** sind bei der Zwangsvollstreckung in ihr Vermögen wegen Steuerschulden des anderen Ehegatten grds. **Dritte** i. S. d. § 262 Abs. 1 AO, **soweit** sie **nicht** infolge **Zusammenveranlagung** selbst VS sind.

Auch eine „**Ein-Mann-GmbH**" kann sich im Vollstreckungsverfahren gegen ihren alleinigen Gesellschafter auf ein die Veräußerung hinderndes Recht berufen (vgl. BGH, BGHZ 55, 20; BGH, BGHZ 156, 310; Münchner Kommentar-ZPO/K. *Schmidt*, § 771 Rdn. 50). Die gegenteilige Auffassung (vgl. OLG Hamm, NJW 1977, 1159; *Thomas/Putzo*, § 771 Rdn. 14), nach der eine **Drittwiderspruchsklage** der GmbH wegen der wirtschaftlichen Identität zwischen ihr und dem Alleingesellschafter nicht in Betracht komme, steht im Widerspruch zu grundlegenden gesetzlichen Regelungen. Hinsichtlich des Gesellschaftsvermögens und des Privatvermögens gilt das **Trennungsprinzip**. Für Gesellschaftsschulden haftet nur die GmbH mit ihrem Vermögen (§ 13 Abs. 2 GmbHG), für persönliche Schulden allein der Gesellschafter selbst. GmbH und Alleingesellschafter sind nicht nur selbstständige, voneinander grundsätzlich unabhängige Rechtsträger, sie verfügen auch über **gesonderte Vermögensmassen**, die unterschiedlichen Gläubigern haften. Schon deshalb muss die GmbH in der Lage sein, Eingriffe von persönlichen Gläubigern ihres Gesellschafters in ihr Vermögen mit der Drittwiderspruchsklage abzuwehren.

(2) Als die Veräußerung hindernde Rechte i. S. d. § 262 Abs. 1 AO, § 771 Abs. 1 ZPO kommen neben dem Alleineigentum auch das **Miteigentum**, ein bestehender Eigentumsvorbehalt – deshalb muss das Anwartschaftsrecht des VS gepfändet werden –, das Anwartschaftsrecht des Vorbehaltskäufers bei der Zwangsvollstreckung gegen den Verkäufer, das Sicherungseigentum bei der Vollstreckung gegen den Sicherungsgeber in Betracht.
Kein die Veräußerung hinderndes Recht begründen schuldrechtliche Ansprüche, insbesondere nicht bloße Verschaffungsansprüche. Deshalb steht bspw. dem Käufer bei Pfändung der sich noch beim Verkäufer als VS befindenden Kaufsache oder dem Vermächtnisnehmer bei Pfändung des noch im Eigentum des Erben als VS stehenden Gegenstandes kein Widerspruchsrecht zu.
Demgegenüber sind als die Veräußerung hindernde Rechte anzusehen schuldrechtliche Herausgabeansprüche aus der Überlassung von Gegenständen – z. B. gem. §§ 546 Abs. 1, 604 Abs. 1, 667 BGB –, Forderungen des Kommittenten aus dem Geschäft des Kommissionärs nach § 392 Abs. 2 HGB und der Verschaffungsanspruch nach §§ 143 InsO, 11 AnfG aufgrund einer Anfechtung.

2) Da die Vollstreckung weder durch Einwendungen gegenüber dem FA als Vollstreckungsbehörde noch durch Erhebung der Drittwiderspruchsklage beim Zivilgericht gehemmt wird, bestimmt § 262 Abs. 2 AO, dass für die Einstellung der Vollstreckung und die Aufhebung von Vollstreckungsmaßnahmen die §§ 769, 770 ZPO gelten.
Der D ist wegen der kurzen Zeit bis zum beabsichtigten Versteigerungstermin zu empfehlen, bei Gericht einen Antrag auf Erlass einer einstweiligen Anordnung nach § 769 ZPO mit dem Ziel zu stellen, der Behörde bis zur Entscheidung in der Hauptsache die Pfandverwertung zu untersagen. Dieser Antrag ist dann entbehrlich, wenn das FA Neustadt einem im Anschluss an das Beratungsgespräch gestellten Antrag der D, die Pfändung der Stereoanlage wegen ihres Eigentumsrechts an dem Gerät aufzuheben, rechtzeitig vor dem angekündigten Termin zur Versteigerung stattgibt.

ERGEBNIS ▶ Die D kann die Versteigerung der ihr gehörenden Stereoanlage nur mit einem Widerspruch beim FA Neustadt verhindern. Sollte diesem Begehren nicht stattgegeben werden, kann sie das Ziel, die Pfandverwertung zu verhindern, mit einer Drittwiderspruchsklage und der einstweiligen Anordnung als vorläufigem Rechtsschutz erreichen.

Teil II: Umsatzsteuer

Verfasser: Dipl.-Finanzwirt Ralf Walkenhorst

Sachverhalt 1

1. Geländewagen

a) Vorsteuerabzug

Frau Waldbaum (VW) verwendet den Geländewagen sowohl privat als auch unternehmerisch. Da sie die Vorsteuer aus der Anschaffung auf jeden Fall abziehen will, hat sie das Fahrzeug nicht ihrer Privatsphäre, sondern ihrem Unternehmen zugeordnet. Deshalb gilt die Lieferung des Fahrzeugs als **für ihr Unternehmen** ausgeführt. Dies ist möglich, weil die unternehmerische Verwendung nicht weniger als 10 % beträgt, § 15 Abs. 1 Satz 2 UStG (für Versicherungsvertretertätigkeit 20 %, für Grundstücksmaklertätigkeit 40 %, insgesamt also 60 %). Das Fahrzeug kann – trotz der privaten Verwendung – zu 100 % dem Unternehmen der VW zugeordnet werden. Aufgrund der Aufgabenstellung – höchst möglicher Vorsteuerabzug – scheidet eine Zuordnung insgesamt zum Privatvermögen bzw. eine teilweise Zuordnung zum Unternehmensvermögen aus.

Da über die Anzahlung von 10 000 € keine Rechnung mit offenem Umsatzsteuerausweis vorliegt, ist ein Vorsteuerabzug nicht möglich (§ 15 Abs. 1 Satz 1 Nr. 1 Satz 2 UStG).

Allerdings sind in der Rechnung vom 2. 4. 2007 6 795 € Umsatzsteuer ausgewiesen, obwohl der Rechnungsbetrag auf (30 500 € + 6 795 € =) 37 295 € lautet und die entstandene Umsatzsteuer nur (37 295 € / 1,19 x 19 % =) 5 954,66 € beträgt. Nur die **tatsächlich entstandene Umsatzsteuer** aber kann der Leistungsempfänger als Vorsteuer abziehen (§ 15 Abs. 1 Satz 1 Nr. 1 Satz 1 UStG; Abschn. 192 Abs. 9 UStR 2005).

Die **abzugsfähige Vorsteuer** (§ 15 Abs. 1 Satz 1 Nr. 1 UStG) beträgt daher nur 5 954,66 €.

Der Vorsteuerabzug ist darüber hinaus ausgeschlossen, soweit die empfangene Leistung zu steuerfreien Umsätzen verwendet wird. Die Umsätze der VW aus der Versicherungsvertretertätigkeit sind steuerfrei (§ 4 Nr. 11 UStG) und schließen insoweit einen Vorsteuerabzug für das Fahrzeug aus (§ 15 Abs. 2 Satz 1 Nr. 1, Abs. 3 Nr. 1 und 2 UStG). Da die unternehmerische Verwendung des Fahrzeugs insgesamt 60 % beträgt und auf die Versicherungsvertretertätigkeit 20 % entfällt, ist die abzugsfähige Vorsteuer

von	5 954,66 €
in Höhe von (20/60 x 5 954,66 € =) nicht abziehbar	1 984,89 €
und in Höhe von (40/60 x 5 954,66 € =)	3 969,77 €

für den Voranmeldungszeitraum April 2007 abziehbar (§ 18 Abs. 2, § 16 Abs. 1 und 2 Satz 1 UStG).

95

b) Eigenverbrauch

Die **private Verwendung** des Fahrzeugs stellt eine **unentgeltliche Wertabgabe** gem. § 3 Abs. 9a Nr. 1 UStG dar. Das für private Zwecke genutzte Fahrzeug ist Unternehmensvermögen geworden und bei der Anschaffung war ein teilweiser Vorsteuerabzug möglich. Der Leistungsort bestimmt sich nach § 3f UStG. Damit liegt ein steuerbarer und mangels Steuerbefreiung auch steuerpflichtiger Umsatz zum Regelsteuersatz (§ 12 Abs. 1 UStG) vor. Hinsichtlich der Bemessungsgrundlage ist § 10 Abs. 4 Satz 1 Nr. 2 UStG zu beachten. Die Umsatzsteuer entsteht gem. § 13 Abs. 1 Nr. 2 UStG mit Ablauf des jeweiligen Voranmeldungszeitraums.

c) Veräußerung

Die Veräußerung des Geländewagens ist als **Lieferung** (§ 3 Abs. 1 UStG) in vollem Umfang steuerbar, auch wenn ein Vorsteuerabzug nicht in vollem Umfang möglich war. Sie erfolgt als **Hilfsgeschäft** im Rahmen des Unternehmens; Lieferort ist Hamburg (§ 3 Abs. 5a, Abs. 6 Satz 1 und 2 UStG). Die Lieferung erfolgt im Leistungsaustausch, und zwar im Rahmen eines **Tauschs mit Baraufgabe** (§ 3 Abs. 12 Satz 1 UStG). Bemessungsgrundlage ist der Wert des anderen Umsatzes

Wert des Cabriolets	71 920 €
abzüglich der Baraufgabe	./. 40 020 €
	31 900 €
und abzüglich der in der Differenz enthaltenen Umsatzsteuer (31 900 € / 1,19 x 19 % =)	./. 5 093,28 €
und beträgt	26 806,72 €

Die Umsatzsteuer (5 093,28 €) entsteht mit Ablauf des Voranmeldungszeitraums Juni 2007 (§ 13 Abs. 1 Satz 1 Nr. 1 Buchst. a UStG).

2. Vorsteuer

a) Berichtigung des Vorsteuerabzugs

Durch die steuerpflichtige Veräußerung des Geländewagens am 1. 6. 2007 verändern sich die Verhältnisse, die für den Vorsteuerabzug maßgebend waren. Der bisherige Vorsteuerabzug für das Fahrzeug kann daher nach § 15a UStG **berichtigt** werden.

Auch die **Veräußerung** eines Gegenstands im Kalenderjahr der erstmaligen Verwendung gilt **als Änderung der Verhältnisse**, wenn sich die Veräußerung im Hinblick auf die Auswirkung beim Vorsteuerabzug anders darstellt als die bisherige Verwendung (§ 15a Abs. 8 UStG). Die Veräußerung des Fahrzeugs war zu 100 % steuerpflichtig. Die Vorsteuer aus der Anschaffung des Fahrzeugs war jedoch im April 2007 nur zu $^{40}/_{60}$ abziehbar gewesen.

Nach den Verhältnissen ab Juni 2007 wären dagegen $^{60}/_{60}$ abziehbar gewesen.

Es liegt daher eine Änderung der Verhältnisse vor.

Der **Berichtigungszeitraum** läuft vom 1. 4. 2007 bis zum 31. 3. 2012 (§ 15a Abs. 1 Satz 1 UStG, § 45 UStDV).

Da das Fahrzeug im Jahr 2007 erst im April angeschafft wurde und die Veräußerung im Juni 2007 so behandelt wird, als sei das Fahrzeug bis zum Ende des Berichtigungszeitraums noch im Unternehmen verwendet worden (§ 15a Abs. 9 UStG), beträgt die Änderung der Verhältnisse – bezogen auf das Jahr 2007 als erstem Verwendungsjahr – 26 % (93 % zu 67 %). Für die folgenden Jahre beträgt die Änderung jeweils 33 % (100 % zu 67 %).

Daher sind sowohl im Erstjahr als auch in den Folgejahren die **Berichtigungsgrenzen** des § 44 Abs. 2 UStDV **überschritten**.

Die Berichtigung ist für das Erstjahr und die folgenden Jahre des Berichtigungszeitraums (5 Jahre seit dem Beginn der Verwendung, § 15a Abs. 1 Satz 1 UStG) bereits bei der Berechnung der Steuer für den Voranmeldungszeitraum durchzuführen, in dem die Lieferung stattgefunden hat (hier: Juni 2007, § 44 Abs. 4 Satz 3 UStDV).

Von der abzugsfähigen Vorsteuer sind die Vorsteuern, die im Zusammenhang mit den steuerfreien Ausschlussumsätzen gem. § 4 Nr. 11 UStG stehen, vom Abzug ausgeschlossen.

Im Ergebnis sind die auf die Zeit vom 1. 6. 2007 bis 31. 3. 2012 (7 + 4 x 12 + 3 = 58 Monate) entfallenden Vorsteuern in vollem Umfang abziehbar, also	5 756,17 €
und die auf die Monate April und Mai 2007 entfallende Vorsteuern zu $^{40}/_{60}$ abziehbar, also mit	132,33 €.
Insgesamt sind im Ergebnis abziehbar	5 888,50 €
Davon sind bereits im April 2007 berücksichtigt ($^{40}/_{60}$ x 5 954,66 € =)	3 969,77 €
so dass für den VZ Juni 2007 ein zusätzlicher Vorsteuerabzug zu berücksichtigen ist von	1 918,73 €

b) Vorsteuerabzug aus dem Erwerb des Cabriolets

Da auch das Cabriolet nicht zu weniger als 10 % für unternehmerische Zwecke verwendet wird, kann VW das Fahrzeug als **für unternehmerische Zwecke erworben** behandeln und die gesondert in Rechnung gestellte Umsatzsteuer grundsätzlich als Vorsteuer abziehen (§ 15 Abs. 1 Satz 1 Nr. 1, Abs. 1 Satz 2). Die von MB nach dem Gesetz geschuldete Umsatzsteuer beträgt jedoch nicht 6 389,75 € (wie ausgewiesen), sondern gem. § 10 Abs. 2 UStG:

Gemeiner Wert der Gegenleistung (Geländewagen)	31 900 €
zuzüglich Baraufgabe	40 020 €
	71 920 €
abzüglich der Bemessungsgrundlage (71 920 € / 1,19 =)	./. 60 436,97 €
Umsatzsteuer 19 %	11 483,03 €

VW kann aber nur Vorsteuer in Höhe der **ausgewiesenen Vorsteuer** (6 389,75 €) und davon auch nur 40/60 entsprechend der Verwendungsverhältnisse abziehen, solange nicht die Rechnung berichtigt wird.

Die im Voranmeldungszeitraum Juni 2007 abziehbare Vorsteuer beträgt daher 6 389,75 € x $^{40}/_{60}$ = 4 259,83 €.

Die private Verwendung ist der Besteuerung zu unterwerfen.

Sachverhalt 2

Die Beantwortung der Fragen hängt davon ab, welche Art von Lieferungen SH tätigt.

1. Rechnungsausstellung bei in Großbritannien steuerfreien Lieferungen nach Deutschland

Versendet SH die Waren von Schottland nach Deutschland, sind diese Lieferungen in Großbritannien steuerbar, weil sich ihr Ort in Schottland befindet (§ 3 Abs. 1, § 3 Abs. 6 Satz 1 – 3 UStG). Sie sind steuerfrei, wenn sie in Großbritannien als **innergemeinschaftliche Lieferungen** behandelt werden können (§ 4 Nr. 1 Buchst. b, § 6a Abs. 1 Satz 1 Nr. 1 – 3 UStG in entsprechender Anwendung). Die Steuerfreiheit setzt aber voraus, dass die Lieferungen an Abnehmer erfolgen, die der Erwerbsteuer (§ 1a UStG) unterliegen. Es handelt sich dabei um regelbesteuerte Unternehmer, die die Gegenstände für **Zwecke ihres Unternehmens** erwerben, oder um andere in § 1a Abs. 3 UStG genannte Wirtschaftsgebilde, die freiwillig die Erwerbsbesteuerung durchführen (§ 1a Abs. 4 UStG) oder die Erwerbsschwelle von 12 500 € (§ 1a Abs. 3 Nr. 2 UStG) überschreiten. Ein solcher Erwerber ist daran erkennbar, dass er eine **Umsatzsteuer-Identifikationsnummer** (USt-IdNr., § 27a UStG) von einem der Mitgliedstaaten der EU erhalten hat und sie bei der Warenbestellung angibt.

Ist die Lieferung in Großbritannien steuerfrei, darf SH weder britische noch deutsche Umsatzsteuer in Rechnung stellen; weist er trotzdem Umsatzsteuer aus, schuldet er sie dem britischen bzw. deutschen Fiskus nach § 14c Abs. 1 UStG. In der Rechnung hat er auf die Steuerfreiheit gesondert hinzuweisen (entsprechend § 14 Abs. 4 Satz 1 Nr. 8 UStG). Es sind beide Umsatzsteuer-Identifikationsnummern anzugeben (entsprechend § 14a Abs. 3 Satz 2 UStG).

Da der Abnehmer in diesen Fällen in Deutschland der Erwerbsteuer unterliegt, deren Bemessungsgrundlage das Entgelt für die Lieferung ist (§ 10 Abs. 1 Satz 1 UStG), wird der Abnehmer vom Lieferer eine Rechnung erwarten, die die Höhe des Entgelts dokumentiert.

2. In Deutschland steuerbare und steuerpflichtige Lieferungen im Versandhandelsgeschäft

Sind die Abnehmer des SH Privatleute oder bestimmte, in § 3c Abs. 2 UStG aufgeführte Wirtschaftsgebilde, verlagert sich der Ort der Lieferungen nach Deutschland, wenn SH die für Deutschland maßgebliche **Lieferschwelle** von 100 000 € im laufenden Jahr überschreitet bzw. im vorangegangenen Kalenderjahr überschritten hat. Wird die Lieferschwelle unterschritten, kann SH auf sie verzichten mit der Folge, dass auch in diesem Fall der Ort der Lieferungen Deutschland ist.

In diesem Fall sind die Lieferungen des SH in Deutschland **steuerbar** und **steuerpflichtig**. SH ist nunmehr verpflichtet, Rechnungen mit gesondertem Ausweis der (deutschen) Umsatzsteuer auszustellen (§ 14a Abs. 2 UStG). Die Rechnungen müssen u. a. Namen und Anschrift des leistenden Unternehmers (hier: SH) und des Abnehmers, die Menge und die handelsübliche Bezeichnung des Gegenstands, den Zeitpunkt der Lieferung, das Entgelt für die Lieferung und den darauf entfallenden Steuerbetrag enthalten (§ 14 Abs. 4 UStG).

Die **Steuersätze** ergeben sich aus § 12 UStG. Dem ermäßigten Steuersatz von 7 % unterliegt, wie richtig ermittelt, nur das Bilderbuch (§ 12 Abs. 2 Nr. 1 UStG; Anlage 2). Die übrigen Gegenstände sind nicht begünstigt.

Verpackung und Versand sind **Nebenleistungen**, die das Schicksal der Hauptleistung teilen. Die Rechnungsbeträge hierfür müssten auf die im gleichen Paket mitgelieferten Gegenstände prozentual verteilt werden.

Wenn in Großbritannien der Steuersatz für Schuhe tatsächlich 0 % beträgt, muss auf jeden Fall eine Besteuerung in Deutschland vermieden werden. Möglichkeit dazu bietet das Unterschreiten der Lieferschwelle. SH kann, weil die Lieferungen dann in Großbritannien steuerbar und steuerpflichtig sind, seinen (deutschen) Abnehmern britische Umsatzsteuer in Rechnung stellen, für Schuhe also 0 %.

Sachverhalt 3

Die Veräußerung des Unternehmens unterliegt der Umsatzbesteuerung, wenn es sich dabei nicht um eine **Geschäftsveräußerung im Ganzen** handelt. Diese ist nämlich **nicht steuerbar** (§ 1 Abs. 1a UStG). Ein Umsatzsteuerausweis wäre unrichtig und würde zu einer Steuerschuld nach § 14c Abs. 1 UStG führen (Abschn. 190c Abs. 1 Satz 5 Nr. 3 UStR 2005).

Eine Geschäftsveräußerung im Ganzen setzt voraus, dass die **wesentlichen Grundlagen** an einen Unternehmer für dessen Unternehmen übertragen werden. Die Veräußerung der wesentlichen Grundlagen an mehrere verschiedene Erwerber ist keine Geschäftsveräußerung im Ganzen. Wenn daher im vorliegenden Fall das Anlagevermögen zum großen Teil an die Maier KG, die anderen für den Betrieb des Unternehmens wesentlichen Wirtschaftsgüter aber an die Konzept Bau GmbH veräußert wurden, könnte es sich um Veräußerungen an **zwei verschiedene Erwerber** handeln mit der Folge, dass **keine** nicht steuerbare **Geschäftsveräußerung im Ganzen** vorliegt.

Wenn die Anteile der GmbH von den Gesellschaftern der Maier KG gehalten werden, könnten die Maier KG und die GmbH eine **Organschaft** und damit ein einheitliches Unternehmen bilden, bei der der erwerbende Unternehmer (die Maier KG) der Organträger ist. Da als Organgesellschaft nur juristische Personen des Zivil- und Handelsrechts in Betracht kommen (Abschn. 21 Abs. 2 UStR 2005), müsste die Maier KG der Organträger sein. Das wäre der Fall, wenn die GmbH in das Unternehmen der KG finanziell (a), wirtschaftlich (b) und organisatorisch (c) eingegliedert wäre (§ 2 Abs. 2 Nr. 2 UStG).

a) Die **finanzielle Eingliederung** liegt vor. Diese wird nicht dadurch ausgeschlossen, dass die Anteile der GmbH nicht von der KG, sondern von den Gesellschaftern der KG gehalten werden (Abschn. 21 Abs. 4 Satz 5 UStR 2005). Demnach liegt eine finanzielle Beteiligung von 100 % vor. Für die finanzielle Eingliederung genügt bereits eine finanzielle Beteiligung des Organträgers von mehr als 50 % (Abschn. 21 Abs. 4 Satz 1 und 2 UStR 2005).

b) Auch die **wirtschaftliche Eingliederung** ist zu bejahen. Die GmbH fördert und ergänzt die wirtschaftliche Tätigkeit der KG. Das Abhängigkeitsverhältnis der GmbH wird bestätigt durch die Verpachtung des Betriebsvermögens durch die KG (Besitzgesellschaft) an die GmbH (Betriebsgesellschaft, Abschn. 21 Abs. 5 Satz 7 UStR 2005).

c) Zweifelhaft könnte die **organisatorische Eingliederung** sein. Die KG (Organträger) müsste durch organisatorische Maßnahmen sichergestellt haben, dass in der GmbH (Organgesellschaft) ihr Wille auch tatsächlich ausgeführt wird (Abschn. 21 Abs. 6 Satz 1 UStR 2005). Hierzu müsste noch geprüft werden, ob der oder die Geschäftsführer der KG auch der oder die Geschäftsführer der GmbH sind (**Personalunion der Geschäftsführung**, Abschn. 21 Abs. 6 Satz 2 UStR 2005) oder auf welche Weise sonst eine **einheitliche Willensbildung** gesichert ist.

ERGEBNIS ▶ Ist auch eine einheitliche Willensbildung gesichert, liegt eine nicht steuerbare Geschäftsveräußerung im Ganzen vor. Ein Steuerausweis ist dann nicht berechtigt. Zur Vermeidung einer Steuerschuld nach § 14c Abs. 1 UStG müssten die Rechnungen berichtigt werden. Ein Vorsteuerabzug aus den Rechnungen bei der Organschaft entfällt (Abschn. 192 Abs. 9 UStR 2005).

Teil III: Erbschaftsteuer und Schenkungsteuer

Verfasser: Steuerberater Jörg Koltermann

1. Berechnung des Grundbesitzwertes für das Grundstück Nürnberg, Weidener Str. 2

Gemäß § 12 Abs. 3 ErbStG ist Grundbesitz für Erbschaft- und Schenkungszwecke nach §§ 138 ff. BewG (Bedarfsbewertung) zu bewerten. **Bewertungszeitpunkt** ist der Todestag des Erblassers (§ 9 Abs. 1 Nr. 1 i. V. m. § 11 ErbStG), hier der 1. 7. 2007.

Die **Bewertung bebauter Grundstücke** erfolgt im Regelfall nach § 146 BewG. Danach ergibt sich der Wert eines bebauten Grundstücks aus dem 12,5-fachen der durchschnittlichen Jahresmiete der im Besteuerungszeitpunkt vereinbarten Jahresmiete, vermindert um die Wertminderung wegen Alters des Gebäudes (§ 146 Abs. 2 Satz 1 BewG). Zur Jahresmiete gehören auch Mieteinnahmen für Garagen (R 167 Abs. 1 Satz 2 ErbStR), nicht hingegen Betriebskosten (§ 146 Abs. 2 Satz 3 BewG). **Eigengenutzte Wohnungen** sind mit der üblichen Miete zu erfassen (§ 146 Abs. 3 Satz 1 Nr. 1 BewG), die laut Sachverhalt mit 1 160 €/mtl. einschl. Garage anzusetzen ist. Das Gleiche gilt für die an die Schwester und den Freund vermieteten Wohnungen, da deren tatsächliche Miete (750 €) zu mehr als 20 % von der üblichen Miete (1 160 €) abweicht (§ 146 Abs. 3 Satz 1 Nr. 2 BewG).

Da das Gebäude im Jahre 2001 errichtet wurde, ist es am 1. 7. 2007 volle 6 Jahre alt. Die Alterswertminderung beträgt dann insgesamt 3 % (§ 146 Abs. 4 Satz 1 BewG, R 174 Abs. 1 ErbStR).

Da das Gebäude mehr als zwei Wohnung enthält, entfällt ein Zuschlag nach § 146 Abs. 5 BewG.

Ermittlung im Einzelnen:

Erdgeschoss: 12 x 1 160 € =	13 920 €
Wohnung 1. Stock: 12 x 1 160 € =	13 920 €
Wohnung 2. Stock: 12 x 1 160 € =	13 920 €
Summe	41 760 €
x Vervielfältiger 12,5 =	522 000 €
Wertminderung wegen Alters 3 %	./. 15 660 €
Grundstückswert:	506 340 €

Nach § 146 Abs. 6 BewG darf ein bestimmter **Mindestwert** nicht unterschritten werden. Dieser beträgt im vorliegenden Fall:

710 qm x 949 €/qm x 80 % = 539 032 €

Der Mindestwert ist höher und kommt deshalb zum Ansatz. Nach Abrundung des Grundstückswerts auf volle fünfhundert Euro (§ 139 BewG) ergibt sich folgendes gem. § 151 BewG gesondert festzustellendes Ergebnis:

Wert (§ 151 Abs. 1 Nr. 1 BewG):	539 000 €
Art (§ 151 Abs. 2 Nr. 1 BewG):	bebautes Grundstück, kein Betriebsgrundstück
Zurechnung (§ 151 Abs. 2 Nr. 2 BewG):	$3/4$ Vater, $1/4$ Schwester

2. Erbschaftsteuer

Es handelt sich bei den vorliegenden Fällen um **Erwerbe von Todes** wegen (§ 1 Abs. 1 Nr. 1 ErbStG), und zwar bei Vater und Schwester durch **Erbanfall** (§ 3 Abs. 1 Nr. 1 ErbStG), bei der Lebensgefährtin und dem Verein „Weißer Ring" durch **Vermächtnis** (§ 3 Abs. 1 Nr. 1 ErbStG) sowie ferner bei der Lebensgefährtin bezüglich der Lebensversicherung durch Vertrag zugunsten Dritter (§ 3 Abs. 1 Nr. 4 EStG). Die Zuwendung an die Stadt Nürnberg durch den Erben (Vater) am 15. 9. 2007 stellt eine **Schenkung** i. S. v. § 1 Abs. 1 Nr. 2 i. V. m. § 7 Abs. 1 Nr. 1 ErbStG dar.

Der Erblasser hatte im Zeitpunkt seines Todes ebenso wie der Schenker bei Ausführung der Schenkung seinen Wohnsitz im Nürnberg (Inland). Beide sind somit als Inländer i. S. v. § 2 Abs. 1 Satz 2 ErbStG anzusehen, so dass bei jedem Erwerber der gesamte Vermögensanfall der ErbSt/SchenkSt unterliegt (§ 2 Abs. 1 Satz 1 ErbStG).

Besteuerungszeitpunkt und **Bewertungsstichtag** ist nach § 11 ErbStG der Tag der Entstehung der Steuer. Beim Erwerb von Todes wegen ist das der Todestag des Erblassers (§ 9 Abs. 1 Nr. 1 ErbStG), hier also der 1. 7. 2007. Bei einer Schenkung ist Bewertungsstichtag der Tag der Ausführung der Schenkung (§ 9 Abs. 1 Nr. 2 ErbStG), hier also der 15. 9. 2007.

Als steuerfreier Erwerb gilt die Bereicherung des Erwerbers, soweit sie nicht steuerfrei ist (§ 10 Abs. 1 Satz 1 ErbStG). Beim Erwerb von Todes wegen gilt als Bereicherung der Betrag, der sich ergibt, wenn von dem nach § 12 ErbStG zu ermittelnden Wert des gesamten Vermögensanfalls die **abzugsfähigen Nachlassverbindlichkeiten** abgezogen werden (§ 10 Abs. 1 Satz 2 ErbStG).

Das **Grundstück in Nürnberg**, Weidener Str. 2 ist gem. § 12 Abs. 3 ErbStG i. V. m. dem nach § 138 Abs. 1 und 3 festgestellten **Grundbesitzwert (Bedarfswert)** anzusetzen: 539 000 €. Das vom Vater geschenkte und an denselben von Todes wegen zurückfallende (anteilige) Grundstück ist steuerfrei nach § 13 Abs. 1 Nr. 10 ErbStG: $^3/_4$ von 539 000 € = 404 250 €.

Die Aktien an der **Oberland AG** sind gem. § 12 Abs. 1 ErbStG i. V. m. § 11 Abs. 1 BewG mit dem **niedrigsten Kurswert** vom Besteuerungszeitpunkt zu erfassen: (80 000 € x 324 % =) 259 200 €. Da der Erblasser nur zu 1 % am Grundkapital beteiligt war, entfällt die Inanspruchnahme der Vergünstigung nach § 13a ErbStG (§ 13a Abs. 4 Nr. 3 ErbStG).

Die Anteile an der **Universal-GmbH** sind gem. § 12 Abs. 2 ErbStG i. V. m. § 11 Abs. 2 BewG mit **dem gemeinen Wert** zu bewerten. Dieser ist grundsätzlich aus Verkäufen abzuleiten, die weniger als ein Jahr zurückliegen. Solche Verkäufe haben hier stattgefunden. Aus diesen ergibt sich ein gemeiner Wert von 140 000/50 000 = 280 %. Da der Erblasser im Todeszeitpunkt nur noch Anteile im Nennwert von 250 000 € hielt, war er zu genau 25 % beteiligt. Damit entfällt bei der Bewertung die Berücksichtigung eines Paketzuschlags (§ 11 Abs. 3 BewG i. V. m. R 95 Abs. 6 ErbStR). Aus demselben Grund kann § 13a ErbStG nicht angewendet werden. Ansatz im Ergebnis: Nennwert 250 000 € x 280 % = 700 000 €.

Das **unverzinsliche Darlehen** an die Schwester ist zum 1. 7. 2007 mit dem sog. **Gegenwartswert** anzusetzen. Die Bewertung erfolgt, da es sich im ein unverzinsliches Tilgungsdarlehen handelt, nach § 12 Abs. 1 ErbStG i.V. m. § 12 Abs. 1 und Anl. 9a BewG. Wenn die erste Jahresrate am 20. 7. 2007, die letzte Jahresrate am 20. 7. 2014 zu zahlen ist, ergeben sich aus Sicht des 1. 7. 2007 acht Jahreszahlungen à 6 000 €. Demzufolge ergibt sich eine Laufzeit von 8 Jahren (48 000/6 000). 6 000 x 6,509 = 39 054 €. Wenn durch Erbschaft Anspruch und Verbindlichkeit rechtlich zusammenfallen (Konfusion) hindert das erbschaftsteuerlich nicht den Ansatz (§ 10 Abs. 3 ErbStG).

Das **Bankguthaben** wird gem. § 12 Abs. 1 ErbStG i.V. m. § 12 Abs. 1 BewG mit dem **Nennwert** erfasst. Das **Bargeld** wird nicht besonders bewertet, sondern nur **gezählt**. Im Ergebnis sind 220 000 € zu erfassen.

Eine durch Tod des Erblassers fällige **Lebensversicherung** gehört **nicht zum Nachlass**, wenn eine bestimmte Person als bezugsberechtigt bezeichnet ist, hier die Lebensgefährtin. Der Anspruch auf die Versicherungssumme entsteht in diesen Fällen unmittelbar in der Person der Bezugsberechtigten (§ 3 Abs. 1 Nr. 4 ErbStG) und ist bei dieser zu erfassen.

Die **Hypothek** ist als Nachlassverbindlichkeit gem. § 10 Abs. 5 Nr. 1 ErbStG zu berücksichtigen und mit dem **Nennwert** zu bewerten (§ 12 Abs. 1 ErbStG i.V. m. § 12 Abs. 1 BewG): 549 590 €. Das Gleiche gilt für die **Einkommensteuerschuld: 14 600 €**. Auch das **Rentenvermächtnis** zugunsten der **Lebensgefährtin** stellt als Vermächtnislast für die Erben eine abziehbare Schuld dar (§ 10 Abs. 5 Nr. 2 ErbStG). Die Bewertung erfolgt gem. § 13 Abs. 1 i.V. m. Anl. 9a BewG. Bei einer Laufzeit von 10 Jahren ergibt sich ein Kapitalwert i. H. v. (18 000 € x 7,745 =) 139 410 €. Das Geldvermächtnis zugunsten des **„Weißen Rings"** ist mit dem Nennwert zu erfassen (§ 12 Abs. 1 ErbStG i.V. m. § 12 Abs. 1 BewG) und gem. § 10 Abs. 5 Nr. 2 BewG abzuziehen.

Für die **Zuwendung an die Stadt** Nürnberg sind die Voraussetzungen des § 29 Abs. 1 Nr. 4 ErbStG erfüllt. Danach erlischt die Steuer mit Wirkung für die Vergangenheit, wenn u. a. von Todes wegen erworbene Vermögensgegenstände innerhalb von 24 Monaten nach dem Zeitpunkt der Entstehung der Steuer (hier 1. 7. 2007) z. B. einer inländischen Gemeinde (hier am 15. 9. 2007) zugewendet werden. In Höhe der Zuwendung an die Stadt Nürnberg wird somit Erbschaftsteuer nicht erhoben. Bei der Berechnung der Erbschaftsteuer ist deshalb ein Betrag von 15 000 € von der Bemessungsgrundlage abzuziehen.

Ermittlung des gesamten Werts des Nachlasses:

Grundvermögen

Grundstück Nürnberg, Weidener Str. 2	539 000 €
Übriges Vermögen	
Aktien Oberland	259 200 €
Universal-GmbH	700 000 €
Darlehensforderung Schwester	39 054 €
Bankguthaben, Bargeld	220 000 €
Rohvermögen	1 757 254 €

Nachlassverbindlichkeiten

Hypothek	549 590 €	
Einkommensteuer	14 600 €	
Rentenvermächtnis	139 410 €	
Weißer Ring	50 000 €	./. 753 600 €
Reinvermögen		**1 003 654 €**

Berechung der ErbSt für Vater und Schwester

	Vater $^{3}/_{4}$	Schwester $^{1}/_{4}$
Ausgangsbetrag 1 003 654 €	752 740 €	250 914 €
Steuerfreier Grundstücksanteil	./. 404 250 €	
Schenkung an die Stadt Nürnberg	./. 15 000 €	
Verbleiben	333 490 €	250 914 €
Freibetrag gem. Steuerklasse I (§ 16 Abs. 1 Nr. 3 i.V. m. § 15 Abs. 1 ErbStG)	./. 51 200 €	
Freibetrag gem. Steuerklasse II (§ 16 Abs. 1 Nr. 4 i.V. m. § 15 Abs. 1 ErbStG)		./. 10 300 €
Steuerpflichtiger Erwerb	282 290 €	240 614 €
Abgerundet (§ 10 Abs. 1 Satz 5 EStG)	282 200 €	240 600 €
Steuersatz (§ 19 Abs. 1 und Abs. 3 ErbStG) ErbSt ohne Härteausgleich (Stkl. I): 15 % von 282 200 €	42 330 €	

ErbSt mit Härteausgleich Steuerklasse I 11 % von 256 000 € =	28 160 €		
$^{1}/_{2}$ von (282 200 € ./. 256 000 €) =	13 100 €	41 260 €	
Steuerklasse II 17 %			40 902 €
Festzusetzende ErbSt		**41 260 €**	**40 902 €**

Berechnung der ErbSt für die Lebensgefährtin

Übriges Vermögen

Rentenvermächtnis (Berechnung siehe oben)	139 410 €
Lebensversicherung	200 000 €
Summe	339 410 €
Freibetrag gem. Steuerklasse III (§ 16 Abs. 1 Nr. 5 i.V. m. § 15 Abs. 1 ErbStG)	./. 5 200 €
Steuerpflichtiger Erwerb	334 210 €
Abgerundet (§ 10 Abs. 1 Satz 5 ErbStG)	334 200 €
Steuersatz (§ 19 Abs. 1 und Abs. 3 ErbStG) ErbSt ohne Härteausgleich (Stkl. III) 29 % von 334 200 €	96 918 €

ErbSt mit Härteausgleich

Stkl. III 23 % von 256 000 € =	58 880 €	
½ von (324 200 € ./. 256 000 €) =	39 100 €	97 980 €
Festzusetzende ErbSt		**96 918 €**

Hierbei wurde von der Einbeziehung des am 12. 8. 2006 geschenkten Rings im Wert von 2.500 € an die Lebensgefährtin (vgl. § 14 ErbStG) abgesehen, weil dies noch als Gelegenheitsgeschenk i. S. v. § 13 Abs. 1 Nr. 14 ErbStG angesehen werden kann und damit insofern Steuerfreiheit besteht.

Erwerb seitens des „Weißen Ring" in Höhe von 50 000 €

Es liegt ein Erwerb von Todes vor in Gestalt eines **Vermächtnisses** (§ 3 Abs. 1 Nr. 1 ErbStG), das jedoch für den Erwerber nach § 13 Abs. 1 Nr. 16b ErbStG **steuerfrei** ist.

Erwerb seitens der Stadt Nürnberg in Höhe von 15 000 €

Für diese Schenkung (§ 7 Abs. 1 Nr. 1 ErbStG) besteht für die Stadt Nürnberg **Steuerfreiheit** nach § 13 Abs. 1 Nr. 15 ErbStG).

STEUERBERATERPRÜFUNG 2007

Prüfungsaufgabe aus dem Gebiet der Ertragsteuern

Bearbeitungszeit: 6 Stunden

Hilfsmittel:
Laut Ladungsschreiben zugelassene Hilfsmittel,
z. B.: NWB-Handausgabe Deutsche Steuergesetze

Teil I: Einkommensteuer und Gewerbesteuer

Sachverhalt 1

Die B-KG mit Sitz in Chemnitz betreibt dort eine Fabrik zur Herstellung von Werkzeugmaschinen. Zu ihrem Betriebsvermögen gehört außerdem umfangreicher, vermieteter Grundbesitz. Die B-KG hat ein abweichendes Wirtschaftsjahr vom 1. 7. bis zum 30. 6.

An ihr ist u. a. Mike Kluge, geboren am 11. 11. 1960, mit Wohnsitz in Vancouver, Kanada, beteiligt. Er ist in Kanada aufgrund seines Wohnsitzes steuerpflichtig. Er ist zu 10 % am Gewinn und am Vermögen der KG beteiligt.

Die Bilanz der B-KG zum 30. 6. 2006 weist einen zutreffend nach steuerlichen Regeln ermittelten laufenden Gewinn i. H. v. 50 000 € aus. Der Gewerbesteuer-Messbetrag beträgt 1 000 €. Das Kapitalkonto von Mike Kluge beträgt 100 000 €.

Mike Kluge ist ferner seit 1994 am Stammkapital der C-GmbH in Chemnitz i. H. v. 200 000 € mit 50 000 € beteiligt; die C-GmbH verfügt nicht über Grundbesitz. Die Anschaffungskosten des Mike Kluge für die Anteile an der C-GmbH betragen 50 000 €.

Außerdem ist er Eigentümer eines Mietshauses in Chemnitz, aus dem er in 2006 einen steuerlichen Verlust i. H. v. 20 000 € erzielt.

Da Mike Kluge seine Aktivitäten in Deutschland beenden will, verkauft er mit Vertrag vom 20. 5. 2006 mit Wirkung zum 1. 7. 2006 seinen Anteil an der B-KG für 155 000 € an X.

Mit Vertrag vom gleichen Tag verkauft er seinen Anteil an der C-GmbH für 200 000 € ebenfalls an X.

Für die Veräußerung des KG-Anteils und des GmbH-Anteils sind Veräußerungskosten i. H. v. je 5 000 € angefallen.

Aufgabe

Ermitteln Sie das zu versteuernde Einkommen von Mike Kluge für den Veranlagungszeitraum 2006.

Begründen Sie Ihre Lösung unter Angabe der gesetzlichen Vorschriften.

Anlage 1

DBA Kanada (Auszüge)

. . .

Artikel 3 – Allgemeine Begriffsbestimmungen

(1) Im Sinne dieses Abkommens, wenn der Zusammenhang nichts anderes erfordert,

a) bedeutet der Ausdruck „Kanada", im geographischen Sinne verwendet, das kanadische Hoheitsgebiet einschließlich

aa) aller Gebiete außerhalb der kanadischen Hoheitsgewässer, die nach dem Völkerrecht und nach kanadischem Recht zu den Gebieten gehören, in denen Kanada Rechte hinsichtlich des Meeresbodens und des Meeresuntergrunds sowie ihrer Naturschätze ausüben darf;

bb) der Gewässer und des Luftraums über allen in Doppelbuchstabe aa genannten Gebieten hinsichtlich aller Tätigkeiten in Verbindung mit der Erforschung oder Ausbeutung der dort genannten Naturschätze;

b) bedeutet der Ausdruck „Bundesrepublik Deutschland", im geographischen Sinne verwendet, das Hoheitsgebiet der Bundesrepublik Deutschland einschließlich des an das Küstenmeer angrenzenden Gebiets des Meeresbodens, des Meeresuntergrunds und der darüber befindlichen Wassersäule, in dem die Bundesrepublik Deutschland in Übereinstimmung mit dem Völkerrecht und den innerstaatlichen Rechtsvorschriften souveräne Rechte und Hoheitsbefugnisse zum Zwecke der Erforschung, Ausbeutung, Erhaltung und Bewirtschaftung der lebenden und nicht lebenden natürlichen Ressourcen ausübt;

c) bedeuten die Ausdrücke „Vertragsstaat" und „der andere Vertragsstaat" je nach dem Zusammenhang Kanada oder die Bundesrepublik Deutschland;

d) umfasst der Ausdruck „Person" natürliche Personen und Gesellschaften;

e) bedeutet der Ausdruck „Gesellschaft" juristische Personen oder andere Rechtsträger, die für die Besteuerung wie juristische Personen behandelt werden;

f) bedeuten die Ausdrücke „Unternehmen eines Vertragsstaats" und „Unternehmen des anderen Vertragsstaats", je nachdem, ein Unternehmen, das von einer in einem Vertragsstaat ansässigen Person betrieben wird, oder ein Unternehmen, das von einer im anderen Vertragsstaat ansässigen Person betrieben wird;

g) bedeutet der Ausdruck „Staatsangehöriger"

aa) in Bezug auf Kanada alle natürlichen Personen, die die kanadische Staatsangehörigkeit besitzen, und alle juristischen Personen, Personengesellschaften und anderen Personenvereinigungen, die nach dem in Kanada geltenden Recht errichtet worden sind;

bb) in Bezug auf die Bundesrepublik Deutschland alle Deutschen im Sinne des Grundgesetzes für die Bundesrepublik Deutschland und alle juristischen Personen, Personengesellschaften und anderen Personenvereinigungen, die nach dem in der Bundesrepublik Deutschland geltenden Recht errichtet worden sind;

h) bedeutet der Ausdruck „zuständige Behörde"

   aa) aufseiten Kanadas den Minister of National Revenue oder seinen bevollmächtigten Vertreter;

   bb) aufseiten der Bundesrepublik Deutschland, den Bundesminister der Finanzen oder seinen Vertreter;

i) bedeutet der Ausdruck „internationaler Verkehr" jede Fahrt eines Seeschiffes oder Luftfahrzeuges, das von einem Unternehmen eines Vertragsstaats betrieben wird, es sei denn, der Hauptzweck der Fahrt ist die Beförderung von Personen oder Gütern zwischen Orten innerhalb des anderen Vertragsstaats.

(2) Bei der Anwendung des Abkommens durch einen Vertragsstaat hat, wenn der Zusammenhang nichts anderes erfordert, jeder im Abkommen nicht definierte Ausdruck die Bedeutung, die ihm im Anwendungszeitraum nach dem Recht dieses Staates über die Steuern zukommt, für die das Abkommen gilt, wobei die Bedeutung nach dem in diesem Staat anzuwendenden Steuerrecht den Vorrang vor einer Bedeutung hat, die der Ausdruck nach anderem Recht dieses Staates hat.

Artikel 4 – Ansässige Person

(1) Im Sinne dieses Abkommens bedeutet der Ausdruck „eine in einem Vertragsstaat ansässige Person"

a) eine Person, die nach dem Recht dieses Staates dort aufgrund ihres Wohnsitzes, ihres ständigen Aufenthalts, des Ortes ihrer Geschäftsleitung oder eines anderen ähnlichen Merkmals steuerpflichtig ist;

b) den Staat selbst, eines seiner Länder oder eine ihrer Gebietskörperschaften oder eine Behörde oder Einrichtung dieses Staates, eines Landes oder einer Gebietskörperschaft.

Der Ausdruck umfasst jedoch nicht eine Person, die in diesem Staat nur mit Einkünften aus Quellen in diesem Staat oder mit in diesem Staat gelegenem Vermögen steuerpflichtig ist.

(2) Ist nach Absatz 1 eine natürliche Person in beiden Vertragsstaaten ansässig, so gilt Folgendes:

a) Die Person gilt nur als in dem Staat ansässig, in dem sie über eine ständige Wohnstätte verfügt; verfügt sie in beiden Staaten über eine ständige Wohnstätte, so gilt sie nur als in dem Staat ansässig, zu dem sie die engeren persönlichen und wirtschaftlichen Beziehungen hat (Mittelpunkt der Lebensinteressen);

b) kann nicht bestimmt werden, in welchem Staat die Person den Mittelpunkt ihrer Lebensinteressen hat, oder verfügt sie in keinem der Staaten über eine ständige Wohnstätte, so gilt sie nur als in dem Staat ansässig, in dem sie ihren gewöhnlichen Aufenthalt hat;

c) hat die Person ihren gewöhnlichen Aufenthalt in beiden Staaten oder in keinem der Staaten, so gilt sie nur als in dem Staat ansässig, dessen Staatsangehöriger sie ist;

d) ist die Person Staatsangehöriger beider Staaten oder keines der Staaten, so regeln die zuständigen Behörden der Vertragsstaaten die Frage in gegenseitigem Einvernehmen.

(3) Ist nach Absatz 1 eine andere als eine natürliche Person in beiden Vertragsstaaten ansässig, so bemühen sich die zuständigen Behörden der Vertragsstaaten in gegenseitigem Einvernehmen, ihren Ansässigkeitsstatus zu regeln und die Anwendung des Abkommens festzulegen. Soweit ein derartiges Einvernehmen nicht erzielt wird, gilt diese Person für Zwecke der Abkommensvorteile als in keinem der Vertragsstaaten ansässig.

Artikel 5 – Betriebsstätte

(1) Im Sinne dieses Abkommens bedeutet der Ausdruck „Betriebsstätte" eine feste Geschäftseinrichtung, durch die die Tätigkeit eines Unternehmens ganz oder teilweise ausgeübt wird.

(2) Der Ausdruck „Betriebsstätte" umfasst insbesondere:

a) einen Ort der Leitung;

b) eine Zweigniederlassung;

c) eine Geschäftsstelle;

d) eine Fabrikationsstätte;

e) eine Werkstätte und

f) ein Bergwerk, ein Öl- oder Gasvorkommen, einen Steinbruch oder eine andere Stätte der Ausbeutung von Bodenschätzen.

(3) Eine Bauausführung oder Montage ist nur dann eine Betriebsstätte, wenn ihre Dauer zwölf Monate überschreitet.

(4) Die Nutzung von Einrichtungen, Bohrinseln oder Schiffen in einem Vertragsstaat, die der Erforschung oder Ausbeutung von Naturschätzen dienen, gilt als Betriebsstätte, jedoch nur, wenn sie in einem Zwölfmonatszeitraum länger als drei Monate zu diesem Zweck eingesetzt werden.

(5) Ungeachtet der vorstehenden Bestimmungen dieses Artikels gelten nicht als Betriebsstätten:

a) Einrichtungen, die ausschließlich zur Lagerung, Ausstellung oder Auslieferung von Gütern oder Waren des Unternehmens benutzt werden;

b) Bestände von Gütern oder Waren des Unternehmens, die ausschließlich zur Lagerung, Ausstellung oder Auslieferung unterhalten werden;

c) Bestände von Gütern oder Waren des Unternehmens, die ausschließlich zu dem Zweck unterhalten werden, durch ein anderes Unternehmen bearbeitet oder verarbeitet zu werden;

d) eine feste Geschäftseinrichtung, die ausschließlich zu dem Zweck unterhalten wird, für das Unternehmen Güter oder Waren einzukaufen oder Informationen zu beschaffen;

e) eine feste Geschäftseinrichtung, die ausschließlich zu dem Zweck unterhalten wird, für das Unternehmen andere Tätigkeiten auszuüben, die vorbereitender Art sind oder eine Hilfstätigkeit darstellen;

f) eine feste Geschäftseinrichtung, die ausschließlich zu dem Zweck unterhalten wird, mehrere der unter den Buchstaben a bis e genannten Tätigkeiten auszuüben, vorausgesetzt, dass die sich daraus ergebende Gesamttätigkeit der festen Geschäftseinrichtung vorbereitender Art ist oder eine Hilfstätigkeit darstellt.

(6) Ist eine Person – mit Ausnahme eines unabhängigen Vertreters im Sinne des Absatzes 7 – für ein Unternehmen tätig und besitzt sie in einem Vertragsstaat die Vollmacht, im Namen des Unternehmens Verträge abzuschließen, und übt sie die Vollmacht dort gewöhnlich aus, so wird das Unternehmen ungeachtet der Absätze 1 und 2 so behandelt, als habe es in diesem Staat für alle von der Person für das Unternehmen ausgeübten Tätigkeiten eine Betriebsstätte, es sei denn, diese Tätigkeiten beschränken sich auf die in Absatz 5 genannten Tätigkeiten, die, würden sie durch eine feste Geschäftseinrichtung ausgeübt, diese Einrichtung nach dem genannten Absatz nicht zu einer Betriebsstätte machen.

(7) Ein Unternehmen wird nicht schon deshalb so behandelt, als habe es eine Betriebsstätte in einem Vertragsstaat, weil es dort seine Tätigkeit durch einen Makler, Kommissionär oder einen anderen unabhängigen Vertreter ausübt, sofern diese Personen im Rahmen ihrer ordentlichen Geschäftstätigkeit handeln.

(8) Allein dadurch, dass eine in einem Vertragsstaat ansässige Gesellschaft eine Gesellschaft beherrscht oder von einer Gesellschaft beherrscht wird, die im anderen Vertragsstaat ansässig ist oder dort (entweder durch eine Betriebsstätte oder in anderer Weise) ihre Tätigkeit ausübt, wird keine der beiden Gesellschaften zur Betriebsstätte der anderen.

Artikel 6 – Einkünfte aus unbeweglichem Vermögen

(1) Einkünfte, die eine in einem Vertragsstaat ansässige Person aus unbeweglichem Vermögen (einschließlich der Einkünfte aus land- und forstwirtschaftlichen Betrieben) bezieht, das im anderen Vertragsstaat liegt, können im anderen Staat besteuert werden.

(2) Der Ausdruck „unbewegliches Vermögen" hat die Bedeutung, die ihm nach dem einschlägigen Steuerrecht des Vertragsstaats zukommt, in dem das Vermögen liegt. Der Ausdruck umfasst in jedem Fall das Zubehör zum unbeweglichen Vermögen, das lebende und tote Inventar land- und forstwirtschaftlicher Betriebe, die Rechte, für die die Vorschriften des Privatrechts über Grundstücke gelten, Nutzungsrechte an unbeweglichem Vermögen sowie Rechte auf veränderliche oder feste Vergütungen für die Ausbeutung oder das Recht auf Ausbeutung von Mineralvorkommen, Quellen und anderen Bodenschätzen; Schiffe und Luftfahrzeuge gelten nicht als unbewegliches Vermögen.

(3) Absatz 1 gilt für Einkünfte aus der unmittelbaren Nutzung, der Vermietung oder Verpachtung sowie jeder anderen Art der Nutzung unbeweglichen Vermögens und für Einkünfte aus der Veräußerung dieses Vermögens.

(4) Die Absätze 1 und 3 gelten auch für Einkünfte aus unbeweglichem Vermögen eines Unternehmens und für Einkünfte aus unbeweglichem Vermögen, das der Ausübung einer selbständigen Arbeit dient.

Artikel 7 – Unternehmensgewinne

(1) Gewinne eines Unternehmens eines Vertragsstaats können nur in diesem Staat besteuert werden, es sei denn, dass das Unternehmen seine Tätigkeit im anderen Vertragsstaat durch eine dort gelegene Betriebsstätte ausübt oder ausgeübt hat. Übt das Unternehmen seine Tätigkeit auf diese Weise aus oder hat es sie so ausgeübt, so können die Gewinne des Unternehmens im anderen Staat besteuert werden, jedoch nur insoweit, als sie dieser Betriebsstätte zugerechnet werden können.

(2) Übt ein Unternehmen eines Vertragsstaats seine Tätigkeit im anderen Vertragsstaat durch eine dort gelegene Betriebsstätte aus oder hat es sie so ausgeübt, so werden vorbehaltlich des Absatzes 3 in jedem Vertragsstaat dieser Betriebsstätte die Gewinne zugerechnet, die sie hätte erzielen können, wenn sie eine gleiche oder ähnliche Tätigkeit unter gleichen oder ähnlichen Bedingungen als selbständiges Unternehmen ausgeübt hätte und im Verkehr mit dem Unternehmen, dessen Betriebsstätte sie ist, völlig unabhängig gewesen wäre.

(3) Bei der Ermittlung der Gewinne einer Betriebsstätte werden die für diese Betriebsstätte entstandenen Aufwendungen, einschließlich der Geschäftsführungs- und allgemeinen Verwaltungskosten, zum Abzug zugelassen, gleichgültig, ob sie in dem Staat, in dem die Betriebsstätte liegt, oder anderswo entstanden sind.

(4) Soweit es in einem Vertragsstaat üblich ist, die einer Betriebsstätte zuzurechnenden Gewinne durch Aufteilung der Gesamtgewinne des Unternehmens auf seine einzelnen Teile zu ermitteln, schließt Absatz 2 nicht aus, dass dieser Vertragsstaat die zu besteuernden Gewinne nach der üblichen Aufteilung ermittelt; die gewählte Gewinnaufteilung muss jedoch derart sein, dass das Ergebnis mit den Grundsätzen dieses Artikels übereinstimmt.

(5) Aufgrund des bloßen Einkaufs von Gütern oder Waren für das Unternehmen wird einer Betriebsstätte kein Gewinn zugerechnet.

(6) Bei der Anwendung der vorstehenden Absätze sind die der Betriebsstätte zuzurechnenden Gewinne jedes Jahr auf dieselbe Art zu ermitteln, es sei denn, dass ausreichende Gründe dafür bestehen, anders zu verfahren.

(7) Gehören zu den Gewinnen Einkünfte, die in anderen Artikeln dieses Abkommens behandelt werden, so werden die Bestimmungen jener Artikel durch die Bestimmungen dieses Artikels nicht berührt.

...

Artikel 13 – Gewinne aus der Veräußerung von Vermögen

(1) Gewinne, die eine in einem Vertragsstaat ansässige Person aus der Veräußerung unbeweglichen Vermögens im Sinne des Artikels 6 bezieht, das im anderen Vertragsstaat liegt, können im anderen Staat besteuert werden.

(2) Gewinne aus der Veräußerung beweglichen Vermögens, das Betriebsvermögen einer Betriebsstätte ist, die ein Unternehmen eines Vertragsstaats im anderen Vertragsstaat hat, oder das zu einer festen Einrichtung gehört, die einer in einem Vertragsstaat ansässigen Person für die Ausübung einer selbständigen Arbeit im anderen Vertragsstaat zur Verfügung steht, einschließlich derartiger Gewinne, die bei der Veräußerung einer solchen Betriebsstätte (allein oder mit dem übrigen Unternehmen) oder einer solchen festen Einrichtung erzielt werden, können im anderen Staat besteuert werden.

(3) Gewinne eines Unternehmens aus der Veräußerung von Seeschiffen, Luftfahrzeugen und Containern, die im internationalen Verkehr betrieben beziehungsweise genutzt werden, oder aus beweglichem Vermögen, das dem Betrieb dieser Schiffe oder Luftfahrzeuge dient, können nur in diesem Staat besteuert werden.

(4) Gewinne, die eine in einem Vertragsstaat ansässige Person aus der Veräußerung von

a) Anteilen (mit Ausnahme von Anteilen, die an einer anerkannten Börse des anderen Vertragsstaats notiert sind), die zu einer wesentlichen Beteiligung am Kapital einer im anderen Staat ansässigen Gesellschaft gehören und deren Wert überwiegend auf in diesem anderen Staat gelegenem unbeweglichem Vermögen beruht, oder

b) Beteiligungen an einer Personengesellschaft, Rechte an einem Trust oder an einem Nachlass, deren Wert überwiegend auf in dem anderen Vertragsstaat gelegenem unbeweglichem Vermögen beruht,

bezieht, können in diesem anderen Staat besteuert werden. Für die Zwecke dieses Absatzes umfasst der Ausdruck „unbewegliches Vermögen" keine Grundstücke (mit Ausnahme vermieteter Grundstücke), in denen die Tätigkeit der Gesellschaft, Personengesellschaft, des Trusts oder des Nachlasses ausgeübt wird; und eine wesentliche Beteiligung am Kapital einer Gesellschaft liegt vor, wenn der ansässigen Person und mit ihr verbundenen Personen mindestens 10 vom Hundert der Anteile irgendeiner Gattung am Kapital der Gesellschaft gehören.

(5) Veräußert eine in einem Vertragsstaat ansässige Person Vermögen im Rahmen einer Gründung, Umstrukturierung, eines Zusammenschlusses, einer Teilung oder eines ähnlichen Vorgangs, und unterliegen der Gewinn oder die Einkünfte aus dieser Veräußerung in diesem Staat auf Antrag der Person, die das Vermögen erworben hat, nicht der Besteuerung, kann die zuständige Behörde des anderen Vertragsstaats unter den ihr angemessen erscheinenden Voraussetzungen zustimmen, die Besteuerung des Gewinns oder der Einkünfte aus diesem Vermögen für die Zwecke der Besteuerung in dem anderen Staat auszusetzen.

(6) Gewinne aus der Veräußerung des in den Absätzen 1 bis 4 nicht genannten Vermögens können nur in dem Vertragsstaat besteuert werden, in dem der Veräußerer ansässig ist.

(7) Für eine natürliche Person, die in einem Vertragsstaat ansässig war und die im anderen Vertragsstaat ansässig geworden ist, gilt Folgendes:

a) Absatz 6 berührt nicht das Recht eines jeden Vertragsstaats, nach seinen innerstaatlichen Rechtsvorschriften die Gewinne aus der Veräußerung von Vermögen zu besteuern, die diese Person zu irgendeinem Zeitpunkt während der ersten zehn Jahre nach dem Tag bezieht, von dem ab sie nicht mehr im erstgenannten Staat ansässig ist.

b) Wird diese natürliche Person in dem erstgenannten Staat steuerlich so behandelt, als hätte sie ein Vermögen veräußert, und wird sie aus diesem Grunde in diesem Staat besteuert, kann sie sich dafür entscheiden, in dem anderen Staat steuerlich so behandelt zu werden, als hätte sie das Vermögen unmittelbar, bevor sie in diesem Staat ansässig wurde, zu einem dem gemeinen Marktwert in diesem Zeitpunkt entsprechenden Gegenwert verkauft und wiedergekauft. Diese Bestimmung gilt jedoch weder für Vermögen, aus dem Gewinne, die unmittelbar vor dem Zeitpunkt entstanden sind, in dem die natürliche Person in dem anderen Staat ansässig wurde, in diesem Staat besteuert werden können noch für unbewegliches Vermögen, das sich in einem Drittstaat befindet.

...

Artikel 23 – Beseitigung der Doppelbesteuerung

(1) Bei einer in Kanada ansässigen Person wird die Doppelbesteuerung wie folgt vermieden:

a) Unter Beachtung der gegenwärtig geltenden kanadischen Rechtsvorschriften über den Abzug der außerhalb Kanadas gezahlten Steuer von der kanadischen Steuer und etwaiger späterer Änderungen dieser Vorschriften, die den allgemeinen Grundsatz hiervon nicht berühren, und sofern das kanadische Recht keinen höheren Abzugsbetrag oder keine weitergehende Befreiung vorsieht, wird die deutsche Steuer (ausgenommen die Vermögensteuer), die in Übereinstimmung mit diesem Abkommen von dem aus der Bundesrepublik Deutschland stammenden Gewinn, den Einkünften oder Vermögenszuwächsen zu zahlen ist, von der auf diesen Gewinn, diese Einkünfte oder Vermögenszuwächse entfallenden kanadischen Steuer abgezogen.

b) Zahlt eine in der Bundesrepublik Deutschland ansässige Gesellschaft eine Dividende an eine in Kanada ansässige Gesellschaft, die unmittelbar oder mittelbar mindestens 10 vom Hundert der Stimmrechte der erstgenannten Gesellschaft kontrolliert, wird unter Beachtung der gegenwärtig geltenden kanadischen Rechtsvorschriften betreffend die Anrechnung außerhalb Kanadas geschuldeter Steuern auf die kanadische Steuer und etwaiger späterer, die tragenden Prinzipien der Anrechnung ausländischer Steuern wahrenden Änderungen dieser Vorschriften, bei der Steueranrechnung die Steuer berücksichtigt, die die erstgenannte Gesellschaft in der Bundesrepublik Deutschland auf die Gewinne schuldet, aus denen diese Dividende gezahlt wird.

c) Bezieht eine in Kanada ansässige Person Einkünfte oder hat sie Vermögen, und sind diese Einkünfte oder ist dieses Vermögen nach den Bestimmungen dieses Abkommens von der kanadischen Steuer befreit, kann Kanada jedoch die befreiten Einkünfte oder das befreite Vermögen bei der Berechnung der Höhe der auf andere Einkünfte und anderes Vermögen entfallenden Steuer berücksichtigen.

d) Für die Zwecke dieses Absatzes gelten Gewinne, Einkünfte und Vermögenszuwächse einer in Kanada ansässigen Person als aus Quellen in der Bundesrepublik Deutschland stammend, wenn sie entsprechend diesem Abkommen in der Bundesrepublik Deutschland besteuert werden können.

(2) Bezieht eine in der Bundesrepublik Deutschland ansässige Person Einkünfte oder hat sie Vermögen und können diese Einkünfte oder dieses Vermögen nach diesem Abkommen in Kanada besteuert werden, so wird die Doppelbesteuerung wie folgt vermieden:

a) Unter Beachtung des Buchstabens b werden von der Bemessungsgrundlage der deutschen Steuer die Einkünfte aus Quellen innerhalb Kanadas und die in Kanada gelegenen Vermögenswerte ausgenommen, die nach den vorstehenden Artikeln in Kanada besteuert werden können oder nur dort besteuert werden können; die Bundesrepublik Deutschland berücksichtigt aber bei der Festsetzung des Steuersatzes für die nicht so ausgenommenen Einkünfte oder Vermögenswerte die Einkünfte und Vermögenswerte, die nach den vorstehenden Artikeln in Kanada besteuert werden können. Die vorstehenden Bestimmungen dieses Absatzes gelten auch für Dividenden auf Aktien, die eine in Kanada ansässige Gesellschaft an eine in der Bundesrepublik Deutschland ansässige Gesellschaft zahlt, wenn mindestens 10 vom Hundert des Kapitals der kanadischen Gesellschaft unmittelbar der deutschen Gesellschaft gehören. Von der Bemessungsgrundlage der deutschen Steuer werden ebenfalls Beteiligungen ausgenommen, deren Dividenden nach dem vorhergehenden Satz von der Bemessungsgrundlage der deutschen Steuer ausgenommen sind oder bei Zahlung auszunehmen wären.

b) Auf die deutsche Steuer vom Einkommen wird unter Beachtung der Vorschriften des deutschen Steuerrechts über die Anrechnung ausländischer Steuern die kanadische (einschließlich der an eine kanadische Gebietskörperschaft gezahlten Steuern vom Einkommen) angerechnet, die in Übereinstimmung mit diesem Abkommen von den nachstehenden Einkünften gezahlt worden ist:

aa) Dividenden im Sinne des Artikels 10, die nicht unter Buchstabe a fallen;

bb) Zinsen im Sinne des Artikels 11 und Lizenzgebühren im Sinne des Artikels 12;

cc) Gewinne aus der Veräußerung von Vermögen, die von Kanada nur nach Artikel 13 Absätze 4 und 7 Buchstabe a besteuert werden können;

dd) Einkünfte im Sinne des Artikels 15 Absatz 3 sowie der Artikel 16 und 17;

ee) Ruhegehälter und Renten im Sinne des Artikels 18 Absätze 1, 2 und 3 Buchstabe c;

ff) Einkünfte, die nur nach Artikel 21 in Kanada besteuert werden können.

c) Statt der Bestimmungen des Buchstabens a sind die Bestimmungen des Buchstabens b auf Einkünfte im Sinne der Artikel 7 und 10 anzuwenden sowie auf die diesen Einkünften zugrunde liegenden Vermögenswerte, es sei denn, die in der Bundesrepublik Deutschland ansässige Person weist nach, dass die Betriebsstätte in dem Wirtschaftsjahr, in dem der Gewinn erzielt wurde, oder die in Kanada ansässige Gesellschaft in dem Wirtschaftsjahr, für das sie die Ausschüttung vorgenommen hat, ihre Bruttoerträge ausschließlich oder fast ausschließlich aus unter § 8 Absatz 1 Nummern 1 bis 6 des deutschen Außensteuergesetzes fallenden Tätigkeiten oder aus unter § 8 Absatz 2 dieses Gesetzes fallenden Beteiligungen bezieht; Gleiches gilt für unbewegliches Vermögen, das zum Betriebsvermögen der Betriebsstätte gehört (Artikel 6 Absatz 4), sowie für die Gewinne aus der Veräußerung dieses unbeweglichen Vermögens (Artikel 13 Absatz 1) und des beweglichen Vermögens, das zum Betriebsvermögen einer Betriebsstätte gehört (Artikel 13 Absatz 2).

Sachverhalt 2

Gerd und Ida Winkler sind zu je $\frac{1}{2}$ Eigentümer eines Wohn- und Geschäftshauses in Würzburg.

Es wurde in 1991 aufgrund einer Baugenehmigung aus 1991 errichtet. Das Grundstück mit Gebäude haben sie zum 1.1.1992 vom Bauträger für (umgerechnet) 500 000 € erworben, wobei 50 000 € auf Grund und Boden entfielen.

Sie haben das Gebäude seitdem in vollem Umfang vermietet und es linear mit 2 % abgeschrieben.

Das Ladengeschäft im Erdgeschoss (Grundfläche: 100 qm) vermieten sie für 500 € an die X-GmbH. Die X-GmbH betreibt dort ein Café. Das Stammkapital der X-GmbH i. H. v. 50 000 € halten Rico (ledig) und Klaus (verheiratet), die Söhne von Gerd und Ida, zu je $\frac{1}{2}$. Die Anschaffungskosten entsprechen dem Stammkapital. Zum 1.1.2006 beträgt der Teilwert der GmbH-Anteile 100 000 €.

Die 3 Wohnungen in den Obergeschossen (Fläche jeweils 100 qm) werden ebenfalls für je 500 €/Monat vermietet, die Wohnung im 1. OG an Klaus, der sie mit seiner Frau Katja und seiner Tochter bewohnt.

Mit Notarvertrag vom 1.12.2005 teilen Gerd und Ida Winkler das Gebäude in Wohnungs- bzw. Teileigentum nach dem Wohnungseigentumsgesetz auf.

Mit Vertrag vom selben Tag übertragen sie ihre Teileigentumseinheit (Ladengeschäft) an Rico und Klaus Winkler zum Miteigentum zu je $\frac{1}{2}$. Die 3 Eigentumswohnungen übertragen sie an Rico, Klaus und ihre Tochter Maria zu je $\frac{1}{3}$.

Der Übergang von Besitz, Nutzen und Lasten findet am 1.1.2006 statt. Im Gegenzug verpflichten sich Rico und Klaus, an ihre weitere Schwester Ines 150 000 € zu zahlen. Der Verkehrswert des Grundstücks beträgt 600 000 €, wovon 100 000 € auf den Grund und Boden entfallen. Der Teilwert entspricht dem Verkehrswert. Der Wert der Wohnungs- bzw. Teileigentumseinheiten ist jeweils gleich hoch.

Die Mietverhältnisse werden in 2006 unverändert fortgesetzt, nur erfolgt die Mietzahlung nun auf Gemeinschaftskonten von Rico und Klaus Winkler bzw. von Rico, Klaus und Maria Winkler. Die Grundstücksaufwendungen (ohne AfA) betragen 12 000 € pro Jahr.

Rico und Klaus beziehen von der X-GmbH ein Gehalt als Geschäftsführer von monatlich je 2 000 €. Katja Winkler arbeitet ebenfalls für die X-GmbH für ein Monatsgehalt von 1 500 €.

Am 1.5.2006 erhalten Rico und Klaus von der X-GmbH eine Gewinnausschüttung von je 6 000 €.

Aufgabe

Ermitteln Sie den Gesamtbetrag der Einkünfte von Rico, Klaus und Katja Winkler in 2006.

HINWEISE

Alle Entgeltvereinbarungen entsprechen dem zwischen fremden Dritten Üblichen.

Gewerbesteuer ist nicht zu behandeln.

Begründen Sie Ihre Lösung unter Angabe der gesetzlichen Vorschriften.

Sachverhalt 3

Zur Bearbeitung dieses Teilsachverhaltes ist der als Anlage 2 beigefügte Gesellschaftsvertrag zu beachten.

Anmerkungen zum Gesellschaftsvertrag

1. Die Eintragung der KG in das Handelsregister erfolgte am 30.12.1996.

2. Die Haftungsvergütung der Abbau GmbH i. H. v. 10 000 € ist angemessen.

Anmerkungen zur Abbau GmbH

1. Gesellschaftszweck ist die Verwaltung und Geschäftsführung der KG.

2. Alleinige Gesellschafter und Geschäftsführer der Abbau GmbH sind Michael und Bernd Abbau mit einem Anteil von je 12 500 €, welcher den jeweiligen Anschaffungskosten vom 1.10.1996 entspricht.

3. Die jährliche angemessene Geschäftsführervergütung für Michael und Bernd Abbau beträgt je 30 000 €.

4. Am 29.4.2006 wurde eine Gewinnausschüttung von 40 000 € beschlossen und am 27.7.2006 quotal ausgezahlt.

5. Michael und Bernd Abbau scheiden mit Wirkung vom 31.12.2006 aus der GmbH aus. Ihre Anteile werden von der Renova AG übernommen.

Anmerkungen zur KG

1. Die KG ist Eigentümerin eines bebauten Grundstücks in Kassel. Das Grundstück ist an die Renova AG verpachtet, die dort eine Elektro-Recycling Anlage unterhält. Das Grundstück wurde zum 1.1.1999 mit einem Einheitswert von 800 000 € bewertet.

2. Mit Wirkung vom 31.12.2006 ist Bernd Abbau aus der KG ausgeschieden.

3. Verdichtete Gewinn- und Verlustrechnung 2006:
(**Anmerkung**: Diese Darstellung entspricht dem offiziellen Klausursachverhalt.)

Ertrag			Aufwand
Pachteinnahmen	400 000 €	Geschäftsführungsvergütung Abbau GmbH	60 000 €
sonstige Erträge	8 000 €		
		Zinsen für langfristige Verbindlichkeiten	120 000 €
		Grundstückskosten	80 000 €
		sonstige Aufwendungen	8 000 €
		Gewinn 2006	140 000 €
	408 000 €		408 000 €

Gewinnverteilung 2006 laut Erklärung:

Abbau GmbH	Bernd Abbau	Renova AG
10 000 €	65 000 €	65 000 €

Anmerkungen zu Michael und Bernd Abbau

1. Michael und Bernd Abbau erhalten für ihre GmbH-Anteile von der Renova AG (siehe Nr. 5 der Anmerkungen zur Abbau GmbH) jeweils 60 000 €.

2. Die durch den Verkauf der GmbH-Anteile entstandenen Veräußerungskosten betragen insgesamt 8 000 € und wurden von Michael und Bernd Abbau je zu Hälfte getragen.

3. Der KG-Anteil von Bernd Abbau (siehe Nr. 2 Anmerkungen zur KG) wurde von der Renova AG übernommen, die hierfür 735 000 € zahlte. Der Gewinnanteil 2006 wurde nicht mitveräußert. Bernd Abbaus Kapital betrug zum 31. 12. 2006 500 000 €; seine Veräußerungskosten beliefen sich auf 20 000 €.

4. Bernd Abbau ist 50 Jahre alt, ledig und ohne Einschränkung erwerbsfähig.

5. Michael Abbau ist 60 Jahre alt und verheiratet. Er wird mit seiner Ehefrau, die keine Einkünfte erzielt, zusammen veranlagt.

Aufgabe

1. Ermitteln Sie den korrekten steuerlichen Gewinn der Abbau GmbH & Co. KG für 2006 (ohne Gewerbesteuerrückstellung) und verteilen Sie den Gewinn auf die Gesellschafter.

2. Ermitteln Sie den Gewerbesteuermessbetrag der Abbau GmbH & Co. KG für den Erhebungszeitraum 2006.

3. Ermitteln Sie die Einkünfte des Michael Abbau für den Veranlagungszeitraum 2006. Auf mögliche Steuervergünstigungen ist einzugehen.

4. Ermitteln Sie die Einkünfte des Bernd Abbau für den Veranlagungszeitraum 2006. Auf mögliche Steuervergünstigungen ist einzugehen.

5. Auf einen etwaigen Kapitalertragsteuerabzug ist nicht einzugehen.

6. Begründen Sie Ihre Lösung unter Angabe der gesetzlichen Vorschriften.

Anlage 2

Zwischen

der **Abbau GmbH in Kassel**, vertreten durch ihre Geschäftsführer Herrn Bernd Abbau, Leuschner Str. 34, 36205 Kassel und Herrn Michael Abbau, Oberste Gasse 23 in 36205 Kassel – im Folgenden GmbH genannt –

und

Herrn **Bernd Abbau**, Leuschner Str. 34 in 36205 Kassel und der **Renova AG in Kassel**, vertreten durch ihren Geschäftsführer Herrn Paul Müller, Mühlenstr. 75, 36205 Kassel – im Folgenden AG genannt –

wird folgender

Vertrag über die Gründung einer GmbH & Co. KG

geschlossen:

§ 1 Firma, Sitz

1. Die Firma der Gesellschaft lautet *Abbau GmbH & Co. KG.*

2. Der Sitz der Gesellschaft ist Kassel.

§ 2 Gegenstand des Unternehmens

1. Gegenstand des Unternehmens ist die Verpachtung eines Grundstücks.

§ 3 Beginn der Gesellschaft, Wirtschaftsjahr

1. Die Gesellschaft beginnt erst, nachdem sie ins Handelsregister eingetragen ist.

2. Das Geschäftsjahr ist das Kalenderjahr. Das 1. Geschäftsjahr beginnt am Tag der Eintragung ins Handelsregister und endet am 31. 12. desselben Jahres.

3. Maßgeblich für die Aufstellung der jährlichen Bilanz sind die steuerlichen Bilanzierungsgrundsätze. Die Steuerbilanz ist gleichzeitig die der Gewinnverteilung zugrunde liegende Handelsbilanz.

§ 4 Dauer der Gesellschaft, Kündigung

1. Die Dauer der Gesellschaft ist unbeschränkt.

2. Eine Kündigung ist durch jeden Gesellschafter mit einer Frist von einem Jahr zum Ende eines Kalenderjahres möglich, erstmals jedoch auf den 31. 12. 1999 und alsdann alle zwei Jahre, also zum 31. 12. 2001 usw.

3. Die Kündigung hat mittels eingeschriebenen Briefs an die Gesellschaft und an die letzte bekannte Adresse aller anderen Gesellschafter zu erfolgen.

§ 5 Gesellschafter

1. Die Gesellschaft ist eine Kommanditgesellschaft.

2. Persönlich haftende Gesellschafterin (Komplementär) ist die Abbau GmbH, vertreten durch Bernd Abbau und Michael Abbau aus Kassel. Bernd Abbau und Michael Abbau sind von der Beschränkung des § 181 BGB befreit.
Kommanditisten sind:

- Herr Bernd Abbau

- Renova AG, vertreten durch Paul Müller aus Kassel. Paul Müller ist von den Beschränkungen des § 181 BGB befreit.

§ 6 Einlagen

1. Die GmbH als persönlich haftende Gesellschafterin leistet keine eigene Geschäftseinlage.

2. Die Kommanditisten Herr Bernd Abbau und die Renova AG leisten eine Bareinlage i. H. v. jeweils 300 000 € (in Worten: dreihunderttausend Euro). Die Zahlung dieser Einlage erfolgt bei Abschluss dieses Vertrages.

§ 7 Vertretung der Geschäftsführung

1. Zur Geschäftsführung und Vertretung der Gesellschaft ist die Abbau GmbH als persönlich haftende Gesellschafterin berechtigt und verpflichtet. Sie und ihre Geschäftsführer sind für Geschäfte mit der Gesellschaft von der Beschränkung des § 181 BGB befreit. Die Abbau GmbH hat Anspruch auf Erstattung aller Aufwendungen, die für die Führung der Geschäfte erforderlich sind.

2. Folgende Geschäfte und Rechtshandlungen dürfen nur mit Zustimmung aller Gesellschafter vorgenommen werden:

   - Veräußerung, Belastung und Erwerb von Grundstücken

   - Errichtung oder Veränderung von Gebäuden mit Ausnahme von Instandsetzung

   - Änderung des Geschäftszwecks

   - Beteiligung an anderen Unternehmen

   - Erteilung bzw. Widerruf der Prokura

   - alle anderen Geschäfte mit einem Wert von mehr als 250 000 €

   - Bürgschaftsübernahmen

   - Errichtung von Zweigniederlassungen

§ 8 Stimmrecht

Alle Beschlüsse sind einstimmig zu fassen.

§ 9 Gewinn und Verlust

Die Abbau GmbH erhält für ihre Vollhaftung 10 000 €. Am verbleibenden Gewinn oder Verlust der Gesellschaft nehmen die Kommanditisten entsprechend der eingebrachten Einlagen teil.

§ 10 Gewinn- und Verlustrechnung

Die Jahresabschlussbilanz mit der Gewinn- und Verlustrechnung ist jeweils bis zum 31. 3. des darauf folgenden Jahres zu errichten. Ihre Bestätigung geschieht durch Beschlussfassung aller Gesellschafter.

§ 11 Ausscheiden des Komplementärs

1. Scheidet die persönlich haftende Gesellschafterin (Auflösung der GmbH) aus, so kann die Gesellschaft dann weiter bestehen, wenn innerhalb einer Frist von drei

Monaten, gerechnet ab dem Ausscheiden, ein neuer persönlich haftender Gesellschafter an ihre Stelle tritt. Ansonsten gilt bei Kündigung durch einen Gesellschafter sowie bei Eröffnung des Insolvenzverfahrens über das Vermögen eines Gesellschafters sowie bei Ausschließung eines Gesellschafters, dass die Gesellschaft nicht aufgelöst wird, sondern dass sie nach Ausscheiden des kündigenden Gesellschafters beziehungsweise des Gesellschafters, in dessen Person eines der vorgenannten Ereignisse eingetreten ist, fortgesetzt wird, sofern die verbleibenden Gesellschafter nicht die Auflösung der Gesellschaft beschließen. Der Anteil des ausscheidenden Gesellschafters wächst den verbleibenden Gesellschaftern im Verhältnis ihrer Beteiligung am Gesellschaftsvermögen zu.

2. Der Ausschluss eines Gesellschafters ist bei Vorliegen eines wichtigen Grundes (§ 133 HGB) möglich.

3. Im Übrigen ist ein Ausschluss eines Gesellschafters auch zulässig, wenn

   – ein Privatgläubiger des Gesellschafters den Anspruch auf das Auseinandersetzungsguthaben pfändet und sich überweisen lässt und die Pfändung oder Überweisung nicht innerhalb von drei Monaten wieder aufgehoben wurde;

   – wenn über das Privatvermögen des Gesellschafters das Insolvenzverfahren eröffnet wird.

4. Der Ausschluss erfolgt durch Beschlussfassung der übrigen Gesellschafter, wobei die einfache Mehrheit der in der Versammlung abgegebenen Stimmen reicht. Der betroffene Gesellschafter hat dabei kein Stimmrecht. Der Beschluss ist mit der Bekanntgabe an den auszuschließenden Gesellschafter wirksam. Die Bekanntgabe hat für den Fall, dass der Auszuschließende dem Beschluss nicht beigewohnt hat, durch eingeschriebenen Brief zu erfolgen, der an die letzte der Gesellschaft bekannt gegebene Anschrift des auszuschließenden Gesellschafters zu richten ist.

§ 12 Tod eines Kommanditisten

Stirbt ein Kommanditist, so treten dessen Erben an seine Stelle. Bei mehreren Erben übernehmen diese gemeinsam den Kommanditanteil des Erblassers. Ihre Rechte können sie nur durch einen gemeinsamen Vertreter aus ihren Reihen ausüben.

§ 13 Auseinandersetzung

Beim Ausscheiden eines Gesellschafters ist bis zum Stichtag des Ausscheidens eine Auseinandersetzungsbilanz zu erstellen. Dabei sind die Verkehrswerte zugrunde zu legen und der Firmenwert zu aktivieren. Die Auseinandersetzungsbilanz muss mit allen Stimmen aller Gesellschafter festgestellt werden. Die Auszahlung des Auseinandersetzungsguthabens hat innerhalb eines Jahres nach Ausscheiden des Gesellschafters in bar zu erfolgen.

§ 14 Auflösung der Gesellschaft

Wird die Gesellschaft aufgelöst, so ist die Liquidation durch den geschäftsführungsberechtigten Gesellschafter, also die GmbH durchzuführen. Bei der Erstellung der Liquidationseröffnungs- und -schlussbilanz sind die Grundsätze des § 13 dieses Vertrages entsprechend anzuwenden.

§ 15 Schlussbestimmung

Für den Fall, dass einzelne Bestimmungen dieses Vertrages unwirksam, nichtig oder lückenhaft sind oder werden, soll die Wirksamkeit des übrigen Vertrages davon unberührt bleiben. Die Vertragsparteien werden die unwirksame oder nichtige Bestimmung durch eine solche Regelung ersetzen beziehungsweise die Vertragslücke durch eine neue Regelung ausfüllen, die dem verfolgten wirtschaftlichen Zweck am nächsten kommt.

Kassel, den 20. 11. 1996

Unterschriften

Sachverhalt 4

An der S-KG ist neben anderen Personen der Kommanditist X seit 2002 mit einer im Handelsregister eingetragenen Kommanditeinlage von 150 000 € beteiligt. Die Einlage wurde in voller Höhe eingezahlt. Seine Beteiligung bezieht sich auf Gewinn und Verlust der S-KG. Die auf X entfallenden Verlustanteile betragen:

2003 = 140 000 €
2004 = 50 000 €
2005 = 75 000 €
2006 = 0 €

Am 31. 12. 2006 scheidet X aus der KG aus. Entsprechend den gesellschaftsvertraglichen Vereinbarungen ist X nicht verpflichtet, ein eventuell negatives Kapitalkonto auszugleichen.

> **HINWEIS**
> Entnahmen und Einlagen wurden nicht getätigt.

Aufgabe

Ermitteln Sie die anzusetzenden Einkünfte des X für die Veranlagungszeiträume 2003 bis 2006.

Begründen Sie Ihre Lösung unter Angabe der gesetzlichen Vorschriften.

Teil II: Körperschaftsteuer

I. Allgemeines

Der in Frankfurt am Main wohnhafte A ist an der seit 1995 bestehenden Z-GmbH mit Sitz in Mainz mit 100 % beteiligt und deren alleiniger Geschäftsführer. Gegenstand des Unternehmens ist der Verkauf von Radio- und Fernsehgeräten. Das Stammkapital beträgt 1 Mio. €.

Gewinn- und Verlustrechnung 31. 12. 2006:

Aufwand		Ertrag	
Aufwendungen	6 000 000 €	Erlöse	10 000 000 €
Jahresüberschuss	4 000 000 €		
	10 000 000 €		10 000 000 €

Handelsbilanz 31. 12. 2006:

Aktiva		Passiva	
Versch. Aktiva	20 000 000 €	Stammkapital	1 000 000 €
		Versch. Passiva	15 000 000 €
		Jahresüberschuss	4 000 000 €
	20 000 000 €		20 000 000 €

Das Wirtschaftsjahr entspricht dem Kalenderjahr.

Die Bilanz wird am 1. 5. 2007 erstellt.

II. Einzelsachverhalte

1. Sondervergütung

Der A bezieht ein in der Höhe angemessenes Jahresgehalt von 200 000 €. Nach dem Geschäftsführervertrag erhält er zusätzlich eine der Höhe nach angemessene Sondervergütung von 20 % des Jahresgehalts. Die Gesellschafterversammlung kann von dieser Regelung eine abweichende Sondervergütung festsetzen.

Durch formal korrekten Gesellschafterbeschluss vom 31. 12. 2006 wird die Sondervergütung für 2006 auf 30 000 € festgesetzt (fällig am 28. 2. 2007). Am 1. 4. 2007 verzichtet A durch formgerechte Erklärung gegenüber der Z-GmbH auf 10 000 € dieser Sondervergütung.

In der am 1. 5. 2007 erstellten Bilanz zum 31. 12. 2006 ist ein Betrag von 30 000 € für diese Sondervergütung gewinnmindernd zurückgestellt.

2. Schadensersatzanspruch eines Kunden

Der Kunde K macht gegen die Z-GmbH Schadensersatzansprüche i. H. v. 500 000 € im Klagewege geltend. Die Klage wird in erster Instanz und anschließend in der Berufung im April 2006 abgewiesen. Durch Beschluss vom 23. 12. 2006 weist der BGH die zulässige Revision mangels Erfolgsaussicht zurück. Hiergegen ist kein Rechtsmittel gegeben. Die Z-GmbH erfährt von diesem Beschluss durch Zustellung am 10. 1. 2007. In der am 1. 5. 2007 erstellten Bilanz zum 31. 12. 2006 ist wegen dieser Schadensersatzforderung eine Rückstellung von 500 000 € enthalten.

3. Ausländische Betriebsstätte

Im Jahresüberschuss der Z-GmbH für 2006 fehlt der Gewinn einer ausländischen Betriebsstätte, die in einem Staat liegt, mit dem Deutschland kein Doppelbesteuerungsabkommen abgeschlossen hat. Der Gewinn beträgt 100 000 €, die ausländische und nicht als Betriebsausgabe gebuchte Steuer 40 000 €. Die ausländische Steuer entspricht **nicht** der deutschen Körperschaftsteuer.

Ein Antrag auf Abzug der ausländischen Steuer bei Ermittlung der Einkünfte wird nicht gestellt.

4. Darlehen an die K-GmbH

A ist an der K-GmbH in Stralsund mit 25 % beteiligt, die K-GmbH hält zudem 10 % eigene Anteile.

Die Z-GmbH gewährt der K-GmbH am 1. 3. 2006 ein Darlehen von 1 Mio. € für einen Marktzins von 6 %. Das Darlehen hat eine Laufzeit von 6 Monaten und wird am 1. 7. 2006 von der K-GmbH zum Erwerb einer Beteiligung von 100 % an der Y-GmbH in Hamburg verwendet. Veräußerer der Beteiligung an der Y-GmbH ist der A. Der Kaufpreis ist angemessen.

Die K-GmbH zahlt das Darlehen am 1. 9. 2006 an die Z-GmbH zurück nebst Zinsen i. H. v. 30 000 €. Die Zinszahlung wird von der Z-GmbH erfolgswirksam als Einnahme verbucht.

5. Schenkung eines Bildes

Die Z-GmbH erwirbt am 1. 4. 2006 ein antiquarisches Bild (Gemälde eines anerkannten Künstlers) von netto 20 000 € sowie 3 200 € Umsatzsteuer. Bestimmungsgemäß wird das Bild in einem Geschäftsraum aufgehängt. Dieses Bild schenkt die Z-GmbH am 1. 8. 2006 einem ihrer bedeutendsten Kunden zur Verbesserung der Geschäftsbeziehungen. Zu diesem Zeitpunkt beträgt der Wert des Bildes weiterhin 23 200 € brutto.

In der Umsatzsteuer-Jahreserklärung 2006 wird die Zuwendung an den Kunden mit einem Betrag von 3 200 € der Umsatzsteuer unterworfen, gleichzeitig aber die an den Verkäufer des Bildes gezahlte Umsatzsteuer von 3 200 € als Vorsteuer abgezogen, so dass sich eine Umsatzsteuerzahllast von 3 200 € abzgl. 3 200 € = 0 € ergibt und die Z-GmbH keine Umsatzsteuer für diesen Vorgang zahlt. In der GuV-Rechnung 2006 wird der Betrag von 23 200 € als Aufwand gebucht.

6. Pensionsrückstellung

Mit Wirkung vom 1. 1. 2000 hatte der am 24. 6. 1966 geborene A von der Z-GmbH eine sofort unverfallbare Pensionszusage erhalten, für den Fall seines Ausscheidens aus der Gesellschaft wegen Berufsunfähigkeit oder Vollendung des 65. Lebensjahres. Zur Absicherung der Pensionsverpflichtung hatte die Z-GmbH eine Rückdeckungsversicherung abgeschlossen, aus der allein sie berechtigt und verpflichtet war.

Die Pensionsvereinbarung war zivilrechtlich korrekt abgeschlossen worden und von der Finanzverwaltung im Jahre 2000 zu Recht steuerlich anerkannt worden. Die Zuführungen zu den Pensionsrückstellungen bis 2005 waren steuerlich zutreffend.

Im Jahr 2006 führt die Z-GmbH der Pensionsrückstellung einen steuerlich zutreffenden Betrag von 50 000 € zu.

Am 30. 12. 2006 verzichtet der A trotz guter Geschäftslage auf einen Teil der Rechte aus der Pensionszusage, um der Firma Mittel für eine weitere Expansion zur Verfügung zu stellen.

In der Bilanz wird dieser Teil der Pensionsrückstellung mit dem Teilwert der Pensionsanwartschaft von 200 000 € zutreffend ermittelt und von der Z-GmbH mit diesem Betrag als außerordentlicher Ertrag gewinnerhöhend gebucht.

7. Geburtstagsfeier des A

A hat am 24. 6. 2006 sein 40. Lebensjahr vollendet. Aus diesem Anlass gibt der A im Adlerhotel in Frankfurt einen Empfang mit anschließendem Buffet. Die Einladungen werden auf seinen persönlichen Briefköpfen ausgesprochen und von ihm unterzeichnet. An dem Empfang nehmen 200 Personen teil, davon sind 20 Personen dem persönlichen Umfeld des A zuzuordnen. Bei den restlichen 180 Gästen handelt es sich um Geschäftsfreunde.

Die Aufwendungen für Speisen und Getränke i. H. v. 5 000 € werden von der Z-GmbH übernommen und als betrieblicher Aufwand gewinnmindernd gebucht. Die Hotelrechnung enthält Ort, Tag, Teilnehmer und Anlass der Bewirtung sowie die Höhe der Aufwendungen. Die Aufwendungen sind nach der allgemeinen Verkehrsauffassung als angemessen anzusehen.

8. Grundstücksübertragung auf S

Am 17. 12. 2005 schließt A als Geschäftsführer der Z-GmbH einen notariellen Vertrag mit seinem Sohn S ab, in dem sich die Z-GmbH verpflichtet, ein ihr gehörendes und in ihrem Betriebsvermögen gehaltenes unbebautes Grundstück auf S zum Bau eines privaten Einfamilienhauses unentgeltlich zu übertragen. Laut Vertrag gehen Besitz, Gefahren, Nutzen und Lasten des Grundstücks zum 30. 12. 2005 auf S über.

In dem notariellen Vertrag ist die Eintragung des S als neuer Grundstückseigentümer im Grundbuch für den 1. 3. 2006 vorgesehen. Zu diesem Zeitpunkt wird die Änderung im Grundbuch auch tatsächlich vorgenommen.

In einem weiteren notariellen Vertrag mit S vom 1. 2. 2006 übernimmt die Z-GmbH zusätzlich noch die Schenkungsteuer.

Die Verträge vom 17. 12. 2005 und vom 1. 2. 2006 sowie die Bilanz zum 31. 12. 2005 sind der am 8. 7. 2006 beim Finanzamt eingereichten Körperschaftsteuererklärung 2005 beigefügt.

Der Buchwert des Grundstücks zum 17. 12. 2005 beträgt 1 Mio. €, Teilwert und gemeiner Wert betragen gleichzeitig 1,2 Mio. €.

Sowohl in der Bilanz zum 31. 12. 2005 als auch zum 31. 12. 2006 ist das Grundstück mit dem Buchwert von 1 Mio. € enthalten. Teilwert und gemeiner Wert von 1,2 Mio. € haben sich in der Zeit vom 17. 12. 2005 bis zum 31. 12. 2006 ebenfalls nicht verändert.

Dem Körperschaftsteuerbescheid 2005 vom 10. 8. 2006 liegt der Buchwert von 1 Mio. € zugrunde. Dieser Bescheid wird am 10. 9. 2006 bestandskräftig.

Mit Bescheid vom 15.10.2006 setzt das zuständige Finanzamt die Schenkungsteuer für die Z-GmbH mit 100 000 € fest, die von dieser am 11.11.2006 auch bezahlt und als Betriebsausgabe gebucht wird.

Aufgabe

Ermitteln Sie unter Berücksichtigung der Einzelsachverhalte 1. bis 8. das zu versteuernde Einkommen der Z-GmbH und die Körperschaftsteuer für den Veranlagungszeitraum 2006. Gehen Sie auf die erforderlichen Feststellungen ein.

In Fall 5 ist ggf. auf die Umsatzsteuer als Vorfrage für die Lösung der ertragsteuerlichen Auswirkungen einzugehen.

Die Entwicklung des Einlagekontos ist nicht darzustellen. Geben Sie aber etwaige Auswirkungen auf das Einlagekonto an.

HINWEIS

Aus Vereinfachungsgründen sollen bei allen Fallgestaltungen Gewerbesteuer, Umsatzsteuer (Ausnahme: Fall 5), Kapitalertragsteuer sowie Solidaritätszuschlag außer Betracht bleiben.

STEUERBERATERPRÜFUNG 2007

Lösung der Prüfungsaufgabe aus dem Gebiet der Ertragsteuern

Verfasser: Ltd. Regierungsdirektor i. R. Franz-Josef Bader

Teil I: Einkommensteuer/Gewerbesteuer

Sachverhalt 1

I. Persönliche Steuerpflicht

Mike Kluge (MK) ist **nicht** nach § 1 Abs. 1 EStG unbeschränkt einkommensteuerpflichtig, da er im Inland weder einen Wohnsitz noch einen gewöhnlichen Aufenthalt hat. MK ist auch nicht auf Antrag nach § 1 Abs. 3 EStG als unbeschränkt steuerpflichtig zu behandeln. Seine nicht der deutschen Einkommensteuer unterliegenden Einkünfte betragen mehr als 10 % seiner gesamten Einkünfte und auch mehr als 6 136 € (§ 1 Abs. 3 Satz 2 und 3 EStG).

Vorbehaltlich inländischer Einkünfte i. S. d. § 49 EStG ist MK **beschränkt** einkommensteuerpflichtig (§ 1 Abs. 4 EStG) mit den während seiner beschränkten Einkommensteuerpflicht erzielten Einkünfte (§ 2 Abs. 1 EStG).

Das DBA-Kanada ist zu beachten. MK ist als natürliche Person eine Person i. S. d. DBA-Kanada (Art. 3 Abs. 1 Buchst. d DBA-Kanada), die in Kanada ansässig (Art. 4 DBA-Kanada) und dort aufgrund ihres Wohnsitzes steuerpflichtig ist.

II. Veranlagungsform

MK ist mit seinen der beschränkten Steuerpflicht unterliegenden Einkünften einzeln zu veranlagen (§ 25 Abs. 1 i. V. m. § 50 EStG). Bei der Veranlagung bleiben die Einkünfte außer Ansatz, die dem Steuerabzug unterliegen und für die die Einkommensteuer durch den Steuerabzug als abgegolten gilt (§ 50 Abs. 5 EStG).

III. Ermittlung der Einkünfte und des zu versteuernden Einkommens

1. Einkünfte aus Gewerbebetrieb

a) Laufender Gewinn (§ 15 Abs. 1 Nr. 2 EStG)

MK erzielt aus seiner Beteiligung an der B-KG als Mitunternehmer **Einkünfte aus Gewerbebetrieb** (§ 15 Abs. 1 Nr. 2 EStG). Die B-KG ermittelt zulässigerweise ihren Gewinn nach einem vom Kalenderjahr abweichenden Wirtschaftsjahr, da sie als KG im Handelsregister eingetragen ist (§ 4a Abs. 1 Nr. 2 EStG). Der auf MK entfallende Gewinnanteil des Wirtschaftsjahres 2005/2006 ist in 2006 zu versteuern, da in diesem Kalenderjahr das Wirtschaftsjahr endet (§ 4a Abs. 2 Nr. 2 EStG).

Die Einkünfte unterliegen nach § 49 Abs. 1 Nr. 2 Buchst. a EStG der **beschränkten Steuerpflicht**, da die B-KG ihr Unternehmen in Chemnitz betreibt und die Einkünfte damit durch eine **inländische Betriebsstätte** (§ 12 AO) erzielt werden.

Das **Besteuerungsrecht** für diese Einkünfte wird der **BRD** durch das DBA-Kanada nicht entzogen, da es sich um Gewinne eines Unternehmens in der BRD handelt (Art. 7 Abs. 1 DBA-Kanada). Die Beteiligung des MK an der B-KG ist in Anwendung des Art. 3 Abs. 2 DBA-Kanada ein von einer in Kanada ansässigen Person betriebenes Unternehmen mit einer Betriebsstätte (Art. 5 Abs. 2 Buchst. a DBA-Kanada) in der BRD.

Laufender Gewinn (§ 15 Abs. 1 Nr. 2, § 49 Abs. 1 Nr. 2 Buchst. a EStG): 10 % von 50 000 €= **5 000 €**.

b) Veräußerungsgewinn (§ 16 Abs. 1 Nr. 2 EStG)

Mit der Veräußerung seines Gesellschaftsanteils an der B-KG erzielt MK einen **Veräußerungsgewinn** nach § 16 Abs. 1 Nr. 2 EStG, da er seinen gesamten Mitunternehmeranteil auf einen anderen Rechtsträger entgeltlich überträgt. Der Veräußerungsgewinn unterliegt der beschränkten Steuerpflicht, es sich um inländische Einkünfte i. S. d. § 49 Abs. 1 Nr. 2 Buchst. a EStG handelt.

MK realisiert den Veräußerungsgewinn – unabhängig vom Zeitpunkt des Zuflusses des Veräußerungspreises – mit der Übertragung der Gesellschaftsrechte auf den Erwerber X am 1. 7. 2006. Veräußerungsgewinn ist nach § 16 Abs. 2 EStG der Unterschiedsbetrag zwischen dem Veräußerungspreis und dem Buchwert der Beteiligung (H 16 (4) EStH „Ermittlung des Veräußerungsgewinns"). Hiernach ermittelt sich der Veräußerungsgewinn wie folgt:

Veräußerungspreis	155 000 €
Buchwert des Mitunternehmeranteils	100 000 €
Steuerpflichtiger Veräußerungsgewinn	**50 000 €**

Ein **Freibetrag** nach § 16 Abs. 4 EStG ist unabhängig vom Alter des MK nicht zu berücksichtigen, da bei beschränkter Steuerpflicht § 16 Abs. 4 EStG **keine Anwendung** findet (§ 50 Abs. 1 Satz 4 EStG).

Der Veräußerungsgewinn gehört zu den außerordentlichen Einkünften (§ 34 Abs. 2 Nr. 1 EStG) und unterliegt der Steuerermäßigung nach § 34 Abs. 1 EStG (§ 50 Abs. 1 Satz 2 EStG). § 34 Abs. 3 EStG ist nicht anzuwenden, da MK das 55. Lebensjahr im Zeitpunkt der Veräußerung noch nicht vollendet hat.

Das **Besteuerungsrecht** für den Veräußerungsgewinn steht der BRD zu. Soweit im Veräußerungsgewinn Gewinne aus der Veräußerung von Grundvermögen der B-KG enthalten sind, ergibt sich das Besteuerungsrecht der BRD aus Art. 13 Abs. 1 DBA-Kanada und im Übrigen aus Art. 13 Abs. 2 DBA-Kanada.

c) Veräußerungsgewinn (§ 17 EStG)

MK erzielt aus der Veräußerung seiner Beteiligung an der C-GmbH in Chemnitz **Einkünfte aus Gewerbebetrieb** nach § 17 EStG. MK war innerhalb der letzten 5 Jahre vor der Veräußerung an der C-GmbH mit 25 % beteiligt und damit Beteiligter i. S. d. § 17 Abs. 1 Satz 1 EStG. **Inländische Einkünfte** liegen vor, weil MK wesentlich Beteiligter i. S. d. § 17 EStG ist und es sich bei den veräußerten Anteilen um Anteile an einer Kapitalgesellschaft mit Sitz und Geschäftsleistung im Inland handelt (§ 49 Abs. 1 Nr. 2 Buchst. e Doppelbuchst. aa EStG).

Das **Besteuerungsrecht** für den nach § 17 Abs. 2 EStG zu ermittelnden Veräußerungsgewinn i. H. v. 150 000 € (Veräußerungspreis 200 000 € ./. Anschaffungskosten 50 000 €) steht nur **Kanada als Ansässigkeitsstaat** zu (Art. 13 Abs. 6 DBA-Kanada). Art. 13 Abs. 4 Buchst. a DBA-Kanada findet keine Anwendung, da nach dem Sachverhalt nicht davon ausgegangen werden kann, dass der Wert des GmbH-Anteils überwiegend auf in der BRD gelegenem unbeweglichem Vermögen beruht.

2. Einkünfte aus Vermietung und Verpachtung (§ 21 EStG)

Aus dem Miethaus in Chemnitz erzielt MK Einkünfte aus Vermietung und Verpachtung (§ 21 Abs. 1 EStG). Die Einkünfte unterliegen der beschränkten Steuerpflicht, da das **unbewegliche Vermögen** im **Inland** belegen ist (§ 49 Abs. 1 Nr. 5 EStG).

Einkünfte: ./. 20 000 €

Das Besteuerungsrecht für diese Einkünfte wird der BRD nicht durch das DBA-Kanada entzogen. Nach Art. 6 Abs. 1 und Abs. 3 DBA-Kanada hat für Einkünfte aus unbeweglichem Vermögen der Staat das Besteuerungsrecht, in dem das unbewegliche Vermögen belegen ist.

3. Ermittlung des zu versteuernden Einkommens

Einkünfte aus Gewerbebetrieb (§ 15 Abs. 1 Nr. 2 EStG)	5 000 €
Veräußerungsgewinn (§ 16 Abs. 1 Nr. 2 EStG)	50 000 €
Einkünfte aus Vermietung und Verpachtung (§ 21 EStG)	./. 20 000 €
Summe der Einkünfte = Gesamtbetrag der Einkünfte	35 000 €

Der Gesamtbetrag der Einkünfte stellt gleichzeitig das zu versteuernde Einkommen dar, da weitere Abzüge nicht vorzunehmen sind.

Die gesamten Einkünfte betragen 185 000 € (35 000 € + 150 000 € nach DBA freigestellte Einkünfte). Hiervon unterliegen 18,91 % (35 000 € von 185 000 €) der deutschen Einkommensteuer. Der deutschen Einkommensteuer unterliegen damit weniger als 90 % der Einkünfte und die nicht der deutschen Einkommensteuer unterliegenden Einkünfte betragen auch mehr als 6 136 € (§ 1 Abs. 3 Satz 2 EStG).

IV. Tarif

Nach § 50 Abs. 3 EStG bemisst sich die Einkommensteuer nach § 32a Abs. 1 Satz 1 EStG. Die Mindeststeuer nach § 50 Abs. 3 Satz 2 EStG und die Ermäßigung nach § 34 Abs. 1 EStG sind zu beachten.

Nach § 35 Abs. 1 Nr. 2 EStG kann das 1,8-fache des anteiligen Gewerbesteuer-Messbetrags auf die Einkommensteuer angerechnet werden.

Sachverhalt 2

I. Grundstückserwerb

Rico Winkler und Klaus Winkler haben zum 1. 1. 2006 mit Übergang von Besitz, Nutzen und Lasten an dem Wohn- und Geschäftshaus in Würzburg anteilig das **Teileigentum** an dem Ladengeschäft und anteilig das Wohneigentum an den Wohnungen im Obergeschoss im Rahmen der **vorweggenommenen Erbfolge** von ihren Eltern Gerd und Ida Winkler erworben. Eine Übertragung im Rahmen der vorweggenommen Erbfolge liegt vor, weil Leistung und Gegenleistung nicht wie unter Fremden nach kaufmännischen Gesichtspunkten gegeneinander abgewogen sind und es sich um eine Vermögensübertragung unter Lebenden mit Rücksicht auf die künftige Erbfolge handelt (BMF v. 26. 2. 2007 Tz. 1 und 2, BStBl 2007 I 269). Die Gegenleistung von Rico Winkler und Klaus Winkler für die Eigentumsübertragung besteht nur in der von ihnen an ihre Schwester Ines zu leistenden **Ausgleichzahlung** von 150 000 €. Dem Wert des übertragenen Vermögens von 450 000 € (Ladengeschäft: $^1/_4$ von 600 00 € = 150 000 € + Wohnungen: $^3/_4$ von 600 000 € = 450 000 € – hiervon $^2/_3$ = 300 000 €) steht nur eine Gegenleistung von 150 000 € gegenüber. Nur die Ausgleichszahlung von 150 000 € führt bei Rico Winkler und Klaus Winkler zu **Anschaffungskosten**, im Übrigen liegt für sie ein unentgeltlicher Erwerb vor (BMF v. 26. 2. 2007 Tz. 7, BStBl 2007 I 269).

Entsprechend dem Verhältnis des Verkehrswerts des erlangten Teileigentums und Wohnungseigentums von 450 000 € zu den Anschaffungskosten von 150 000 € liegt für Rico Winkler und Klaus Winkler zu $^1/_3$ ein **entgeltlicher** und zu $^2/_3$ ein **unentgeltlicher** Erwerb vor (BMF v. 26. 2. 2007 Tz. 7 und 8, BStBl 2007 I 269). Die Anschaffungskosten i. H. v. 150 000 € sind entsprechend dem Verhältnis der Verkehrswerte zu $^1/_3$ (= 50 000 €) auf das Teileigentum „Ladengeschäft" und zu $^2/_3$ (= 100 000 €) auf die Miteigentumsanteile von Rico Winkler und Klaus Winkler an den Wohnungen in den Obergeschossen aufzuteilen (BMF v. 26. 2. 2007 Tz. 47, BStBl 2007 I 269). Für die Tochter Maria liegt hinsichtlich des von ihr erworbenen Miteigentumsanteils an den 3 Wohnungen in den Obergeschossen ein unentgeltlicher Erwerb vor.

II. Einheitliche und gesonderte Gewinnfeststellung der Einkünfte aus Gewerbebetrieb (§ 15 Abs. 1 Nr. 2 EStG, §§ 179, 180 AO)

Hinsichtlich des Teileigentums „Ladengeschäft" bilden Rico Winkler und Klaus Winkler nach dem Erwerb eine **Bruchteilsgemeinschaft** (§ 741 BGB). Da sie gemeinschaftlich ihr Teileigentum an die X-GmbH vermieten, ist davon auszugehen, dass sie konkludent einen Gesellschaftsvertrag abgeschlossen haben (§ 705 BGB). Ihre Gesellschafterbeiträge bestehen in der Überlassung ihrer Miteigentumsanteile zur Vermietung durch die GbR an die X-GmbH (§ 706 BGB).

Die bloße **Vermietung** eigenen Vermögens ist **regelmäßig keine gewerbliche Tätigkeit** (R 15.7 (1) Satz 1 EStR). Erfolgt die Vermietung/Verpachtung im Rahmen einer **Betriebsaufspaltung** führt die Vermietung/Verpachtung – ohne zusätzliche Aktivitäten des Verpächters – zu **gewerblichen Einkünften** nach § 15 EStG (H 15.7 (4) EStH „Allgemeines").

Die Betriebsaufspaltung wird durch eine **sachliche** und **personelle Verflechtung** zwischen einem Besitz- und einem Betriebsunternehmen gekennzeichnet (H 15.7 (4) EStH „Allgemeines")

► Sachliche Verflechtung

Die sachliche Verflechtung ist anzunehmen, wenn die von dem Besitzunternehmen an das Betriebsunternehmen zur Nutzung überlassenen Wirtschaftsgüter für das Betriebsunternehmen mindestens eine seiner **wesentlichen Grundlagen** darstellen. Dies ist der Fall, wenn sie zur Erreichung des Betriebszwecks erforderlich sind und ein besonderes wirtschaftliches Gewicht für die Betriebsführung bei der Betriebsgesellschaft besitzen (H 15.7 (5) EStH „Wesentliche Betriebsgrundlage"). Es reicht aus, wenn das überlassene Wirtschaftsgut bei dem Betriebsunternehmen eine seiner wesentlichen Grundlagen darstellt.

Die **Voraussetzung** der sachlichen Verflechtung ist **erfüllt**; nach dem Sachverhalt stellt das von der GbR an die X-GmbH verpachtete Teileigentum „Ladengeschäft" für die X-GmbH funktional eine ihrer wesentlichen Grundlage dar (s. hierzu auch BMF v. 16. 8. 2000, BStBl 2000 I 1253).

► Personelle Verflechtung

Die personelle Verflechtung ist gegeben, wenn eine **Person** oder eine **Personengruppe** in der Lage ist, in **beiden Unternehmen** ihren geschäftlichen Betätigungswillen durchzusetzen (H 15.7 (6) EStH „Beherrschungsidentität, Personengruppentheorie"). Hiervon ist grundsätzlich auszugehen, wenn eine Person oder Personengruppe in beiden Unternehmen die **Mehrheit der Stimmrechte** besitzt (H 15.7 (6) EStH „Mehrheit der Stimmrechte").

Eine Beherrschung des Besitzunternehmens (GbR) und des Betriebsunternehmens (X-GmbH) durch Rico Winkler und Klaus Winkler liegt vor, da sie allein die Eigentümer des an die X-GmbH vermieteten Teileigentums „Ladengeschäft" und gleichzeitig allein die Gesellschafter der X-GmbH sind (H 15. 7 (4) EStH „Allgemeines").

Die **Verpachtung** des Teileigentums „Ladengeschäft" stellt seit dem 1. 1. 2006 einen **Gewerbebetrieb** (§ 15 Abs. 2 EStG). Die GbR beteiligt sich über die GmbH am allgemeinen wirtschaftlichen Verkehr. Rico Winkler und Klaus Winkler erzielen seit 1. 1. 2006 aus der Vermietung des Teileigentums „Ladengeschäft" gemeinschaftlich Einkünfte aus Gewerbebetrieb (§ 15 Abs. 1 Nr. 2 EStG).

1. Gewinnermittlung

Der Gewinn des Besitzunternehmens (GbR) ist für die Zeit vom 1.1. bis 31.12.2006 durch Betriebsvermögensvergleich (§ 5 EStG) zu ermitteln. Ob Rico Winkler und Klaus Winkler ihren gewerblichen Gewinn auch durch Betriebseinnahme-Überschussrechnung nach § 4 Abs. 3 EStG hätten ermitteln können, kann dahingestellt bleiben. Ein solches Wahlrecht zur Gewinnermittlung nach § 4 Abs. 3 EStG ist von ihnen tatsächlich nicht ausgeübt worden. Die Erklärung von Einkünften aus Vermietung und Verpachtung ist nicht als Wahl der Gewinnermittlungsart nach § 4 Abs. 3 EStG anzusehen. Es greift somit die Regelgewinnermittlungsart des Betriebsvermögensvergleichs (§ 4 Abs. 1 EStG).

Die Miteigentumsanteile an dem Teileigentum „Ladengeschäft" und die Gesellschaftsanteile an der X-GmbH gehören bei Rico Winkler und Klaus Winkler zu ihrem **notwendigen Sonderbetriebsvermögen I** des Besitzunternehmens (GbR), weil hierdurch die für die Annahme der Betriebsaufspaltung notwendige Verbindung zwischen Besitz- und Betriebsunternehmen hergestellt wird.

2. Teileigentum „Ladengeschäft"

In der Eröffnungsbilanz der GbR zum 1. 1. 2006 sind der Grund und Boden und das Gebäude des Teileigentums „Ladengeschäft" getrennt auszuweisen (R 4.2 (7) EStR).

Hinsichtlich des **entgeltlich erworbenen** Grundstücksteils sind die tatsächlichen Anschaffungskosten von 50 000 € anzusetzen, die entsprechend dem Verkehrswert mit $^1/_6$ von 50 000 € = 8 333 € auf Grund und Boden (§ 6 Abs. 1 Nr. 2 EStG) und mit $^5/_6$ von 50 000 € = 41 668 € auf Gebäude (§ 6 Abs. 1 Nr. 1 EStG) aufzuteilen sind.

Der unentgeltlich erworbene Teil ist mit dem Teilwert am 1. 1. 2006 von 150 000 € ($^1/_4$ von 600 000 €) anzusetzen (§ 6 Abs. 1 Nr. 6 i. V. m. Nr. 5 EStG). § 6 Abs. 1 Nr. 5 zweiter Halbsatz EStG findet keine Anwendung, da die Anschaffung des Grundstücks durch die Rechtsvorgänger nicht innerhalb der letzten 3 Jahre vor der Einlage erfolgt ist. Zum 1. 1. 2006 sind der unentgeltlich erworbene Grundstücksteil Grund und Boden mit 8 333 € ($^1/_4$ von 50 000 € = 12 500 € x $^2/_3$ = 8 333 €) und der Gebäudeteil mit 75 000 € ($^1/_4$ von 450 000 € = 112 500 € x $^2/_3$ = 75 000 €) anzusetzen.

a) Mietzinsen

Die Mietzinsen stellen für das Besitzunternehmen Betriebseinnahmen (GbR) dar. Da der Gewinn durch Betriebsvermögensvergleich nach § 5 EStG zu ermitteln ist, kommt es auf den Zufluss der Betriebseinnahmen (§ 11 Abs. 1 EStG) nicht an.

Betriebseinnahmen (Mietzinsen) 12 x 500 € =   **+ 6 000 €**

b) Gebäude-AfA

aa) Entgeltlich erworbener Gebäudeteil

Für den entgeltlich erworbenen Gebäudeteil sind die hierauf entfallenden Anschaffungskosten von 41 668 € die **AfA-Bemessungsgrundlage**. Die Gebäude-AfA ist nach § 7 Abs. 4 Nr. 1 EStG mit 3 % p. a. der Anschaffungskosten vorzunehmen. Der Bauantrag für das nach dem 31. 12. 2000 (§ 52 Abs. 21b EStG) erworbene Gebäude wurde nach dem 31. 12. 1985 gestellt.

AfA – 3 % von 41 558 € =   **1 250 €**

bb) Unentgeltlich erworbener Gebäudeteil

Der unentgeltlich erworbene Grundstücksteil hat bis zu seiner Überführung in das Betriebsvermögen der GbR den Rechtsvorgängern zu Erzielung von Einkünften i. S. d. § 2

Abs. 1 Nr. 4 − 7 EStG gedient. Für den unentgeltlich erworbenen Gebäudeteil bemisst sich die Gebäude-AfA nach den um die AfA geminderten (fortgeführten) Anschaffungskosten der Rechtsvorgänger (§ 7 Abs. 1 Satz 5 i. V. m. Abs. 4 Satz 1 zweiter Halbsatz EStG). Nach § 52 Abs. 21b EStG ist bei Gebäuden, soweit sie zu einem Betriebsvermögen gehören und nicht Wohnzwecken dienen, § 7 Abs. 4 Satz 1 und 2 EStG i. d. F. des Gesetzes vom 22. 12. 1999 weiter anzuwenden, wenn der Steuerpflichtige im Fall der Herstellung mit dieser vor dem 1. 1. 2001 begonnen hat oder im Fall der Anschaffung das Objekt aufgrund eines vor dem 1. 1. 2001 rechtswirksam abgeschlossenen obligatorischen Vertrags angeschafft hat. Der unentgeltliche Erwerb eines Wirtschaftsguts ist keine Anschaffung i. S. d. § 52 Abs. 21b EStG. Erwirbt ein Steuerpflichtiger aus privatem Anlass ein Wirtschaftsgut unentgeltlich, setzt er bezüglich der steuerlichen Handhabung die Rechtsstellung des Rechtsvorgängers fort, das heißt, er erlangt die gleichen Rechte, die auch der Rechtsvorgänger hätte, wenn dieser das Wirtschaftsgut selbst weiterhin zur Erzielung von steuerpflichtigen Einnahmen einsetzen würde. Da die Überführung des Gebäudes in das Betriebsvermögen der GbR zum 1. 1. 2006 keine Anschaffung darstellt, ist hinsichtlich des für die AfA maßgebenden Prozentsatzes auf die vor dem 1. 1. 2001 erfolgte Anschaffung des Gebäudes durch die Rechtsvorgänger abzustellen (§ 52 Abs. 21b EStG). Die AfA ist mit 4 % der fortgeführten Anschaffungskosten des Gebäudes im Zeitpunkt der Betriebseröffnung am 1. 1. 2006 vorzunehmen, da das Gebäude aufgrund eines nach dem 31. 3. 1985 gestellten Bauantrags hergestellt worden ist und die Anschaffung durch die Rechtsvorgänger vor dem 1. 1. 2001 erfolgt ist (§ 7 Abs. 4 Satz 1 Nr. 1 EStG).

HINWEIS

Vertretbar ist auch die Auffassung, dass die AfA für den unentgeltlich erworbenen Grundstücksteil mit 3 % der fortgeführten Anschaffungskosten vorzunehmen ist.

Die AfA berechnet sich hiernach wie folgt:

Anschaffungskosten der Rechtsvorgänger − ¼ von 500 000 €	125 000 €
./. Anteil Grund und Boden − ¼ von 50 000 €	12 500 €
Anteil Gebäude	112 500 €
AfA Rechtsvorgänger (1. 1. 1992 − 31. 12. 2005) 14 x 2 % von 112 500 €	31 500 €
Fortgeführte Anschaffungskosten 31. 12. 2005	81 000 €
Unentgeltlicher Erwerb − ⅔ von 81 000 €	54 000 €
AfA (§ 7 Abs. 4 Nr. 1 EStG) 4 % von 54 000 €	2 160 €

3. Anteile X-GmbH

Die von Rico Winkler und Klaus Winkler gehaltenen Anteile an der X-GmbH stellen − wie festgestellt − **notwendiges (Sonder-) Betriebsvermögen** des Besitzunternehmens dar. Die Anteile sind nach § 6 Abs. 1 Nr. 6 i. V. m. Nr. 5 Satz 1 EStG mit den Anschaffungskosten von je 25 000 € in der Eröffnungsbilanz zum 1. 1. 2006 anzusetzen, da es sich um eine Beteiligung i. S. d. § 17 Abs. 1 EStG handelt. Offene und verdeckte Gewinnausschüttungen der X-GmbH stellen (Sonder-) Betriebseinnahmen des Besitzunternehmens dar (§ 20 Abs. 3 EStG). Die Gewinnausschüttung vom 1. 5. 2006 i. H. v. 12 000 € bleibt nach § 3 Satz 1 Nr. 40 Buchst. d i. V. m. Satz 2 EStG zur Hälfte steuerfrei.

4. Ermittlung des Gewinns aus Gewerbebetrieb (§ 15 Abs. 1 Nr. 2 EStG)

Die Einkünfte aus Gewerbebetrieb ermitteln sie wie folgt:

	Gesamt	Rico W.	Klaus W.
Mieteinnahmen	6 000 €	3 000 €	3 000 €
AfA – entgeltlicher Teil	1 250 €	625 €	625 €
AfA – unentgeltlicher Teil	2 160 €	1 080 €	1 080 €
Sonst. Grundstücksaufw. – ¹/₄ von 12 000 €	3 000 €	1 500 €	1 500 €
	410 €	205 €	205 €

		Gesamt	Rico W.	Klaus W.
Gewinnausschüttung	12 000 €			
¹/₂ steuerfrei	6 000 €			
steuerpflichtig		6 000 €	3 000 €	3 000 €
Gewinn aus Gewerbebetrieb		5 590 €	2 795 €	2 795 €

III. Einkünfte aus nichtselbständiger Arbeit (§ 19 EStG)

Angemessene Vergütungen, die die Gesellschafter der Betriebskapitalgesellschaft aufgrund eines steuerlich anzuerkennenden Arbeitsverhältnisses erhalten, stellen für die Betriebskapitalgesellschaft Betriebsausgaben und für die Gesellschafter **Einkünfte aus nichtselbständiger Arbeit** (§ 19 EStG) dar (BMF vom 14. 10. 2002 Tz. 1, BStBl 2002 I 972).

Rico Winkler und Klaus Winkler erzielen als Geschäftsführer bzw. Katja Winkler als Mitarbeiterin der X-GmbH Einkünfte aus nichtselbständiger Arbeit (§ 19 Abs. 1 Nr. 1 EStG). Sie sind im Rahmen eines **Dienstverhältnisses** beschäftigt (§ 1 Abs. 1 LStDV). Unerheblich ist, dass Rico Winkler und Klaus Winkler Gesellschafter der X-GmbH sind. Hinsichtlich der monatlichen Gehaltszahlungen bestehen zwischen der X-GmbH und Rico Winkler und Klaus Winkler klare und eindeutige Vereinbarungen. Die Einkünfte sind als Überschuss der Einnahmen über die Werbungskosten zu ermitteln (§ 2 Abs. 2 Nr. 2 EStG).

	Rico W.	Klaus W.	Katja W.
Arbeitslohn 1. 1. – 31. 12. 2006	24 000 €	24 000 €	18 000 €
Arbeitnehmer-Pauschbetrag (§ 9a Nr. 1 EStG)	920 €	920 €	920 €
Einkünfte aus nichtselbständiger Arbeit	23 080 €	23 080 €	17 080 €

IV. Einkünfte aus Vermietung und Verpachtung (§ 21 EStG)

Aus der Vermietung der Wohnungen im OG des Wohn- und Geschäftshauses erzielen Rico Winkler, Klaus Winkler und Maria Winkler Einkünfte aus Vermietung und Verpachtung (§ 21 Abs. 1 Nr. 1 EStG). Tritt eine GbR als Vermieterin auf, verwirklichen steuerrechtlich die Gesellschafter in ihrer gesamthänderischen Verbundenheit den Einkünfteerzielungstatbestand i. S. d. § 21 Abs. 1 Nr. 1 EStG. Bei einer Außen-GbR als Gesamthandsgemeinschaft ihrer Gesellschafter können Rechte zwischen der Gesellschaft und ihren Gesellschaftern grundsätzlich wie zwischen fremden Dritten begründet werden. Zu berücksichtigen ist, dass nach § 39 Abs. 2 Nr. 2 AO die Gesamthandsgemeinschaft als **Bruchteilsgemeinschaft** anzusehen ist.

Die Einkünfte aus der Vermietung sind als **Überschuss** der Einnahmen über die Werbungskosten (§ 2 Abs. 2 Nr. 2 EStG) zu ermitteln. Die Einkünfte sind, einheitlich und gesondert festzustellen (§§ 179 Abs. 2, 180 Abs. 1 Nr. 2a AO) und den Gesellschaftern der GbR grundsätzlich nach dem Verhältnis der nach bürgerlichem Recht anzusetzenden Anteile zuzurechnen (R 21.6 EStR).

1. Wohnung im Obergeschoss – vermietet an Klaus Winkler

Aus bürgerlich-rechtlicher Sicht ist ein von einem Miteigentümer geschlossener Vertrag mit der GbR über die Benutzung des gemeinschaftlichen Gegenstandes eine Vereinbarung aller Miteigentümer i. S. v. § 745 Abs. 1 BGB. Eine Vermietung unter Miteigentümern ist steuer-rechtlich anzuerkennen, wenn die Nutzung des gemeinschaftlichen Gegenstandes durch einen Miteigentümer über seinen Miteigentumsanteil hinausreicht.

Die Wohnung nutzt Klaus Winkler in vollem Umfang allein. Die Selbstnutzung der Wohnung durch Klaus Winkler führt nicht zum **vorrangigen „Verbrauch"** seines Miteigentumsanteils. Ein Miteigentumsanteil am Grundstück konkretisiert sich nicht vorrangig in den selbstgenutzten Räumen. Bei gemeinschaftlichem Bruchteilseigentum wird die Sache selbst weder real noch ideell geteilt. Durch die Selbstnutzung wird lediglich die **Rechtszuständigkeit** am gemeinschaftlichen Gegenstand **geteilt**. Dementsprechend ist nicht das Gebäude, sondern das Nutzungsrecht am Gebäude im Rahmen einer Vereinbarung nach § 745 Abs. 1 BGB zwischen Rico Winkler, Klaus Winkler und Maria Winkler aufgeteilt worden. Rico Winkler und Maria Winkler haben Klaus Winkler – abweichend von § 743 Abs. 2 BGB – einen weitergehenden Gebrauch der gemeinschaftlichen Sache eingeräumt. Rico Winkler und Maria Winkler haben zugunsten des Klaus Winkler gegen Entgelt auf ihr Mitgebrauchsrecht verzichtet und ihm die Wohnung zur Alleinnutzung überlassen. Diese Vereinbarung **ist** steuerrechtlich als **Mietverhältnis** zwischen Rico Winkler und Maria Winkler einerseits und Klaus Winkler andererseits **anzuerkennen** (H 21.6 EStH „Mietverhältnis zwischen GbR und Gesellschafter").

Klaus Winkler hat im Zusammenhang mit der von ihm genutzten Wohnung keine Vermietungseinkünfte erzielt, weil er insoweit seinen ideellen Anteil aus eigenem Recht nutzt und es deshalb schon bürgerlich-rechtlich an einem Mietverhältnis mangelt (s. auch H 21.6 EStH „Miteigentum"). Die Entstehung eines Schuldverhältnisses setzt voraus, dass ein Gläubiger und ein Schuldner vorhanden sind. Die von Klaus Winkler für die von ihm genutzte Wohnung gezahlten Mieten sind einkommensteuerrechtlich nur insoweit als Einnahmen von Rico Winkler und Maria Winkler zu erfassen, als sie seinen Bruchteil übersteigen.

2. Fremdvermietete Wohnungen

Die Einkünfte aus den fremdvermieteten Wohnungen im Obergeschoss sind Rico Winkler, Klaus Winkler und Maria Winkler zu je $1/3$ zuzurechnen.

3. Einnahmen aus Vermietung und Verpachtung

Die Einnahmen der GbR aus Vermietung und Verpachtung berechnen sich wie folgt:

Fremdvermietete Wohnungen – 2 x 500 € x 12	12 000 €
Wohnung Klaus Winkler – $^2/_3$ x 500 € x 12	4 000 €
Einnahmen insgesamt	16 000 €

4. Werbungskosten

Die auf das Wohnungseigentum entfallenden Grundstücksaufwendungen und die hierauf entfallende AfA sind als Werbungskosten zu berücksichtigen (§ 9 Abs. 1 EStG).

5. AfA-Bemessungsgrundlage

Die Eltern haben das Wohnungseigentum an dem Grundstück im Wege der vorweggenommenen Erbfolge auf ihre Kinder Rico Winkler, Klaus Winkler und Maria Winkler zu je $^1/_3$ Anteilen übertragen (BMF v. 26. 2. 2007 Tz. 1, BStBl 2007 I 269). Im Rahmen der Grundstücksübertragung haben sich Rico Winkler und Klaus Winkler rechtswirksam dazu verpflichtet, ihrer Schwester Ines ein Ausgleichsgeld i. H. v. 100 000 € ($^2/_3$ von 150 000 €) zu zahlen. Die Ausgleichsverpflichtung führt bei Rico Winkler und Klaus Winkler zu Anschaffungskosten i. H. v. je 50 000 € (BMF 26. 2. 2007 Tz. 7, BStBl 2007 I 269).

Für Rico Winkler und Klaus Winkler liegt ein **teilentgeltlicher Erwerb** vor, da das Entgelt von je 50 000 € nicht dem anteiligen Verkehrswert des übertragenen Grundstücksteils von 150 000 € (600 000 € x $^3/_4$ x $^1/_3$) entspricht (BMF 26. 2. 2007 Tz. 2, BStBl 2007 I 269). Der Anschaffungsvorgang ist für Rico Winkler und Klaus Winkler in einen entgeltlichen und einen unentgeltlichen Teil aufzuteilen (BMF v. 26. 2. 2007 Tz. 14, BStBl 2007 I 269) und berechnet sich nach dem Verhältnis des Entgelts von je 50 000 € zum Verkehrswert von jeweils 150 000 €. Rico Winkler und Klaus Winkler haben somit ihren Grundstücksanteil zu $^1/_3$ (50 000 €/150 000 € = $^1/_3$) entgeltlich und zu $^2/_3$ (100 000 €/150 000 €) unentgeltlich erworben. Die Anschaffungskosten von jeweils 50 000 € entfallen zu $^5/_6$ auf das Gebäude (41 667 €) und zu $^1/_6$ auf den Grund und Boden (8 333 €).

Maria Winkler hat ihren Anteil an dem Wohnungseigentum voll **unentgeltlich** erworben, da sie zu keinen Leistungen verpflichtet wurde.

Für den entgeltlich erworbenen Grundstücksteil von Rico Winkler und Klaus Winkler bemisst sich die AfA nach § 7 Abs. 4 Nr. 2 Buchst. a EStG mit 2 % p. a. der anteiligen Anschaffungskosten, die auf das Gebäude entfallen (BMF v. 26. 2. 2007 Tz. 16, BStBl 2007 I 269).

▶ AfA-Bemessungsgrundlage für Rico Winkler und Klaus Winkler:
  jeweils $^5/_6$ von 50 000 € = 41 667 €.

Für den unentgeltlich erworbenen Gebäudeteil führen Rico Winkler, Klaus Winkler und Maria Winkler als Rechtsnachfolger nach § 11d Abs. 1 EStDV die AfA-Bemessungsgrundlage und die AfA des Rechtsvorgängers fort (BMF v. 26. 2. 2007 Tz. 16, BStBl 2007 I 269).

▶ AfA-Bemessungsgrundlage für Rico Winkler und Klaus Winkler:
  jeweils 500 000 € x $^9/_{10}$ x $^3/_4$ x $^1/_3$ x $^2/_3$ = 75 000 €.

▶ AfA-Bemessungsgrundlage für Maria Winkler:

$500\,000\,€ \times {}^9/_{10} \times {}^3/_4 \times {}^1/_3 = 112\,500\,€$.

6. AfA-Bemessungsgrundlage für Klaus Winkler

Hinsichtlich Gebäude-Anschaffungskosten von 41 667 € ist für Zwecke der AfA zu berücksichtigen, dass eine AfA für den von Klaus Winkler selbstgenutzten Grundstücksteil nicht in Betracht kommt. Für Zwecke der AfA sind die auf Klaus Winkler entfallenden Anschaffungskosten um 13 889 € ($^1/_3$ von 41 667 €) auf 27 778 € zu mindern.

7. Laufende Grundstücksaufwendungen

Die laufenden Grundstücksaufwendungen i.H.v. 12 000 € entfallen zu $^3/_4$ (= 9 000 €) auf das Wohnungseigentum, hiervon entfallen jeweils 3 000 € auf Rico Winkler, Klaus Winkler und Maria Winkler. Die Aufwendungen stellen für Rico Winkler und Maria Winkler in voller Höhe Werbungskosten dar.

Für Klaus Winkler stellen die anteiligen Grundstücksaufwendungen i.H.v. 3 000 € nur zu $^2/_3$ = 2 000 € Werbungskosten dar, da seine Aufwendungen nur insoweit bei ihm der Einkunftserzielung dienen; $^1/_3$ = 1 000 € stehen im Zusammenhang mit der von Klaus Winkler selbstgenutzten Wohnung und sind daher nicht als Werbungskosten zu berücksichtigen.

8. Ermittlung und Zurechnung der Einkünfte

	Rico W.	Klaus W.	Maria W.	insgesamt
Einnahmen	6 000 €	4 000 €	6 000 €	16 000 €
AfA – entgeltlicher Teil				
- Rico Winkler – 2 % von 41 667 €	833 €			833 €
- Klaus Winkler – 2 % von 27 778 €		555 €		555 €
AfA – unentgeltlicher Teil				
- Rico Winkler – 2% von 75 000 €	1 500 €			1 500 €
- Klaus Winkler – 2% von 50 000 €		1 000 €		1 000 €
- Maria Winkler – 2% von 112 500 €			2 250 €	2 250 €
laufende Aufwendungen	3 000 €	2 000 €	3 000 €	8 000 €
Einkünfte aus § 21 EStG	667 €	445 €	750 €	1 862 €

V. Gesamtbetrag der Einkünfte

	Rico W.	Klaus/Katja W.
Einkünfte aus Gewerbebetrieb (§ 15 EStG)	2 795 €	2 795 €
Einkünfte aus nichtselbständiger Arbeit (§ 19 EStG)	23 080 €	23 080 €
Einkünfte aus nichtselbständiger Arbeit (§ 19 EStG) (Katja)		17 080 €
Einkünfte aus Vermietung und Verpachtung (§ 21 EStG)	667 €	445 €
Gesamtbetrag der Einkünfte	**26 542 €**	**43 400 €**

Sachverhalt 3

I. Gewinnfeststellung der Abbau GmbH & Co. KG für 2006

Die Tätigkeit der Abbau GmbH & Co. KG ist grundsätzlich als bloße Vermögensverwaltung und nicht als gewerbliche Tätigkeit i. S. d. § 15 Abs. 2 EStG zu beurteilen, da sich ihre Tätigkeit auf die Grundstücksverpachtung beschränkt (R 15.7 Abs. 1 EStR).

Eine Betriebsaufspaltung (H 15.7 EStH „Allgemeines"), die zu gewerblichen Einkünften führen würde, liegt nicht vor. Es mangelt an der hierfür notwendigen Beherrschung der Renova AG durch Abbau GmbH & Co. KG bzw. den hinter ihr stehenden Gesellschaftern (H 15.7 (6) EStH „Allgemeines"). Es wird davon ausgegangen, dass Michael und Bernd Abbau nicht gleichzeitig Gesellschafter der Renova AG sind.

Die Abbau GmbH & Co. KG ist jedoch als **gewerblich geprägte Personengesellschaft** (§ 15 Abs. 3 Nr. 2 EStG) zu beurteilen. Ihre Tätigkeit gilt in vollem Umfang als Gewerbebetrieb, obwohl sich ihre Tätigkeit auf die Grundstücksverpachtung beschränkt. Nach dem Gesellschaftsvertrag (§ 7 des Gesellschaftsvertrags) ist ausschließlich die **Abbau GmbH** als persönlich haftende Gesellschafterin zur **Geschäftsführung und Vertretung** der Abbau GmbH & Co. KG berechtigt. Bernd Abbau und die Renova AG sind als Kommanditisten keine persönlich haftenden Gesellschafter. Auch steht ihnen die Geschäftsführung und Vertretung der Abbau GmbH & Co. KG nicht zu. Bernd Abbau ist wegen seiner Geschäftsführungsbefugnis für die Abbau GmbH nicht auch als zur Führung der Geschäfte der Abbau GmbH & Co. KG berufener Gesellschafter anzusehen (H 15.8 (6) EStH „Geschäftsführung").

Die Gesellschafter der Abbau GmbH & Co. KG erzielen als **Mitunternehmer** Einkünfte aus Gewerbebetrieb (§ 15 Abs. 1 Nr. 2 EStG). Die Abbau GmbH ist als Komplementärin auch ohne Beteiligung am Vermögen der Abbau GmbH & Co. KG als Mitunternehmerin anzusehen (H 15.8 (1) EStH „Komplementär"). Unerheblich ist, dass sie nur einen Anspruch auf Erstattung ihrer Aufwendungen für die Geschäftsführung hat, und dass sie für die Vollhaftung nur einen festen Betrag erhält (H 15.8 (1) EStH „Komplementär"). Auch die Kommanditisten der Abbau GmbH & Co. KG Bernd Abbau und die Renova AG sind als Mitunternehmer anzusehen. Nach dem Gesellschaftsvertrag weichen ihre Rechte nicht wesentlich vom Regelstatut des Kommanditisten nach dem HGB ab. Die Gesellschafter können **Mitunternehmerinitiative** entfalten und tragen ein **Mitunternehmerrisiko** (H 15.8 (1) EStH „Mitunternehmerinitiative, Mitunternehmerrisiko").

1. Laufender Gewinn gem. § 15 Abs. 1 Nr. 2 EStG

Die einheitlich und gesondert festzustellenden Einkünfte aus Gewerbebetrieb gem. § 15 Abs. 1 Nr. 2 EStG ermitteln sich wie folgt:

Gewinn lt. Erklärung	140 000 €
a) Die Vergütungen, die die Abbau GmbH für die Geschäftsführung der Abbau GmbH & Co. KG erhält, gehören nach § 15 Abs. 1 Satz 1 Nr. 2 EStG zum Gewinn aus Gewerbebetrieb.	
Gewinnerhöhung	+ 60 000 €

b) Die Aufwendungen der Abbau GmbH für ihre Geschäftsführer Michael und Bernd Abbau stellen bei ihr gleichzeitig im Rahmen der Gewinnfeststellung zu berücksichtigende Sonderbetriebsausgaben dar.

Gewinnminderung ./. 60 000 €

c) Als Geschäftsführer der Abbau GmbH ist Bernd Abbau im Interesse der Abbau GmbH & Co. KG tätig. Seine Geschäftsführervergütung erhöht als Sondervergütung für eine Tätigkeit im Dienste der KG (§ 15 Abs. 1 Nr. 2 EStG) den Gewinn (H 15.8 (3) EStH „Tätigkeitsvergütung").

Gewinnerhöhung + 30 000 €

d) Die Anteile des Bernd Abbau an der Komplementär-GmbH gehören zu seinem Sonderbetriebsvermögen II. Die GmbH-Anteile sind für Bernd Abbau betriebsnotwendig. Die auf die GmbH-Anteile im Wirtschaftsjahr 2006 zugeflossene Gewinnausschüttung der Komplementär-GmbH stellt für Bernd Abbau Sonderbetriebseinnahmen dar (H 15.8 (3) EStH „GmbH-Beteiligung"). Anzusetzen ist die Brutto-Gewinnausschüttung. Es ist das **Halbeinkünfteverfahren** anzuwenden, da es sich um Bezüge i. S. d. § 20 Abs. 1 Nr. 1 Satz 1 i. V. m. Abs. 3 EStG handelt (§ 3 Nr. 40 Satz 1 Buchst. d und Satz 2 EStG). Die einbehaltene Kapitalertragsteuer ist auf die Einkommensteuer des Bernd Abbau anzurechnen (§ 36 Abs. 2 Nr. 2 EStG).

Gewinnausschüttung	20 000 €	
½ steuerfrei (§ 3 Nr. 40 Satz 1 Buchst. d und Satz 2 EStG)	10 000 €	
Gewinnerhöhung		+ 10 000 €
Laufender Gewinn (§ 15 Abs. 1 Nr. 2 EStG)		**180 000 €**

2. Veräußerungsgewinn (§ 16 Abs. 1 Nr. 2 EStG)

Bernd Abbau erzielt durch entgeltliche Übertragung seines Kommanditanteils an der Abbau GmbH & Co. KG und seinen GmbH-Anteil einen Veräußerungsgewinn nach § 16 Abs. 1 Nr. 2 EStG. Eine **Veräußerung eines Mitunternehmeranteils** liegt vor, weil Bernd Abbau sowohl seinen Kommanditanteil an der Abbau GmbH & Co. KG als auch seinen zum notwendigen Sonderbetriebsvermögen gehörenden GmbH-Anteil an der Abbau GmbH in einem einheitlichen Vorgang an die Renova AG veräußert.

Der Veräußerungsgewinn ist nach § 16 Abs. 2 Satz 1 und Satz 2 EStG zu ermitteln. Bei der Ermittlung des Veräußerungsgewinns aus dem Sonderbetriebsvermögen ist das **Halbeinkünfteverfahren** (§ 3 Nr. 40 Satz 1 Buchst. b EStG) anzuwenden. Zur Ermittlung des Veräußerungsgewinns sind insoweit nur ½ der Anschaffungskosten und Veräußerungskosten abzugsfähig (§ 3c Abs. 2 Satz 1 EStG) zu beachten.

Ermittlung des Veräußerungsgewinns:

Veräußerungspreis Kommanditanteil	735 000 €	
Buchwert Kommanditanteil	500 000 €	
	235 000 €	
Veräußerungskosten	20 000 €	
Veräußerungsgewinn		215 000 €
Veräußerungspreis GmbH-Anteil	60 000 €	
Buchwert GmbH-Anteil = Anschaffungskosten	12 500 €	

	47 500 €
½ steuerfrei	23 750 €
½ steuerpflichtig	23 750 €
Veräußerungskosten – ½ von 4 000 €	2 000 €
Veräußerungsgewinn	21 750 €
Veräußerungsgewinn insgesamt	**236 750 €**

3. Einheitlich und gesondert festzustellender Gewinn

Laufender Gewinn	180 000 €
Veräußerungsgewinn	236 750 €
Gesamtgewinn	**416 750 €**

Über die Höhe des Freibetrags nach § 16 Abs. 4 EStG ist im Rahmen der ESt-Veranlagung des Bernd Abbau zu entscheiden (R 16 Abs. 13 Satz 1 EStR).

4. Gewinnfeststellung und Gewinnverteilung

	Gewinn KG	Abbau GmbH	Bernd GmbH	Renova AG
Restgewinn	140 000 €	+ 10 000 €	+ 65 000 €	+ 65 000 €
Geschäftsführung GmbH	+ 90 000 €	+ 60 000 €	+ 30 000 €	
Sonderbetriebsausgaben	./. 60 000 €	./. 60 000 €		
Sonderbetriebseinnahmen	+ 10 000 €		+ 10 000 €	
Veräußerungsgewinn	+ 236 750 €		+ 236 750 €	
Gewinn	**416 750 €**	**10 000 €**	**341 750 €**	**65 000 €**

II. Ermittlung des Gewerbesteuermessbetrags für die Abbau GmbH & Co. KG

Als inländisches gewerbliches Unternehmen i. S. d. EStG unterliegt die Abbau GmbH & Co. KG als stehender Gewerbebetrieb der Gewerbesteuer (§ 2 Abs. 1 Satz 2 GewStG). Bemessungsgrundlage für die Gewerbesteuer ist der Gewerbeertrag (§ 6 GewStG), der sich nach dem einkommensteuerlichen Gewinn unter Berücksichtigung von Hinzurechnungen (§ 9 GewStG) und Kürzungen (§ 9 GewStG) ermittelt (§ 7 Abs. 1 GewStG). Dazu gehören auch die Sondervergütungen nach § 15 Abs. 1 Nr. 2 EStG (R 39 Abs. 2 Satz 1 GewStR). **Außer Ansatz** bleibt der **Veräußerungsgewinn** nach § 16 Abs. 1 Nr. 2 EStG (R 39 Abs. 1 Satz 2 Nr. 1 GewStR).

Gewinn aus Gewerbebetrieb (§ 15 Abs. 1 Nr. 2 EStG)	416 750 €
Veräußerungsgewinn (§ 16 Abs. 1 Nr. 2 EStG)	./. 236 750 €
Gewinn i. S. § 7 GewStG	180 000 €

Hinzurechnung (§ 8 Nr. 1 GewStG)

Die Schuldzinsen für **langfristige Verbindlichkeiten**, die somit nicht nur der vorübergehenden Verstärkung des Betriebskapitals dienen, sind nach § 8 Nr. 1 GewStG zu ½ hinzuzurechnen.

Hinzurechnung – ½ von 120 000 €	60 000 €
Zwischensumme	240 000 €

Kürzung (§ 9 Nr. 1 GewStG)

Die Summe des Gewinns und der Hinzurechnungen ist nach § 9 Nr. 1 GewStG um 1,2 % des Einheitswertes des zum Betriebsvermögen des Unternehmens gehörenden Grundbesitzes unter Beachtung des § 121a BewG zu kürzen. Die erweiterte Kürzung nach § 9 Nr. 1 Satz 2 GewStG kommt nicht in Betracht, weil der Grundbesitz ganz dem Gewerbebetrieb eines Gesellschafter (Renova AG) dient (§ 9 Nr. 1 Satz 5 GewStG).

Kürzung – 1,2 % von 140 % von 800 000 €	./. 13 440 €

Kürzung (§ 9 Nr. 2a GewStG)

Im Gewinn der KG sind Gewinne aus Anteilen an einer nicht steuerbefreiten inländischen Kapitalgesellschaft (Gewinnausschüttung der Abbau GmbH) i. H. v. 10 000 € enthalten. Die Beteiligung des Bernd Abbau an der Abbau GmbH beträgt 50 % und damit mindestens 10 % und hat zu Beginn des Erhebungszeitraums 2006 als Sonderbetriebsvermögen des Bernd Abbau zum Betriebsvermögen der Abbau GmbH & Co. KG gehört.

Kürzung	./. 10 000 €
Gewerbeertrag	**216 560 €**

Ermittlung des Gewerbesteuer-Messbetrags

Gewerbeertrag	216 560 €
Abrundung (§ 11 Abs. 1 Satz 3 GewStG)	216 500 €
Freibetrag (§ 11 Abs. 1 Satz 3 Nr. 1 GewStG)	./. 24 500 €
Maßgebender Gewerbeertrag	192 000 €
Gewerbesteuermessbetrag (§ 11 Abs. 2 GewStG) 5 % von 192 000 €	9 600 €
Kürzung wegen Staffeltarif (§ 11 Abs. 2 GewStG)	1 200 €
Gewerbesteuermessbetrag	**8 400 €**

III. Ermittlung der Einkünfte Michael Abbau

1. Einkünfte aus Gewerbebetrieb (§ 17 EStG)

Zu den Einkünften aus Gewerbebetrieb gehört auch der Gewinn aus der **Veräußerung von Anteilen** an einer Kapitalgesellschaft, wenn der Veräußerer innerhalb der letzten 5 Jahre am Kapital der Gesellschaft unmittelbar oder mittelbar zu mindestens 1 % beteiligt war (§ 17 Abs. 1 Satz 1 EStG). Michael Abbau war am Kapital der Abbau GmbH bis zur Anteilsveräußerung mit 50 % beteiligt. **Veräußerungsgewinn** ist der Betrag, um den der Veräußerungspreis nach Abzug der Veräußerungskosten die Anschaffungskosten übersteigt (§ 17 Abs. 2 Satz 1 EStG).

Das Halbeinkünfteverfahren ist zu beachten (§ 3 Nr. 40 Satz 1 Buchst. c und § 3c Abs. 2 Satz 1 EStG).

Veräußerungspreis	60 000 €	
$^1/_2$ steuerfrei	30 000 €	
$^1/_2$ steuerpflichtig		30 000 €
Veräußerungskosten	4 000 €	
$^1/_2$ nicht abzugsfähig	2 000 €	
$^1/_2$ abzugsfähig		2 000 €
Anschaffungskosten	12 500 €	
$^1/_2$ nicht abzugsfähig	6 250 €	
$^1/_2$ abzugsfähig		6 250 €
Veräußerungsgewinn		**21 750 €**
Freibetrag (§ 17 Abs. 3 EStG) 50 % von 9 060 €	4 530 €	
Veräußerungsgewinn	21 750 €	
Grenzbetrag – 50 % von 36 100 €	./. 18 050 €	3 700 €
Verbleibender Freibetrag		830 €
stpfl. Veräußerungsgewinn (§ 17 EStG)		**20 920 €**

2. Einkünfte aus nichtselbständiger Arbeit (§ 19 EStG)

Als Geschäftsführer der Abbau GmbH erzielt Michael Abbau Einkünfte aus nichtselbständiger Arbeit (§ 19 Abs. 1 Satz 1 Nr. 1 EStG). Er ist für die Abbau GmbH nur im Rahmen eines **Dienstverhältnisses** tätig. § 15 Abs. 1 Nr. 2 EStG ist nicht anzuwenden, da er nicht Gesellschafter der Abbau GmbH & Co. KG ist.

Einnahmen	30 000 €
Arbeitnehmer-Pauschbetrag (§ 9a Nr. 1 Buchst. a EStG)	920 €
Einkünfte aus nichtselbständiger Arbeit	**29 080 €**

3. Einkünfte aus Kapitalvermögen (§ 20 EStG)

Die **Gewinnausschüttung** der Abbau GmbH gehört bei Michael Abbau zu den Einnahmen aus Kapitalvermögen (§ 20 Abs. 1 Nr. 1 Satz 1 EStG). § 20 Abs. 3 EStG ist nicht anzuwenden, da die Beteiligung zu seinem **Privatvermögen** gehört. Die Einnahmen sind Michael Abbau erst am 27. 7. 2006 zugeflossen (§ 11 Abs. 1 EStG) und nicht bereits mit dem Ausschüttungsbeschluss am 29. 4. 2006, da er nicht beherrschender Gesellschafter der Abbau GmbH ist. Das **Halbeinkünfteverfahren** ist zu beachten (§ 3 Nr. 40 Satz 1 Buchst. d EStG).

Einnahmen (§ 8 Abs. 1 EStG)	20 000 €
$^1/_2$ steuerfrei (§ 3 Nr. 40 Satz 1 Buchst. d EStG)	10 000 €
$^1/_2$ steuerpflichtig	10 000 €
Werbungskosten-Pauschbetrag (§ 9a Nr. 2 EStG)	102 €
Sparerfreibetrag (§ 20 Abs. 4 EStG a. F.)	2 740 €
Einkünfte aus Kapitalvermögen	**7 158 €**

4. Gesamtbetrag der Einkünfte Michael Abbau

Einkünfte aus Gewerbebetrieb (§ 17 EStG)	20 920 €
Einkünfte aus nichtselbständiger Arbeit (§ 19 EStG)	29 080 €
Einkünfte aus Kapitalvermögen (§ 20 EStG)	7 158 €
Summe der Einkünfte = Gesamtbetrag der Einkünfte	**57 158 €**

Die einbehaltene Kapitalertragsteuer ist auf die Einkommensteuer des Michel Abbau anzurechnen (§ 36 Abs. 2 Nr. 2 EStG).

IV. Ermittlung der Einkünfte Bernd Abbau

Einkünfte aus Gewerbebetrieb (§ 15 Abs. 1 Nr. 2 EStG)

Gewinnanteil Abbau GmbH & Co. KG = Summe der Einkünfte:	**341 750 €**

In den Einkünften aus Gewerbebetrieb i. H. v. 341 750 € ist ein **Veräußerungsgewinn** nach § 16 Abs. 1 Nr. 2 EStG i. H. v. 236 750 € enthalten. Der Freibetrag nach § 16 Abs. 4 EStG ist nicht zu gewähren, da Bernd Abbau die altersmäßige Voraussetzung nicht erfüllt. In Höhe von 215 000 € gehört der Veräußerungsgewinn nach § 34 Abs. 2 EStG zu den **außerordentlichen Einkünften** und ist nach § 34 Abs. 1 EStG **steuerbegünstigt**. § 34 Abs. 3 EStG findet keine Anwendung, weil Bernd Abbau das 55. Lebensjahr noch nicht vollendet hat.

Die einbehaltene Kapitalertragsteuer ist auf die Einkommensteuer des Bernd Abbau anzurechnen (§ 36 Abs. 2 Nr. 2 EStG). Die tarifliche Einkommensteuer mindert sich nach § 35 Abs. 1 Nr. 2 EStG um das 1,8-fache des für den Erhebungszeitraum 2006 festgesetzten anteiligen Gewerbesteuer-Messbetrags der gewerblichen Einkünfte als Mitunternehmer.

Sachverhalt 4

Als Kommanditist der S-KG ist X **Mitunternehmer** i. S. d. § 15 Abs. 1 Nr. 2 EStG Nach dem Sachverhalt ergeben sich hinsichtlich seiner Rechte und Pflichten keine Abweichungen vom Regelstatut eines Kommanditisten nach dem HGB. Kommanditist X ist am Gewinn und Verlust der S-KG beteiligt. Er erzielt aus seiner Beteiligung als Kommanditist an der S-KG Einkünfte aus Gewerbebetrieb i. S. d. § 15 Abs. 1 Nr. 2 EStG.

Verlustanteile sind dem Kommanditisten – abweichend von § 167 Abs. 3 HGB – auch insoweit zuzurechnen, als sich hierdurch ein **negatives Kapitalkonto** ergibt. Entsteht beim Kommanditisten durch die Verlustzurechnung ein negatives Kapitalkonto oder erhöht sich durch die Verlustzurechnung ein bereits bestehendes negatives Kapitalkonto, darf der dem Kommanditisten zuzurechnende Anteil am Verlust der KG weder mit anderen Einkünften aus Gewerbebetrieb noch mit Einkünften aus anderen Einkunftsarten ausgeglichen werden (§ 15a Abs. 1 Satz 1 EStG). Die nach § 15a Abs. 1 Satz 1 EStG **nicht ausgleichsfähigen Verluste** (sogenannte verrechenbarer Verlust) des Kommanditisten mindern in späteren Wirtschaftsjahren die ihm zuzurechnenden Gewinne aus seiner Beteiligung an der KG (§ 15a Abs. 2 EStG).

Der nach § 15a Abs. 1 EStG nicht ausgleichs- oder abzugsfähige Verlust – vermindert um die nach § 15a Abs. 2 EStG abzuziehenden Beträge – ist jährlich gesondert festzustellen (§ 15a Abs. 4 Satz 1 EStG).

Scheidet ein Kommanditist, dessen Kapitalkonto negativ ist, aus der Gesellschaft aus, und muss er sein negatives Kapitalkonto nicht ausgleichen, so gilt der Betrag, den er nicht ausgleichen muss, als **Veräußerungsgewinn** i. S. d. § 16 EStG (§ 52 Abs. 33 Satz 3 EStG). Im Veräußerungsfall mindern noch verbliebene verrechenbare Verluste einen etwaigen Veräußerungsgewinn nach § 16 Abs. 1 Nr. 2 EStG (H 15a EStH „Veräußerungsgewinn").

Das Kapitalkonto des X in der Gesamthandsbilanz der S-KG entwickelt sich wie folgt:

	Kapitalkonto Kommanditist X	ausgleichsfähiger Verlust	verrechenbarer Verlust
Kapital zum 1. 1. 2003	150 000 €		
Verlustanteil 2003	./. 140 000 €	140 000 €	
Kapital zum 31. 12. 2003	+ 10 000 €		
Verlustanteil 2004	50 000 €	10 000 €	40 000 €
Kapital zum 31. 12. 2004	./. 40 000 €		40 000 €
Verlustanteil 2005	./. 75 000 €		75 000 €
Kapital zum 31. 12. 2005	./. 115 000 €		115 000 €
Verlustanteil 2006	0 €		0 €
Kapital zum 31. 12. 2006	./. 115 000 €		

Die sich jeweils zum 31. 12. ergebenden verrechenbaren Verluste sind **gesondert festzustellen** (§ 15a Abs. 4 Satz 1 EStG).

Das Ausscheiden des X aus der S-G zum 31. 12. 2006 führt zu einem **Veräußerungsgewinn** nach § 16 Abs. 1 Nr. 2 EStG i. H. v. 115 000 €, da er sein negatives Kapitalkonto nicht ausgleichen muss (§ 52 Abs. 33 Satz 3 EStG). Der Veräußerungsgewinn i. H. v. 115 000 € ist ein Gewinn i. S. d. § 15a Abs. 2 EStG, mit dem der zum 31. 12. 2005 gesondert festgestellte verrechenbare Verlust von 115 000 € zu verrechnen ist, so dass sich für 2006 für X Einkünfte von **0 €** ergeben.

Ein Freibetrag nach § 16 Abs. 4 EStG und eine Ermäßigung nach § 34 Abs. 1 EStG entfallen, da der verbleibende Gewinn 0 € beträgt.

Der Veräußerungsgewinn unterliegt nicht der Gewerbesteuer (R 39 Abs. 1 Nr. 1 GewStR).

Teil II: Körperschaftsteuer

I. Allgemeines

Die Z-GmbH ist als Kapitalgesellschaft nach § 1 Abs. 1 Nr. 1 KStG **unbeschränkt körperschaftsteuerpflichtig**. Sie hat ihren Sitz (§ 11 AO) in Mainz und ihre Geschäftsleitung (§ 10 AO) in Frankfurt. Sie unterliegt mit ihrem weltweit erzielten Einkommen der Besteuerung, soweit das Besteuerungsrecht der BRD nicht durch ein Doppelbesteue-rungsabkommen (DBA) entzogen ist.

Nach § 238 HGB (§ 264 HGB) ist die Z-GmbH zur Führung von Büchern verpflichtet und erzielt somit nur Einkünfte aus Gewerbebetrieb (§ 8 Abs. 2 KStG). Besteuerungsgrund-lage für die Körperschaftsteuer ist das zu versteuernde Einkommen (§ 7 Abs. 1 KStG), das nach den Vorschriften des EStG und den ergänzenden Vorschriften des KStG zu er-mitteln ist (§ 8 Abs. 1 KStG).

Zur Ermittlung des zu versteuernden Einkommens 2006 der Z-GmbH ist von dem sich nach der Handelsbilanz (§§ 242, 266 HGB) zum 31. 12. 2006 ergebenden Jahresüber-schuss (§ 5 Abs. 1 EStG, § 8 Abs. 1 KStG) vor Gewinnverwendung (§ 8 Abs. 3 Satz 1 KStG) auszugehen.

Soweit die in der Handelsbilanz ausgewiesenen Bilanzposten den steuerlichen Vor-schriften entsprechen, stellt die Handelsbilanz gleichzeitig die Steuerbilanz dar. Enthält die Handelsbilanz Ansätze oder Beträge, die den steuerlichen Vorschriften nicht ent-sprechen, so sind diese Ansätze oder Beträge durch Zusätze oder Anmerkungen den steuerlichen Vorschriften anzupassen (§ 60 Abs. 2 EStDV).

Zur Ermittlung des zu versteuernden Einkommens sind **nichtabzugsfähige Betriebsaus-gaben** (§ 4 Abs. 5 EStG) und nichtabziehbare Aufwendungen (§ 10 KStG) außerhalb der Bilanz dem Jahresüberschuss hinzuzurechnen, nicht körperschaftsteuerpflichtige Erträ-ge sind außerhalb der Bilanz vom Jahresüberschuss abzuziehen.

Verdeckte Gewinnausschüttungen dürfen das Einkommen nicht mindern (§ 8 Abs. 3 S. 2 KStG) und sind zur Ermittlung des zu versteuernden Einkommens außerhalb der Bilanz dem Jahresüberschuss hinzuzurechnen, soweit sie den Jahresüberschuss gemin-dert haben (BMF v. 28. 5. 2002, BStBl 2002 I 603).

Jahresüberschuss lt. Bilanz 31. 12. 2006 :   **4 000 000 €**

II. Einzelsachverhalte

1. Sondervergütung

Zu prüfen ist, ob die Gehaltszahlungen und die Sondervergütung an den Gesellschaf-ter-Geschäftsführer für die Z-GmbH Betriebsausgaben darstellen oder als verdeckte Ge-winnausschüttungen (§ 8 Abs. 3 Satz 2 KStG) ihr Einkommen nicht mindern dürfen.

Eine verdeckte Gewinnausschüttung i. S. d. § 8 Abs. 3 Satz 2 KStG ist eine Vermögens-minderung oder verhinderte Vermögensmehrung, die durch das Gesellschaftsverhält-nis veranlasst ist, sich auf die Höhe des Gewinns auswirkt und nicht auf einem den ge-sellschafts-rechtlichen Vorschriften entsprechenden Gewinnverteilungsbeschluss be-ruht (R 36 Abs. 1 KStR). Eine Veranlassung durch das Gesellschaftsverhältnis liegt dann vor, wenn ein ordentlicher und gewissenhafter Geschäftsführer die Vermögensmin-derung oder verhinderte Vermögensmehrung gegenüber einem Nicht-Gesellschafter unter sonst gleichen Umständen nicht hingenommen hätte (H 36 KStH III. Veranlas-sung durch das Gesellschaftsverhältnis).

Für die **steuerliche Anerkennung von Leistungen** der Gesellschaft an ihren beherrschenden Gesellschafter (H 36 KStH „Beherrschender Gesellschafter") als Betriebsausgaben verlangt die Rechtsprechung darüber hinaus zur Vermeidung einer verdeckten Gewinnausschüttung (§ 8 Abs. 3 Satz 2 KStG) eine zivilrechtlich wirksame und im Voraus klar und eindeutig abgeschlossene Vereinbarung darüber, ob und in welcher Höhe ein Entgelt für eine Leistung des Gesellschafters zu zahlen ist (BFH v. 14. 3. 1990 I R 6/89, BStBl 1990 II 795; H 36 KStH „Klare und eindeutige Vereinbarung"). Für den **beherrschenden Gesellschafter** kann mit steuerlicher Wirkung keine Vergütung für eine zurückliegende Zeit vereinbart oder eine vereinbarte Vergütung für eine zurückliegende Zeit erhöht werden (H 36 KStH „Rückliegende Vereinbarung"). Fehlt eine solche im Voraus zivilrechtlich wirksame **getroffene Vereinbarung**, ist die Vorteilszuwendung der Gesellschaft an ihren beherrschenden Gesellschafter auch bei Gegenleistung des Gesellschafters wegen den **Rückwirkungsverbots** als verdeckte Gewinnausschüttung (§ 8 Abs. 3 Satz 2 KStG) zu beurteilen (H 36 KStH „Rückwirkende Vereinbarung"). Auf die Handlungsweise eines ordentlichen und gewissenhaften Geschäftsleiters kommt es bei einer Vorteilszuwendungen an einen beherrschenden Gesellschafter nicht allein an (H 36 KStH „Klare und eindeutige Vereinbarung").

A ist **Allein-Gesellschafter** der Z-GmbH und damit zugleich deren **beherrschender Gesellschafter** (H 36 KStH „Beherrschender Gesellschafter"). Er kann auch als Gesellschafter für die Z-GmbH im Rahmen eines Dienstverhältnisses tätig werden.

Die steuerliche Anerkennung des Arbeitsverhältnisses und der Vergütungen als Arbeitslohn setzt voraus, dass eine zivilrechtlich wirksam im Voraus klar und eindeutig getroffene Vereinbarung besteht und der Vertrag in der festgelegten Form auch durchgeführt wurde. Die zivilrechtliche Wirksamkeit der Vereinbarung ist steuerrechtlich neben dem Erfordernis einer klaren und von Vornherein getroffenen Vereinbarung eine eigenständige Voraussetzung für ihre Anerkennung (H 36 KStH „Zivilrechtliche Wirksamkeit").

Das **angemessene Jahresgehalt** i. H. v. 200 000 € stellt für die Z-GmbH Betriebsausgaben und für A Arbeitslohn (§ 19 Abs. 1 Nr. 1 EStG) dar. Hinsichtlich dieser Gehaltszahlungen wird – wegen fehlender Sachverhaltsangaben – davon ausgegangen, dass eine von vornherein klar und eindeutig getroffene Vereinbarung in der zivilrechtlich wirksamen Form vorliegt, aufgrund der A für seine Leistung als Geschäftsführer der Z-GmbH einen schuldrechtlichen Ausgleich sucht.

Auch die **Sondervergütung** stellt **nur dann** keine verdeckte Gewinnausschüttung dar (§ 8 Abs. 3 Satz 2 KStG), wenn insoweit eine im Voraus klar und eindeutig getroffene wirksame Vereinbarung vorliegt.

Die Bemessungsgrundlage für die Höhe der Tantieme ist eindeutig bestimmt, da ihre Höhe auf 20 % des Jahresgehalts festgelegt wurde und damit durch einfache Rechenvorgänge ermittelt werden kann, ohne dass es noch der Ausübung irgendwelcher Ermessensakte seitens der Geschäftsführung oder der Gesellschafterversammlung bedarf. Der Anspruch des beherrschenden Gesellschafter A steht jedoch unter der **auflösenden Bedingung**, dass die Gesellschafterversammlung die Sondervergütung nicht anderweitig festsetzt. Damit besteht Unklarheit darüber, ob der Anspruch des A letztlich Bestand haben wird. Die Zahlung hängt vom Verhalten der Gesellschafterversammlung ab, die durch einseitigen Beschluss die Höhe des Vergütungsanspruchs verändern kann. Bis zum Beschluss der Gesellschafterversammlung vom 31.12.2006 bestand letztlich Unklarheit über die Höhe des Vergütungsanspruchs. Unerheblich ist, dass die festgesetzte Sondervergütung i. H. v. 30 000 € unter dem nach dem Geschäftsführer-Vertrag vereinbarten Betrag von 40 000 € (20 % von 200 000 €) liegt.

In Höhe der **Sondervergütung** ist eine **verdeckte Gewinnausschüttung** von 30 000 € anzunehmen, da die Sondervergütung bis zum Gesellschafterbeschluss vom 31.12.2006 unter dem Vorbehalt einer abweichenden Festsetzung durch die Gesellschafterversammlung steht und damit ein Verstoß gegen das Gebot eindeutig und klarer im Voraus getroffener Vereinbarungen bei einem beherrschenden Gesellschafter vorliegt (H 39 KStH „Zustimmungsvorbehalt").

Der Anspruch des A auf die Sondervergütung ist mit dem Beschluss der Gesellschafterversammlung vom 31.12.2006 i. H. v. 30 000 € unbedingt entstanden. In ihrer Bilanz zum 31.12.2006 hat die Z-GmbH daher i. H. v. 30 000 € eine **sonstige Verbindlichkeit** – nicht Rückstellung – auszuweisen. Mit der Passivierung des Vergütungsanspruchs zum 31.12.2006 ist bei der Z-GmbH eine Vermögensminderung eingetreten. Damit war die verdeckte Gewinnausschüttung auch zu diesem Zeitpunkt verwirklicht. Der rechtswirksame Verzicht des Gesellschafters A am 1.4.2007 auf einen Teil seines Anspruchs i. H. v. 10 000 € **führt nicht** zur Rückgängigmachung der verdeckten Gewinnausschüttung (H 37 KStH „Rückgängigmachung").

Außerbilanzielle Hinzurechnung: **+ 30 000 €**

Der Verzicht des Gesellschafters A auf einen Teil seiner Sondervergütung ist nicht schon unter dem Gesichtspunkt der Wertaufhellung in der Bilanz zum 31.12.2006 durch Minderung der Verbindlichkeit zu berücksichtigen. Dies würde voraussetzen, dass bis zum Tag der Bilanzaufstellung am 1.5.2007 zum Bilanzstichtag 31.12.2006 objektiv vorhandene wertaufhellende Umstände bekannt waren. Dies war zum 31.12.2006 jedoch nicht der Fall, da der Verzicht erst am 1.4.2007 ausgesprochen wurde.

Der **Forderungsverzicht** des Gesellschafters A gegenüber der Z-GmbH (§ 397 Abs. 1 BGB) am 1.4.2007 führt aus der Sicht der Z-GmbH erst zu diesem Zeitpunkt zum Erlöschen eines Teils der zum 31.12.2006 zutreffend ausgewiesenen Verbindlichkeit i. H. v. 30 000 €. Erst mit dem Forderungsverzicht am 1.4.2007 fällt die Verbindlichkeit in Höhe des Forderungsverzichts von 10 000 € fort und führt zu diesem Zeitpunkt zu einer Vermögensmehrung bei der Z-GmbH geführt.

Der teilweise Verzicht des Gesellschafters A auf seine Forderung gegenüber der Z-GmbH führt zu einer **verdeckten Einlage** im Jahr 2007 (R 40 Abs. 1 KStR).

Eine verdeckte Einlage liegt vor, weil der Gesellschafter A außerhalb der gesellschaftsrechtlichen Einlagen der Z-GmbH einen einlagefähigen **Vermögensvorteil** zugewendet hat, der **durch** das **Gesellschaftsverhältnis** veranlasst ist. (R 40 Abs. 1 KStR). Der der Z-GmbH zugewendete Vermögensvorteil besteht in dem Erlass einer Zahlungsverpflichtung der Kapitalgesellschaft, da der Erlass zum Wegfall eines Passivpostens führt (H 40 KStH „Einlagefähiger Vermögensvorteil"). Die Ursächlichkeit des Gesellschaftsverhältnisses ist gegeben, da ein Nichtgesellschafter bei Anwendung der Sorgfalt eines ordentlichen Kaufmanns den Vermögensvorteil der Gesellschaft nicht eingeräumt hätte (R 40 Abs. 3 Satz 2 KStR). In Höhe des werthaltigen Teils der Forderung, auf die A verzichtet, ist der Forderungsverzicht durch das Gesellschaftsverhältnis veranlasst und damit eine verdeckte Einlage, die gem. § 6 Abs. 1 Nr. 5 EStG mit dem Teilwert zu bewerten ist (H 40 KStH „Forderungsverzicht"). Hierbei kann davon ausgegangen werden, dass der Teilwert der Forderung ihrem Nennwert entspricht, da nach dem Sachverhalt keine Umstände erkennbar sind, die auf eine Zahlungsunfähigkeit der Z-GmbH schließen lassen.

Die verdeckte Einlage ist erst in der Bilanz zum **31. 12. 2007** zu berücksichtigen und als Zugang beim steuerlichen Einlagekonto (§ 27 KStG) zum 31. 12. 2007 zu erfassen, da die Vermögensmehrung erst mit dem Forderungsverzicht am 1. 4. 2007 im Jahr 2007 eingetreten ist.

2. Schadenersatz eines Kunden

Nach § 249 Abs. 1 HGB sind Rückstellungen für ungewisse Verbindlichkeiten zu bilden. Nach dem Maßgeblichkeitsgrundsatz (§ 5 Abs. 1 EStG) gilt das handelsrechtliche Passivierungsgebot auch für die Steuerbilanz; § 5 Abs. 3 bis Abs. 4b EStG schränkt das handelsrechtliche Passivierungsgebot nicht ein.

Rückstellungen für ungewisse Verbindlichkeiten setzen voraus, dass die Verbindlichkeit, die der Rückstellung zugrunde liegt, bis zum Bilanzstichtag entstanden ist oder aus der Sicht am Bilanzstichtag mit einiger Wahrscheinlichkeit entstehen wird und der Stpfl. spätestens bei Bilanzaufstellung ernsthaft damit rechnen muss, hieraus in Anspruch genommen zu werden. Die **Wahrscheinlichkeit der Inanspruchnahme** ist aufgrund objektiver, am Bilanzstichtag vorliegender und spätestens bei Bilanzaufstellung erkennbarer Tatsachen aus der Sicht eines sorgfältigen und gewissenhaften Kaufmanns zu beurteilen (R 5.7 Abs. 5 EStR).

Wird eine Schadenersatzverpflichtung im **Klageweg** geltend gemacht, droht eine Inanspruchnahme solange die Schadenersatzverpflichtung **gerichtsanhängig** ist. Sie entfällt erst, wenn über die Verpflichtung endgültig und rechtskräftig ablehnenden entschieden ist (H 5.7 (13) EStH „Rechtsmittel"). Dies gilt auch dann, wenn der Stpfl. in einer Instanz obsiegt hat, der Prozessgegner gegen diese Entscheidung aber noch ein Rechtsmittel einlegen kann. Mit dem Nichtannahmebeschluss des BGH vom 23. 12. 2006 fällt endgültig die bis dahin ungewisse Verbindlichkeit fort.

Da die Umstände, die zum Fortfall der bisherigen ungewissen Verbindlichkeit mit dem Beschluss vom 23. 12. 2006 vor dem Bilanzstichtag 31. 12. 2006 objektiv eingetreten sind und lediglich nach dem Bilanzstichtag aber vor dem Tag der Bilanzaufstellung 1. 5. 2007 bekannt geworden sind, sind sie bei Aufstellung der Bilanz zum 31. 12. 2006 zu berücksichtigen (H 5.2 „Grundsätze ordnungsmäßiger Buchführung" EStH). Die Rückstellung wegen der Schadenersatzverpflichtung ist zum 31. 12. 2006 erfolgswirksam aufzulösen, da bis zum Bilanzstichtag über die Schadenersatzverpflichtung endgültig und rechtskräftig ablehnend entschieden wurde.

Jahresüberschuss: **+ 500 000 €**

3. Ausländische Betriebsstätte

Die Z-GmbH unterliegt mit dem Gewinn ihrer ausländischen Betriebsstätte der Körperschaftsteuer (§ 1 Abs. 1 KStG). Das Besteuerungsrecht der BRD wird durch ein DBA **nicht eingeschränkt**, da ein DBA mit dem Betriebsstättenstaat nicht besteht.

Die im Ausland gezahlte Steuer entspricht nach dem Sachverhalt nicht der inländischen Körperschaftsteuer. Eine Anrechnung der ausländischen Körperschaftsteuer auf die inländische Körperschaftsteuer kommt daher nach § 26 Abs. 1 KStG nicht in Betracht. Aus den genannten Gründen entfällt auch eine Anrechnung nach § 26 Abs. 6 Satz 1 KStG i. V. m. § 34c Abs. 1 Satz 2 bis 5 EStG.

Nach § 26 Abs. 1 Satz 2 KStG sind jedoch § 34c Abs. 2 bis 7 und § 50 Abs. 6 EStG entsprechend anzuwenden. Nach § 26 Abs. 6 KStG i. V. m. § 34c Abs. 3 EStG ist die festgesetzte und gezahlte **ausländische Steuer**, die auf die ausländischen Einkünfte entfällt, bei der Ermittlung der Einkünfte **abzuziehen**. Eines besonderen Antrags bedarf es nicht. § 34c Abs. 6 EStG findet keine Anwendung, da mit dem ausländischen Staat, aus dem die Einkünfte stammen, kein DBA besteht.

Gewinnerhöhung	+ 100 000 €
Ausländische Steuer	./. 40 000 €
Jahresüberschuss	+ 60 000 €

4. Darlehen an die K-GmbH

Zu prüfen ist, ob die Zinsen i. H. v. 30 000 € ($^6/_{12}$ von 6 % von 1 000 000 €), die die Z-GmbH von der K-GmbH für das gewährte Darlehen erhält, als **verdeckte Gewinnausschüttung** der K-GmbH an die Z-GmbH anzusehen sind.

Der zwischen der Darlehensgeberin Z-GmbH und der Darlehensnehmerin K-GmbH geschlossene Darlehensvertrag entspricht dem zwischen Fremden üblichen, insbesondere hält der vereinbarte Zinssatz einem **Fremdvergleich** stand. Von einer zivilrechtlich wirksamen Vereinbarung kann nach dem Sachverhalt ausgegangen werden. Die für das Darlehen gezahlten Vergütungen stellen weder für die K-GmbH noch für die Z-GmbH eine verdeckte Gewinnausschüttung i. S. § 8 Abs. 3 Satz 2 KStG. Die Zinsen werden auf Grund einer klaren im Vorhinein getroffenen Vereinbarung für die von der Z-GmbH erbrachte Leistung gezahlt.

Liegen die Voraussetzungen für die Annahme einer verdeckten Gewinnausschüttung nach § 8 Abs. 3 Satz 2 KStG nicht vor, können Vergütungen für Fremdkapital unter den Voraussetzungen des § 8a KStG als verdeckte Gewinnausschüttungen zu beurteilen sein.

Die Annahme einer verdeckten Gewinnausschüttung nach § 8a Abs. 1 KStG setzt u. a. voraus, dass eine Kapitalgesellschaft nicht nur kurzfristig Fremdkapital von einem wesentlich beteiligten Anteilseigner erhalten hat und die Vergütung hierfür insgesamt mehr als 250 000 € beträgt.

Die Annahme einer verdeckten Gewinnausschüttung nach **§ 8a Abs. 1 KStG** kommt vorliegend nicht in Betracht, da es sich bei einer Laufzeit des Darlehens von 6 Monaten nur um kurzfristig gewährtes Fremdkapital handelt und die Gesamtvergütung von 30 000 € auch nicht mehr als 250 000 € betragen hat.

Abweichend von § 8a Abs. 1 KStG sind Vergütungen für Fremdkapital, das eine Kapitalgesellschaft erhalten hat, verdeckte Gewinnausschüttungen, wenn das Fremdkapital zum **Erwerb einer Beteiligung** an einer Kapitalgesellschaft aufgenommen wurde (§ 8a Abs. 6 Nr. 1 KStG). Weitere Voraussetzung hierzu ist, dass der Veräußerer der Beteiligung sowie der Geber des Fremdkapitals der Anteilseigner, der zu einem Zeitpunkt im Wirtschaftsjahr wesentlich am Grund- oder Stammkapital beteiligt war, eine dem Anteilseigner **nahe stehende Person** i. S. d. § 1 Abs. 2 AStG oder ein Dritter i. S. d. § 8a Abs. 1 Satz 2 KStG ist (§ 8a Abs. 6 Nr. 2 KStG).

Die Z-GmbH gewährte der K-GmbH das Darlehen zum Erwerb einer Beteiligung von 100 % am Stammkapital der Y-GmbH in Hamburg. Insoweit liegen die Voraussetzungen des § 8a Abs. 6 Nr. 1 EStG vor.

Veräußerer der Beteiligung an der Y-GmbH ist der unmittelbar an der K-GmbH mit 25 % beteiligte A. Er ist damit eine der K-GmbH nahe stehende Person i. S. d. § 1 Abs. 2 Nr. 1 AStG. Hierzu reicht eine Beteiligung von mindestens 25 % aus. Die Anwendung des § 8a Abs. 6 KStG setzt jedoch eine wesentliche Beteiligung des Veräußerers i. S. d. § 8a Abs. 3 KStG voraus. Hierzu reicht die Beteiligung von 25 % nicht aus. Nach § 8a Abs. 3 KStG liegt eine wesentliche Beteiligung vor, wenn der Anteileigner am Grund- oder Stammkapital der Kapitalgesellschaft zu **mehr als 25 %** unmittelbar oder mittelbar beteiligt ist (§ 8a Abs. 3 Satz 1 KStG). Hält die Kapitalgesellschaft eigene Anteile, ist zur Ermittlung der Beteiligungsquote i. S. d. § 8a Abs. 3 Satz 1 KStG von dem um die eigenen Anteile der Kapitalgesellschaft verminderten Nennkapital auszugehen (BMF vom 15. 12. 1994 Tz. 10, BStBl 1994 I 25, 176). Die K-GmbH hält eigene Anteile von 10 %. An dem um die eigenen Anteile geminderten Nennkapital ist A mit 27,78 % $(^{25}/_{90})$ beteiligt. Damit ist A an der K-GmbH **wesentlich** i. S. d. § 8a Abs. 3 KStG **beteiligt**.

Geber des Fremdkapitals ist nicht der wesentlich beteiligte Anteilseigner A sondern die selbst nicht an der Kapitalnehmerin K-GmbH beteiligte Z-GmbH. Zur Anwendung des § 8a Abs. 6 KStG reicht es in diesem Fall jedoch aus, wenn die Z-GmbH eine der K-GmbH nahe stehende Person i. S. d. § 1 Abs. 2 AStG ist (§ 8a Abs. 1 Satz 2 KStG). A ist – wie festgestellt – an der K-GmbH wesentlich i. S. d. § 8a Abs. 3 KStG und § 1 Abs. 2 AStG beteiligt. An der Z-GmbH ist A als deren Alleingesellschafter sowohl wesentlich i. S. d. § 8a Abs. 3 KStG als auch des § 1 Abs. 2 AStG beteiligt. Die **Z-GmbH** ist daher gegenüber der K-GmbH eine **nahe stehende Person** i. S. d. § 1 Abs. 1 Nr. 2 AStG.

Die von der K-GmbH an die Z-GmbH gezahlten Zinsen i. H. v. 30 000 € stellen eine **verdeckte Gewinnausschüttung** der K-GmbH an ihren Gesellschafter A dar, da die Voraussetzungen des § 8a Abs. 6 KStG erfüllt sind. Bei A führt die als verdeckte Gewinnausschüttung zu qualifizierende Vergütung zu Einkünften i. S. d. § 20 Abs. 1 Nr. 1 Satz 2 EStG, die dem Halbeinkünfteverfahren (§ 3 Nr. 40 EStG) unterliegen (BMF vom 15. 7. 2004 Tz. 13, BStBl 2004 I 593). Da der Vergütungsbetrag für die Kapitalüberlassung in Form eines einlagefähigen Vermögensvorteils endgültig in das Vermögen der das Darlehen gewährenden Z-GmbH übergeht und die bei der Z-GmbH hierdurch eingetretene Vermögenserhöhung auf gesellschaftsrechtlicher Grundlage beruht, liegt insoweit eine verdeckte Einlage des A in das Vermögen der Z-GmbH i.H.v. 30 000 € vor (BMF vom 15. 7. 2004 Tz. 14, BStBl 2004 I 593).

Außerbilanzielle Kürzung: ./. 30 000 €

Die verdeckte Einlage ist als Zugang beim steuerlichen Einlagekonto (§ 27 KStG) zu erfassen.

Zugang steuerliches Einlagekonto 2006: + 30 000 €

5. Schenkung eines Bildes

Die Aufwendungen für das dem Kunden geschenkte antiquarische Bild stellen für die Z-GmbH Betriebsausgaben dar, da die Aufwendungen **betrieblich veranlasst** sind (§ 4 Abs. 4 EStG i.V. m. § 8 Abs. 1 KStG). Die Aufwendungen dürfen nach § 4 Abs. 5 Nr. 1 EStG den **Gewinn nicht mindern**. Die Freigrenze nach § 4 Abs. 5 Nr. 1 EStG von 35 € p. a. wird überschritten. Zur Ermittlung des zu versteuernden Einkommens sind dem Jahresüberschuss außerhalb der Bilanz die als Aufwand verbuchten 23 200 € **hinzuzurechnen**.

Außerbilanzielle Hinzurechnung: + 23 200 €

Die Z-GmbH kann die ihr bei Erwerb des Bildes in Rechnung gestellte Umsatzsteuer i.H.v. 3 200 € nach § 15 Abs. 1a UStG **nicht** als Vorsteuer abziehen. Die gezahlte Umsatzsteuer stellt für die Z-GmbH zusätzlichen Aufwand dar; insoweit erhöht sich zum 31. 12. 2006 die USt-Verbindlichkeiten um 3 200 €.

Jahresüberschuss: ./. 3 200 €
Erhöhung USt-Verbindlichkeiten 31. 12. 2006: + 3 200 €

Nach § 10 Nr. 2 KStG ist die Vorsteuer auf Aufwendungen, für die das Abzugsverbot des § 4 Abs. 5 Satz 1 Nr. 1 – 4 EStG gilt, **nichtabziehbar**. Zur Ermittlung des zu versteuernden Einkommens der Z-GmbH sind außerhalb der Bilanz dem Jahresüberschuss 3 200 € hinzuzurechnen.

Außerbilanzielle Hinzurechnung: + 3 200 €

Die unentgeltliche Zuwendung des Bildes an den Kunden wird umsatzsteuerrechtlich einer Lieferung gegen Entgelt gleichgestellt (§ 3 Abs. 1b Nr. 3 UStG), da es sich bei dem Zuwendungsgegenstand im Wert von 20 000 € nicht um ein Geschenk von geringem Wert handelt. Voraussetzung für die Besteuerung ist, dass der Gegenstand zum vollen oder teilweisen Vorsteuerabzug berechtigt (§ 3 Abs. 1b Satz 2 UStG). Da beim Erwerb des Bildes der **Vorsteuerabzug** nach § 15 Abs. 1a UStG **ausgeschlossen** ist, unterliegt die unentgeltliche Wertabgabe des Bildes nicht der Umsatzsteuer.

6. Pensionsrückstellung

a) Zuführung zur Pensionsrückstellung

In Höhe der Zuführung zur Pensionsrückstellung für A ergibt sich für die GmbH in 2006 eine Vermögensminderung i.H.v. 50 000 €. Nach dem Sachverhalt ist die Pensionsvereinbarung zivilrechtlich korrekt abgeschlossen und vom Finanzamt steuerlich anerkannt worden. Umstände, die gegen die steuerliche Anerkennung sprechen könnten (R 38 KStR), ergeben sich nach dem Sachverhalt nicht.

b) Verzicht auf Pensionsanwartschaft

Der Verzicht des Gesellschafters A am 30. 12. 2006 auf einen Teilbetrag i. H. v. 200 000 € der ihm zugesagten Pension führt zu einer **verdeckten Einlage** in das Vermögen der Z-GmbH, die ihr Einkommen nicht erhöhen darf (§ 8 Abs. 3 Satz 3 KStG). A wendet der Z-GmbH durch den Verzicht auf einen Teil seiner Pensionsansprüche außerhalb der gesellschaftsrechtlichen Einlagen einen **durch das Gesellschaftsverhältnis veranlassten** Vermögensvorteil zu (R 40 Abs. 1 KStR). Die Zuwendung eines einlagefähigen Vermögensvorteils liegt vor, weil der von A ausgesprochene Verzicht bei der Z-GmbH zu einer Minderung eines Passivposten (Pensionsrückstellung) führt (H 40 KStH „Einlagefähiger Vermögensvorteil"). Dies gilt auch im Falle eines Verzichts vor Eintritt des vereinbarten Versorgungsfalls hinsichtlich des bis zum Verzichtszeitpunkt bereits erdienten Versorgungsanspruchs (H 40 KStH „Verzicht auf Pensionsanwartschaftsrechte"). Eine Veranlassung durch das Gesellschaftsverhältnis ist gegeben, weil ein Nichtgesellschafter bei Anwendung der Sorgfalt eines ordentlichen Kaufmanns den Vermögensvorteil der Z-GmbH nicht eingeräumt hätte (R 40 Abs. 3 Satz 2 KStR).

Die verdeckte Einlage ist mit dem **Teilwert** der Pensionszusage zu bewerten ist (H 40 KStH „Verzicht auf Pensionsanwartschaftsrechte"). Im Hinblick auf die gute Ertragslage der Z-GmbH kann davon ausgegangen werden, dass im Zeitpunkt des Verzichts des A am 30. 12. 2006 dieser Teil seiner Pensionsanwartschaft eine vollwertige Forderung gegenüber der Z-GmbH darstellt. Mithin kann entsprechend dem Sachverhalt von einem Teilwert der verdeckten Einlage von 200 000 € ausgegangen werden.

Der durch die Ausbuchung der Pensionsrückstellung zutreffend erfasste außerordentliche Ertrag ist im Rahmen der Einkommensermittlung in Höhe des Werts der verdeckten Einlage von 200 000 € **wieder in Abzug** zu bringen (§ 8 Abs. 3 Satz 3 KStG, H 40 EStH „Verzicht auf Pensionsanwartschaft"). Für A stellt der Verzicht auf seinen Pensionsanspruch den Zufluss von Einnahmen i. S. d. § 19 EStG dar (BFH vom 9. 6. 1997, BStBl 1997 II 307) dar und gleichzeitig führt die verdeckte Einlage zu einer **Erhöhung der Anschaffungskosten** seines GmbH-Anteils.

Außerbilanzielle Kürzung: ./. 200 000 €

Die verdeckte Einlage ist als Zugang bei der Ermittlung des steuerliches Einlagekontos (§ 27 KStG) zum 31. 12. 2006 mit 200 000 € zu berücksichtigen.

Zugang steuerliches Einlagekonto (§ 27 KStG): + 200 000 €

7. Geburtstagsfeier des Gesellschafter-Geschäftsführers A

Die von der Z-GmbH übernommenen Aufwendungen i. H. v. 5 000 € für die Geburtstagsfeier des A stellen für die Z-GmbH unabhängig davon, ob sie in einem objektiven Zusammenhang mit ihrer betrieblichen Tätigkeit stehen, **betrieblichen Aufwand** dar und mindern dementsprechend ihren Jahresüberschuss.

Aufwendungen der Kapitalgesellschaft können jedoch **nicht abzugsfähige Betriebsausgaben** i. S. d. § 4 Abs. 5 EStG oder **nicht abziehbare Ausgaben** (§ 10 KStG) sein, die außerhalb der Bilanz dem Jahresüberschuss hinzuzurechnen sind. Bei fehlender betrieblicher Veranlassung können Ausgaben **als verdeckte Gewinnausschüttung** (§ 8 Abs. 3 Satz 2 KStG) außerhalb der Bilanz dem Jahresüberschuss hinzuzurechnen sein.

Von einer betrieblichen Veranlassung i. S. d. § 4 Abs. 4 EStG kann nicht ausgegangen werden, wenn bei der Kapitalgesellschaft die Absicht im Vordergrund steht, ihrem Gesellschafter außerhalb eines auf einem gesellschaftsrechtlichen Vorschriften entsprechenden Gewinnverteilungsbeschluss einen Vermögensvorteil zuzuwenden (R 36 Abs. 1 Satz 1 KStR).

Aufwendungen sind dann **durch das Gesellschaftsverhältnis veranlasst** anzusehen, wenn sie hierzu in einem steuerrechtlich anzuerkennenden wirtschaftlichen Zusammenhang stehen. Maßgeblich dafür, ob ein solcher Zusammenhang besteht, ist zum einen die wertende Beurteilung des die Aufwendungen auslösenden Momentes und zum anderen die Zuweisung des maßgeblichen Momentes zu der gem. § 8 Abs. 3 KStG körperschaftsteuerrechtlich irrelevanten **Gesellschaftersphäre.** Sind die Aufwendungen überwiegend durch die Gesellschaftersphäre ausgelöst, so sind sie als verdeckte Gewinnausschüttung zu beurteilen. Nur dann, wenn die Aufwendungen nicht oder nur in einem unbedeutenden Maße dem Zweck dienen, einem Gesellschafter einen Vermögensvorteil zuzuwenden, können sie als Betriebsausgaben bei der Einkommensermittlung abziehbar sein. Steht die Absicht der Kapitalgesellschaft, einem Gesellschafter einen Vermögensvorteil zuzuwenden, im Vordergrund, so verdrängt diese Veranlassung die möglicherweise daneben bestehende Absicht, für die Kapitalgesellschaft allgemeine Imagepflege zu betreiben. Die durch die Übernahme der Aufwendungen bei der Kapitalgesellschaft **veranlasste Vermögensminderung** ist durch das Gesellschaftsverhältnis bestimmt, wenn der Gesellschafter einen Vermögensvorteil erhalten soll, den die Kapitalgesellschaft bei Anwendung der Sorgfalt eines ordentlichen und gewissenhaften Geschäftsleiters einem Nichtgesellschafter nicht gewährt hätte. Hierbei muss sich das Handeln eines ordentlichen und gewissenhaften Geschäftsleiters an der wirtschaftlichen Zielsetzung des Gesellschaftszwecks orientieren. In diesem Sinne ist es nicht Aufgabe einer Kapitalgesellschaft, die Geburtstage von Gesellschaftern und Geschäftsführern zu feiern. Derartige Feiern dienen nicht der wirtschaftlichen Zielsetzung der Kapitalgesellschaft.

Die Aufwendungen sind in voller Höhe durch die Absicht der Z-GmbH ausgelöst, die Kosten des Empfangs zu Ehren des A zu übernehmen. Die Absicht der Z-GmbH war, ihrem Gesellschafter-Geschäftsführer A einen Vermögensvorteil zuzuwenden. Damit greifen die Voraussetzungen des § 8 abs. 3 Satz 2 KStG für alle Aufwendungen, die die Z-GmbH übernommen hat. Die Aufwendungen können auch **nicht** mit der Begründung als Betriebsausgaben behandelt werden, sie seien **Geschäftsführerentgelt** A. Es ist nicht üblich, dass der Arbeitgeber einen Geburtstagsempfang für seinen Arbeitnehmer ausrichtet oder die Kosten eines solchen Empfangs übernimmt.

Da die Z-GmbH mit der Übernahme der Kosten für den Empfang dem A einen Vermögensvorteil zugewendet hat – denn andernfalls hätte A selbst die entstanden Aufwendungen tragen müssen – und diese Vorteilszuwendung auf dem Gesellschaftsverhältnis beruht, liegt eine **verdeckte Gewinnausschüttung** vor, die nach § 8 Abs. 3 Satz 2 KStG das Einkommen der Z-GmbH nicht mindern darf.

Außerbilanzielle Hinzurechnung: **+ 5 000 €**

8. Grundstücksübertragung und Übernahme der Schenkungsteuer

a) Grundstücksübertragung

Nach § 238 Abs. 1 HGB ist der Kaufmann verpflichtet, Bücher zu führen und in diesen seine Handelsgeschäfte und die Lage seines Vermögens nach den Grundsätzen ordnungsmäßiger Buchführung ersichtlich zu machen und zu Beginn seines Handelsgewerbes und für den Schluss eines jeden Wirtschaftsjahres einen das Verhältnis seines Vermögens und seiner Schulden darstellenden Abschluss (Bilanz) aufzustellen (§ 242 Abs. 1, § 264 Abs. 1 und Abs. 2 HGB). Als Kaufmann (§ 2 HGB, § 13 Abs. 3 GmbHG) darf die Z-GmbH entsprechend § 238 Abs. 1, § 242 Abs. 1 HGB in ihrer Bilanz nur das **eigene Vermögen** ausweisen.

Zivilrechtlich geht das Eigentum an einem Grundstück nach § 873 BGB mit der Auflassung (§ 925 BGB) und der Eintragung der Rechtsänderung in das Grundbuch über. Der Schenkungsvertrag vom 17. 12. 2005 wurde notariell beurkundet und entspricht damit den bürgerlich-rechtlichen Formvorschriften (§ 311b Abs. 1, § 518 Abs. 1 BGB). Die Auflassung und Eintragung des Eigentumswechsels in das Grundbuch sind am 1. 3. 2006 erfolgt. **Bürgerlich-rechtlich** ist das Eigentum an dem Grundstück damit erst am 1. 3. 2006 von der Z-GmbH auf den Erwerber S übertragen worden.

Nach den Grundsätzen ordnungsmäßiger Buchführung ist die Zugehörigkeit von Wirtschaftsgütern zum Vermögen des Kaufmanns jedoch nicht nach rechtlichen sondern nach **wirtschaftlichen** Gesichtspunkten zu entscheiden. Folglich ist auch die Frage, ob und wann Wirtschaftsgüter aus dem Vermögen des Kaufmanns ausgeschieden sind, nach wirtschaftlichen Kriterien zu beurteilen. Für die Bilanzierung von Grundstücken kommt es damit nicht darauf an, ob der Kaufmann zivilrechtlicher Eigentümer ist. Das Grundstück gehört nur so lange zu seinem Vermögen, wie er nach wirtschaftlichen Gesichtspunkten noch darüber verfügen kann.

Die Z-GmbH hat am 17. 12. 2005 mit S einen Schenkungsvertrag über die Eigentumsübertragung des Grundstücks zivilrechtlich wirksam abgeschlossen. Der Schenkungsvertrag ist **steuerrechtlich** zu beachten (H 36 KStH „Zivilrechtliche Wirksamkeit"). Nach dem Schenkungsvertrag gingen Besitz, Nutzen und Lasten des Grundstücks zum 30. 12. 2005 auf den Erwerber S über. Mit dem Übergang von Besitz, Nutzen und Lasten am 30. 12. 2005 konnte der Erwerber S wirtschaftlich über das Grundstück verfügen.

Die unentgeltliche Übertragung des Grundstück auf Grund des Schenkungsvertrags vom 17. 12. 2005 durch die Z-GmbH auf den Sohn S des Alleingesellschafters A stellt eine **verdeckte Gewinnausschüttung** dar, die das Einkommen der Z-GmbH nicht mindern darf (§ 8 Abs. 3 S. 2 KStG).

Eine verdeckte Gewinnausschüttung i. S. d. § 8 Abs. 3 S. 2 KStG ist bei einer Kapitalgesellschaft eine Vermögensminderung oder verhinderte Vermögensmehrung, die durch das Gesellschaftsverhältnis veranlasst ist, sich auf die Höhe des Einkommens auswirkt und auf keinem gesellschaftsrechtlichen Vorschriften entsprechenden Gewinnverteilungsbeschluss beruht (R 36 Abs. 1 KStR). Eine Vermögensminderung oder verhinderte Vermögensmehrung ist regelmäßig durch das Gesellschaftsverhältnis veranlasst, wenn die Gesellschaft einem Gesellschafter einen Vermögensvorteil zuwendet, den sie bei Anwendung der Sorgfalt eines ordentlichen und gewissenhaften Geschäftsleiters einem Nichtgesellschafter nicht gewährt hätte (H 36 KStH „Veranlassung durch das Gesellschaftsverhältnis – Allgemeines"). Dies gilt auch dann, wenn die Vermögensminderung oder verhinderte Vermögensmehrung zugunsten einer dem Gesellschafter nahe stehenden Person erfolgt (R 36 Abs. 1 Satz 3 KStR). Zur Begründung des „Nahestehens" reicht jede Beziehung zwischen Gesellschafter und dem Dritten aus, die den Schluss zulässt, sie habe die Vorteilszuwendung der Kapitalgesellschaft an den Dritten beeinflusst. Diese Beziehungen können familienrechtlicher, gesellschaftsrechtlicher, schuldrechtlicher oder rein tatsächlicher Art sein (H 36 KStH „Kreis der nahe stehenden Personen"). Ist der Dritte, dem der Vorteil zugewendet wird, eine dem Gesellschafter nahe stehende Person, ist dies als Indiz für die **Veranlassung** durch das **Gesellschaftsverhältnis** zu werten. Die Annahme einer verdeckten Gewinnausschüttung in Form der Zuwendung eines Vermögensvorteils an eine dem Gesellschafter nahe stehende Person setzt bei der Kapitalgesellschaft nicht voraus, dass die Zuwendung mittelbar auch einen Vorteil für den Gesellschafter selbst zur Folge hat (H 36 KStH „Zurechnung der verdeckten Gewinnausschüttung"). Entscheidend ist, ob die Kapitalgesellschaft einem Dritten einen Vermögensvorteil zugewendet hat, den sie bei Anwendung der Sorgfalt eines ordentlichen gewissenhaften Geschäftsleiters einer Person, die dem betreffenden Gesellschafter nicht nahe steht, nicht gewährt hätte.

Es ist im Wirtschaftsleben **nicht üblich**, Grundstücke unentgeltlich auf Dritte zu übertragen und hierbei noch die anfallende Schenkungsteuer zu übernehmen. Ein ordentlicher und gewissenhafter Geschäftsleiter hätte das Grundstück nur zu einem angemessenen Kaufpreis oder einer sonstigen angemessenen Gegenleistung auf einen Dritten übertragen.

Das wirtschaftliche Ausscheiden des Grundstücks zum 30. 12. 2005 aus dem Vermögen der Z-GmbH und der Verzicht auf Zahlung eines angemessenen Kaufpreises führt bei der Z-GmbH zu einer Vermögensminderung bzw. es wird bei ihr eine Vermögensmehrung verhindert, die durch das Gesellschaftsverhältnis veranlasst ist. Hinsichtlich der unentgeltlichen Grundstücksübertragung liegt damit zu diesem Zeitpunkt (30. 12. 2005) eine verdeckte Gewinnausschüttung (§ 8 Abs. 3 Satz 2 KStG) der Z-GmbH an ihren Gesellschafter A vor (H 36 KStH „Zurechnung der verdeckten Gewinnausschüttung"), die mit dem **gemeinen Wert** zu bewerten ist (H 37 KStH „Hingabe von Wirtschaftsgütern").

Die verdeckte Gewinnausschüttung hätte bei der Z-GmbH zu einer Erhöhung ihres Einkommens 2005 um **200 000 €** (gemeiner Wert Grundstück 1 200 000 € ./. Buchwert: 1 000 000 €) geführt.

Das Finanzamt hat die Erfassung der verdeckten Gewinnausschüttung im Steuerbescheid für das Jahr 2005 versäumt. Der Steuerbescheid 2005 ist bestandskräftig. Die Erfassung der verdeckten Gewinnausschüttung kann im Hinblick auf die Bestandskraft des Steuerbescheids 2005 nicht mehr nachgeholt werde. Eine **Änderung** des Steuerbescheids 2005 nach § 173 Abs. 1 Nr. 1 AO **entfällt** mangels neuer Tatsachen. Der am 8. 7. 2006 beim Finanzamt abgegebenen Steuererklärung 2005 waren die Verträge vom 17. 12. 2005 und vom 1. 2. 2006 sowie die Bilanz vom 31. 12. 2005 beigefügt. Im Zeitpunkt des Erlasses des Steuerbescheids 2005 am 10. 8. 2006 waren somit dem Finanzamt die Grundstücksübertragung und ihre Behandlung durch die Z-GmbH bekannt. Eine **Änderung** des Steuerbescheids 2005 nach anderen Vorschriften, insbesondere nach § 129 AO kommt ebenfalls **nicht in Betracht.**

Das Grundstück ist – wie festgestellt – zum 30. 12. 2005 – aus dem Vermögen der Z-GmbH wirtschaftlich ausgeschieden. Die Z-GmbH hat somit unzutreffend das Grundstück in ihrer Bilanz zum 31. 12. 2005 noch als eigenes Vermögen ausgewiesen, obwohl es zum Bilanzstichtag nicht mehr zu ihrem Vermögen gehörte. Entsprechendes gilt für den Ansatz des Grundstücks mit 1 000 000 € in der Bilanz zum 31. 12. 2006. Der Ansatz in der Bilanz zum 31. 12. 2005 bzw. 2006 ist **unrichtig** und damit **unzulässig,** weil er gegen zwingende Vorschriften des Handelsrechts und gegen die auch einkommensteuerrechtlich zu beachtenden handelsrechtlichen Grundsätze ordnungsmäßiger Buchführung verstößt (R 4.4. Abs. 1 EStR).

Die **Berichtigung der Bilanz** zum 31. 12. 2005 ist **nicht mehr möglich,** weil sie einer bestandskräftigen Veranlagung zu Grunde liegt, die – wie festgestellt – nach den Vorschriften der AO nicht mehr geändert werden kann. Eine Bilanzberichtigung würde sich auf die Höhe der veranlagten Steuer 2005 auswirken (H 4.4. EStH „Berichtigung einer Bilanz").

Die fehlerhafte Schlussbilanz zum 31. 12. 2005 ist nach § 4 Abs. 1 EStG, der auch für Kaufleute gilt, die ihren Gewinn nach § 5 EStG ermitteln, der Gewinnermittlung für das Jahr 2006 zugrunde zu legen. Als Betriebsvermögen am Schluss des vorangegangenen Wirtschaftsjahres i. S. d. § 4 Abs. 1 EStG ist das Betriebsvermögen anzusetzen, das der Veranlagung dieses Jahres zugrunde gelegen hat, und zwar grundsätzlich auch dann, wenn und soweit die Bilanz (des vorangegangenen Wirtschaftsjahres) unrichtige Wertansätze enthält, sofern eine Berichtigung der vorausgegangenen Wirtschaftsjahre wegen Bestandskraft der Veranlagung nach der AO nicht mehr möglich ist. In derartigen Fällen ist der falsche Bilanzansatz in der Steuerbilanz des auf das bestandskräftig veranlagte Wirtschaftsjahr **folgende Wirtschaftsjahr** richtig zustellen.

Vorliegend bedeutet dies, dass der Bilanzansatz für Grundstücke in der Schlussbilanz zum 31. 12. 2006 richtig zustellen ist, denn die Veranlagung des Jahres 2005, in dem das Grundstück aus dem Vermögen der Z-GmbH ausgeschieden ist, ist – wie festgestellt – bestandskräftig und kann aus verfahrensrechtlichen Gründen nicht mehr berichtigt werden.

Ob die Richtigstellung in der Schlussbilanz zum 31. 12. 2006 erfolgswirksam oder erfolgsneutral zu Lasten des Kapitalkontos zu geschehen hat, hängt davon ab, ob das Wirtschaftsgut in früheren Jahren aus betrieblichen oder nichtbetrieblichen Gründen aus dem Betriebsvermögen ausgeschieden ist. Ist ein Wirtschaftsgut in früheren Jahren aus **nichtbetrieblichen** Gründen aus dem Betriebsvermögen ausgeschieden, gleichwohl aber sein Buchwert weiterhin bilanziert, so ist der Buchwert **erfolgsneutral** zulasten des Kapitals auszubuchen.

Die Umstände, die im Jahr 2005 zum Ausscheiden des Grundstücks aus dem Vermögen der Z-GmbH geführt haben, waren nicht betrieblicher Art, sondern durch das Gesellschaftsverhältnis des A zu der Z-GmbH veranlasst. Dies hat zur Folge, dass im Jahr der Fehlerkorrektur 2006 nur der vorhandene **unrichtige Bilanzansatz** (Buchwert) **erfolgsneutral ausgebucht** werden kann. Die im Jahr 2005 unterbliebene zutreffende steuerliche Behandlung kann nicht einfach im Jahr 2006 nachgeholt werden. Das Grundstück ist 2006 erfolgsneutral zulasten des Kapitalkontos auszubuchen (H 4.4. EStH „Zu Unrecht bilanziertes Wirtschaftsgut").

b) Schenkungsteuer

Die Grundstücksübertragung auf den Sohn des Alleingesellschafters A ist eine Schenkung und gleichzeitig eine **steuerpflichtige** freigebige Zuwendung i. S. d. § 7 Abs. 1 Nr. 1 ErbStG, da sie unentgeltlich erfolgt ist. Die Schenkung des Grundstücks ist zivilrechtlich mit der Umschreibung des Eigentums im Grundbuch am 1. 3. 2006 bewirkt worden. Nach § 9 Abs. 1 Nr. 2 ErbStG entsteht die Schenkungsteuer bei Schenkungen unter Lebenden mit dem **Zeitpunkt der Ausführung** der Zuwendung. Eine Grundstücksschenkung i. S. d. § 9 Abs. 1 Nr. 2 ErbStG ist nach der Rechtsprechung ausgeführt, wenn die Auflassung (§ 925 BGB) beurkundet worden ist und der Schenker die Eintragung der Rechtsänderung in das Grundbuch bewilligt hat (BFH vom 24. 7. 2002, BStBl 2002 II 781). Die Vorverlegung des Ausführungszeitpunktes einer Grundstücksschenkung vor den Zeitpunkt der Eintragung der Rechtsänderung im Grundbuch (§ 873 Abs. 1 BGB) ist von der Rechtsprechung im Hinblick darauf geschehen, dass der Schenker damit alles zur Bewirkung der Leistung Erforderliche getan hat. Voraussetzung für die Entstehung der Schenkungsteuer zu dem genannten Zeitpunkt ist, dass die Umschreibung im Grundbuch und damit der Eigentumswechsel auf den Beschenkten nachfolgt. Bis zur Eigentumsübertragung auf den Beschenkten kann das Grundgeschäft noch aufgehoben werden. Die Schenkungsteuer ist somit im Zeitpunkt der Beurkundung der Auflassung und der Bewilligung der Eintragung der Rechtsänderung in das Grundbuch unter der auflösenden Bedingung der späteren Eigentumsumschreibung entstanden. Nach § 7 BewG sind auflösend bedingte Lasten wie unbedingte zu behandeln. In dem notariellen Vertrag vom 17. 12. 2005 ist die Eintragung des S als neuer Grundstückseigentümer im Grundbuch vorgesehen. Es wird davon ausgegangen, dass es sich hierbei um die für die Grundstücksübertragung nach § 925 BGB notwendige Auflassung handelt. Die Schenkungsteuer ist damit am 17. 12. 2005 entstanden, da die bisherige Grundstückseigentümerin Z-GmbH mit Vertrag vom 17. 12. 2005 die Eintragung der Rechtsänderung bewilligt hat und die Eigentumsübertragung (Eigentumsumschreibung) am 1. 3. 2006 erfolgt ist.

HINWEIS

Vertretbar ist auch:

Die vertragliche Übernahme der Schenkungsteuer erfolgt am 1. 2. 2006. Der Leistungserfolg der Schenkung tritt jedoch erst mit der Umschreibung im Grundbuch am 1. 3. 2006 ein und erst dann ist die Schenkungsteuer unwiderruflich entstanden. Die Schenkungsteuer von 100 000 € wird am 15. 10. 2006 festgesetzt und von der Z-GmbH am 11. 11. 2006 bezahlt. Dies ist der Zeitpunkt des Vermögensabflusses bei der Z-GmbH. Die in der Übernahme der Schenkungsteuer liegende verdeckte Gewinnausschüttung wird erst in 2006 verwirklicht. Sie ist daher in 2006 zu erfassen.

Die Grundstücksschenkung ist – wie festgestellt – körperschaftsteuerrechtlich als verdeckte Gewinnausschüttung dem Gesellschafter A zuzurechnen. Leistungen der Kapitalgesellschaft aus ihrem Gesellschaftsvermögen an ihren Gesellschafter beruhen auf der gesellschaftsvertraglich verabredeten Erfolgsteilhabe und sind damit durch das Gesellschaftsverhältnis veranlasst. Sie sind entweder als **Kapitalrückzahlung** oder als **Gewinnausschüttungen**, ggf. auch verdeckte Gewinnausschüttungen, nicht als freigebige Zuwendungen der Kapitalgesellschaft an ihren Gesellschafter zu qualifizieren (R 18 Abs. 7 Satz 1 ErbStR). Dass die Erfolgsbeteiligung verdeckt in Form einer verdeckten Gewinnausschüttung erfolgt, kann für sich allein ebenso wenig die Annahme einer freigebigen Zuwendung rechtfertigen wie die Tatsache, dass die Leistung der Kapitalgesellschaft auf einem gegenseitigen Vertrag beruht. Die Annahme einer freigebigen Zuwendung bei Leistungen aus dem Gesellschaftsvermögen scheitert regelmäßig schon daran, dass dem Vermögenszugang beim Gesellschafter ein äquivalenter Vermögensabfluss entspricht. In Fällen der Kapitalrückzahlung oder (verdeckten) Gewinnausschüttungen liegt damit eine steuerbare freigebige Zuwendung i. S. v. § 7 Abs. 1 Nr. 1 ErbStG der Gesellschaft an den Gesellschafter nicht vor (R 18 Abs. 7 Satz 2 ErbStR).

Werden durch eine verdeckte Gewinnausschüttung einem Gesellschafter nahe stehende Personen (H 36 KStH „Nahe stehende Personen") begünstigt, kann hierdurch eine steuerbare (mittelbare) freigebige Zuwendung des Gesellschafters an die ihm nahe stehende Person anzunehmen sein (R 18 Abs. 8 ErbStR), die unter **Abkürzung des Leistungsweges** erfolgt

Die an den Sohn S bewirkte Grundstücksschenkung ist als verdeckte Gewinnausschüttung zu beurteilen (s. o.). Es kann davon ausgegangen werden, dass die Grundstücksschenkung an den Sohn S des Gesellschafters A mit dessen Einverständnis erfolgt ist, da A gleichzeitig Gesellschafter und Geschäftsführer der Z-GmbH ist. A hat in dem Bewusstsein gehandelt, dass er zu der unentgeltlichen Vermögenshingabe (Grundstücksübertragung) rechtlich nicht verpflichtet ist. A hat zumindest subjektiv auf seine Kosten die Bereicherung des Sohnes S gewollt. Damit liegt eine nach § 7 Abs. 1 Nr. 1 ErbStG steuerpflichtige freigebige Zuwendung des **Vaters A** an seinen Sohn S vor.

Steuerschuldner der Schenkungsteuer sind bei einer Schenkung unter Lebenden der Erwerber und der Schenker (§ 20 Abs. 1 ErbStG). Bis zur vertraglichen Regelung vom 1. 2. 2006 waren daher A und S **Gesamtschuldner** (§ 421 BGB) der Schenkungsteuer (Erbschaftsteuer). Für die Z-GmbH war es bis dahin daher ohne Bedeutung, wann die Schenkungsteuer (Erbschaftsteuer) entstanden ist. Die Übernahhname der Schenkungsteuer durch die Z-GmbH mit Vertrag vom 1. 2. 2006 führt erst dazu, dass nunmehr sowohl A als auch S zivilrechtlich einen Anspruch auf Übernahme der Schenkungsteuer durch die Z-GmbH erlangt haben.

Mit der Entrichtung der Schenkungsteuer am 11. 11. 2006 auf Grund des Bescheids vom 15. 10. 2006 erfüllt die Z-GmbH nur eine gegenüber A bzw. S bestehende zivilrechtliche Verpflichtung. Die hierdurch bei der Z-GmbH eingetretene Vermögensminderung hat sich auf die Höhe des Unterschiedsbetrags i. S. d. § 4 Abs. 1 Satz 1 EStG ausgewirkt. Diese Vermögensminderung ist durch das Gesellschaftsverhältnis veranlasst und als **verdeckte Gewinnausschüttung** zu beurteilen. Ein ordentlicher und gewissenhafter Geschäftsleiter hätte die Schenkungsteuer für einen Nichtgesellschafter nicht übernommen (H 36 KStH III.Veranlassung durch das Gesellschaftsverhältnis).

Außerbilanzielle Hinzurechnung: **+ 100 000 €**

III. Ermittlung des zu versteuernden Einkommen und der Körperschaftsteuer

Jahresüberschuss lt. Bilanz	4 000 000 €
Auflösung Rückstellung Schadenersatzverpflichtung	+ 500 000 €
Ausländische Betriebsstätte	+ 60 000 €
Bildschenkung – Vorsteuer	./. 3 200 €
Berichtigter Jahresüberschuss	4 556 800 €
Sondervergütung	+ 30 000 €
Darlehen an die K-GmbH	./. 30 000 €
Bildschenkung	+ 23 200 €
Bildschenkung – Vorsteuer	+ 3 200 €
Verzicht Pensionsanwartschaft	./. 200 000 €
Geburtstagsfeier des Gesellschafter-Geschäftsführers A	+ 5 000 €
Erbschaftsteuer Außerbilanzielle Hinzurechnung	+ 100 000 €
Zu versteuerndes Einkommen	**4 488 200 €**
Körperschaftsteuer (§ 23 Abs. 1 KStG) 25 % von 4 488 200 €	**1 122 050 €**

Verprobung – Veränderungen Bilanz 31. 12. 2006

Jahresüberschuss	+ 556 800 €
Rückstellungen	./. 500 000 €
Umsatzsteuer-Verbindlichkeit – Bildschenkung	+ 3 200 €
Differenz	60 000 €
Differenz = Gewinn ausländische Betriebsstätte (Tz. 3)	+ 60 000 €

HINWEIS

Das Korrekturschema dieser Klausur können Sie kostenlos auf unserer Homepage www.nwb.de abrufen, indem Sie auf der Startseite unter „Suchen" die Nummer **53997** eingeben. Klicken Sie auf die Abbildung, so gelangen Sie sofort zum Titel.

Um die pdf zu öffnen, geben Sie bitte das Passwort **Einkunftsart** ein.

STEUERBERATERPRÜFUNG 2002/2007

Prüfungsaufgabe aus dem Gebiet der Ertragsteuern

Bearbeitungszeit: 6 Stunden

Hilfsmittel:
Laut Ladungsschreiben zugelassene Hilfsmittel,
z. B.: NWB-Handausgabe Deutsche Steuergesetze

Teil I: Einkommensteuer

Sachverhalt

1. Mike (M) und Fanny (F) Schütt, beide 1963 geboren, sind seit Jahren miteinander verheiratet. Viktor Schütt (V), geboren am 31.12.1942, ist seit dem Sommer 2006 verwitwet und der Vater von Mike Schütt. Alle genannten Personen haben ihren Wohnsitz in Dresden.

2. V hatte seit den sechziger Jahren in Alt-Tolkewitz, einem Stadtteil am Rande von Dresden, in einem ihm gehörenden kleinen Haus (Baujahr 1920) eine Bäckerei mit Café betrieben. V ermittelte den Gewinn durch Einnahmenüberschussrechnung (Anlageverzeichnis per 31.12.2006 Anlage 1). Das Gebäude schrieb er jährlich zutreffend mit 7 500 € linear ab. Zum 1.1.2007 übernahm M aufgrund einer privatschriftlichen Vereinbarung (Anlage 2) das Geschäft. In seiner Buchführung führte er die Anfang der neunziger Jahre von V unter Inanspruchnahme von Vorsteuer angeschafften, bei V bereits vollständig abgeschriebenen Betriebsmittel mit den Erinnerungswerten fort. Im Zeitpunkt der Übereignung hatten die übertragenen Betriebsmittel noch einen Wert von 24 000 € netto und eine Restnutzungsdauer von drei Jahren. In 2007 zahlte V keine Umsatzsteuer.

3. Für den Betrieb schaffte M am 2.1.2007 zum Listenpreis von 64 260 € (einschließlich Umsatzsteuer) einen Pkw an (Nutzungsdauer 6 Jahre). In der Buchführung behandelte er ihn als Betriebsvermögen; er ordnete ihn auch umsatzsteuerlich ganz dem Unternehmen zu. Den Kaufpreis finanzierte er vollständig über das betriebliche Kontokorrentkonto. Nach den glaubhaften Darlegungen des M nutzte er den Pkw im Jahr 2007 wie folgt:
Bäckerei: 5 000 km (Wareneinkauf, Warenauslieferung etc.), Fahrten zwischen Wohnung und Betrieb: 2 640 km (8 Entfernungskilometer an 165 Tagen), für seine Tätigkeit als Geschäftsführer der Böko-Leas GmbH: 15 000 km (Tz. 7) sowie für private Zwecke: 10 000 km (Urlaub etc.). Die laufenden Kraftfahrzeugkosten betrugen insgesamt 6 000 € (Benzin, Öl, Wartung etc. – ohne AfA) sowie für Steuern und Versicherungen 1 500 €. Ein Fahrtenbuch führte M nicht. Aufgrund eines von M bei der Anlieferung einer Torte verschuldeten Unfalls im Oktober 2007 betrug der Wiederbeschaffungswert (Händlerverkaufspreis, gemindert um die abziehbare Vorsteuer) nach dem Unfall zum 31.12.2007 laut Gutachten nur noch 21 000 €. In seiner Nutzungsfähigkeit und Nutzungsdauer war das Auto durch den Unfall allerdings nicht beeinträchtigt. Reparaturkosten sind nicht angefallen.

4. Im Februar 2007 hatte ein Lieferant dem M verdorbene Hefe geliefert. Seit Mai 2007 war deswegen ein Schadensersatzprozess des M gegen den Lieferanten beim Landgericht Dresden anhängig. Im März 2008 zahlte der Lieferant aufgrund eines rechtskräftigen Urteils des LG Dresden vom 20. 2. 2008 dem M 10 000 € Schadensersatz.

5. Entgegen dem Willen seines Vaters kündigte M den Vertrag mit seinem Vater zum Jahresende 2007. Im Dezember 2007 verlegte M Bäckerei und Café in die 8 km entfernte Dresdner Innenstadt, wo er in einer Fußgängerzone Räume angemietet hatte. Im Zeitpunkt der Verlegung wiesen das Geschäftskonto und die Kasse jeweils ein Guthaben bzw. einen Bestand von 500 € auf. Es waren keine Verbindlichkeiten oder unbestrittene Forderungen offen. Die Betriebsmittel (Wert noch 16 000 €) wurden in die neuen Räumlichkeiten überführt. Im neuen Geschäft wurden zum Jahresende 2007 aber noch keine Umsätze getätigt. Im Laufe des Jahres 2007 hatte M der Ladenkasse für private Zwecke laut Kassenbuch 25 000 € entnommen.
   Das alte Ladenlokal vermietete V nach entsprechenden Umbaumaßnahmen langfristig an die Sparkasse als Filialräume. Mietbeginn war der 1. 1. 2008; die umfangreichen Umbaumaßnahmen wurden noch Ende Dezember 2007 abgeschlossen.

6. M war seit der Gründung im Jahr 2003 Alleingesellschafter und Geschäftsführer der Bäko-Leas GmbH, Dresden (B-GmbH, Wirtschaftsjahr = Kalenderjahr, Stammkapital 50 000 € voll eingezahlt, gemeiner Wert der Anteile am 1. 1. 2007 = 625 000 €), die sich deutschlandweit auf Leasing- und Mietkaufgeschäfte mit Geräten im Bäcker- und Konditorenhandwerk spezialisiert hat.

7. Als Geschäftsführervergütung wurden im Jahr 2007 vereinbarungsgemäß monatlich 4 000 € abzüglich der einbehaltenen und abgeführten Lohnsteuer gezahlt. Die GmbH führte keine Sozialversicherungsbeiträge für M ab. Für Fahrten als Geschäftsführer mit dem eigenen Pkw konnte M nach dem ursprünglichen Anstellungsvertrag von der B-GmbH die Erstattung von Fahrtkosten in Höhe von 0,30 €/km bei entsprechendem Nachweis verlangen. Für das Jahr 2006 stand M so ein noch nicht beglichener Anspruch in Höhe von 5 000 € zu. Am 2. 1. 2007 wurde der Anstellungsvertrag dahingehend geändert, dass M auf bereits bestehende und künftige Erstattungsansprüche verzichtete. Im Jahr 2007 benutzte M sein neues Auto für Fahrten als Geschäftsführer der B-GmbH (dazu Tz. 3).

8. Am 2. 1. 2007 fasste M folgenden Gesellschafterbeschluss: Das Stammkapital der B-GmbH wird auf 65 000 € erhöht. M verzichtet auf sein Bezugsrecht. Der Geschäftsanteil wird von Fanny Schütt (F), der Ehefrau des M, gegen Zahlung von 15 000 € zuzüglich 10 000 € Agio übernommen, F leistete die Einzahlung am 4. 1. 2007 auf das Geschäftskonto der GmbH, die Kapitalerhöhung wurde am 1. 3. 2007 in das Handelsregister eingetragen.

9. Um Herrn Best, den Prokuristen der GmbH, stärker an die Firma zu binden, spaltete M mit Beschluss vom 2. 7. 2007 von seinem Geschäftsanteil einen Teil von nominell 10 000 € ab und veräußerte ihn an Herrn Best zum angemessenen Preis von 60 000 €.

F veräußert ihren Geschäftsanteil aufgrund eines Zerwürfnisses mit ihrem Mann im Dezember 2007 für 120 000 € an einen Herrn Dreher.

10. Frau Ort (O), die 75-jährige Mutter von F, war Eigentümerin eines Grundstücks mit einem zweigeschossigen Haus (Baujahr 1928) in Dresden, Omsewitzer Ring, das sie 1998 zum Preis von 400 000 € (davon Anteil Grund und Boden 100 000 €) erworben hatte. Bis Ende 2006 wohnte sie selbst im Erdgeschoss und die Familie Schütt im gleich großen Obergeschoss; dieses hatte sie der Familie Schütt unentgeltlich als Wohnung überlassen. Um ihrer Tochter, die bis 2006 als examinierte Kranken- schwester im städtischen Krankenhaus gearbeitet hatte, den Aufbau einer neuen Existenz zu ermöglichen, schenkte sie ihr dieses zwischenzeitlich sanierte Haus mit notariellem Vertrag vom 1. 12. 2006. Besitz, Nutzen und Lasten gingen verein- barungsgemäß am 1. 1. 2007 über. Frau F wurde Anfang Februar 2007 als Eigentü- merin ins Grundbuch eingetragen.

Da O damit über keine nennenswerten Mittel mehr verfügte und auch nur eine mo- natliche Rente von 600 € bezog, zahlte F der O ab Januar 2007, ohne dass dem eine vertragliche Verpflichtung zugrunde lag, monatlich 1 500 € Lebensunterhalt.

11. In dem Haus eröffnete F nach dem Auszug ihrer Familie und der O zum 1. 1. 2007 einen ambulanten Krankenpflegedienst. Erbracht wurden nur medizinische Leistun- gen (keine hauswirtschaftliche Betreuung). Geschäftsjahr war das Kalenderjahr. Sie ermittelte ihren Gewinn durch Betriebsvermögensvergleich (Eröffnungsbilanz Anla- ge 3). F nutzte zunächst beide Geschosse des Gebäudes für ihren Pflegedienst.

12. Mit notariellem Vertrag vom 30. 3. 2007 verkaufte F das Grundstück Omsewitzer Ring für 800 000 € an eine neu gegründete Gesellschaft bürgerlichen Rechts (GbR), deren Zweck die Vermietung des Hauses war. Gesellschafter dieser GbR waren zu je $1/2$ F und M. Es wurde die Auflassung erklärt. Besitz, Nutzen und Lasten gingen ver- einbarungsgemäß am 1. 4. 2007 über. Da die GbR nicht über die erforderlichen Mit- tel zur Finanzierung des Kaufpreises verfügte, zahlten F und M zunächst nur einen Teilbetrag von 300 000 € auf das Geschäftskonto der GbR. Zu diesem Zweck hatte F kurz vorher 150 000 € von ihrem Geschäftskonto abgehoben; 150 000 € stammen aus privaten Mitteln des M. Der Restkaufpreis (500 000 €) sollte über ein Hypothe- kendarlehen finanziert werden; deswegen war insoweit eine zinslose Stundung des Kaufpreises bis vier Wochen nach der grundbuchmäßigen Umschreibung des Grundstücks vereinbart.

13. Ebenfalls am 1. 4. 2007 schloss die GbR mit F mit sofortiger Wirkung einen Mietver- trag. Die Kaltmiete belief sich auf 1 600 € monatlich (ortsüblich) und wurde jeweils zum Monatsersten vorschüssig auf ein Konto der GbR geleistet. Die Nebenkosten (Strom etc.) trug F weiterhin unmittelbar gegenüber den Versorgungsunternehmen.

14. In der Folgezeit stellte F fest, dass sie für ihren Krankenpflegedienst nur das Erd- geschoss benötigte. Deswegen wurde der Mietvertrag einvernehmlich dahingehend geändert, dass F ab Juli nur noch das Erdgeschoss für 800 €/Monat anmietete. In das Obergeschoss zog ab dem 1. 7. 2007 Tanja Schütt (T), die Tochter von F und M ein (dazu Tz. 17).

15. Im Herbst lebten sich M und F auseinander. M zog aus der gemeinsamen Wohnung aus. Auch über das Haus in der Omsewitzer Straße gab es Streit. Der Eigentumswechsel auf M und F zur gesamten Hand war noch nicht grundbuchmäßig vollzogen. Deswegen beschlossen M und F Ende Dezember 2007 einvernehmlich die Rückabwicklung des Kaufvertrags dergestalt, dass Besitz, Nutzen und Lasten an dem Grundstück ab dem 31. 12. 2007 wieder allein F zustanden. Die GbR musste den Kaufpreis nicht bezahlen; den bereits bezahlten Teilbetrag von 150 000 € überwies F wieder auf das private Girokonto ihres Mannes. Die GbR überwies die vereinnahmten Mieten (insgesamt 13 200 €) je zur Hälfte an F und M.

16. Der Buchhaltung lässt sich entnehmen, dass zum Betriebsvermögen des Krankenpflegedienstes zum 31. 12. 2007 neben dem gesamten Grundstück, dem betrieblichen Girokonto und Außenständen von 10 000 € nur einige vollständig abgeschriebene GWG gehörten. Alle Einnahmen aus dem Krankenpflegedienst wurden auf dem betrieblichen Girokonto gebucht. Es wies nach Rücküberweisung des Betrages von 150 000 € an M (Tz. 15) am 31. 12. 2007 einen Habenstand von 25 000 € auf. F hatte von diesem Konto im Jahr 2007 unter anderem die Miete an die GbR überwiesen (insgesamt 9 600 €) und 20 000 € für ihren persönlichen Lebensunterhalt abgehoben.

17. T, die 1977 geboren und 1996 von M und F adoptiert worden war, hatte im Sommersemester 2007 ein Studium in Dresden aufgenommen. Sie verfügt über keine Einkünfte und Bezüge. Ab April 2007 zahlten die Eltern deswegen zunächst 1 200 € Unterhalt monatlich. Ende Juni 2007 vereinbarten M und F mit ihrer Tochter, dass diese für eine Miete von 600 €/Monat ab dem 1. 7. 2007 die leer stehende Wohnung im Obergeschoss des Hauses Omsewitzer Ring anmietete. Ortsüblich wäre eine Miete von monatlich 800 € gewesen. Seit dem Einzug in die Wohnung behielten F und M vereinbarungsgemäß gleich die Miete ein und überwiesen lediglich einen Restbetrag von 600 € an ihre Tochter. T beglich die Nebenkosten (Strom etc.) unmittelbar gegenüber den Versorgungsunternehmen.

Aufgabe

Ermitteln Sie für den Veranlagungszeitraum 2007 die zu versteuernden Einkommen von V, F und M. Gehen Sie in diesem Zusammenhang auch auf Steuerpflicht, Veranlagungsform und Tarif ein. Verfahrensrechtliche Fragen sind nicht zu erörtern. Umsatzsteuerliche Vorfragen sind zu erörtern, soweit sie für die einkommensteuerliche Beurteilung erforderlich sind.

Begründen Sie Ihre Entscheidungen unter Angabe der einschlägigen gesetzlichen Bestimmungen. Die Wirtschaftsgüter sollen linear abgeschrieben werden. Im Übrigen soll für 2007 das günstigste steuerliche Ergebnis erzielt werden, das für dieses Jahr möglich ist.

Sonderausgaben nach § 10 EStG sind für V, M und F jeweils mit 10 000 € abzusetzen.

Das Grundstück in Alt-Tolkewitz hat über das gesamte Jahr 2007 einen Wert von 460 000 € (davon Anteil Grund und Boden 160 000 €). Das Grundstück Omsewitzer

Ring hat über das gesamte Jahr 2007 einen Wert von 800 000 € (davon Anteil Grund und Boden 200 000 €).

Anlage 1

Anlagenverzeichnis Viktor Schütt, Bäckerei mit Café zum 31. 12. 2006:

Betriebsmittel	1 €
Grund und Boden	100 000 €
Gebäude	228 500 €

Anlage 2

Übernahmevertrag

1. Viktor Schütt übereignet seinem Sohn Mike Schütt die dem Betrieb der Bäckerei und des Cafés dienenden Einrichtungsgegenstände im Wege der vorweggenommenen Erbfolge.

2. Das Gebäude wird vorerst nicht übertragen. Über das Gebäude soll zu einem späteren Zeitpunkt verfügt werden.

3. Die zur Ausführung des Betriebs notwendigen Räume werden Mike Schütt vorerst zur Nutznießung überlassen. Mike Schütt verpflichtet sich, dafür an seinen Vater jeweils zum Monatsersten eine Pachtzahlung von 2 000 € zu erbringen.

4. Dieser Vertrag tritt am 1. 1. 2007 in Kraft. Er kann von beiden Seiten jeweils mit einer dreimonatigen Frist zum Jahresende gekündigt werden.

Dresden, den 30. 11. 2006

gez. V. Schütt und M. Schütt*

* (Die Parteien haben den Vertrag im Original handschriftlich unterschrieben.)

Anlage 3

Eröffnungsbilanz Ambulante Krankenpflege Schütt zum 1. 1. 2007

Aktiva		Passiva	
Grund und Boden	200 000 €	Eigenkapital	800 000 €
Gebäude	600 000 €		
	800 000 €		800 000 €

Teil II: Körperschaftsteuer

Sachverhalt

Die X-GmbH mit Sitz in Offenbach/Main betreibt seit ihrem Bestehen ab 1. 1. 2001 einen Grundstückshandel. Der gemeine Wert des Gesellschaftsvermögens besteht zu 80 % aus Grundstücken und Grundstücksrechten. Alleiniger Gesellschafter und Geschäftsführer ist seit Gründung der Gesellschaft der in Frankfurt am Main wohnhafte A.

Zum 31.12.2007 erstellt die X-GmbH folgende vorläufige Bilanz sowie Gewinn- und Verlustrechnung:

Aktiva	Bilanz 31.12.2007		Passiva
Beteiligung Y-AG	150 000 €	gez. Kapital	10 100 000 €
Versch. Aktiva	99 850 000 €	Kapitalrücklage	1 000 000 €
		Gewinnrücklagen	10 000 000 €
		Versch. Passiva	76 900 000 €
		Jahresüberschuss	2 000 000 €
	100 000 000 €		100 000 000 €

Aufwand	Gewinn- und Verlustrechnung		Ertrag
versch. Aufwendungen	88 000 000 €	Erlöse	90 000 000 €
Jahresüberschuss	2 000 000 €		
	90 000 000 €		90 000 000 €

Im Jahresüberschuss der X-GmbH sind gewinnmindernd eine Körperschaftsteuervorauszahlung von 70 000 € und eine Zuführung zur Körperschaftsteuerrückstellung von 30 000 € berücksichtigt.

Gewinnausschüttungen hat die X-GmbH in 2007 nicht vorgenommen. Der Bestand des steuerlichen Einlagekontos wurde zum 31.12.2006 mit 1 000 000 € festgestellt.

Im Rahmen der endgültigen Erstellung des Jahresabschlusses 2007 werden durch den Abschlussprüfer noch folgende Feststellungen für das Jahr 2007 getroffen:

1. Anstellungsvertrag

A war bei Gründung der X-GmbH am 1.1.2001 zum alleinvertretungsberechtigten Geschäftsführer bestellt worden und nach dem Anstellungsvertrag gleichen Datums bei einem jährlich angemessenen Gehalt von 300 000 € von den Beschränkungen des § 181 BGB befreit. Der Gesellschaftsvertrag enthielt **keine** diesbezügliche Regelung, es gab keinen entsprechenden Gesellschafterbeschluss und auch keine entsprechende Eintragung im Handelsregister. Allerdings wurden die Gehaltszahlungen pünktlich geleistet. Durch notariell beurkundeten Gesellschafterbeschluss vom 1.7.2007 wurde der Gesellschaftsvertrag dergestalt geändert, dass A von den Beschränkungen des § 181 BGB befreit wird. Diese Befreiung wird am 15.10.2007 im Handelsregister eingetragen.

2. Ausländische Einkünfte

Der Jahresüberschuss enthält eine Dividende der X-GmbH aus ihrer zehnprozentigen Beteiligung an der in Tondern/Dänemark ansässigen Z-AG. Von der Bruttodividende von umgerechnet 84 000 € wurde dänische Quellensteuer von 4 000 € einbehalten. Die der Bruttodividende von 84 000 € ist im Jahresüberschuss enthalten, die dänische Quellensteuer von 4 000 € wurde als Betriebsausgabe abgezogen.

3. Spende

Die X-GmbH spendete am 3.3.2007 dem Sportverein S 1 000 €, für die der Sportverein eine formgerechte Zuwendungsbestätigung ausgestellt hat.

Der Sportverein S war mit Bescheid vom 1.7.2005 für die Jahre 2002 – 2004 vom zuständigen Finanzamt als gemeinnütziger Verein von der Körperschaftsteuer befreit worden. Der Hinweis auf die Anerkennung als gemeinnütziger Verein vom 1.7.2005 war in der Zuwendungsbestätigung enthalten.

Bei Überprüfung der tatsächlichen Geschäftsführung für die Jahre 2005 – 2007 hat das Finanzamt am 1.7.2008 nachträglich dem Verein für diese Jahre die Gemeinnützigkeit aberkannt, weil der Verein die Vereinsgelder überwiegend zu satzungsfremden und eigenwirtschaftlichen Zwecken verwendet hatte. Die Zuwendung der X-GmbH war zum Betrieb der Vereinsgaststätte verwendet worden.

Den Organen der X-GmbH waren diese Vorkommnisse unbekannt.

4. Wettkampffinanzierung

Die X-GmbH hat mit 200 000 € die Landesmeisterschaften in der Leichtathletik unterstützt. Der veranstaltende Leichtathletikverband V ließ dafür die sportlichen Veranstaltungen offiziell als „X-GmbH-Wettkämpfe" bezeichnen. Die Wettkämpfe wurden vom Fernsehen live übertragen, und in jeder Werbepause erfolgte die Einblendung: „Die Wettkämpfe werden von der X-GmbH unterstützt." Das Sportstadion, in dem die Wettkämpfe abgehalten wurden, enthielt mehrere Werbeplakate der X-GmbH.

5. Bewirtungsaufwendungen

In ihrer Buchführung unterhält die X-GmbH ein Bewirtungskonto. Darin enthalten sind der Höhe nach angemessene 100 000 € Aufwendungen für die Bewirtung von Geschäftsfreunden. Ort, Tag, Teilnehmer, Anlass aller Bewirtungen und die Höhe der Aufwendungen gehen aus den Belegen hervor. Allerdings wurden wiederholt mehrere Einzelbeträge in Sammelbuchungen erfasst.

Zusätzlich sind auf dem Konto Bewirtungsaufwendungen für Weihnachtsfeiern, Ausflüge und ähnliche Veranstaltungen in Höhe von 10 000 € enthalten, an denen ausschließlich Arbeitnehmer der X-GmbH teilnahmen. Darüber hinaus enthält das Konto eine einzelne versehentliche Buchung von Rechtsanwaltskosten von 15 000 €, die für einen Rechtsstreit der X-GmbH angefallen waren.

Die Gesamtkosten von 125 000 € wurden als Betriebsausgaben gebucht.

Nach entsprechenden Feststellungen durch den Abschlussprüfer buchte die X-GmbH die Aufwendungen für die Arbeitnehmer auf das Konto „Betriebsbedarf" und die Anwaltskosten auf das Konto „Rechts- und Beratungskosten" nachträglich um.

6. Sacheinlage

Die X-GmbH war seit Errichtung der Y-AG mit Sitz und Geschäftsleitung in Hannover im Jahr 2001 mit 33 1/3 % am Grundkapital der Y-AG beteiligt. Die restlichen Aktien von 66 2/3 % hat von Anfang an (seit 2001) die U-AG mit Sitz und Geschäftsleitung in Kopenhagen/Dänemark gehalten. Die U-AG hat die Aktien zutreffend als Betriebsvermögen ihrer Betriebsstätte in Kopenhagen behandelt. Eine Betriebsstätte in Deutschland begründete die U-AG nicht. Alle Anteile an der Y-AG sind mit einem Stimmrecht ausgestattet.

Die Y-AG betreibt auf einem ihr gehörenden Grundstück in Hannover einen Autohandel. Der Grundstückswert beträgt 80 % des gesamten Vermögens der Y-AG.

Mit notariellem Vertrag vom 1.8.2007 hat die U-AG ihre gesamte Beteiligung an der Y-AG in die X-GmbH eingebracht. Der Buchwert der eingebrachten Beteiligung an der Y-AG betrug 100 000 € und der Teilwert 600 000 €. Die eingebrachten Anteile setzte die X-GmbH mit ihrem Buchwert von 100 000 € an.

Die U-AG erhielt für die Einbringung ihrer Beteiligung im Wege der Kapitalerhöhung geschaffene neue Anteile an der X-GmbH im Nennwert von 100 000 € (0,99 % der Anteile nach Kapitalerhöhung).

Die Anmeldung dieses Vorganges am Gericht erfolgte am 28.8.2007, die Eintragung im Handelsregister am 11.11.2007.

Die U-AG hält die neu erworbenen Anteile an der X-GmbH (0,99 %) vom Zeitpunkt des Erwerbs an in ihrem Betriebsvermögen in Kopenhagen.

Buchwert und Teilwert der Y-AG sind im gesamten Jahr 2007 unverändert geblieben. Alle mit der Kapitalaufstockung und der Übernahme der Beteiligung an der X-AG entstandenen Kosten wurden von der X-GmbH korrekt bezahlt und verbucht.

In Dänemark unterliegen der unbeschränkten Steuerpflicht Körperschaften, die nach dänischem Recht errichtet wurden oder in Dänemark den Ort der Geschäftsleitung haben. Die unbeschränkte dänische Steuerpflicht erstreckt sich auf die Gesamteinkünfte der Gesellschaft und damit auch auf ausländische Einkünfte.

Aufgabe

1. Nehmen Sie zu den einzelnen Sachverhalten aus Sicht der X-GmbH der U-AG (Tz. 6 des Sachverhalts) gutachterlich Stellung und begründen Sie dabei die von Ihnen vertretene Auffassung unter Angabe der einschlägigen Vorschriften. Soweit steuerliche Bilanzierungs- und Bewertungswahlrecht bestehen, ist auch hierauf einzugehen.

2. Ermitteln Sie für die X-GmbH

   a) das zu versteuernde Einkommen 2007,

   b) die Körperschaftsteuer 2007,

   c) den Wert des steuerlichen Einlagekontos zum 31.12.2007.

HINWEISE

Aus Vereinfachungsgründen sollen Gewerbesteuer, Solidaritätszuschlag und Umsatzsteuer sowie Grunderwerbsteuer außer Betracht bleiben.

Die EWG-Richtlinie Nr. 90/435 EWG vom 23.7.1990 (vgl. Art. 10 Abs. 3 Satz 2 DBA Dänemark) und Art. 8 der Richtlinie 90/434 EWG (§ 21 Abs. 2 Satz 3 Nr. 2 UmwStG) sollen unberücksichtigt bleiben.

Anlage

Abkommen zwischen der Bundesrepublik Deutschland und dem Königreich Dänemark zur Vermeidung der Doppelbesteuerung bei den Steuern vom Einkommen und vom Vermögen sowie bei den Nachlass-, Erbschaft- und Schenkungsteuern und zur Beistandsleistung in Steuersachen (Deutsch-dänisches Steuerabkommen) (DBA Dänemark) – in Auszügen

vom 22. 11. 1995 BGBl 1996 II 2565 BStBl 1996 I 1219

...

Artikel 2 – Geltungsbereich des Abkommens

(1) Dieses Abkommen gilt ohne Rücksicht auf die Art der Erhebung für folgende Steuern, die für Rechnung eines Vertragsstaats oder seiner Gebietskörperschaften erhoben werden:

a) Abschnitt II für Steuern vom Einkommen und vom Vermögen; als solche gelten alle Steuern, die vom Gesamteinkommen, vom Gesamtvermögen oder von Teilen des Einkommens oder des Vermögens erhoben werden, einschließlich der Steuern vom Gewinn aus der Veräußerung beweglichen oder unbeweglichen Vermögens sowie der Steuern vom Vermögenszuwachs;

b) ...

c) Abschnitt IV für Steuern jeder Art und Bezeichnung, soweit der Zusammenhang nichts anderes erfordert; ausgenommen sind jedoch Zölle, Monopolabgaben und Verbrauchsteuern; Mehrwertsteuern und Luxussteuern gelten nicht als Verbrauchsteuern im Sinne dieses Abschnitts.

(2) Die zur Zeit bestehenden Steuern, für die die Abschnitte des Abkommens gelten, sind in der Anlage zu diesem Abkommen aufgeführt.

(3) Das Abkommen gilt auch für alle Steuern gleicher oder im Wesentlichen ähnlicher Art, die nach der Unterzeichnung des Abkommens neben den bestehenden Steuern oder an deren Stelle erhoben werden.

(4) In diesem Abkommen gelten

a) der Abschnitt II für Personen, die in einem Vertragsstaat oder in beiden Vertragsstaaten ansässig sind;

b) ...

c) der Abschnitt IV für alle Personen, gleichgültig, ob sie in einem Vertragsstaat oder einem anderen Staat ansässig sind oder ob sie Staatsangehörige eines Vertragsstaats oder eines anderen Staates sind.

Artikel 3 – Allgemeine Begriffsbestimmungen

(1) Im Sinne dieses Abkommens, wenn der Zusammenhang nichts anderes erfordert:

a) bedeuten die Ausdrücke „ein Vertragsstaat" und „der andere Vertragsstaat", je nach dem Zusammenhang, die Bundesrepublik Deutschland oder das Königreich Dänemark, und der Ausdruck „Staaten" die Bundesrepublik Deutschland oder das König-reich Dänemark;

b) bedeutet der Ausdruck „Bundesrepublik Deutschland" das Gebiet, in dem das Steu-errecht der Bundesrepublik Deutschland gilt, sowie die an das Küstenmeer der Bun-desrepublik Deutschland grenzenden Gebiete des Meeresgrunds und Meeresunter-grunds und der darüberliegenden Gewässer, soweit die Bundesrepublik Deutsch-land dort zur Erforschung und zur Ausbeutung der Naturschätze in Übereinstim-mung mit dem Völkerrecht souveräne Rechte und die Hoheitsgewalt ausübt;

c) bedeutet der Ausdruck „Dänemark" das Königreich Dänemark einschließlich der Ge-biete außerhalb des dänischen Küstenmeers, die in Übereinstimmung mit dem Völ-kerrecht nach dänischem Recht als Gebiete ausgewiesen oder gegebenenfalls künf-tig noch ausgewiesen werden, in denen Dänemark zur Erforschung und zur Ausbeu-tung der Naturschätze des Meeresgrunds und Meeresuntergrunds und der darüber-liegenden Gewässer und bezüglich anderer Tätigkeiten zur wirtschaftlichen Erfor-schung und Ausbeutung des betroffenen Gebiets souveräne Rechte ausüben kann; der Ausdruck umfasst nicht die Färöer und Grönland;

d) umfasst der Ausdruck „Person" natürliche Personen und Gesellschaften;

e) bedeutet der Ausdruck „Gesellschaft" juristische Personen oder Rechtsträger, die für die jeweilige Besteuerung wie juristische Personen behandelt werden;

f) hat der Ausdruck „unbewegliches Vermögen" die Bedeutung, die ihm nach dem Recht des Vertragsstaats zukommt, in dem das Vermögen liegt. Der Ausdruck um-fasst in jedem Fall das Zubehör zum unbeweglichen Vermögen, das lebende und tote Inventar land- und forstwirtschaftlicher Betriebe, die Rechte, für die die Vor-schriften des Privatrechts über Grundstücke gelten, Nutzungsrechte an unbeweg-lichem Vermögen sowie Rechte auf veränderliche oder feste Vergütungen für die Ausbeutung oder das Recht auf Ausbeutung von Mineralvorkommen, Quellen und anderen Naturschätzen; Schiffe und Luftfahrzeuge gelten nicht als unbewegliches Vermögen;

g) bedeuten die Ausdrücke „Unternehmen eines Vertragsstaats" und „Unternehmen des anderen Vertragsstaats" je nachdem, ein Unternehmen, das von einer in einem Vertragsstaat ansässigen Person betrieben wird, oder ein Unternehmen, das von ei-ner im anderen Vertragsstaat ansässigen Person betrieben wird;

h) ...

i) ...

j) bedeutet der Ausdruck „Staatsangehöriger"

aa) in Bezug auf die Bundesrepublik Deutschland alle Deutschen im Sinne des Arti-kels 116 Absatz 1 des Grundgesetzes für die Bundesrepublik Deutschland und alle juristischen Personen, Personengesellschaften und anderen Personenvereini-gungen, die nach dem in der Bundesrepublik Deutschland geltenden Recht er-richtet worden sind;

bb) in Bezug auf Dänemark alle natürlichen Personen, die die dänische Staatsangehörigkeit besitzen, und alle juristischen Personen, Personengesellschaften und anderen Personenvereinigungen, die nach dem in Dänemark geltenden Recht errichtet worden sind;

k) bedeutet der Ausdruck „zuständige Behörde"

aa) aufseiten der Bundesrepublik Deutschland das Bundesministerium der Finanzen oder die Behörde, an die es seine Befugnisse delegiert hat;

bb) aufseiten Dänemarks der Minister für die Besteuerung oder seinen bevollmächtigten Vertreter.

(2) Bei Anwendung des Abkommens durch einen Vertragsstaat hat, wenn der Zusammenhang nichts anderes erfordert, jeder im Abkommen nicht definierte Ausdruck die Bedeutung, die ihm nach dem Recht dieses Staates über die Steuern zukommt, für die das Abkommen gilt.

Artikel 4 – Ansässige Personen

(1) Im Sinne dieses Abkommens bedeutet der Ausdruck „eine in einem Vertragsstaat ansässige Person"

a) für Zwecke der Steuern vom Einkommen und vom Vermögen eine Person, die nach dem Recht dieses Staates dort aufgrund ihres Wohnsitzes, ihres ständigen Aufenthalts, des Ortes ihrer Geschäftsleitung oder eines anderen ähnlichen Merkmals steuerpflichtig ist. Der Ausdruck umfasst jedoch nicht eine Person, die in diesem Staat nur mit Einkünften aus Quellen in diesem Staat oder mit in diesem Staat gelegenem Vermögen steuerpflichtig ist;

b) ...

(2) Ist nach Absatz 1 eine natürliche Person in beiden Vertragsstaaten ansässig, so gilt folgendes:

a) Die Person gilt als in dem Staat ansässig, in dem sie über eine ständige Wohnstätte verfügt; verfügt sie in beiden Staaten über eine ständige Wohnstätte, so gilt sie als in dem Staat ansässig, zu dem sie die engeren persönlichen und wirtschaftlichen Beziehungen hat (Mittelpunkt der Lebensinteressen);

b) kann nicht bestimmt werden, in welchem Staat die Person den Mittelpunkt ihrer Lebensinteressen hat, oder verfügt sie in keinem der Staaten über eine ständige Wohnstätte, so gilt sie als in dem Staat ansässig, in dem sie ihren gewöhnlichen Aufenthalt hat;

c) hat die Person ihren gewöhnlichen Aufenthalt in beiden Staaten oder in keinem der Staaten, so gilt sie als in dem Staat ansässig, dessen Staatsangehöriger sie ist;

d) ist die Person Staatsangehöriger beider Staaten oder keines der Staaten, so regeln die zuständigen Behörden der Vertragsstaaten die Frage in gegenseitigem Einvernehmen.

(3) Ist nach Absatz 1 eine andere als eine natürliche Person in beiden Vertragsstaaten ansässig, so gilt sie als in dem Staat ansässig, in dem sich der Ort ihrer tatsächlichen Geschäftsleitung befindet.

Artikel 5 – Betriebsstätte

(1) Im Sinne dieses Abkommens bedeutet der Ausdruck „Betriebsstätte" eine feste Geschäftseinrichtung, durch die die Tätigkeit eines Unternehmens ganz oder teilweise ausgeübt wird.

(2) Der Ausdruck „Betriebsstätte" umfasst insbesondere:

a) einen Ort der Leitung,

b) eine Zweigniederlassung,

c) eine Geschäftsstelle,

d) eine Fabrikationsstätte,

e) eine Werkstätte und

f) ein Bergwerk, ein Öl- oder Gasvorkommen, einen Steinbruch oder eine andere Stätte der Ausbeutung von Bodenschätzen.

(3) Eine Bauausführung oder Montage ist nur dann eine Betriebsstätte, wenn ihre Dauer zwölf Monate überschreitet.

(4) Ungeachtet der vorstehenden Bestimmungen dieses Artikels gelten nicht als Betriebsstätten:

a) Einrichtungen, die ausschließlich zur Lagerung, Ausstellung oder Auslieferung von Gütern oder Waren des Unternehmens benutzt werden;

b) Bestände von Gütern oder Waren des Unternehmens, die ausschließlich zur Lagerung, Ausstellung oder Auslieferung unterhalten werden;

c) Bestände von Gütern oder Waren des Unternehmens, die ausschließlich zu dem Zweck unterhalten werden, durch ein anderes Unternehmen bearbeitet oder verarbeitet zu werden;

d) eine feste Geschäftseinrichtung, die ausschließlich zu dem Zweck unterhalten wird, für das Unternehmen Güter oder Waren einzukaufen oder Informationen zu beschaffen;

e) eine feste Geschäftseinrichtung, die ausschließlich zu dem Zweck unterhalten wird, für das Unternehmen andere Tätigkeiten auszuüben, die vorbereitender Art sind oder eine Hilfstätigkeit darstellen;

f) eine feste Geschäftseinrichtung, die ausschließlich zu dem Zweck unterhalten wird, mehrere der unter den Buchstaben a bis e genannten Tätigkeiten auszuüben, vorausgesetzt, dass die sich daraus ergebende Gesamttätigkeit der festen Geschäftseinrichtung vorbereitender Art ist oder eine Hilfstätigkeit darstellt.

(5) Ist eine Person, mit Ausnahme eines unabhängigen Vertreters im Sinne des Absatzes 6, für ein Unternehmen tätig und besitzt sie in einem Vertragsstaat die Vollmacht, im Namen das Unternehmens Verträge abzuschließen, und übt sie die Vollmacht dort

gewöhnlich aus, so wird das Unternehmen ungeachtet der Absätze 1 und 2 für Zwecke des Abschnitts II so behandelt, als habe es in diesem Staat für alle von der Person für das Unternehmen ausgeübten Tätigkeiten eine Betriebsstätte, es sei denn, diese Tätigkeiten beschränken sich auf die in Absatz 4 genannten Tätigkeiten, die, würden sie durch eine feste Geschäftseinrichtung ausgeübt, diese Einrichtung nach dem genannten Absatz nicht zu einer Betriebsstätte machen würden.

(6) Ein Unternehmen wird nicht schon deshalb so behandelt, als habe es eine Betriebsstätte in einem Vertragsstaat, weil es dort seine Tätigkeit durch einen Makler, Kommissionär oder einen anderen unabhängigen Vertreter ausübt, sofern diese Personen im Rahmen ihrer ordentlichen Geschäftstätigkeit handeln.

(7) Allein dadurch, dass eine in einem Vertragsstaat ansässige Gesellschaft eine Gesellschaft beherrscht oder von einer Gesellschaft beherrscht wird, die im anderen Vertragsstaat ansässig ist oder dort (entweder durch eine Betriebsstätte oder auf andere Weise) ihre Tätigkeit ausübt, wird keine der beiden Gesellschaften zur Betriebsstätte der anderen.

Artikel 6 – Einkünfte aus unbeweglichem Vermögen

(1) Einkünfte, die eine in einem Vertragsstaat ansässige Person aus unbeweglichem Vermögen (einschließlich der Einkünfte aus land- und forstwirtschaftlichen Betrieben) bezieht, das im anderen Vertragsstaat liegt, können im anderen Staat besteuert werden.

(2) Absatz 1 gilt für Einkünfte aus der unmittelbaren Nutzung, der Vermietung oder Verpachtung sowie jeder anderen Art der Nutzung unbeweglichen Vermögens.

(3) Die Absätze 1 und 2 gelten auch für Einkünfte aus unbeweglichem Vermögen eines Unternehmens und für Einkünfte aus unbeweglichem Vermögen, das der Ausübung einer selbständigen Arbeit dient.

Artikel 7 – Unternehmensgewinne

(1) Gewinne eines Unternehmens eines Vertragsstaats können nur in diesem Staat besteuert werden, es sei denn, das Unternehmen übt seine Tätigkeit im anderen Vertragsstaat durch eine dort gelegene Betriebsstätte aus. Übt das Unternehmen seine Tätigkeit auf diese Weise aus, so können die Gewinne des Unternehmens im anderen Staat besteuert werden, jedoch nur insoweit, als sie dieser Betriebsstätte zugerechnet werden können.

(2) Übt ein Unternehmen eines Vertragsstaats seine Tätigkeit im anderen Vertragsstaat durch eine dort gelegene Betriebsstätte aus, so werden vorbehaltlich des Absatzes 3 in jedem Staat dieser Betriebsstätte die Gewinne zugerechnet, die sie hätte erzielen können, wenn sie eine gleiche oder ähnliche Tätigkeit unter gleichen oder ähnlichen Bedingungen als selbständiges Unternehmen ausgeübt hätte und im Verkehr mit dem Unternehmen, dessen Betriebsstätte sie ist, völlig unabhängig gewesen wäre.

(3) Bei der Ermittlung der Gewinne einer Betriebsstätte werden die für diese Betriebsstätte entstandenen Aufwendungen, einschließlich der Geschäftsführungs- und all-

gemeinen Verwaltungskosten, zum Abzug zugelassen, gleichgültig, ob sie in dem Staat, in dem die Betriebsstätte liegt, oder anderswo entstanden sind.

(4) Soweit es in einem Vertragsstaat üblich ist, die einer Betriebsstätte zuzurechnenden Gewinne durch Aufteilung der Gesamtgewinne des Unternehmens auf seine einzelnen Teile zu ermitteln, schließt Absatz 2 nicht aus, dass dieser Vertragsstaat die zu besteuernden Gewinne nach der üblichen Aufteilung ermittelt; die gewählte Gewinnaufteilung muss jedoch derart sein, dass das Ergebnis mit den Grundsätzen dieses Artikels übereinstimmt.

(5) Aufgrund des bloßen Einkaufs von Gütern oder Waren für das Unternehmen wird einer Betriebsstätte kein Gewinn zugerechnet.

(6) Bei der Anwendung der vorstehenden Absätze sind die der Betriebsstätte zuzurechnenden Gewinne jedes Jahr auf dieselbe Art zu ermitteln, es sei denn, dass ausreichende Gründe dafür bestehen, anders zu verfahren.

(7) Gehören zu den Gewinnen Einkünfte, die in anderen Artikeln dieses Abkommens behandelt werden, so werden die Bestimmungen jener Artikel durch die Bestimmungen dieses Artikels nicht berührt.

...

Artikel 10 – Dividenden

(1) Dividenden, die eine in einem Vertragsstaat ansässige Gesellschaft an eine im anderen Vertragsstaat ansässige Person zahlt, können im anderen Staat besteuert werden.

(2) Diese Dividenden können auch in dem Vertragsstaat, in dem die die Dividenden zahlende Gesellschaft ansässig ist, nach dem Recht dieses Staates besteuert werden; die Steuer darf aber, wenn der Empfänger der Dividenden der Nutzungsberechtigte ist, 15 vom Hundert des Bruttobetrags der Dividenden nicht übersteigen. Dieser Absatz berührt nicht die Besteuerung der Gesellschaft in Bezug auf die Gewinne, aus denen die Dividenden gezahlt werden.

(3) Ungeachtet des Absatzes 2 darf die Steuer 5 vom Hundert des Bruttobetrags der Dividenden nicht übersteigen, wenn der Nutzungsberechtigte der Dividenden eine Gesellschaft ist, der unmittelbar mindestens 10 vom Hundert des Kapitals der die Dividenden zahlenden Gesellschaft gehört. Dieser Absatz berührt nicht eine günstigere Behandlung der Dividenden aufgrund der Richtlinie Nr. 90/435/EWG des Rates über das gemeinsame Steuersystem der Mutter- und Tochtergesellschaften verschiedener Mitgliedstaaten vom 23. Juli 1990 (ABl. EG Nr. L 225 S. 6).

(4) Der in diesem Artikel verwendete Ausdruck „Dividenden" bedeutet Einkünfte aus Aktien, Genussrechten oder Genussscheinen, Kuxen, Gründeranteilen oder anderen Rechten – ausgenommen Forderungen – mit Gewinnbeteiligung sowie aus sonstigen Einkünften, die nach dem Recht des Staates, in dem die ausschüttende Gesellschaft ansässig ist, den Einkünften aus Aktien steuerlich gleichgestellt sind. Der Ausdruck „Dividenden" umfasst in der Bundesrepublik Deutschland auch Einkünfte eines stillen Gesellschafters aus seiner Beteiligung als stiller Gesellschafter, Einkünfte aus partiari-

schen Darlehen, Gewinnobligationen und ähnliche gewinnabhängige Vergütungen sowie Ausschüttungen auf Anteilscheine an einem Investmentvermögen.

(5) Abweichend von den Absätzen 2 und 3 können Einkünfte aus Rechten oder Forderungen mit Gewinnbeteiligung (in der Bundesrepublik Deutschland einschließlich der Einkünfte eines stillen Gesellschafters aus seiner Beteiligung als stiller Gesellschafter oder aus partiarischen Darlehen und Gewinnobligationen) in dem Vertragsstaat, aus dem sie stammen, und nach dem Recht dieses Staates besteuert werden, wenn sie dort bei der Ermittlung des Gewinns des Schuldners abzugsfähig sind. Die Steuer darf aber 25 vom Hundert des Bruttobetrags der Einkünfte nicht übersteigen.

(6) Die Absätze 1, 2 und 5 sind nicht anzuwenden, wenn der in einem Vertragsstaat ansässige Nutzungsberechtigte im anderen Vertragsstaat, in dem die die Dividenden zahlende Gesellschaft ansässig ist, eine gewerbliche Tätigkeit durch eine dort gelegene Betriebsstätte oder eine selbständige Arbeit durch eine dort gelegene feste Einrichtung ausübt und die Beteiligung, für die die Dividenden gezahlt werden, tatsächlich zu dieser Betriebsstätte oder festen Einrichtung gehört. In diesem Fall ist Artikel 7 beziehungsweise Artikel 14 anzuwenden.

(7) Bezieht eine in einem Vertragsstaat ansässige Gesellschaft Gewinne oder Einkünfte aus dem anderen Vertragsstaat, so darf dieser andere Staat weder die von der Gesellschaft gezahlten Dividenden besteuern, es sei denn, dass diese Dividenden an eine in diesem anderen Staat ansässige Person gezahlt werden oder dass die Beteiligung, für die die Dividenden gezahlt werden, tatsächlich zu einer in diesem anderen Staat gelegenen Betriebsstätte oder festen Einrichtung gehört, noch Gewinne der Gesellschaft einer Steuer für nichtausgeschüttete Gewinne unterwerfen, selbst wenn die gezahlten Dividenden oder die nichtausgeschütteten Gewinne ganz oder teilweise aus im anderen Staat erzielten Gewinnen oder Einkünften bestehen.

...

Artikel 13 – Gewinne aus der Veräußerung von Vermögen

(1) Gewinne, die eine in einem Vertragsstaat ansässige Person aus der Veräußerung unbeweglichen Vermögens bezieht, das im anderen Vertragsstaat liegt, können in diesem anderen Staat besteuert werden. Gewinne aus der Veräußerung von Aktien, Rechten oder Beteiligungen an einer Gesellschaft, einer anderen juristischen Person oder einer Personengesellschaft, deren Vermögen hauptsächlich aus in einem Vertragsstaat gelegenem unbeweglichem Vermögen oder Rechten daran oder aus Anteilen an einer Gesellschaft, deren Vermögen hauptsächlich aus diesem in einem Vertragsstaat gelegenem unbeweglichem Vermögen oder Rechten daran besteht, können in dem Staat besteuert werden, in dem das unbewegliche Vermögen gelegen ist.

(2) Gewinne aus der Veräußerung beweglichen Vermögens, das Betriebsvermögen einer Betriebsstätte ist, die ein Unternehmen eines Vertragsstaats im anderen Vertragsstaat hat, oder das zu einer festen Einrichtung gehört, die einer in einem Vertragsstaat ansässigen Person für die Ausübung einer selbständigen Arbeit im anderen Vertragsstaat zur Verfügung steht, einschließlich derartiger Gewinne, die bei der Veräußerung einer solchen Betriebsstätte (allein oder mit dem übrigen Unternehmen) oder einer solchen festen Einrichtung erzielt werden, können im anderen Staat besteuert werden.

(3) Gewinne aus der Veräußerung von Seeschiffen oder Luftfahrzeugen, die im internationalen Verkehr betrieben werden, von Schiffen, die der Binnenschifffahrt dienen und von beweglichem Vermögen, das dem Betrieb dieser Schiffe oder Luftfahrzeuge dient, können nur in dem Vertragsstaat besteuert werden, in dem sich der Ort der tatsächlichen Geschäftsleitung des Unternehmens befindet. Artikel 8 Absatz 3 ist entsprechend anzuwenden.

Im Zusammenhang mit Gewinnen des dänischen, norwegischen und schwedischen Lufttransportkonsortiums Scandinavian Airlines System (SAS) gilt dieser Absatz nur für den Teil der Gewinne, der der Beteiligung der Det Danske Luftfartsselskab (DDL), des dänischen Gesellschafters des Scandinavian Airlines System (SAS), an dem Konsortium entspricht.

(4) Einkünfte oder Gewinne aus der Veräußerung des in den Absätzen 1 bis 3 nicht genannten Vermögens können nur in dem Staat besteuert werden, in dem der Veräußerer ansässig ist.

(5) Bei einer natürlichen Person, die in einem Vertragsstaat mindestens fünf Jahre ansässig war und im anderen Vertragsstaat ansässig geworden ist, berührt Absatz 4 nicht das Recht des erstgenannten Staates, nach seinen innerstaatlichen Rechtsvorschriften bei der Person den Vermögenszuwachs hinsichtlich von Anteilen bis zu ihrem Wohnsitzwechsel zu besteuern. Wird bei späterer Veräußerung der Aktien der daraus erzielte Gewinn in dem anderen Vertragsstaat nach Absatz 4 besteuert, so lässt der andere Staat den Betrag, der der im erstgenannten Staat gezahlten Einkommensteuer entspricht, zum Abzug von der Steuer von diesem Einkommen zu. Der Abzug darf aber den Teil der vor dem Abzug ermittelten Einkommensteuer nicht übersteigen, der auf das Einkommen entfällt, das im erstgenannten Staat nach dem ersten Satz dieses Absatzes besteuert werden kann.

…

Artikel 24 – Vermeidung der Doppelbesteuerung

(1) Bei einer in der Bundesrepublik Deutschland ansässigen Person wird die Steuer wie folgt festgesetzt:

a) Soweit nicht Buchstabe b anzuwenden ist, werden von der Bemessungsgrundlage der deutschen Steuer die Einkünfte aus Dänemark sowie die in Dänemark gelegenen Vermögenswerte ausgenommen, die nach diesem Abkommen in Dänemark besteuert werden können. Die Bundesrepublik Deutschland behält aber das Recht, die so ausgenommenen Einkünfte und Vermögenswerte bei der Festsetzung des Steuersatzes zu berücksichtigen.
Auf Dividenden sind die vorstehenden Bestimmungen nur dann anzuwenden, wenn die Dividenden an eine in der Bundesrepublik Deutschland ansässige Gesellschaft von einer in Dänemark ansässigen Gesellschaft gezahlt werden, deren Kapital zu mindestens 10 vom Hundert unmittelbar der deutschen Gesellschaft gehört.
Für die Zwecke der Steuern vom Vermögen werden von der Bemessungsgrundlage der deutschen Steuer ebenfalls Beteiligungen ausgenommen, deren Dividenden, falls solche gezahlt werden, nach dem vorhergehenden Satz von der Steuerbemessungsgrundlage auszunehmen wären.

b) Auf die deutsche Steuer vom Einkommen wird unter Beachtung der Vorschriften des deutschen Steuerrechts über die Anrechnung ausländischer Steuern die dänische Steuer angerechnet, die nach den Rechtsvorschriften und in Übereinstimmung mit diesem Abkommen von den nachstehenden Einkünften gezahlt worden ist:

aa) Dividenden, die nicht unter Buchstabe a fallen;

bb) Einkünfte, die in Dänemark nach den Artikeln 13 Absatz 1 Satz 2, 15 Absatz 4, 16, 17, 18 Absatz 4 und 23 besteuert werden können.

c) Verwendet eine in der Bundesrepublik Deutschland ansässige Gesellschaft Einkünfte aus Quellen innerhalb Dänemarks zur Ausschüttung, so schließen die Buchstaben a und b die Herstellung der Ausschüttungsbelastung nach den Vorschriften des Steuerrechts der Bundesrepublik Deutschland nicht aus.

(2) Die Doppelbesteuerung wird in Dänemark vermieden:

a) Vorbehaltlich des Buchstabens f lässt Dänemark in den Fällen, in denen eine in Dänemark ansässige Person Einkünfte bezieht oder Vermögenswerte besitzt, die nach diesem Abkommen in der Bundesrepublik Deutschland besteuert werden können,

aa) zum Abzug von der Steuer vom Einkommen dieser Person einen Betrag zu, der der in der Bundesrepublik Deutschland gezahlten Steuer vom Einkommen (einschließlich einer etwaigen Gewerbeertragsteuer) entspricht;

bb) zum Abzug von der Steuer vom Vermögen dieser Person einen Betrag zu, der der in der Bundesrepublik Deutschland gezahlten Vermögensteuer (einschließlich einer etwaigen Gewerbekapitalsteuer) entspricht.

b) Der Abzug darf aber in keinem Fall den Teil der vor dem Abzug ermittelten Einkommensteuer oder Vermögensteuer übersteigen, der auf das Einkommen oder das Vermögen entfällt, das in der Bundesrepublik Deutschland besteuert werden kann.

c) Vorbehaltlich des Buchstabens d sind Dividenden, die von einer in der Bundesrepublik Deutschland ansässigen Gesellschaft an eine in Dänemark ansässige Gesellschaft gezahlt werden, der unmittelbar oder mittelbar mindestens 10 vom Hundert des Kapitals der die Dividenden zahlenden Gesellschaft gehören, von der dänischen Steuer befreit.

d) Buchstabe c gilt nur insoweit, als

aa) der Gewinn, aus dem die Dividenden gezahlt werden, mit der allgemeinen Körperschaftsteuer in der Bundesrepublik Deutschland oder mit einer der dänischen Steuer vergleichbaren Steuer in der Bundesrepublik Deutschland oder in einem anderen Staat belegt worden ist; oder

bb) es sich bei den Dividenden, die von der in der Bundesrepublik Deutschland ansässigen Gesellschaft gezahlt werden, um Dividenden handelt, die für Anteile oder sonstige Rechte an einer in einem dritten Staat ansässigen Gesellschaft bezogen werden und die von der dänischen Steuer befreit gewesen wären, wenn die Anteile oder Rechte unmittelbar von der in Dänemark ansässigen Gesellschaft gehalten worden wären.

e) Bei Dividenden, die von einer in der Bundesrepublik Deutschland ansässigen Gesellschaft an eine in Dänemark ansässige Gesellschaft gezahlt werden, der unmittelbar oder mittelbar mindestens 10 vom Hundert des Kapitals der die Dividenden zahlenden Gesellschaft gehören, wird, wenn die Dividenden nicht nach Buchstabe c von der dänischen Steuer befreit sind, bei der Anrechnung die deutsche Steuer einschließlich des auf den Ertrag entfallenden Anteils der Gewerbesteuer berücksichtigt, die von der die Dividenden zahlenden Gesellschaft auf den Gewinn zu entrichten ist, aus dem die Dividenden gezahlt werden.

f) Bezieht eine in Dänemark ansässige Person Einkünfte oder besitzt sie Vermögenswerte, die nach diesem Abkommen nur in der Bundesrepublik Deutschland oder dort nach Artikel 15 Absätze 1 und 3 besteuert werden können, so kann Dänemark diese Einkünfte oder Vermögenswerte in die Bemessungsgrundlage einbeziehen, lässt jedoch zum Abzug von der Einkommensteuer oder Vermögensteuer den Teil der Einkommensteuer oder Vermögensteuer zu, der auf die Einkünfte aus der Bundesrepublik Deutschland oder auf das dort gelegene Vermögen entfällt.

g) Auf Einkünfte, die nach Artikel 15 Absätze 1 und 3 in der Bundesrepublik Deutschland besteuert werden können, ist Buchstabe f nur anzuwenden, wenn der in Dänemark zuständigen Behörde Unterlagen darüber vorgelegt werden, dass Vorkehrungen für die Zahlung der deutschen Steuer auf diese Einkünfte getroffen worden sind.

(3) Für die Zwecke dieses Artikels gelten Gewinne oder Einkünfte einer in einem Vertragsstaat ansässigen Person als aus Quellen innerhalb des anderen Vertragsstaats stammend, wenn sie in Übereinstimmung mit diesem Abkommen im anderen Vertragsstaat besteuert werden.

STEUERBERATERPRÜFUNG 2002/2007

Lösung der Prüfungsaufgabe aus dem Gebiet der Ertragsteuern

Verfasser: Ltd. Regierungsdirektor i. R. Franz-Josef Bader

Teil I: Einkommensteuer

Viktor Schütt (V)

I. Persönliche Steuerpflicht

V ist gem. § 1 Abs. 1 EStG unbeschränkt einkommensteuerpflichtig, weil er als natürliche Person seinen Wohnsitz (§ 8 AO) in Dresden, und damit im Inland hat.

II. Veranlagungsform

V ist gemäß § 25 Abs. 1 EStG mit seinem im Veranlagungszeitraum 2007 bezogenen Einkommen einzeln zur Einkommensteuer zu veranlagen (§ 25 Abs. 1 EStG).

III. Zu versteuerndes Einkommen

1. Einkünfte aus Gewerbetrieb (§ 15 EStG)

V erzielte aus seinem Einzelunternehmen (Bäckerei mit Café) bis zum 31. 12. 2007 Einkünfte aus Gewerbebetrieb (§ 2 Abs. 1 Nr. 2, § 15 Abs. 1 Satz 1 Nr. 1, Abs. 2 EStG).

a) Betriebsverpachtung seit dem 1. 1. 2007

Die Übertragung der Einrichtungsgegenstände zum 1.1.2007 im Wege der vorweggenommenen Erbfolge auf M (**Tz. 2**) stellt keine unentgeltliche Betriebsübertragung im Ganzen dar (§ 6 Abs. 3 EStG).

Die unentgeltliche **Betriebsübertragung im Ganzen** (§ 6 Abs. 3 EStG) setzt voraus, dass alle wesentlichen Grundlagen des Betriebs durch einen einheitlichen Übertragungsakt unentgeltlich auf einen Erwerber übergehen (R 16 Abs. 6 EStR; H 16 (6) EStH „Übertragung wesentlicher Betriebsgrundlagen"). V hat nicht alle wesentlichen Betriebsgrundlagen des Betriebs unentgeltlich auf den Sohn M übertragen, da er das zu den wesentlichen Grundlagen gehörende **Grundstück** zurückbehalten und seit dem 1. 1. 2007 an den Sohn **verpachtet** hat. Die von V betriebene Bäckerei mit Café wurde in dem für diese Zwecke besonders hergerichteten Gebäude geführt. Das auf den Betrieb zugeschnittene Grundstück bildetet allein auf Grund seiner Funktion für den Betrieb eine der wesentlichen Betriebsgrundlagen, da es dem Betrieb das Gepräge gibt. Umsatz und Gewinn eines Betriebs, der aus einer Bäckerei mit Café besteht, werden maßgeblich von der Lage und dem Zustand des Betriebsgebäudes beeinflusst.

Die **unentgeltliche Übertragung** der Einrichtungsgegenstände auf M führt **nicht** zu einer **Betriebsaufgabe** (§ 16 Abs. 3 EStG). Das seit dem 1. 1. 2007 an M verpachtete

Grundstück stellt als wesentliche Betriebsgrundlage **weiterhin Betriebsvermögen des V** dar, weil V das Grundstück nicht in sein Privatvermögen überführt hat.

Aus der Verpachtung des Grundstücks erzielt V als Verpächter seit dem 1. 1. 2007 weiterhin **gewerbliche Einkünfte** nach § 15 Abs. 1 Nr. 1, Abs. 2 EStG im Rahmen einer **Betriebsverpachtung im Ganzen** (R 16 Abs. 5 EStR), die jedoch nicht der Gewerbesteuer unterliegen (Abschn. 19 Abs. 1 Satz 12 GewStR).

Stellt ein Stpfl. seine gewerbliche Tätigkeit ein und verpachtet er die zu den wesentlichen Betriebsgrundlagen gehörenden Wirtschaftsgüter des Betriebsvermögens insgesamt, so liegt grundsätzlich eine bloße Betriebsunterbrechung i. R. einer Betriebsverpachtung im Ganzen und keine Betriebsaufgabe i. S. v. § 16 Abs. 3 EStG vor (BFH v. 14. 12. 1978 IV R 106/75, BStBl 1979 II 300; BFH v. 27. 2. 1985 I R 235/80, BStBl 1985 II 456).

Eine Betriebsverpachtung im Ganzen liegt vor, wenn der Stpfl. seinen Gewerbebetrieb „als solchen" verpachtet. Diesem Erfordernis ist dann genüge getan, wenn sämtliche wesentlichen Grundlagen des bisherigen Betriebs verpachtet werden (H 16 (5) EStH „Wesentliche Betriebsgrundlagen").

Die Bestimmung der für das Unternehmen wesentlichen Betriebsgrundlage erfolgt im Einzelfall nach der Art des Betriebs und der Funktion der einzelnen Wirtschaftsgüter für die Betriebsfortführung (H 16 (8) EStH „Begriff der wesentliche Betriebsgrundlage"); abzustellen ist hierbei auf die **funktionale Bedeutung** der Wirtschaftsgüter für den Betrieb (BMF v. 16. 8. 2000, BStBl 2000 I 1253).

Wird nur das Betriebsgrundstück verpachtet, so liegt eine Betriebsverpachtung vor, wenn das Grundstück die alleinige wesentliche Betriebsgrundlage des Betriebs darstellt (BFH v. 17. 4. 1997 VIII R 2/95, BStBl 1998 II 388).

Der **wesentliche Betriebsgegenstand**, der dem ganzen Betrieb das Gepräge gegeben hat, bildete – wie festgestellt – allein das auf den Betrieb zugeschnittene **Grundstück**, nicht das Inventar. Die dem M übereigneten Einrichtungsgegenstände hätte V ohne weiteres wieder beschaffen und den Betrieb mit dem ihm verbliebenen Kundenstamm an gleicher Stelle fortführen können. Die Übereignung der dem Betrieb dienenden Einrichtungsgegenstände steht der Anwendung der Grundsätze zur Betriebsverpachtung nicht entgegen (vgl. BFH v. 7. 8. 1979 VIII R 153/77, BStBl 1980 II 181). Sie ist objektiv nicht auf die Auflösung des Betriebs als selbständiger Organismus des Wirtschaftslebens gerichtet.

Will der Betriebsverpächter im Fall einer Betriebsverpachtung im Ganzen seinen Betrieb aufgeben, so muss er dies eindeutig und klar dem Finanzamt gegenüber erklären (BFH v. 2. 5. 1990, BFH/NV 1991, 219, v. 15. 12. 1987 VIII R 281/83, BStBl 1989 II 16; R 16 Abs. 5 EStR).

Erklärt der Betriebsinhaber im Falle einer Betriebsverpachtung im Ganzen gegenüber dem Finanzamt nicht eindeutig die **Betriebsaufgabe**, ist die Einstellung der gewerblichen Tätigkeit nur dann als Betriebsaufgabe i. S. v. § 16 Abs. 3 EStG zu beurteilen, wenn sich aus den äußerlich erkennbaren tatsächlichen Umständen eindeutig ergibt, dass der Betrieb **nicht nur vorübergehend**, sondern endgültig aufgegeben werden soll.

In diesem Fall können der Abschluss des Pachtvertrags und die mangelnde Aufgabeerklärung allein nicht die Aufrechterhaltung des Betriebs bewirken (BFH v. 3. 6. 1997 IX R 2/95; BStBl 1998 II 373).

V hat weder gegenüber dem Finanzamt ausdrücklich eine Betriebsaufgabeerklärung abgegeben noch ergibt sich aus den äußerlich erkennbaren tatsächlichen Umständen eindeutig, dass der Betrieb nicht nur vorübergehend, sondern endgültig aufgegeben werden soll. Der bisherige Betrieb gilt daher (einkommensteuerrechtlich) als **fortbestehend**; er wird nur in anderer Form als bisher fortgeführt. Mangels eindeutiger Betriebsaufgabeerklärung stellt das Grundstück für V weiterhin Betriebsvermögen dar.

Mit Beginn der Betriebsverpachtung im Ganzen wird kein neuer Gewerbebetrieb eröffnet. Auf den Zeitpunkt der Einstellung der betrieblichen Tätigkeit des bisherigen Unternehmens bzw. den Zeitpunkt des Beginns der Betriebsverpachtung sind weder Schlussbilanz noch Eröffnungsbilanz zu erstellen. Der Übergang zur Betriebsverpachtung führt **nicht** zu einer **Aufgabe** des bisher aktiven Betriebs und der Eröffnung eines neuen Betriebs. Das bisherige Unternehmen wird lediglich in anderer Form fortgeführt.

Die vom 1. 1. – 31. 12. 2007 vereinnahmten **Pachtzinsen** in Höhe von 24 000 € (12 x 2 000 €) stellen **Betriebseinnahmen** dar. (Es wird davon ausgegangen, dass V das Grundstück umsatzsteuerfrei nach § 4 Nr. 12a UStG vermietet.)

Hinsichtlich des Gebäudes ist die AfA nach § 7 Abs. 4 Nr. 2 EStG fortzuführen und mit 7 500 € als Betriebsausgaben zu berücksichtigen (§ 4 Abs. 3 Satz 3 EStG).

Hinsichtlich der auf M übertragenen Einrichtungsgegenstände handelt es sich um die **unentgeltliche Übertragung** von Einzelwirtschaftsgütern aus privatem Anlass, die nicht zu Buchwerten ohne Aufdeckung der stillen Reserven erfolgen kann. In entsprechender Anwendung des § 6 Abs. 1 Nr. 4 EStG ist die unentgeltliche Übertragung als Privatentnahme mit dem **Teilwert** zu bewerten und führt zur **Aufdeckung** der stillen Reserven und zu einem **Entnahmegewinn** (laufender Gewinn).

Der Entnahmegewinn ist in 2007 entstanden, da die Einrichtungsgegenstände zum 1. 1. 2007 auf M übertragen wurden. Der Vertrag vom 30. 11. 2006 ist vereinbarungsgemäß am 1. 1. 2007 in Kraft getreten. Der Entnahmegewinn wird im Jahr 2007 und nicht schon am 31. 12. des Vorjahres realisiert, da die Abmachung des Zeitpunkts „tritt am 1. 1. 2007 in Kraft" von den Beteiligten klar getroffen und nach dem Sachverhalt auch nicht tatsächlich schon früher vollzogen wurde (BFH v. 23. 1. 1992 IV R 88/90, BStBl 1992 II 525, und v. 22. 9. 1992 VIII R 7/90, BStBl 1993 II 228). Die Übergabe der Einrichtungsgegenstände ist nach dem Sachverhalt vereinbarungsgemäß mit Wirkung vom 1. 1. 2007 erfolgt.

Die Übertragung der Einrichtungsgegenstände stellt **umsatzsteuerrechtlich** grundsätzlich eine einer Lieferung gegen Entgelt gleichgestellte **umsatzsteuerpflichtige Entnahme** dar (§ 3 Abs. 1b UStG). Die auf die unentgeltliche Wertabgabe entfallende Umsatzsteuer (§ 3 Abs. 1b i. V. m. § 10 Abs. 4 Nr. 1 UStG) ist nicht als Betriebsausgaben abzugsfähig (§ 12 Nr. 3 EStG). Aus Vereinfachungsgründen bleibt die Umsatzsteuer bei der Gewinnermittlung außer Betracht (s. Hinweis zur Aufgabe).

Die **Ermittlung** des laufenden **Gewinns** erfolgt weiterhin durch Betriebseinnahme-Überschuss-Rechnung (§ 4 Abs. 3 EStG), weil der verpachtete Gewerbebetrieb mit dem vorher aktiv betriebenem Betrieb identisch ist und der Gewinn für den Betrieb bis 31. 12. 2006 durch Einnahme-Überschuss-Rechnung (§ 4 Abs. 3 EStG) ermittelt wurde.

Der Gewinn für den Zeitraum vom 1. 1. bis 31. 12. 2007 ermittelt sich nach § 4 Abs. 3 EStG wie folgt:

Betriebseinnahmen:

Pachtzinsen	24 000 €
Entnahme Einrichtungsgegenstände – Teilwert (ohne USt, s. Aufgabenstellung)	24 000 €
insgesamt	48 000 €

Betriebsausgaben:

AfA Gebäude	7 500 €	
Buchwert Einrichtung	1 €	7 501 €
Gewinn (§ 15 EStG)		40 499 €

b) Betriebsaufgabe (§ 16 Abs. 3 EStG) zum 31. 12. 2007

V hat seinen i. R. einer Betriebsverpachtung im Ganzen verpachteten Gewerbebetrieb zum 31. 12. 2007 aufgegeben (**Tz. 5**), weil eine Betriebsfortsetzung in der bisherigen Form nach Durchführung der Umbaumaßnahmen an dem Gebäude nicht mehr möglich ist und damit die Voraussetzungen einer Betriebsverpachtung im Ganzen **entfallen** sind (H 16 (5) EStH „Umgestaltung wesentlicher Betriebsgrundlagen").

Eine Betriebsverpachtung im Ganzen erfordert die Verpachtung der wesentlichen Betriebsgrundlagen an einen Pächter, so dass bei wirtschaftlicher Betrachtung das bisherige Unternehmen in seinen wesentlichen Grundlagen zur Fortsetzung des Betriebs übergeben wird und der Verpächter bei Beendigung des Pachtverhältnisses den Betrieb in der ursprünglichen Form wieder aufnehmen und fortführen kann.

Die verpachteten wesentlichen Betriebsgrundlagen dürfen daher weder vom Verpächter noch vom Pächter so umgestaltet werden, dass sie der Verpächter künftig nicht mehr in der bisherigen, vor Beginn der Verpachtung bestehenden Form, selbst nutzen kann.

Wird nach Einstellung der werbenden Tätigkeit das bisherige Betriebsgebäude anlässlich der Verpachtung im Interesse des Pächters **grundlegend umgestaltet** und an einen Mieter vermietet, der in dem Gebäude ein Gewerbe anderer Branchen betreibt, so erfolgt „automatisch" eine **Betriebsaufgabe** i. S. v. § 16 Abs. 3 EStG, ohne dass es hierzu einer besonderen Erklärung des Verpächters bedarf (BFH v. 26. 6. 1975 IV R 122/71, BStBl 1975 II 885), die die Auflösung der stillen Reserven und Besteuerung eines Aufgabegewinns nach § 16 Abs. 3 EStG zur Folge hat (BFH v. 26. 6. 1975 IV R 122/71, BStBl 1975 II 885, v. 19. 1. 1983 I R 84/79, BStBl 1983 II 412, und v. 15. 10. 1987 IV R 91/85, BStBl 1988 II 257; H 16 (5) EStH „Umgestaltung wesentlicher Betriebsgrundlagen").

Nach den umfangreichen Umbaumaßnahmen und der langfristigen Vermietung des Ladenlokals an die Sparkasse besteht für V nicht mehr die Möglichkeit, den bisherigen Betrieb in der ursprünglichen Form später wieder aufzunehmen und fortzuführen.

V hat bisher seinen Gewinn nach § 4 Abs. 3 EStG ermittelt. Im Zeitpunkt der Betriebsaufgabe ist V so zu behandeln, als wäre er zu diesem Zeitpunkt zur Gewinnermittlung durch Betriebsvermögensvergleich übergegangen (R 4.5 Abs. 6 EStR). Die wegen des **Wechsels der Gewinnermittlungsart** erforderlichen Gewinnkorrekturen gehören zum laufenden Gewinn und nicht zum Veräußerungsgewinn nach § 16 EStG (H 4.5 (6) EStH „Übergangsgewinn EStR"). Im vorliegenden Fall entfällt die Ermittlung eines Korrekturgewinns, weil zum 31. 12. 2007 eine Korrektur auslösende Bestände nicht vorhanden sind.

Der Aufgabegewinn nach § 16 Abs. 3 EStG ist in entsprechender Anwendung des § 16 Abs. 2 EStG zu ermitteln. Hierbei ist das zum 31. 12. 2007 in das **Privatvermögen** überführte Grundstück zur Ermittlung des Aufgabegewinns mit dem **gemeinen Wert** anzusetzen (§ 16 Abs. 3 Satz 7 EStG). Ein Geschäftswert ist bei der Ermittlung des Betriebsaufgabegewinns nicht anzusetzen, weil dieser nicht in das Privatvermögen überführt werden kann (H 16 (5) EStH „Geschäftswert"). Hiernach ermittelt sich der Aufgabegewinn wie folgt:

Gemeiner Wert Grundstück 31. 12. 2007:

Grund und Boden	160 000 €
Gebäude	300 000 €
insgesamt	460 000 €

Buchwert Betriebsvermögen 31. 12. 2007:

Grund und Boden		100 000 €
Gebäude 31. 12. 2006	228 500 €	
AfA 2007	7 500 €	
Buchwert 31. 12. 2007		221 000 €
Aufgabegewinn		139 000 €
Freibetrag (§ 16 Abs. 4 EStG)		42 000 €
steuerpflichtiger Aufgabegewinn nach § 16 Abs. 3 EStG		**97 000 €**

Auf Antrag ist der Freibetrag nach § 16 Abs. 4 EStG zu berücksichtigen, da V im Zeitpunkt der Betriebsaufgabe das 55. Lebensjahr vollendet hat. Es wird davon ausgegangen, dass V § 16 Abs. 4 EStG bisher noch nicht in Anspruch genommen hat (§ 16 Abs. 4 Satz 2 EStG). Nach § 16 Abs. 4 Satz 3 EStG ermäßigt sich der Freibetrag von 45 000 € um 3 000 € auf 42 000 €, da der Aufgabegewinn von 139 000 € den Grenzbetrag von 136 000 € um 3 000 € übersteigt.

2. Ermittlung des zu versteuernden Einkommens

Gewinn (§ 15 EStG)	40 499 €
Aufgabegewinn (§ 16 Abs. 3 EStG)	97 000 €
Summe der Einkünfte	137 499 €

Altersentlastungsbetrag (§ 24a EStG)	1 748 €
Gesamtbetrag der Einkünfte	135 751 €
Sonderausgaben	10 000 €
zu versteuerndes Einkommen	**125 751 €**

IV. Tarif

Die tarifliche Einkommensteuer ist durch Anwendung des **Splittingverfahrens** auf das zu versteuernde Einkommen zu ermitteln (§ 32a Abs. 6 Satz 1 Nr. 1 EStG). Der Aufgabegewinn i. S. d. § 16 EStG in Höhe von 97 000 € gehört zu den **außerordentlichen Einkünften** (§ 34 Abs. 2 Nr. 1 EStG) und unterliegt dem besonderen Tarifs nach § 34 Abs. 1 EStG (Fünftelungregelung). Auf Antrag findet die Tarifermäßigung des § 34 Abs. 3 Satz 1 EStG Anwendung, da V im Zeitpunkt der Betriebsaufgabe das 55. Lebensjahr vollendet hat. Es wird davon ausgegangen, dass V § 34 Abs. 3 EStG bisher noch nicht in Anspruch genommen hat (§ 34 Abs. 3 Satz 4 EStG).

Mike und Fanny Schütt

I. Persönliche Steuerpflicht

M und F sind unbeschränkt einkommensteuerpflichtig (§ 1 Abs. 1 Satz 1 EStG), weil sie als natürliche Personen ihren Wohnsitz (§ 8 AO) in Dresden und somit im Inland haben.

II. Veranlagungsform

M und F werden **zusammen** zur Einkommensteuer veranlagt (§ 26b EStG), weil sie beide im Veranlagungszeitraum unbeschränkt steuerpflichtig sind und zu Beginn des VZ nicht dauernd getrennt gelebt haben (§ 26 Abs. 1 Satz 1 EStG) und keiner der Ehegatten einen Antrag auf getrennte Veranlagung gestellt hat (§ 26 Abs. 3 EStG).

III. Einkünfte des M

1. Einkünfte aus Gewerbebetrieb

a) Laufende Einkünfte vom 1.1.2007 – 31.12.2007 (§ 15 EStG)

Die von M selbständig fortgeführte Bäckerei mit Café (Tz. 2) stellt einen **Gewerbebetrieb** (§ 15 Abs. 2 EStG) dar. Der von M erzielte Gewinn gehört zu den Einkünften aus Gewerbebetrieb (§ 15 Abs. 1 Satz 1 Nr. 1 EStG).

Der Gewinn ist durch Betriebsvermögensvergleich nach § 4 Abs. 1, § 5 EStG zu ermitteln. Nach dem Sachverhalt kann davon ausgegangen werden, dass M ein mögliches Wahlrecht zur Gewinnermittlung nach § 4 Abs. 3 EStG nicht ausgeübt hat. Zu Beginn seines Handelsgewerbes hat M eine **Eröffnungsbilanz** zu erstellen und darin den Stand seines Vermögens und seiner Schulden darzustellen (§ 240 Abs. 1 HGB). In der steuerlichen Eröffnungsbilanz sind die von V unentgeltlich übernommenen Betriebsmittel mit dem **Teilwert** zu bewerten (§ 6 Abs. 1 Nr. 6 i. V. m. Abs. 1 Nr. 5 EStG).

Eröffnungsbilanz 1. 1. 2007			
Betriebsmittel	24 000 €	Kapital	24 000 €

M kann den Pkw (Tz. 3) zulässiger Weise als gewillkürtes Betriebsvermögen ausweisen, weil das Wirtschaftsgut zu 23,40 % (5 000 km + 2 640 km = 7 640 km/32 640 km) und damit zu mindestens 10 % betrieblich genutzt wird (R 4.2 Abs. 1 Satz 6 EStR). Die Nutzung des Pkw i. R. der Fahrten zwischen Wohnung und Betrieb ist betrieblich veranlasst (BMF v. 7. 7. 2006, BStBl I 446); dagegen gehören die Fahrten i. R. der Geschäftsführertätigkeit des M für die B-GmbH nicht zur betrieblichen, sondern zur privaten Nutzung.

► Der Pkw ist in der Schlussbilanz zum 31. 12. 2007 mit den Anschaffungskosten von 54 000 €, vermindert um die AfA, anzusetzen. Die Umsatzsteuer gehört § 9b Abs. 1 EStG nicht zu den Anschaffungskosten. Nach § 15 Abs. 1 Nr. 1 UStG ist M zum vollen Vorsteuerabzug berechtigt, da er das Fahrzeug zu mindestens 10 % für sein Unternehmen nutzt (§ 15 Abs. 1 Satz 2 UStG). Unter Berücksichtigung einer voraussichtlichen Nutzungsdauer von sechs Jahren ergibt sich eine lineare AfA nach § 7 Abs. 1 EStG von 9 000 € p. a. Zum 31. 12. 2007 beträgt der um die lineare AfA geminderte Buchwert des Pkw 45 000 €.

► Die unfallbedingte Wertminderung des Pkw rechtfertigt eine Teilwertabschreibung gem. § 6 Abs. 1 Nr. 1 Satz 2 EStG (BMF v. 25. 2. 2000, BStBl I 2000 372). Es kann von einer voraussichtlich dauernden Wertminderung ausgegangen werden, da der Wert des Kfz zum Bilanzstichtag 31. 12. 2007 für die halbe Restnutzungsdauer unter dem planmäßigen Restbuchwert liegt. Die Restnutzungsdauer des Pkw beträgt am 31. 12. 2007 noch 5 Jahre. Es ergibt sich nach 2 $^{1}/_{2}$ Jahren ($^{1}/_{2}$ von 5 Jahren Restnutzungsdauer) ein Restbuchwert von 22 500 € (45 000 € ./. 2,5 x 9 000 € Jahres-AfA). Eine Teilwertabschreibung auf 21 000 € ist zulässig. Die **Teilwertabschreibung** nach § 6 Abs. 1 Nr. 1 Satz 2 EStG ist mit 24 000 € als **Betriebsausgabe** zu berücksichtigen. Der Pkw ist in der Schlussbilanz zum 31. 12. 2007 mit dem Wert laut Gutachten in Höhe von 21 000 € anzusetzen.

► Die Aufwendungen für Fahrten zwischen Wohnung und Betriebsstätte sind nach § 4 Abs. 5a Satz 1 EStG **nicht** als Betriebsausgaben **abzugsfähig** (s. aber BFH v. 10. 1. 2008 VI R 17/07). Die nicht abzugsfähigen Betriebsausgaben sind nach § 4 Abs. 5a Satz 2 EStG zu ermitteln. Der Anteil der nicht abziehbaren Kfz-Kosten kann nicht nach den tatsächlich auf diese Fahrten entfallenden Aufwendungen ermittelt werden (§ 4 Abs. 5a Satz 3 EStG), da kein ordnungsgemäßes Fahrtenbuch geführt wird (§ 6 Abs. 1 Satz 4 EStG). Die nicht abziehbaren Betriebsausgaben ermitteln sich wie folgt:

64 260 € Listenpreis (einschließlich USt) x 0,03 % x 8 km x 12 Monate =   1 850 €
= nicht abziehbare Betriebsausgaben

► Die nach § 4 Abs. 5a Satz 3 EStG ermittelten nicht abziehbaren Betriebsausgaben sind nicht nach § 4 Abs. 5a Satz 4 i. V. m. § 9 Abs. 2 Satz 1 EStG zu mindern, da die Entfernung zwischen Wohnung und regelmäßiger Betriebsstätte weniger als 21 km beträgt.

► Die private Nutzung des Pkw stellt eine Nutzungsentnahme dar (§ 6 Abs. 1 Nr. 4 Satz 1 EStG). Der private Nutzungsanteil ist nicht nach § 6 **Abs. 1 Nr. 4 Satz** 2 EStG

(1 %-Regelung) zu bewerten, da die betriebliche Nutzung des Pkw nicht mehr als 50 % beträgt. Die gesamten angemessenen Kfz-Kosten sind Betriebsausgaben; der private Nutzungsanteil ist als Entnahme gem. § 6 Abs. 1 Nr. 4 Satz 1 EStG zu erfassen. Diese ist mit dem auf die nicht betrieblichen Fahrten entfallenden Anteil an den Gesamtaufwendungen für den Pkw zu bewerten. Als Entnahmen sind anzusetzen:

AfA Pkw	9 000 €
Teilwertabschreibung	24 000 €
lfd. Pkw-Kosten	6 000 €
Zwischensumme	29 000 €
Steuern, Versicherungen (ohne Umsatzsteuer)	1 500 €
Kfz-Kosten insgesamt	30 500 €

Privater Nutzungsanteil:

Nicht betriebl. Nutzung: 25 000 km = 78,55 % von 32 640 km Gesamtnutzung.
78,55 % von 30 500 € = Nutzungsentnahme: 23 957 €.

Umsatzsteuerrechtlich stellt die Nutzungsentnahme **eine einer sonstigen Leistung** gegen Entgelt **gleichgestellte** Leistung dar (§ 3 Abs. 9a Nr. 1 UStG). Bemessungsgrundlage für die Umsatzsteuer sind die entstandenen Ausgaben, soweit sie zum vollen oder teilweisen Vorsteuerabzug berechtigt haben (§ 3 Abs. 9a Nr. 1 Satz 2 UStG). Da die Anwendung der 1 %-Regelung nach § 6 Abs. 1 Nr. 4 Satz 2 EStG ausgeschlossen ist und der nichtunternehmerische Nutzungsanteil nicht durch ein ordnungsgemäßes Fahrtenbuch nachgewiesen wird, ist der nichtunternehmerische Nutzungsanteil im Wege der Schätzung zu ermitteln. Hierbei kann der Umsatzbesteuerung grundsätzlich der für ertragsteuerliche Zwecke ermittelte private Nutzungsanteil zugrunde gelegt werden (BMF v. 7. 7. 2006, BStBl 2006 I 446). Da die auf die Nutzungsentnahme entfallende Umsatzsteuer nach § 12 Nr. 3 EStG nicht abzugsfähig ist und sich daher auf den Gewinn nicht auswirkt, kann eine Berechnung aus Vereinfachungsgründen entsprechend der Aufgabenstellung unterbleiben (s. Hinweis zur Aufgabe).

Schlussbilanz 31. 12. 2007

Betriebsmittel	16 000 €	Eigenkapital	38 000 €
Pkw	21 000 €		
Bank	500 €		
Kasse	500 €		
	38 000 €		38 000 €

Der Gewinn ermittelt sich nach § 4 Abs. 1 EStG wie folgt:

Betriebsvermögen (EK) 31. 12. 2007	38 000 €
Betriebsvermögen (EK) 1. 1. 2007	24 000 €
Unterschiedsbetrag	+ 14 000 €
Entnahmen	
Private Pkw-Nutzung	23 957 €
Barentnahmen	25 000 €
	48 957 €

nicht abziehbare Betriebsausgaben:

Fahrten Wohnung – Betriebsstätte	+ 1 850 €	+ 50 807 €
laufender Gewinn (§ 15 EStG)		**64 807 €**

b) Betriebsaufgabe zum 31. 12. 2007 (§ 16 Abs. 3 EStG)

Die Einstellung des Betriebs in Alt-Tolkewitz zum 31. 12. 2007 (**Tz. 5**) stellt eine **Betriebsaufgabe** i. S. v. § 16 Abs. 3 EStG dar.

Von einer Betriebsverlegung und damit einer Betriebsfortführung durch M kann vorliegend nicht ausgegangen werden. Eine bloße **Betriebsverlegung** liegt vor, wenn der alte und der neue Betrieb bei **wirtschaftlicher** Betrachtung **identisch** sind (H 16 (2) EStH „Betriebsverlegung"). Hiervon kann ausgegangen werden, wenn der Stpfl. die wesentlichen Betriebsgrundlagen in den neuen Betrieb überführt und seine bisherige gewerbliche Tätigkeit in derselben Branche im Wesentlichen mit dem bisherigen Kundenstamm fortgeführt.

Die Beendigung des Pachtverhältnisses mit V hinsichtlich des Grundstücks in Alt-Tolkewitz und die hieran anschließende Anmietung der Geschäftsräume in der Dresdner Innenstadt ist steuerlich **nicht als Betriebsverlegung** anzusehen. Das vertraglich mit V vereinbarte Recht zur Nutzung des Grundstücks in Alt-Tolkewitz und des damit verbundenen Kundenstamms bildet bei der Art des Betriebs (Bäckerei, Café mit Laufkundschaft) letztlich die (einzige) wesentliche Betriebsgrundlage des Betriebs. Dieses Recht konnte nicht auf den neuen Betrieb in der Dresdner Innenstadt übergehen.

Nach der einheitlichen Willensentscheidung des M soll der Betrieb in Alt-Tolkewitz nicht mehr in seiner bisherigen Form fortbestehen (R 16 Abs. 2 Satz 1 EStR). Es liegt eine Betriebsaufgabe vor (§ 16 Abs. 3 EStG), da mit der Überführung der Betriebsmittel und des Pkw in den Betrieb in der Dresdner Innenstadt der Betrieb in Alt-Tolkewitz als selbständiger Organismus des Wirtschaftslebens aufhört zu bestehen.

Eine nach §§ 16, 34 EStG begünstigte Betriebsaufgabe setzt voraus, dass die stillen Reserven der wesentlichen Betriebsgrundlagen aufgedeckt werden. Werden wesentliche Grundlagen zwingend zu Buchwert nach § 6 Abs. 5 EStG in ein anderes Betriebsvermögen überführt, liegt **keine Betriebsaufgabe** i. S. v. § 16 Abs. 3 EStG vor, da nicht alle stillen Reserven der wesentlichen Betriebsgrundlagen aufgedeckt werden.

Vorliegend kann davon ausgegangen werden, dass die in den Betrieb der Dresdner Innenstadt überführten Wirtschaftsgüter nicht zu den wesentlichen Betriebsgrundlagen des bisherigen Betriebs gehört haben. Der Anwendung des § 16, § 34 EStG steht daher nicht entgegen, dass der Stpfl. anlässlich der Betriebsaufgabe die stillen Reserven der nicht wesentlichen Betriebsgrundlagen nicht aufdecken konnte (BFH v. 17. 10. 1996 X R 128/94, BFH/NV 1996, 877). Das Schicksal der nicht wesentlichen Grundlagen ist für die Beurteilung der Betriebsaufgabe ohne Bedeutung. Zur Ermittlung des Aufgabegewinns sind die **in das Betriebsvermögen** des Betriebs in der Dresdner Innenstadt **überführten** Betriebsmittel und der Pkw mit den fortgeführten Buchwerten anzusetzen (§ 6 Abs. 5 Satz 1 EStG).

In den Aufgabegewinn geht der Betrag der Schadensersatzforderung in Höhe von 10 000 € ein (**Tz. 4**). Die nach dem Vorsichtsprinzip bisher dem Grunde und der Höhe nach ungewisse Schadenersatzforderung war bis zu dem Zeitpunkt ihrer Konkretisierung nicht bilanziell auszuweisen. Die Konkretisierung erfolgte mit der Rechtskraft des Urteils des Landgerichts. Die dem Grunde und der Höhe ungewisse betriebliche Schadenersatzforderung konnte nicht aus dem Betriebsvermögen entnommen werden. Sie ist auch nach der Betriebsaufgabe Betriebsvermögen geblieben. Die Beilegung des Streits durch das Urteil des Landgerichts ist steuerlich ein rückwirkendes Ereignis i. S. v. § 175 Abs. 1 Satz 1 Nr. 2 AO und führt dazu, dass der Betriebsaufgabegewinn nach Maßgabe des Urteils zu ermitteln ist (BFH v. 10. 2. 1994 IV R 37/92, BStBl 1994 II 564).

Der Aufgabegewinn ermittelt sich nach § 16 Abs. 3 i. V. m. Abs. 2 EStG wie folgt:

Buchwert Betriebsmittel (§ 6 Abs. 5 EStG)	38 000 €
Schadenersatzforderung	10 000 €
insgesamt	48 000 €
Betriebsvermögen 31. 12. 2007	38 000 €
Aufgabegewinn	**10 000 €**

Ein Freibetrag nach § 16 Abs. 4 EStG ist nicht zu berücksichtigen, da M im Zeitpunkt der Betriebsaufgabe das 55. Lebensjahr noch nicht vollendet hat.

2. Veräußerung einer wesentlichen Beteiligung (§ 17 EStG)

M erzielt aus der Veräußerung des GmbH-Anteils im Nennwert von 10 000 € an Best (**Tz. 9**) **Einkünfte aus Gewerbebetrieb** (§ 17 Abs. 1 Satz 1 EStG). M war innerhalb der letzten fünf Jahre vor der Veräußerung an der B-GmbH wesentlich i. S. d. § 17 EStG beteiligt (§ 17 Abs. 1 Satz 1 EStG). § 17 EStG ist anzuwenden, da die Beteiligung bei M zum **Privatvermögen** gehört und § 23 EStG nicht anzuwenden ist. Der Zeitraum zwischen Anschaffung und Veräußerung des GmbH-Anteils beträgt mehr als ein Jahr (§ 23 Abs. 1 Nr. 2 EStG). Es liegt damit kein privates Veräußerungsgeschäft vor (§ 23 Abs. 2 Satz 2 EStG).

Veräußerungsgewinn ist nach § 17 Abs. 2 Satz 1 EStG der Betrag, um den der Veräußerungspreis nach Abzug der Veräußerungskosten die Anschaffungskosten übersteigt.

Zur Ermittlung des Veräußerungsgewinns ist der erzielte Veräußerungspreis nach § 3 Nr. 40 Buchst. c EStG nur zur Hälfte anzusetzen; entsprechend sind die Anschaffungskosten auch nur zur Hälfte zu berücksichtigen (§ 3c Abs. 2 EStG).

a) Bei der **Ermittlung der Anschaffungskosten** des an Best veräußerten GmbH-Anteils ist zu berücksichtigen, dass Frau F das Bezugsrecht zum Erwerb ihres durch Kapitalerhöhungsbeschluss geschaffenen GmbH-Anteils im Nennwert von 15 000 € zu einem unter dem Verkehrswert liegenden Preis eingeräumt wurde. Hinsichtlich des bereits bestehenden alten Anteils des M führte das zu einer **Substanzwertabspaltung** zugunsten des aufgrund des Bezugsrechts von F erworbenen neuen Anteils.
   Die Substanzwertabspaltung hat zur Folge, dass die Anschaffungskosten des bereits bestehenden und von M gehaltenen Anteils nach Maßgabe der Gesamtwertmethode dem alten und dem neuen Anteil zuzuordnen sind (H 17 (5) EStH „Kapitalerhöhung gegen Einlage").

Die ursprünglichen Anschaffungskosten des von M gehaltenen GmbH-Anteils im Nennwert von 50 000 € betrugen 50 000 € und der gemeine Wert 625 000 €. Durch die von Frau F im Rahmen des Kapitalerhöhungsbeschlusses geleistete Einzahlung von 25 000 € (15 000 € Einzahlung auf das Stammkapital + 10 000 € Agio) erhöht sich der gemeine Wert der GmbH-Anteile im Nennwert von nunmehr 65 000 € auf insgesamt 650 000 € (Verkehrswert vor Kapitalerhöhung: 625 000 € + Einlage Frau F 25 000 €). Hiervon entfallen auf den neuen Anteil der Frau F im Nennwert von 15 000 € insgesamt 150 000 € ($^{15}/_{65}$ von 650 000 €) und auf den alten Anteil des M im Nennwert von 50 000 € insgesamt 500 000 € ($^{50}/_{65}$ von 650 000 €). Die Kapitalerhöhung hat somit dazu geführt, dass sich der gemeine Wert des von M gehaltenen GmbH-Anteils von 625 000 € (vor Kapitalerhöhung) um 125 000 € auf 500 000 € (nach Kapitalerhöhung) **verringert** hat. Die Wertverschiebung ist darauf zurückzuführen, dass von den vor der Kapitalerhöhung vorhandenen und auf den alten Anteil des M entfallenden stillen Reserven in Höhe von 575 000 € (Verkehrswert 625 000 € ./. Anschaffungskosten 50 000 €) stille Reserven in Höhe von 125 000 € (Verkehrswert Geschäftsanteil F: 150 000 € ./. Anschaffungskosten F: 25 000 €) unentgeltlich auf den Geschäftsanteil der F übergegangen sind, da F im Zuge der Kapitalerhöhung für den von ihr erworbenen Geschäftsanteil im gemeinen Wert von 150 000 € lediglich 25 000 € bezahlt hat.

Frau F hat den Geschäftsanteil im Nennwert von 15 000 € zu $^1/_6$ (25 000 €/150 000 € von 15 000 € = 2 500 €) entgeltlich und zu $^5/_6$ (125 000 €/150 000 € von 15 000 € = 12 500 €) **unentgeltlich** von M als dem bis dahin alleinigen Gesellschafter der GmbH erworben.

Die Anschaffungskosten des alten Geschäftsanteils in Höhe von 50 000 € werden **anteilig** (im Verhältnis der übergesprungenen stillen Reserven zum gemeinen Wert das alten Geschäftsanteils vor der Kapitalerhöhung) nicht mehr dem Geschäftsanteil des M, sondern dem der F zugeordnet, da insoweit ein (teilweise) unentgeltlicher Vorgang vorliegt. Die Anschaffungskosten des M in Höhe von 50 000 € sind anteilig um 10 000 € (50 000 € x 125 000 €/625 000 €) zu mindern und F zuzurechnen. (H 17 (3) EStH „Unentgeltlicher Anwartschaftserwerb"; BMF v. 21. 8. 2001, BStBl 2001 I 543, Tz. 21.14.)

b) Der Verzicht des M gegenüber der B-GmbH auf die am 2. 1. 2007 bestehende werthaltige Forderung im Wert von 5 000 € stellt eine **verdeckte Einlage** dar (R 40 Abs. 1 KStR, H 40 KStH „Forderungsverzicht"). Die verdeckte Einlage erhöht die Anschaffungskosten der Beteiligung (H 17 (5) EStH „Verdeckte Einlage").

c) Die Anschaffungskosten des an Best veräußerten Geschäftsanteils im Nennwert von 10 000 € ermitteln sich wie folgt:

ursprüngliche Anschaffungskosten	50 000 €
Minderung Anschaffungskosten durch Kapitalerhöhung	10 000 €
Anschaffungskosten nach Kapitalerhöhung	40 000 €
Erhöhung Anschaffungskosten (verdeckte Einlage)	5 000 €
Anschaffungskosten (Nennwert 50 000 €)	45 000 €
anteilige Anschaffungskosten des veräußerten Anteils $^1/_5$ von 45 000 €	9 000 €

Nach § 17 Abs. 2 Satz 1 EStG ermittelt sich der Veräußerungsgewinn wie folgt:

Veräußerungspreis		60 000 €
¹/₂ steuerfrei (§ 3 Nr. 40 Buchst. c EStG)		30 000 €
steuerpflichtiger Teil		30 000 €
Anschaffungskosten	9 000 €	
¹/₂ nicht abzugsfähig (§ 3c Abs. 2 EStG)	4 500 €	
abzugsfähig	4 500 €	4 500 €
Veräußerungsgewinn		25 500 €
Freibetrag (§ 17 Abs. 3 EStG)		0 €
Veräußerungsgewinn		**25 500 €**

Der Freibetrag des § 17 Abs. 3 Satz 1 EStG kann nicht in Anspruch genommen werden. Der Veräußerungsgewinn in Höhe von 25 500 € übersteigt den Grenzbetrag nach § 17 Abs. 3 Satz 2 EStG von 5 553 € (¹⁰/₆₅ von 36 100 €) um mehr als 1 394 € (¹⁰/₆₅ von 9 060 €).

Der Veräußerungsgewinn gehört **nicht** zu den **außerordentlichen Einkünften** nach § 34 Abs. 2 EStG, da das Halbeinkünfteverfahren Anwendung findet (§ 34 Abs. 2 Nr. 1 EStG). Der Veräußerungsgewinn unterliegt der tariflichen Einkommensteuer.

2. Einkünfte aus nichtselbständiger Arbeit (§ 19 EStG)

M erzielt als Geschäftsführer der B-GmbH Einkünfte aus nichtselbständiger Arbeit (§ 19 Abs. 1 Satz 1 Nr. 1 EStG).

Die Einnahmen betragen 12 x 4 000 € = **48 000 €**.

Die **Aufwendungen für Fahrten** zwischen Wohnung und regelmäßiger Arbeitsstätte sind **keine Werbungskosten** (§ 9 Abs. 2 Satz 1 EStG, s. aber BFH v. 10.1.2008 VI R 17/07). Ein Abzug nach § 9 Abs. 2 Satz 2 EStG kommt nicht in Betracht, da die Entfernung zwischen Wohnung und regelmäßiger Arbeitsstätte nicht mindestens 21 km beträgt.

Einnahmen	48 000 €
Werbungskostenpauschbetrag (§ 9a Nr. 1a EStG)	920 €
Einkünfte aus nichtselbständiger Arbeit (§ 19 EStG)	**47 080 €**

3. Einkünfte aus Vermietung und Verpachtung (§ 21 EStG)

M erzielt aus der Vermietung des ihm zuzurechnenden hälftigen Gebäudeteils Omsewitzer Straße an seine Frau (**Tz. 13**) bzw. seine Tochter (**Tz. 17**) in der Zeit von April bis Dezember 2007 Einkünfte aus Vermietung und Verpachtung (§ 21 Abs. 1 Satz 1 Nr. 1 EStG), da er den ihm zuzurechnenden Gebäudeteil aus eigenem Recht der F bzw. der T entgeltlich zur Nutzung überlassen hat. Ihm ist das Grundstück (Grund und Boden und Gebäude) – trotz des zivilrechtlich nicht vollzogenen Eigentumswechsels – **hälftig** in der Zeit vom 1.4. bis 31.12.2007 **steuerlich** nach § 39 Abs. 2 Nr. 1 AO zuzurechnen, weil Nutzen und Lasten in dieser Zeit bei der GbR bzw. ihren Gesellschaftern lagen.

Die Rückabwicklung des Kaufvertrags stellt **kein rückwirkendes** Ereignis i. S. d. § 175 AO dar (BFH v. 21.10.1999 I R 43, 44/98, BStBl II 2000 424; BFH vom 25.1.1996 IV R 144/94, BStBl 1997 II 382).

Die Mietverträge sind steuerlich anzuerkennen. Sie wurden zivilrechtlich wirksam geschlossen und halten in ihrer Gestaltung und Durchführung dem sog. **Fremdvergleich** stand. Die Hauptleistungspflichten sind in den Verträgen klar bestimmt und die Mietzahlungen wurden vereinbarungsgemäß geleistet (H 21.4 EStH „Fremdvergleich").

Ein Missbrauch von Form und Gestaltungsmöglichkeiten (§ 42 AO) liegt nicht vor. **Unschädlich** ist, dass die Vermietung der Wohnung durch die Eltern an ihr unterhaltsberechtigtes Kind erfolgt und das Kind die Miete aus dem Barunterhalt der Eltern zahlt (H 21.4 EStH „Vermietung an Unterhaltsberechtigte"). Nach § 1612 Abs. 1 Satz 1 BGB haben die Eltern den Unterhalt grundsätzlich durch Entrichten einer Geldrente zu gewähren. Entscheiden sich Eltern für einen Barunterhalt, ist diese Entscheidung auch der Besteuerung zugrunde zu legen und das Mietverhältnis in gleicher Weise zu beurteilen wie ein Mietverhältnis zwischen anderen Unterhaltsverpflichteten und -berechtigten, wenn der Unterhaltsverpflichtete kein Wahlrecht in Bezug auf die Art der Unterhaltsleistung hat (also Barunterhalt leisten muss). Bei einer steuerlichen Gleichstellung des Barunterhalts mit einer Naturalleistung würde das den Eltern nach § 1612 Abs. 2 BGB zustehende Wahlrecht mittelbar eingeschränkt (H 21.4 EStH „Vermietung an Unterhaltsberechtigte").

T zahlt 75 % (600 € von 800 €) der ortsüblichen Miete. Eine nicht marktgerechte Miete steht bei einer langfristigen Vermietung nicht zwingend einer steuerlichen Anerkennung des Mietverhältnisses im Bereich der Einkunftsart Vermietung und Verpachtung entgegen. Bei einer langfristigen Vermietung ist grundsätzlich vom Vorliegen einer **Einkunftserzielungsabsicht** auszugehen, wenn das Entgelt **nicht weniger** als 75 % der ortsüblichen Miete beträgt (BMF v. 8.10.2004, BStBl 2004 I 933 Tz. 12).

M kann als wirtschaftlicher Eigentümer der Gebäudehälfte die auf das Jahr 2007 entfallende **Gebäude-AfA** nach § 7 Abs. 4 Nr. 2 EStG zeitanteilig in voller Höhe geltend machen. Dies gilt auch für den an T vermieteten Gebäudeteil, weil das Entgelt für die Überlassung der Wohnung nach dem Sachverhalt mindestens 56 % der ortsüblichen Marktmiete beträgt und von einer Einkunftserzielungsabsicht auszugehen ist. Die Nutzungsüberlassung ist nicht in einen entgeltlichen und einen unentgeltlichen Teil aufzuteilen (§ 21 Abs. 2 EStG).

HINWEIS

Nach § 180 Abs. 1 Nr. 2 Buchst. a AO ist für die Zeit ab dem 1.7. bis 31.12.2007 für die Vermietung grundsätzlich eine gesonderte und einheitliche Feststellung durchzuführen, in die die Einkünfte aus der Vermietung des Objekts durch M an F und T sowie durch F an T (nicht: Nutzung des Erdgeschosses durch F aus eigenem Recht) eingehen. Nach dem abgabenrechtlichen Verfahren zur Ermittlung der Einkünfte und den damit zusammenhängenden Fragen („Zebra-Gesellschaft") ist hier laut Aufgabenstellung nicht gefragt.

Ermittlung der Einkünfte

Mieteinnahmen von F:

Monate April bis Juni – 3 x 1 600 €	4 800 €

Monate Juli bis Dezember – 6 x 800 €		+ 4 800 €
Mieteinnahmen von T:		
600 € x 6 Monate	3 600 €	
Einnahmen M – ½ von	13 200 €	6 600 €
AfA (§ 7 Abs. 4 Nr. 2 Buchst. a EStG) $^9/_{12}$ von 2 % von	300 000 €	4 500 €
Einkünfte		**2 100 €**

4. Private Veräußerungsgeschäfte (§ 23 EStG)

Die Rückabwicklung des Kaufvertrages zwischen der GbR und F zum 31. 12. 2007 ist steuerlich aus Sicht des M ein **Veräußerungsvorgang**, soweit ihm das Grundstück antei-lig gem. § 39 Abs. 2 Nr. 2 AO zuzurechnen ist. Die Rückabwicklung stellt kein rückwir-kendes Ereignis i. S. d. § 175 AO dar. Damit verwirklicht M zum 31. 12. 2007 ein **privates Veräußerungsgeschäft** i. S. d. § 23 Abs. 1 Satz 1 Nr. 1 EStG. Der anteilige Veräußerungs-gewinn aus der Veräußerung der Wohnung im 1. Obergeschoss wird nicht nach § 23 Abs. 1 Satz 3 EStG von der Besteuerung freigestellt. Die Wohnung war im Jahr 2007 zu-nächst zu freiberuflichen Zwecken an F und seit dem 1. 7. 2007 aufgrund eines auch steuerrechtlich anzuerkennenden Mietverhältnisses an die Tochter vermietet. Somit wurde die Wohnung im Jahr der Veräußerung von M nicht zu eigenen Wohnzwecken genutzt (§ 23 Abs. 1 Nr. 1 Satz 3 EStG).

Der Veräußerungsgewinn ist nach § 23 Abs. 3 Satz 1 EStG zu ermitteln. Der **Veräuße-rungspreis** besteht in der Rückzahlung der geleisteten Zahlung und dem Verzicht auf den (anteiligen) Kaufpreisanspruch durch F im Zusammenhang mit der Rückabwick-lung des Kaufvertrags. Zur Ermittlung des Veräußerungsgewinns sind vom Veräuße-rungspreis die um die AfA geminderten Anschaffungskosten abzuziehen (§ 23 Abs. 3 Satz 4 EStG).

Veräußerungspreis		400 000 €
Anschaffungskosten	400 000 €	
AfA für 9 Monate	4 500 €	395 500 €
Privater Veräußerungsgewinn (§ 23 EStG)		**4 500 €**

Der private Veräußerungsgewinn beträgt mindestens 512 € (§ 23 Abs. 3 Satz 6 EStG) und unterliegt damit der Besteuerung.

IV. Einkünfte der F

1. Einkünfte aus Gewerbebetrieb (§ 17 EStG)

Durch die Veräußerung ihres Geschäftsanteils von nominell 15 000 € an Herrn Dreher (**Tz. 9**) verwirklicht Frau F den Tatbestand des § 17 EStG, **soweit** sie den Geschäftsanteil steuerlich betrachtet **unentgeltlich** von M erworben hat. Hinsichtlich des entgeltlich er-worbenen Anteils ist § 17 EStG nicht anzuwenden (§ 23 Abs. 2 Satz 2 EStG). Frau F hat diesen Anteil innerhalb der Veräußerungsfrist von einem Jahr (§ 23 Abs. 1 Nr. 2 EStG) veräußert.

Frau F hat im Zuge der Kapitalerhöhung (**Tz. 8**) für den Geschäftsanteil im gemeinen Wert von 150 000 € ($^{15}/_{65}$ von 650 000 €) lediglich 25 000 € gezahlt. Sie hat den Geschäftsanteil somit nur zu $^1/_6$ entgeltlich (25 000 €/150 000 €) und zu $^5/_6$ unentgeltlich erworben.

Hinsichtlich des von F unentgeltlich erworben Geschäftsanteils, sind ihr **anteilig die Anschaffungskosten** ihres Rechtsvorgängers M zuzurechnen (§ 17 Abs. 2 Satz 3 EStG). Die anteilig auf den unentgeltlich erworbenen Anteil entfallenden Anschaffungskosten des M belaufen sich auf 10 000 € (50 000 € x 125 000 €/625 000 €).

Zur Ermittlung des **Veräußerungsgewinns** ist der erzielte Veräußerungspreis für die Anteile nach § 3 Nr. 40 Buchst. c EStG nur zur Hälfte anzusetzen. Entsprechend sind die Anschaffungskosten des GmbH-Anteils nur zur Hälfte zu berücksichtigen (§ 3c Abs. 2 EStG).

Der Veräußerungsgewinn ist im Zeitpunkt der Veräußerung des Geschäftsanteils (Abtretung der Rechte) entstanden. Hierbei kommt es nicht darauf an, wann der Veräußerungspreis zugeflossen ist. Der Veräußerungsgewinn ermittelt sich nach § 17 Abs. 2 EStG wie folgt:

Anteiliger Veräußerungspreis – $^5/_6$ von 120 000 €		100 000 €
$^1/_2$ steuerfrei (§ 3 Nr. 40 Buchst. c EStG) $^1/_2$ von 100 000 €		50 000 €
steuerpflichtiger Teil		50 000 €
Anschaffungskosten Rechtsvorgänger M	10 000 €	
$^1/_2$ nicht abzugsfähig (§ 3c Abs. 2 EStG)	5 000 €	
abzugsfähig		5 000 €
Veräußerungsgewinn		45 000 €
Freibetrag (§ 17 Abs. 3 EStG)		0 €
steuerpflichtiger Veräußerungsgewinn		45 000 €

Der Freibetrag des § 17 Abs. 3 Satz 1 EStG ist wegen der Höhe des Veräußerungsgewinns nach § 17 Abs. 3 Satz 2 EStG nicht zu gewähren.

Der Veräußerungsgewinn gehört **nicht** zu den **außerordentlichen Einkünften** nach § 34 Abs. 2 EStG, da das Halbeinkünfteverfahren Anwendung findet (§ 34 Abs. 2 Nr. 1 EStG). Der Veräußerungsgewinn unterliegt der tariflichen Einkommensteuer.

2. Einkünfte aus selbständiger Arbeit (§ 18 EStG)

Als Krankenpflegerin erzielt Frau F Einkünfte aus **freiberuflicher Tätigkeit** i. S. v. § 18 Abs. 1 Nr. 1 EStG, da sie nach dem Sachverhalt nur die medizinische Betreuung übernommen hat (H 15.6 EStH „Krankenpfleger"). Die Krankenpflege ist ein Heilberuf, für dessen Ausübung eine gesetzlich begründete Erlaubnis erforderlich ist; die Tätigkeit wird vom Gesundheitsamt überwacht.

Die Gewinnermittlung erfolgt durch Betriebsvermögensvergleich (§ 4 Abs. 1 EStG), da F – ohne gesetzliche Verpflichtung – freiwillig Bücher führt und regelmäßige Abschlüsse macht (§ 4 Abs. 3 EStG).

Es wird davon ausgegangen, dass der von F in ihrer Eröffnungsbilanz zum 1.1.2007 angesetzte Wert des Grundstücks dem Teilwert entspricht (§ 6 Abs. 1 Nr. 6 EStG).

F hat das Grundstück Omsewitzer Ring am 1.1.2007 **unentgeltlich** von O erworben (Tz. 10). Von einem voll entgeltlichen Rechtsgeschäft ist nicht auszugehen, da Leistung und Gegenleistung nicht wie unter Fremden nach kaufmännischen Gesichtspunkten gegeneinander abgewogen wurden (BMF v. 26.2.2007, BStBl 2007 I 269 Tz. 2). Auch kann nicht von einem teilentgeltlichen Rechtsgeschäft ausgegangen werden (BMF vom 16.9.2004, BStBl 2004 I 922 Tz. 50). Nach dem Sachverhalt erfolgte die Übertragung des Grundstücks im **Wege der Schenkung** und nicht im Austausch mit einer Gegenleistung. Die von F an O ohne rechtliche Verpflichtung in 2007 geleisteten Zahlungen können nicht als Gegenleistung für die Übertragung des Grundstücks angesehen werden. Es handelt sich hierbei um **freiwillige Zuwendungen** an eine gesetzlich unterhaltsberechtigte Person. Diese Zuwendungen sind nach § 12 Nr. 2 EStG bei der Ermittlung des Einkommens nicht abzugsfähig, soweit in § 10 Abs. 1 Nr. 1 und den §§ 33, 33a nichts anderes bestimmt ist (§ 12 Satz 1 EStG).

Das Grundstück war vom 1.1. bis zum 31.3.2007 insgesamt **notwendiges Betriebsvermögen** der freiberuflichen Tätigkeit, da es bis zu diesem Zeitpunkt im Alleineigentum von F gestanden und in vollem Umfang eigenbetrieblichen Zwecken gedient hat. Nach seiner Veräußerung an die GbR war das Grundstück vom 1.4.2007 bis zum 30.12.2007 nur zur Hälfte der F zuzurechnen; im Übrigen war M wirtschaftlicher Eigentümer (§ 39 Abs. 2 Nr. 1 AO).

Das hälftige Obergeschoss stellt seit der Vermietung an die Tochter T ab dem 1.7. aufgrund der anderweitigen Nutzung kein notwendiges Betriebsvermögen mehr dar. Dieser Grundstücksteil ist seit dem 1.7.2007 **gewillkürtes Betriebsvermögen**, da F diesen Grundstücksteil nicht durch eine konkrete Entnahmehandlung in ihr Privatvermögen überführt hat (R 4.3 Abs. 3 EStR).

Die bei der Gewinnermittlung als Betriebsausgaben zu berücksichtigende Gebäude-AfA bemisst sich nach § 7 Abs. 4 Nr. 2 EStG mit 2 % p. a. des Einlagewerts, **soweit** das Gebäude F zuzurechnen ist. § 7 Abs. 1 Satz 5 i.V. m. § 7 Abs. 4 Satz 1 EStG ist nicht anzuwenden, da das Gebäude vor seiner Einlage in das Betriebsvermögen nicht der Erzielung von Einkünften i. S. d. § 2 Abs. 1 Nr. 4 – 7 EStG gedient hat (R 7.3 Abs. 6 EStR). Die AfA nach § 7 Abs. 4 Nr. 1 EStG kommt nicht in Betracht, da für das Gebäude der Antrag auf Baugenehmigung nicht nach dem 31.3.1985 gestellt worden ist.

Die AfA für den zum 31.3.2007 an M veräußerten Hälfteanteil berechnet sich wie folgt:

Einlagewert 1.1.2007 – $^1/_2$ von 600 000 €	300 000 €
AfA (1.1. – 31.3.2007) – $^3/_{12}$ von 300 000 € x 2 %	1 500 €

Zum 30.12.2007 ergibt sich für die F zuzurechnende Gebäudehälfte eine AfA in Höhe von 6 000 € (2 % von 300 000 € – $^1/_2$ von 600 000 €) und ein Buchwert von 294 000 € (Anschaffungskosten Rechtsvorgängerin: $^1/_2$ von 600 000 € = 300 000 € ./. AfA 6 000 €). Die AfA entfällt mit 4 500 € auf die eigenbetrieblich genutzten Gebäudeteile und mit 1 500 € auf die seit dem 1.7.2007 an T vermietete Wohnung.

Aufgrund der **Rückabwicklung des Kaufvertrags** ist F das Grundstück zum 31. 12. 2007 **(Tz. 15)** wieder insgesamt steuerlich zuzurechnen Der Verzicht der F auf den Kaufpreisanteil 400 000 € des M stellt die **Anschaffungskosten** der zum 31. 12. 2007 zurück erworbenen Grundstückshälfte dar, hiervon entfallen 100 000 € auf den Grund und Boden und 300 000 € auf das Gebäude. Dieser Grundstücksteil stellt zum 31. 12. 2007 zur **Hälfte** (Erdgeschoss) **notwendiges** Betriebsvermögen und im Übrigen **gewillkürtes** Betriebsvermögen dar. Das Grundstück wurde nach dem Sachverhalt insgesamt zulässigerweise als Betriebsvermögen behandelt.

Umsatzsteuerverbindlichkeiten sind nicht auszuweisen. F ist zwar Unternehmerin i. S. d. § 2 UStG und erbringt umsatzsteuerbare Leistungen. Jedoch ist die Krankenpflege nach § 4 Nr. 14 UStG **umsatzsteuerfrei**.

Der Bilanzansatz des Gebäudes entwickelt sich wie folgt:

Einlagewert Gebäude 1. 1. 2007 (§ 6 Abs. 1 Nr. 6 EStG)	600 000 €
AfA (1. 1. – 31. 3. 2007) 2 % von 600 000 € x $^3/_{12}$	3 000 €
Buchwert 31. 3. 2007	597 000 €
Abgang – $^1/_2$ von 597 000 €	298 500 €
	298 500 €
AfA 1. 4. – 31. 12. 2007 – 2 % von 300 000 € x $^9/_{12}$	4 500 €
	294 000 €
Zugang Gebäude	300 000 €
Buchwert 31. 12. 2007	594 000 €

Zum 31. 12. 2007 ergibt sich nachfolgende Schlussbilanz:

Aktiva	**Schlussbilanz zum 31. 12. 2007**	Passiva
Grund und Boden	200 000 €	Eigenkapital	829 000 €
Gebäude	594 000 €		
Girokonto	25 000 €		
Forderungen	10 000 €		
	829 000 €		829 000 €

Der Gewinn aus selbständiger Arbeit ermittelt sich nach § 4 Abs. 1 EStG wie folgt:

BV zum 31. 12. 2007		829 000 €
abzgl. BV zum 1. 1. 2007		800 000 €
Unterschiedsbetrag		29 000 €
zuzüglich Entnahmen (§ 6 Abs. 1 Nr. 4 EStG):		
Abhebungen für private Zwecke lt. Sachverhalt		20 000 €
Mietzahlungen der F an die GbR, soweit diese auf den der F zuzurechnenden Grundstücksteil entfallen		
Monate 3 x 1 600 € = 4 800 € x $^1/_2$	2 400 €	
Monate 6 x 800 € = 4 800 € x $^1/_2$	2 400 €	4 800 €
Anteilige Miete der T für die Wohnung 1. OG, soweit sie auf den F zuzurechnenden Grundstücksteil entfällt		
Monate 6 x 600 € = 3 600 € x $^1/_2$		1 800 €

Anteilige AfA auf den von T genutzten Gebäudeteil (1. OG):
Die außerbetrieblich veranlasste verbilligte Vermietung der zum
Betriebsvermögen gehörenden Wohnung stellt eine Nutzungsentnahme dar, soweit F die Nutzung gegen ein Entgelt einräumt,
das aus außerbetrieblichen Gründen hinter dem marktüblichen
Entgelt zurückbleibt (BFH v. 29. 4. 1999 IV R 49/97, BStBl 1999 II
652). Das 1. OG wurde an T zu 75 % der ortsüblichen Miete vermietet. Die AfA nach § 7 Abs. 4 Nr. 2 EStG für den von F an T vermieteten Gebäudeteil (1. OG) und die sich hiernach ergebende
Nutzungsentnahme berechnet sich wie folgt:

Einlagewert Gebäude 1. 1. 2007 (§ 6 Abs. 1 Nr. 6 EStG)	600 000 €	
hiervon entfallen auf 1. OG $^1/_2$	300 000 €	
hiervon F zuzurechnen $- ^1/_2$	150 000 €	
AfA § 7 Abs. 4 Nr. 2 EStG: 2 % von 150 000 € x $^6/_{12}$	1 500 €	
Nutzungsentnahme 25 % von	1 500 €	375 €
Gewinn = Einkünfte aus selbständiger Arbeit		**55 975 €**

3. Veräußerungsgewinn aus privaten Veräußerungsgeschäften (§ 22 Nr. 2 i. V. m. § 23 EStG)

a) Veräußerung des hälftigen Grundstücksanteils an M

Mit der **Veräußerung** des hälftigen Grundstücksanteils an M (**Tz. 12**) zum 1. 4. 2007 verwirklicht F den Tatbestand des **§ 23 Abs. 1 Satz 5 EStG**; der Zeitraum zwischen der Anschaffung des Grundstücks durch die Rechtsvorgängerin im Jahre 1998 (§ 23 Abs. 1
Satz 3 EStG) und der Veräußerung durch F im Jahre 2007 aus dem Betriebsvermögen
betrug nicht mehr als 10 Jahre.

Der Veräußerungsgewinn unterliegt auch insoweit der Besteuerung, als er anteilig auf
die Wohnung im 1. Obergeschoss entfällt. Der anteilige Gewinn wird nicht nach § 23
Abs. 1 Nr. 1 Satz 3 EStG von der Besteuerung **freigestellt**. Die Wohnung wurde im Jahr
2007 von F zu eigenen gewerblichen Zwecken genutzt. Somit wurde die Wohnung im
Jahr der Veräußerung nicht ausschließlich zu eigenen Wohnzwecken genutzt (§ 23
Abs. 1 Nr. 1 Satz 3 EStG).

Die Besteuerung des Veräußerungsgewinns erfolgt im Veranlagungszeitraum des **Zuflusses** des Veräußerungspreises (§ 23 Abs. 3 Satz 7 EStG). Zugeflossen sind zunächst
die von M auf das Geschäftskonto der F eingezahlten 150 000 €. Die Verpflichtung des
M zur Zahlung des Restkaufpreises von (anteilig) 250 000 € wurde im Dezember 2007
zivilrechtlich lediglich aufgehoben, weil der Kaufvertrag insoweit noch nicht vollzogen
war. Damit ist aber auch dieser Restbetrag i. S. d. § 11 EStG zugeflossen. Denn ertrag-
steuerlich war der Kaufvertrag bereits mit **Übergang von Nutzen und Lasten** am
1. 4. 2007 vollzogen; die **Rückabwicklung** war ein erneuter Anschaffungsvorgang in
Höhe des ursprünglich vereinbarten Kaufpreises. Damit hat die Aufhebung der Zahlungsverpflichtung steuerlich die gleiche Funktion wie eine Verrechnungsabrede (wirtschaftliche Verfügung über die Einnahmen; zu diesem Kriterium z. B. BFH v. 24. 3. 1993
X R 55/91, BStBl 1993 II 499).

Die Gebäude-Anschaffungskosten sind **nicht** nach § 23 Abs. 3 Satz 4 EStG um Absetzungen für Abnutzung zu mindern, da das Grundstück vor seiner Zuführung in das Betriebsvermögen der F weder von der Rechtsvorgängerin O noch von F zur Erzielung von Einkünften i. S. d. § 2 Abs. 1 Nr. 4 bis 6 EStG gedient hat.

Einlagewert (§ 23 Abs. 3 Satz 2 EStG) $^1/_2$ von	800 000 €	400 000 €
Anschaffungskosten $^1/_2$ von	400 000 €	200 000 €
Veräußerungsgewinn		**200 000 €**

> **HINWEIS**
>
> Vertretbar ist auch die Auffassung, dass nur die tatsächlich gezahlten 150 000 € als zugeflossen anzusehen sind. In diesem Fall ist ein privater Veräußerungsgewinn in 2007 nicht entstanden, weil der gezahlte Kaufpreisanteil die Anschaffungskosten der veräußerten Grundstückshälfte von 200 000 € nicht überstiegen hat (BMF v. 5. 10. 2000, BStBl 2000 I 1383, Tz. 36).

b) Veräußerung Geschäftsanteil B-GmbH

Soweit F den Anteil an der B-GmbH i. R. der Kapitalerhöhung (Tz. 9) entgeltlich erworben hatte, verwirklicht sie mit der Veräußerung des Geschäftsanteils den Tatbestand des **§ 23 Abs. 1 Satz 1 Nr. 2 EStG**, weil zwischen Erwerb und Veräußerung weniger als ein Jahr liegt und der Erwerb des Anteils i. R. der Kapitalerhöhung eine Anschaffung i. S. d. Gesetzes darstellt. § 17 EStG ist nicht anzuwenden, da die Veräußerung gleichzeitig den Tatbestand des § 23 EStG erfüllt (§ 23 Abs. 2 Satz 2 EStG).

Zur Ermittlung des Veräußerungsgewinns ist der für die Anteile erzielte Veräußerungspreis nach § 3 Nr. 40 Buchst. j EStG nur zur Hälfte anzusetzen. Entsprechend sind die Anschaffungskosten des GmbH-Anteils nur zur Hälfte zu berücksichtigen (§ 3c Abs. 2 EStG).

F hat den Anteil zu **$^1/_6$ entgeltlich** erworben (s. o.). Der Veräußerungsgewinn bzw. Veräußerungsverlust ermittelt sich wie folgt:

Veräußerungspreis – $^1/_6$ von 120 000 €		20 000 €
steuerfrei (§ 3 Nr. 40 Buchst. j EStG)		10 000 €
steuerpflichtiger Veräußerungspreis		10 000 €
Anschaffungskosten	25 000 €	
nicht abzugsfähig § 3c Abs. 2 EStG	12 500 €	
abzugsfähig		12 500 €
Veräußerungsverlust		**2 500 €**

Der **Verlust** aus der Veräußerung des GmbH-Anteils in Höhe von 2 500 € darf mit dem Gewinn aus der Veräußerung des Grundstücks **ausgeglichen** werden (§ 23 Abs. 3 Satz 8 EStG). Es ergeben sich somit insgesamt Einkünfte aus privaten Veräußerungsgeschäften in Höhe von **197 500 €**.

IV. Summe der Einkünfte = Gesamtbetrag der Einkünfte

	M	F
§ 15	64 807 €	
§ 16	10 000 €	
§ 17	25 500 €	45 000 €
§ 18		55 975 €
§ 19	47 080 €	
§ 21	2 100 €	
§ 23	4 500 €	197 500 €
Summe der Einkünfte	153 987 €	298 475 €
Gesamtbetrag der Einkünfte	452 462 €	

V. Zu versteuerndes Einkommen

1. **Sonderausgaben** sind nach dem Sachverhalt mit 20 000 € anzusetzen.

   Die von F an ihre Mutter O geleisteten monatlichen Zahlungen (Tz. 10) stellen **keine** nach § 10 Abs. 1 Nr. 1 EStG abzugsfähigen **Versorgungsleistungen** dar. Die steuerliche Anerkennung eines Versorgungsvertrags setzt voraus, dass die gegenseitigen Rechte und Pflichten klar und eindeutig sowie rechtswirksam vereinbart und ernsthaft gewollt sind (BMF v. 16. 9. 2004, BStBl 2004 I 922 Tz. 37). Nach dem Sachverhalt hat F jedoch die monatlichen Zahlungen ohne vertragliche Verpflichtung geleistet.

2. Außergewöhnliche Belastungen (§ 33a EStG)

   a) Die von F an ihre Mutter O geleisteten Unterhaltszahlungen stellen keine außergewöhnliche Belastung gem. § 33a EStG dar. Frau O ist zwar eine gegenüber F gesetzlich unterhaltsberechtigte Person (§ 1601, § 1606 BGB); Aufwendungen sind jedoch dann nicht als außergewöhnliche Belastungen zu berücksichtigen, wenn der Stpfl. von dem Angehörigen dessen gesamtes sicheres Vermögen in einem Zeitpunkt übernommen hat, in dem sich dieser bereits im Rentenalter befand (BFH v. 12. 11. 1996 III R 38/95, BStBl 1997 II 387). In einem solchen Fall fehlt es an der Zwangsläufigkeit der Aufwendungen, weil der Unterhaltsberechtigte eine der wesentlichen Ursachen für die Bedürftigkeit durch Übergabe des Vermögens freiwillig selbst gesetzt hat.

   b) Die 1977 geborene T ist als angenommenes Kind im ersten Grad mit M und F verwandt und damit Kind i. S. d. § 32 Abs. 1 Mr. 1 EStG. Sie ist zu Beginn des VZ 2007 bereits älter als 27 Jahre. Damit ist sie nicht mehr nach § 32 Abs. 4 Nr. 1 und Nr. 2 EStG als Kind bei M und F zu berücksichtigen. Umstände, die eine Berücksichtigung nach § 32 Abs. 4 Nr. 3 EStG ermöglichen, ergeben sich aus dem Sachverhalt nicht. M und F steht für T **weder** ein **Kinderfreibetrag** noch **Kindergeld** zu.

   Die M und F für den Unterhalt und die Berufsausbildung ihrer Tochter entstandenen Aufwendungen sind i. R. des Höchstbetrags nach § 33a Abs. 1 EStG als außergewöhnliche Belastung zu berücksichtigen. T ist als Adoptivkind gegenüber ihren (Adoptiv-) Eltern gesetzlich unterhaltsberechtigt (§§ 1754, 1601 ff. BGB). M und F können für die Monate April bis Dezember 2007 die Unterhaltszahlungen als **außergewöhnliche Belastungen** gem. § 33a Abs. 1 Satz 1 i.V. m. Abs. 4 EStG im Rahmen des Höchstbetrags geltend machen.

Aufwendungen – 9 x 1 200 €	10 800 €
Höchstbetrag – $9/_{12}$ von 7 680 €	5 760 €

Ein Ausbildungsfreibetrag nach § 33a Abs. 2 EStG ist nicht zu berücksichtigen, weil M und F für T weder einen Kinderfreibetrag erhalten nach einen Anspruch auf Kindergeld haben (§ 33a Abs. 2 Satz 1 EStG).

3. Zusammenstellung

Gesamtbetrag der Einkünfte	452 462 €
Sonderausgaben	20 000 €
außergewöhnliche Belastungen	5 760 €
Einkommen = zu versteuerndes Einkommen	**426 702 €**

VI. Tarif

Auf das zu versteuernde Einkommen ist der **Splittingtarif** anzuwenden (§ 32a Abs. 5 EStG). Der Gewinn des M aus der Betriebsaufgabe ist nach der sog. Fünftelregelung des § 34 Abs. Nr. 1 EStG zu versteuern.

Teil II: Körperschaftsteuer

Die X-GmbH ist unbeschränkt körperschaftsteuerpflichtig, da sie ihren Sitz und ihre Geschäftsleitung im Inland hat (§ 1 KStG). Die unbeschränkte Steuerpflicht erstreckt sich auf sämtliche weltweit erzielten Einkünfte, soweit das Besteuerungsrecht für diese Einkünfte der Bundesrepublik nicht durch ein Doppelbesteuerungsabkommen entzogen ist oder eingeschränkt wird (§ 8 Abs. 2 KStG). Soweit die X-GmbH Einkünfte aus Dänemark bezieht, ist das DBA-Dänemark zu beachten (Art. 2 Abs. 4 DBA-Dänemark). Die X-GmbH ist eine Person i. S. d. DBA-Dänemark (Art. 3 Abs. 1 DBA-Dänemark), die in einem der Vertragsstaaten ansässig ist (Art. 4 Abs. Buchst. a DBA-Dänemark). Die Körperschaftsteuer bemisst sich nach dem zu versteuernden Einkommen (§ 7 Abs. 1 KStG). Das Einkommen der X-GmbH ist nach den Vorschriften des EStG und den ergänzenden Vorschriften des KStG zu ermitteln (§ 8 Abs. 1 KStG)

Körperschaftsteuervorauszahlung und Zuführung zur Körperschaftsteuerrückstellung

Die Körperschaftssteuervorauszahlungen (70 000 €) und die Körperschaftsteuerrückstellung (30 000 €) gehören nach § 10 Nr. 2 KStG zu den nichtabziehbaren Aufwendungen und sind außerhalb der Bilanz zur Ermittlung des Einkommens dem Jahresüberschuss hinzuzurechnen.

Außerbilanzielle Hinzurechnung	+ 100 000 €

Stellungnahme zu den einzelnen Sachverhalten

1. Anstellungsvertrag

A ist Alleingesellschafter der X-GmbH bzw. seit dem 1. 8. 2007 deren **beherrschender Gesellschafter**, weil er aufgrund seiner Beteiligung bei Gesellschafterversammlungen einen entscheidenden Einfluss ausüben kann (H 36 KStH „Beherrschender Gesellschafter").

Verträge mit beherrschenden Gesellschaftern müssen im Vorhinein klar und eindeutig getroffen und **zivilrechtlich wirksam** sein, um steuerlich anerkannt zu werden (H 36 KStR „Zivilrechtliche Wirksamkeit"). Rückwirkende Vereinbarungen zwischen der Gesellschaft und ihrem beherrschenden Gesellschafter sind steuerrechtlich unbeachtlich (H 36 KStH „Rückwirkende Vereinbarung"). Liegen diese Voraussetzungen nicht vor, so stellen Leistungen der Gesellschaft an ihren beherrschenden Gesellschafter **verdeckte Gewinnausschüttungen** dar (§ 8 Abs. 3 Satz 2 KStG), die bei der Ermittlung des Einkommens nicht abgezogen werden dürfen. Das gilt selbst dann, wenn der Vergütungsanspruch für eine Arbeitsleistung auf gesetzlicher Regelung des § 612 BGB bestehen sollte (H 36 EStH „Klare und eindeutige Vereinbarung").

Als Alleingesellschafter der X-GmbH hat A in seiner Eigenschaft als alleinvertretungsberechtigtem Gesellschafter mit sich selbst den Anstellungsvertrag abgeschlossen. Ein solches Rechtsgeschäft ist nur bei entsprechender wirksamer Genehmigung möglich (§ 181 BGB, § 35 Abs. 4 GmbHG). Eine wirksame Befreiung vom **Selbstkontrahierungsverbot** des § 181 BGB setzt eine entsprechende Regelung in der Satzung der Gesellschaft sowie die Eintragung im Handelsregister voraus (H 36 KStH „Zivilrechtliche Wirksamkeit"). Im Zeitpunkt des Vertragsabschlusses am 1. 1. 2001 fehlte in der Satzung der GmbH eine entsprechende Regelung, so dass die Voraussetzungen für die Befreiung nach den §§ 181 BGB, § 35 Abs. 4 GmbHG **nicht** vorliegen. Die bloße diesbezügliche Regelung im Anstellungsvertrag reicht nicht aus.

Wegen der fehlenden Befreiung vom Selbstkontrahierungsverbot des § 181 BGB hat A ohne Vertretungsmacht gehandelt und der Anstellungsvertrag ist schwebend **unwirksam** (§ 177 BGB).

Die an den Alleingesellschafter A im Rahmen des Anstellungsvertrages geleisteten **Zahlungen** wären wegen der fehlenden Wirksamkeit des Anstellungsvertrags grundsätzlich als **verdeckte Gewinnausschüttungen** zu beurteilen, da sie auf einer zivilrechtlich unwirksam Rechtsgrundlage beruhen. In den Zahlungen wäre eine verdeckte Gewinnausschüttung zu sehen, da sie durch das Gesellschaftsverhältnis veranlasst sind und sich einkommensteuermindernd bei der GmbH ausgewirkt haben (R 36 Abs. 1 Satz 1 KStR). Ein sorgfältiger und gewissenhafter Geschäftsführer hätte auf einen zivilrechtlich wirksamen Vertrag geachtet.

Durch die Änderung des Gesellschaftsvertrages als Folge des Gesellschafterbeschlusses vom 1. 7. 2007 und der Handelsregistereintragung vom 15. 10. 2007 wurde der abgeschlossene und zunächst schwebend unwirksame Vertrag (§ 177 BGB) jedoch **nachträglich** gem. § 184 BGB **genehmigt**. Die nachträgliche Zustimmung (Genehmigung) wirkt auf den Zeitpunkt der Vornahme des Rechtsgeschäfts zurück und hat damit zur Folge, dass A von Anfang an wirksam von den Beschränkungen des § 181 BGB befreit wird (H 36 KStH „Zivilrechtliche Wirksamkeit").

Das für beherrschende Gesellschafter bestehende **Rückwirkungsverbot** steht dem **nicht** entgegen. Dies wäre nur der Fall, wenn die eigentliche vertragliche Vereinbarung im Zuwendungszeitpunkt fehlte und später nachgeholt wurde. In dem Anstellungsvertrag vom 1.1.2001 war die Vergütung des A jedoch klar und eindeutig im Voraus geregelt, wurde auch durchgeführt und war lediglich infolge der zunächst fehlenden Befreiung vom Verbot des § 181 BGB schwebend unwirksam. Wird aber wie hier dieser Schwebezustand zivilrechtlich wirksam rückwirkend beendet, so ist dies auch steuerlich anzuerkennen (BFH v. 31.5.1995 I R 64/94, BStBl 1996 II 246 und v. 23.10.1996 I R 71/95, BStBl 1999 II 35).

Folge: Keine Änderung.

2. Ausländische Einkünfte

Die **Dividenden**, die die in Dänemark ansässige Z-AG an die inländische X-GmbH gezahlt hat, unterliegen grundsätzlich in der **Bundesrepublik** der Besteuerung (Art.10 Abs.1 u. Art.3 Abs.1 Nr.d) und e) DBA-Dänemark). Auch Dänemark hat für diese Dividenden ein Besteuerungsrecht (Art.10 Abs.2 DBA-Dänemark). Die dänische Steuer darf aber 5% des Bruttobetrages der Dividende nicht übersteigen, da die begünstigte X-GmbH unmittelbar mit 10% an der Z-AG beteiligt ist (Art.10 Abs.3 DBA-Dänemark). Das **dänische Besteuerungsrecht** geht dabei dem deutschen Besteuerungsrecht **vor** mit der Folge, dass eine verwirklichte dänische Besteuerung die deutsche Besteuerung ausschließt (vgl. Art.24 Abs.1a und 3 DBA-Dänemark).

Nach dänischem Recht unterliegt die Z-AG mit Ort der Geschäftsleitung in Tondern/Dänemark mit allen Einkünften, d.h. auch mit ihren an die in Deutschland ansässige X-GmbH ausgeschütteten Dividenden, der dänischen Besteuerung.

Dänemark hat vorliegend von seinem Besteuerungsrecht Gebrauch gemacht und mit 4 000 € **Abschlagsteuer** die Obergrenze von 5% des Bruttobetrages der Dividende von 84 000 € (= 4 200 €) eingehalten.

Die Beteiligung der X-GmbH an der Z-AG von 10% sowie die Ausübung des dänischen Besteuerungsrechts gem. Art.10 Abs.2 DBA-Dänemark haben zur Folge, dass die im Jahresüberschuss enthaltende Bruttodividende von 84 000 € **nicht** in die **Bemessungsgrundlage** der deutschen Steuer der X-GmbH einbezogen werden darf und daher **steuerfrei** ist (Art.24 Abs.1 Buchst.a Abs.1 und 2 DBA-Dänemark). Der nach Art.24 Abs.1 Buchst.a Abs.1 DBA-Dänemark vorgesehene Progressionsvorbehalt ist bei der Körperschaftsteuer ohne Bedeutung.

Zur Ermittlung des Einkommens ist **außerhalb** der Bilanz die Bruttodividende vom Jahresüberschuss abzuziehen

Außerbilanzielle Kürzung ./. 84 000 €

Die **ausländische Quellensteuer** in Höhe von 4 000 € gehört nach § 10 Nr.2 KStG zu den **nichtabziehbaren Ausgaben**. Da diese Steuer den Jahresüberschuss als Betriebsausgabe gemindert hat, ist sie außerhalb der Bilanz dem Jahresüberschuss hinzuzurechnen.

Außerbilanzielle Hinzurechnung + 4 000 €

Die Steuerfreiheit hat zur Folge, dass eine Anrechnung der dänischen Steuer von 4 000 € auf die inländische Körperschaftsteuer entfällt (Art. 24 Abs. 1 Buchst. b Doppelbuchst. aa DBA-Dänemark).

Die Freistellung der ausländischen Dividenden von der inländischen Besteuerung ergibt sich unmittelbar aus § 8b Abs. 1 KStG. Nach § 8b Abs. 5 KStG gelten 5 % = 4 200 € (5 % von 84 000 €) als Ausgaben, die nicht als Betriebsausgaben abgezogen werden dürfen.

Außerbilanzielle Hinzurechnung + 4 200 €

3. Spende

Ausgaben zur Förderung der als besonders förderungswürdig anerkannten **gemeinnützigen Zwecke** sind bis zur Höhe von 5 % des Gesamtbetrages der Einkünfte oder 2 ‰ der Summe der gesamten Umsätze und der im Kalenderjahr aufgewendeten Löhne und Gehälter als Ausgaben **abzugsfähig** (§ 9 Abs. 1 Nr. 2 KStG).

Der Sport gehört zu den als besonders förderungswürdig anerkannten Zwecken (§ 48 Abs. 2 EStDV i. V. m. Anlage 1). Die Spende an den Sportverein ist gem. § 48 Abs. 4 Nr. 2 EStDV i. V. m. Abschn. B Nr. 1 der Anlage 1 daher grundsätzlich abzugsfähig. Die Zuwendung in Höhe von 1 000 € liegt zudem deutlich unter der Grenze von 2 ‰ der Umsätze der X-GmbH in Höhe von 90 000 000 €

Der Sportverein ist unmittelbar **spendenberechtigt**. Er durfte daher die Zuwendungsbestätigung selbst ausstellen, die ihrerseits materielle Voraussetzung für die steuerliche Abzugsfähigkeit der Spende ist.

Grundsätzlich müssen Mittel eines Sportvereins für satzungsmäßige sportliche Zwecke verwendet werden (§ 55 Abs. 1 Nr. 1 AO). Mit der Gaststätte betreibt der Sportverein einen **wirtschaftlichen Geschäftsbetrieb** gem. § 14 AO, für den das Gesetz die Befreiung von der Körperschaftsteuer ausschließt (§ 64 AO, § 5 Abs. 1 Nr. 9 KStG).

Die zugewendeten 1 000 € wurden nicht für gemeinnützige Zwecke verwendet, da die Spende der Gaststätte zugeführt wurde. Zudem wurde dem Verein anlässlich der Überprüfung seiner tatsächlichen Geschäftsführung für das Jahr 2007 die Gemeinnützigkeit insgesamt versagt. Damit liegen grundsätzlich die **Voraussetzungen** für den steuerlichen Abzug der Zuwendung bei der X-GmbH **nicht** vor.

Im Zeitpunkt der Zuwendung am 3. 3. 2007 durfte die X-GmbH angesichts des Bescheides vom 1. 7. 2005 von der Gemeinnützigkeit des Sportvereins S ausgehen. Weder wussten die geschäftsführenden Organe der X-GmbH noch konnten sie wissen, dass der Verein die Zuwendung nicht für gemeinnützige Zwecke verwendete und das Finanzamt die Gemeinnützigkeit für das Jahr 2007 nicht anerkennen würde. Die X-GmbH handelte im Zeitpunkt der Spende im guten Glauben an die Gemeinnützigkeit des Sportvereins S. Daher bleibt die Spende **steuerlich abzugsfähig** (§ 10b Abs. 4 EStG, § 9 Abs. 3 KStG).

Folge: Keine Änderung.

4. Wettkampffinanzierung

Die Zahlung von 200 000 € ist unter dem Gesichtspunkt des **Sponsoring** steuerlich abzugsfähig sein.

Sponsoring ist die Gewährung von Geld oder geldwerten Vorteilen durch Unternehmen zur Förderung von Personen, Gruppen oder Organisatoren in sportlichen, kulturellen, kirchlichen, wissenschaftliche, sozialen, ökologischen oder ähnlichen Bereichen, mit der regelmäßig auch eigene unternehmensbezogene Ziele der Werbung oder Öffentlichkeitsarbeit verfolgt werden (BMF-Schreiben v. 18. 2. 1998, BStBl 1998 I 212 Tz. 1).

Diese Aufwendungen können nur dann betriebliche veranlasst sein, wenn der Sponsor wirtschaftliche Vorteile für sein Unternehmen anstrebt oder für seine Produkte wirbt (BMF-Schreiben v. 18. 2. 1998, BStBl 1998 I 212 Tz. 3). Diese **Voraussetzungen liegen** nach dem Sachverhalt **vor**. Namensgebung für die Wettkämpfe, Fernsehübertragungen, Webeeinblendungen und Werbeplakate im Stadion verfolgen das Ziel, die Produkte der X-GmbH bekannt zu machen und deren Absatz zu fördern.

Unerheblich ist, ob die Zahlungen notwendig, üblich oder zweckmäßig sind. Der Betriebsausgabenabzug kann nur bei einem krassen Missverhältnis zwischen Leistungen des Sponsors und dem angestrebten wirtschaftlichen Vorteil versagt werden. Dafür gibt es hier keine Anhaltspunkte (BMF-Schreiben v. 18. 2. 1998, BStBl 1998 I 212 Tz. 5).

Folge: Keine Änderung.

5. Bewirtung

Aufwendungen für die Bewirtung von Personen aus geschäftlichem Anlass sind nur nach Maßgabe von § 4 Abs. 5 Nr. 2 EStG **steuerlich abzugsfähig**.

Aus den vorhandenen Belegen können die Höhe und die betriebliche Veranlassung der Aufwendungen sowie Zeitpunkt, Ort, Teilnehmer und Grund der Bewirtung hinreichend entnommen werden. Die Aufwendungen sind auch **angemessen**, so dass grundsätzlich die Voraussetzungen für die steuerliche Abzugsfähigkeit nach § 4 Abs. 5 Nr. 2 EStG vorliegen. Allerdings sind nach § 4 Abs. 5 Nr. 2 EStG nur **70 % der Aufwendungen** als Betriebsausgaben abzugsfähig, so dass (30 % von 100 000 € =) 30 000 € bei der Ermittlung des Einkommens steuerlich nicht abgezogen werden können.

Die steuerliche Abzugsfähigkeit der restlichen 70 000 € setzt zudem voraus, dass sie einzeln und getrennt von den übrigen Betriebsausgaben aufgezeichnet werden (§ 4 Abs. 7 EStG).

Unerheblich ist, dass bei den Bewirtungskosten für Geschäftsfreunde mehrere Einzelbeträge in einer Summe gebucht wurden. Zwar sind nach § 4 Abs. 7 EStG die jeweiligen Ausgaben **getrennt aufzuzeichnen**. Sammelbuchungen sind jedoch dann zulässig, wenn die einzelnen Bewirtungen anhand des in § 4 Abs. 5 Satz 1 Nr. 2 u. 3 EStG verlangten Nachweises nachgeprüft werden können (H 4.11 EStH „Besondere Aufzeichnung"). Dies ist angesichts der kompletten und hinreichend ausgefüllten Belege der Fall. § 4 Abs. 7 EStG steht der Abzugsfähigkeit der Bewirtungsaufwendungen für Geschäftspartner nicht entgegen.

Auf dem Bewirtungskonto wurden auch **uneingeschränkt abzugsfähige Bewirtungsaufwendungen** für Veranstaltungen, an denen ausschließlich Arbeitnehmer teilnahmen, gebucht. Insoweit mangelt es an der getrennten Aufzeichnung für die betrieblich veranlasste Bewirtung von Geschäftsfreunden. Die Buchung beschränkt abzugsfähiger und unbeschränkt abzugsfähiger Bewirtungskosten auf nur einem Konto verstößt jedoch nicht gegen § 4 Abs. 7 EStG, denn der Zweck der besonderen Aufsichtspflicht, das Auffinden der in § 4 Abs. 5 Nr. 2 EStG gesondert geregelten Betriebsausgaben zu erleichtern, wird dadurch nicht berührt (H 4.11 EStH „Besondere Aufzeichnung").

Auf dem fraglichen Bewirtungskonto wurden neben den Bewirtungsaufwendungen auch Rechtsanwaltskosten von 15 000 € gebucht. Die Buchung der Rechtsanwaltskosten beruhte auf einem Versehen. Eine derartige **Fehlbuchung** stellt sich nach dem Rechtsgedanken des § 129 AO als **offenbare Unrichtigkeit** dar. Sie berührt den Charakter des Kontos als „Aufzeichnung getrennt von den sonstigen Betriebsausgaben" nicht und steht mithin dem steuerlichen Abzug der Bewirtungskosten nicht entgegen (H 4.11 EStH „Verstoß gegen die besondere Aufzeichnungspflicht").

Außerbilanzielle Hinzurechnung + 30 000 €

6. Sacheinlage

a) Sacheinlage bei der übernehmenden X-GmbH

Die **nicht** nach § 1 Abs. 1 Nr. 1 KStG **unbeschränkt steuerpflichtige** U-AG hat mit Vertrag vom 1. 8. 2007 ihre Beteiligung von 66 $^2/_3$ % an der nach § 1 Abs. 1 Nr. 1 KStG unbeschränkt steuerpflichtigen Y-AG auf die X-GmbH als übernehmende Rechtsträgerin übertragen und dafür von der X-GmbH durch Kapitalerhöhungsbeschluss geschaffene neue Anteile an der X-GmbH im Nennwert von 100 000 € erhalten.

Für den **Anteilstausch** gilt nach § 1 Abs. 3 Nr. 5 UmwStG der Sechste bis Achte Teil des UmwStG. Die übernehmende X-GmbH ist als unbeschränkt körperschaftsteuerpflichtige Kapitalgesellschaft eine Gesellschaft i. S. d. § 1 Abs. 2 Satz 1 Nr. 1 UmwStG. Auf die Ansässigkeit des Einbringenden kommt es insoweit nicht an. Auf die Einbringung der Aktien der Y-AG durch die U-AG in die X-GmbH gegen Gewährung neuer Anteile an der X-GmbH finden die Vorschriften des **§ 21 UmwStG** daher Anwendung.

Die übernehmende X-GmbH hat die eingebrachten Aktien der Y-AG grundsätzlich mit dem **gemeinen Wert** anzusetzen (§ 21 Abs. 1 Satz 1 UmwStG).

Auf Antrag, der spätestens bis zur erstmaligen Abgabe der steuerlichen Schlussbilanz für 2007 bei dem für die Besteuerung der X-GmbH zuständigen Finanzamt zu stellen ist, kann die X-GmbH unter den Voraussetzungen des § 21 Abs. 1 Satz 2 UmwStG die eingebrachten Aktien an der Y-AG auch mit dem **Buchwert** oder einem **Zwischenwert** ansetzen (§ 21 Abs. 1 Satz 2 i. V. m. § 20 Abs. 2 Satz 3 UmwStG). Nach dem Gesetzeswortlaut besteht auch in den Fällen des § 21 Abs. 2 Satz 2 und 3 UmwStG keine zwingende Wertverknüpfung zwischen der aufnehmenden Kapitalgesellschaft und dem Einbringenden. Voraussetzung für den Ansatz der eingebrachten Anteile mit dem Buchwert ist nur, dass die übernehmende X-GmbH nach Übertragung der Aktien der Y-AG die Mehrheit der Stimmrechte an der Y-AG hat (§ 21 Abs. 1 Satz 2 UmwStG). Begünstigt ist hiernach der Fall, dass die **Mehrheitsbeteiligung** erst durch den Einbringungsvorgang entsteht.

Für die Gewährung der neuen durch Kapitalerhöhungsbeschluss geschaffenen Anteile von 0,99 % an der X-GmbH, hat die X-GmbH im Gegenzug von der U-AG in Kopenhagen 66 $^2/_3$ % der Aktien an der Y-AG erhalten. Nach der Einbringung ist die **X-GmbH** – einschließlich der von der U-AG eingebrachten Aktien – **Alleingesellschafterin** der Y-AG. Aufgrund ihrer hundertprozentigen Beteiligung an der Y-AG hat sie die **Mehrheit der Stimmrechte** (§ 21 Abs. 1 Satz 2 UmwStG). Die Einschränkung des Ansatzwahlrechts nach § 21 Abs. 1 Satz 3 UmwStG findet vorliegend keine Anwendung, da die U-AG für die Einbringung keine weiteren Wirtschaftsgüter neben den neuen Anteilen von der X-GmbH erhalten hat.

Die X-GmbH kann somit die von der U-AG eingebrachten Aktien an der Y-AG mit dem gemeinen Wert von 600 000 € oder mit dem Buchwert von 100 000 € oder einem Zwischenwert ansetzen, da die Voraussetzungen des § 21 Abs. 1 Satz 1 und Satz 2 UmwStG erfüllt sind.

aa) Setzt die X-GmbH die von der U-AG eingebrachten Aktien der Y-AG mit dem gemeinen Wert von 600 000 € in ihrer Bilanz an, so ist der Unterschiedsbetrag (= 500 000 €) zwischen dem gemeinen Wert von 600 000 € und dem Nennwert der durch Kapitalerhöhungsbeschluss geschaffenen neuen Aktien von 100 000 € als **Kapitalrücklage** in der Bilanz auszuweisen (§ 272 Abs. 2 Nr. 1 HGB) und als **Zugang** beim **steuerlichen Einlagekonto** (§ 27 Abs. 1 KStG) mit 500 000 € zu erfassen.

bb) Setzt die X-GmbH die von der U-AG eingebrachten Aktien der Y-AG mit dem Buchwert von 100 000 € in ihrer Bilanz an, so ergeben sich für die X-GmbH **keine bilanziellen Veränderungen**. Der Erhöhung der Aktivseite der Bilanz um den Buchwert der eingebrachten Aktien der Y-AG von 100 000 € steht auf der Passivseite der Bilanz in gleicher Höhe die Erhöhung des gezeichneten Kapitals um den Nennwert von 100 000 € der durch die Kapitalerhöhung geschaffenen neuen Anteile.

Sofern die in diesem Fall in den Aktien der Y-AG enthaltenen und auf die X-GmbH übertragenen stillen Reserven in späteren Jahren realisiert werden, bleibt ein erzielter **Veräußerungsgewinn** bei der Ermittlung des Einkommens der X-GmbH außer Ansatz (§ 8b Abs. 2 KStG). Zu berücksichtigen ist hierbei jedoch, dass in diesem Fall von dem Veräußerungsgewinn 5 % als Ausgaben gelten, die nicht als Betriebsausgaben abgezogen werden dürfen. Bei einem Veräußerungsgewinn von 500 000 € wären somit 25 000 € zur Ermittlung des zu steuernden Einkommens der X-GmbH hinzuzurechnen (§ 8b Abs. 3 Satz 1 KStG).

Wird nach Realisierung der erzielte Gewinn in Form einer **offenen Gewinnausschüttung** an die Gesellschafter ausgeschüttet, stellt die Gewinnausschüttung für die Gesellschafter **Einnahmen aus Kapitalvermögen** (§ 20 Abs. 1 Nr. 1 EStG) dar.

In diesem Fall unterliegt die **U-AG** mit den nach § 20 Abs. 1 Nr. 1 EStG erzielten Einkünften nach § 2 Nr. 1 KStG i. V. m. § 49 EStG der **beschränkten Körperschaftsteuerpflicht**, da sie im Inland weder ihre Geschäftsleitung noch ihren Sitz hat. Eine Besteuerung der Gewinnausschüttung in der BRD kommt in Betracht, soweit inländische Einkünfte i. S. d. § 49 EStG vorliegen und das Besteuerungsrecht der BRD nicht durch das DBA-Dänemark entzogen wird. Das DBA-Dänemark findet Anwendung

(Art. 2 Abs. 4 DBA-Dänemark), da die U-AG ist eine Person i. S. d. DBA-Dänemark ist (Art. 3 Abs. 1 DBA-Dänemark), die in einem der Vertragsstaaten ansässig ist (Art. 4 Abs. Buchst. a DBA-Dänemark).

Die **U-AG** hält die durch die Einbringung erlangten Anteile an der X-GmbH in ihrem in Kopenhagen/Dänemark geführten Betrieb. Die Anteile gehören bei ihr zu ihrem **Betriebsvermögen**. Mithin stellt die Gewinnausschüttung einen betrieblichen Vorgang dar.

Inländische Einkünfte aus Gewerbebetrieb setzen nach § 49 Abs. 1 Nr. 2 EStG voraus, dass sie durch eine inländische Betriebsstätte i. S. d. § 12 AO erzielt werden (§ 49 Abs. 1 Nr. 1 Buchst. a EStG). **Mangels inländischer Betriebsstätte** liegen keine inländischen Einkünfte i. S. d. § 49 Abs. 1 Nr. 2 Buchst. a EStG vor.

Nach § 49 Abs. 2 EStG bleiben im Ausland gegebene Besteuerungsmerkmale außer Betracht, soweit bei ihrer Berücksichtigung inländische Einkünfte i. S. d. § 49 Abs. 1 EStG nicht angenommen werden können. Unter Außerachtlassung der Zugehörigkeit der Anteile an der X-GmbH zum ausländischen Betriebsvermögen der U-AG gehört die **Gewinnausschüttung** zu den nach § 49 Abs. 1 Nr. 5 Buchst. a EStG **beschränkt steuerpflichtigen Einkünften** aus Kapitalvermögen, da die X-GmbH ihren Sitz und ihre Geschäftsleitung im Inland hat.

Die Gewinnausschüttung unterliegt nach § 43 Abs. 1 Nr. 1 i. V. m. § 43a Abs. 1 Nr. 1 EStG dem Steuerabzug von 20 % der Einnahmen. Mit dem Steuerabzug gilt die Körperschaftsteuer als abgegolten (§ 50 Abs. 5 Satz 1 EStG).

Nach Art. 10 Abs. 2 i. V. m. Abs. 4 DBA-Dänemark können die Gewinnausschüttungen in der BRD besteuert werden, da die die Gewinnausschüttung zahlende X-GmbH in der BRD ansässig i. S. d. Art. 4 Abs. 1 Buchst. a DBA-Dänemark ist. Nach Art. 10 Abs. 2 Satz 1 DBA-Dänemark darf die Steuer 15 % des Bruttobetrags der Gewinnausschüttung nicht übersteigen. Die **Beschränkung des Steuerabzugs** nach Art. 10 Abs. 3 Satz 1 DBA-Dänemark findet **keine Anwendung**, da die von der U-AG an der X-GmbH gehaltene Beteiligung von 0,99 % nicht mindestens 10 % Nennkapitals beträgt.

Ungeachtet der Regelung im DBA-Dänemark, sind die Vorschriften über die Einbehaltung, Abführung und Anmeldung der Steuer durch die X-GmbH anzuwenden (§ 50d Abs. 1 Satz 1 EStG). Soweit die einbehaltene und abgeführte Kapitalertragsteuer den nach Art. 10 Abs. 2 Satz 1 DBA-Dänemark zulässigen Höchstbetrag von 15 % des Bruttobetrags übersteigt, kann die U-AG einen Antrag auf teilweise Erstattung beim Bundeszentralamt stellen (§ 50d Abs. 1 Satz 2 und Satz 3 EStG). Ein Ausschluss der Steuerentlastung nach § 50d Abs. 1 EStG kommt nicht in Betracht, da nach dem Sachverhalt davon auszugehen ist, dass ein Anwendungsfall des § 50d Abs. 3 EStG nicht vorliegt.

Für die X-GmbH ist es daher aus steuerlicher Sicht sinnvoll, die eingebrachten Aktien mit ihrem **gemeinen Wert** in der Bilanz zum 31. 12. 2007 anzusetzen. Hierdurch wird eine spätere Einkommenserhöhung nach § 8b Abs. 3 KStG und eine **Besteuerung der stillen Reserven** im Fall der Ausschüttung bei der Anteilsinhaberin U-AG **vermieden**.

b) Sacheinlage der einbringenden U-AG

Bei der Ausübung des Ansatzwahlrechts sind die steuerlichen Folgen des § 21 Abs. 2 UmwStG bei der einbringenden U-AG zu berücksichtigen.

Nach § 21 Abs. 2 Satz 1 UmwStG gilt der **Wertansatz**, mit dem die übernehmende X-GmbH die eingebrachten Anteile an der Y-AG ansetzt, für die einbringende U-AG als **Veräußerungspreis** für die eingebrachten Anteile und als **Anschaffungskosten** für die erhaltenen Anteile an der X-GmbH. Bei Buchwertansatz würde sich somit für die U-AG kein Veräußerungsgewinn ergeben, da der Veräußerungspreis dann dem Buchwert der Anteile entsprechen würde.

Nach § 21 Abs. 2 Satz 2 UmwStG gilt jedoch für den Einbringenden der **gemeine Wert** der eingebrachten Anteile als **Veräußerungspreis** und als **Anschaffungskosten** der erhaltenen Anteile, wenn die BRD das Besteuerungsrecht an den eingebrachten Anteilen verliert bzw. dieses aufgrund eines DBA künftig eingeschränkt wird. Aus der Sicht des Einbringenden ist in diesem Fall für Zwecke seiner Anschaffungskosten der durch die Einbringung erlangten Anteile und des Veräußerungspreises seiner eingebrachten Anteile der Ansatz des gemeinen Werts zwingend. Gleiches gilt, wenn das Besteuerungsrecht der BRD an den im Rahmen der Einbringung erhaltenen Anteilen eingeschränkt wird oder nicht besteht. Der tatsächliche Wertansatz bei der übernehmenden Kapitalgesellschaft (§ 21 Abs. 1 UmwStG) ist für den Einbringenden dann unbedeutend. Dadurch werden die stillen Reserven, für die die BRD bisher noch ein Besteuerungsrecht hatte, einer Schlussbesteuerung unterzogen (§ 21 Abs. 2 Satz 2 UmwStG).

Hiernach würde sich für die U-AG ein Veräußerungsgewinn in Höhe von 500 000 € ergeben (Veräußerungspreis = gemeiner Wert 600 000 € ./. Buchwert 100 000 €).

Die U-AG ist nicht unbeschränkt körperschaftsteuerpflichtig, da sie im Inland weder ihre Geschäftsleitung noch ihren Sitz hat (§ 1 Abs. 1 Nr. 1 KStG). Sie unterliegt nur mit ihren inländischen Einkünften i. S. d. § 49 EStG nach § 2 Nr. 1 KStG der **beschränkten Körperschaftsteuerpflicht**. § 7 Abs. 4 Satz 1 KStG ist nicht anzuwenden, da für die U-AG keine Buchführungspflicht nach HGB besteht.

Die U-AG hält die durch die Einbringung erlangten Anteile an der X-GmbH in ihrem in Kopenhagen/Dänemark geführten Betrieb. Die Anteile gehören bei ihr zu ihrem Betriebsvermögen. Mithin wäre eine Veräußerung dieser Beteiligung im Zeitpunkt der Sacheinlage am 1. 8. 2007 ein **betrieblicher Vorgang**.

Eine Besteuerung des Veräußerungsgewinns in der BRD ist nur im Rahmen des § 2 Nr. 1 KStG möglich, soweit inländische Einkünfte i. S. d. § 49 EStG vorliegen.

Inländische Einkünfte aus Gewerbebetrieb setzen nach § 49 Abs. 1 Nr. 2 EStG voraus, dass sie durch eine inländische Betriebsstätte erzielt werden (§ 49 Abs. 1 Nr. 1 Buchst. a EStG) oder es sich um Einkünfte aus der Veräußerung von Anteilen an einer unbeschränkt steuerpflichtigen Kapitalgesellschaft unter den Voraussetzungen des § 17 EStG handelt (§ 49 Abs. 1 Nr. 2 Buchst. e Doppelbuchst. aa EStG).

Die U-AG unterhält im Inland **keine Betriebsstätte** i. S. d. § 12 AO. Der Veräußerungsgewinn wird damit nicht durch eine inländische Betriebsstätte erzielt. § 49 Abs. 1 Nr. 2 Buchst. a EStG ist nicht anwendbar.

Eine Veräußerung der Anteile würde auch nicht nach § 49 Abs. 1 Nr. 2 Buchst. e EStG zu inländischen Einkünften aus Gewerbebetrieb führen, da die Beteiligung der U-AG an der X-GmbH **keine Beteiligung** i. S. d. § 17 EStG ist. Die Anwendung des § 17 EStG setzt u. a. voraus, dass die U-AG an der X-GmbH Beteiligte i. S. d. § 17 EStG ist, d. h. zu mindestens mit 1% an der X-GmbH beteiligt ist. Die Beteiligung der U-AG an der X-GmbH beträgt aber nur 0,99 % und ist daher keine Beteiligung i. S. d. § 17 EStG. Eine Veräußerung der Anteile an der X-GmbH würde daher auch nicht nach § 49 Abs. 1 Nr. 2 Buchst. e EStG zu inländischen Einkünften aus Gewerbebetrieb führen.

Unter Außerachtlassung der Zugehörigkeit der Anteile an der X-GmbH zum Betriebsvermögen der U-AG würde die U-AG bei einer Veräußerung der Anteile an der X-GmbH zum Einbringungsstichtag 1. 8. 2007 Einkünfte aus privaten Veräußerungsgeschäften i. S. d. § 23 Abs. 1 Nr. 2 EStG erzielen. Der private Veräußerungsgewinn würde jedoch nur unter den Voraussetzungen des § 49 Abs. 1 Nr. 8 EStG zu inländischen Einkünften führen.

Da es sich bei einer Veräußerung der Anteile an der X-GmbH weder um die Veräußerung von inländischen Grundstücken noch um die Veräußerung von Anteilen an einer Kapitalgesellschaft bei Beteiligung i. S. d. § 17 EStG handelt, liegen **keine inländischen Einkünfte** i. S. d. § 49 Abs. 1 Nr. 8 EStG vor.

Für die inländische Besteuerung ist es unerheblich, dass nach Art. 13 Abs. 1 Satz 2 DBA-Dänemark Gewinne aus der Veräußerung von Anteilen an einer Gesellschaft, deren Vermögen hauptsächlich aus in der BRD gelegenem unbeweglichem Vermögen oder Rechten daran besteht, in der BRD besteuert werden können, da keine inländischen Einkünfte i. S. d. § 49 EStG vorliegen. Soweit bei beschränkter Steuerpflicht nach inländischem Recht keine steuerpflichtigen inländischen Einkünfte i. S. d. § 49 EStG vorliegen, kann das DBA den Umfang der steuerpflichtigen Einkünfte nicht über § 49 EStG hinaus erweitern.

Im Zeitpunkt der Sacheinlage am 1. 8. 2007 wäre die U-AG mit dem Gewinn aus der Veräußerung ihrer Beteiligung an der X-GmbH im Inland **nicht steuerpflichtig**, da insoweit keine inländischen Einkünfte i. S. d. § 49 EStG vorliegen.

Das Ansatzwahlrecht nach § 21 Abs. 2 Satz 3 UmwStG steht der U-AG nicht zu, da das Recht der BRD hinsichtlich der Besteuerung eines Gewinns aus der Veräußerung der erhaltenen Anteile ausgeschlossen ist (§ 21 Abs. 2 Satz 3 Nr. 1 UmwStG).

> **HINWEIS**
>
> Die EWG-Richtlinie Nr. 90/435 EWG vom 23. 7. 1990 (vgl. Art. 10 Abs. 3 S. 2 DBA Dänemark) und Art. 8 der Richtlinie 90/434 EWG (§ 21 Abs. 2 Satz 3 Nr. 2 UmwStG) sollen nach den besonderen Hinweisen zur Aufgabenstellung unberücksichtigt bleiben.

Da mangels Vorliegen inländischer Einkünfte i. S. d. § 49 EStG das Recht der BRD hinsichtlich der Besteuerung des Gewinns aus der Veräußerung der erhaltenen Anteile ausgeschlossen ist, gilt für die einbringende U-AG der **gemeine Wert** der eingebrachten Anteile an der Y-AG als **Veräußerungspreis** und als **Anschaffungskosten** der erhaltenen Anteile an der X-GmbH (§ 21 Abs. 2 Satz 2 UmwStG).

Die Einlage der Anteile an der Y-AG in die X-GmbH führt bei der U-AG nach § 21 Abs. 2 Satz 2 UmwStG zu einem Veräußerungsgewinn, der sich wie folgt ermittelt:

Veräußerungspreis – gemeiner Wert der Y-AG-Anteile	600 000 €
Buchwert der Y-AG-Anteile	100 000 €
Veräußerungsgewinn	500 000 €

Der **Veräußerungsgewinn** rechnet bei der U-AG zu ihren **gewerblichen Einkünfte** (§ 15 EStG). Inländische Einkünfte i. S. d. § 49 Abs. 1 Nr. 2 Buchst. e Doppelbuchst. aa EStG liegen vor, weil der Veräußerungsgewinn unter den Voraussetzungen des § 17 EStG erzielt wird. Die U-AG ist im Zeitpunkt der Einbringung der Anteile an der Y-AG, die ihren Sitz und ihre Geschäftsleistung im Inland hat, mit 66 ²/₃ % beteiligt und damit **Beteiligte** i. S. d. § 17 EStG. § 17 Abs. 3 EStG ist nicht anzuwenden, weil die einbringende U-AG keine natürliche Person ist (§ 21 Abs. 3 UmwStG).

Der BRD steht für den erzielten Veräußerungsgewinn nach Art. 13 Abs. 1 DBA-Dänemark das Besteuerungsrecht zu, da es sich um einen Gewinn aus der **Veräußerung von Aktien** an einer Gesellschaft handelt, deren Vermögen hauptsächlich aus in der BRD gelegenem unbeweglichem Vermögen (Art. 3 Abs. 1 Buchst. f DBA-Dänemark) besteht.

7. Ermittlung des zu versteuernden Einkommens 31. 12. 2007

Jahresüberschuss lt. Erklärung	2 000 000 €
Körperschaftsteuer	+ 100 000 €
Tz. 1 Anstellungsvertrag	-
Tz. 2 ausländische Einkünfte	
dänische Dividende	./. 84 000 €
dänische Abzugsteuer	+ 4 000 €
nicht abzugsfähige Betriebsausgaben	+ 4 200 €
Tz. 5. Bewirtung – nicht abzugsfähige Betriebsausgaben	+ 30 000 €
zu versteuerndes Einkommen	**2 054 200 €**
Körperschaftsteuer – 25 % von 2 054 200 €	**513 550 €**

8. Entwicklung des steuerlichen Einlagekontos 2007 (§ 27 KStG)

Sofern die X-GmbH die von der U-AG eingebrachten Aktien an der Y-AG mit dem Buchwert ansetzt, tritt zum 31. 12. 2007 keine Veränderung des steuerlichen Einlagekontos (§ 27 KStG) ein.

Setzt die die X-GmbH die Aktien an der Y-AG mit dem gemeinen Wert an, ermittelt sich zum 31. 12. 2007 das steuerliche Einlagekonto (§ 27 KStG) zum 31. 12. 2007 wie folgt:

Stand zum 31. 12. 2006	1 000 000 €
Zugang in 2006 (Einlage)	+ 500 000 €
Steuerliches Einlagekonto 31. 12. 2007	**1 500 000 €**

STEUERBERATERPRÜFUNG 2007

Prüfungsaufgabe aus dem Gebiet der Buchführung und des Bilanzwesens

Bearbeitungszeit: 6 Stunden

Hilfsmittel:
Laut Ladungsschreiben zugelassene Hilfsmittel,
z. B.: NWB-Handausgabe Deutsche Steuergesetze

Teil I

Sachverhalt

Die A-GmbH betreibt einen Handel mit Musikinstrumenten und einen Musikverlag in Magdeburg. Zum Betriebszweck gehört außerdem der Verleih von Musikanlagen für Bands und Discjockeys. Alleiniger Gesellschafter der A-GmbH ist Tom A. Das Wirtschaftsjahr der GmbH stimmt mit dem Kalenderjahr überein. Aus Kostengründen soll zum 31. 12. 2006 – wie in den Vorjahren – eine möglichst einheitliche Steuer- und Handelsbilanz erstellt werden. Die A-GmbH führt nur zum Vorsteuerabzug berechtigende Umsätze aus. Ausgehend von den Konten der Buchführung sind für die Erstellung der Handels- und Steuerbilanz sowie der entsprechenden Gewinn- und Verlustrechnungen zum 31. 12. 2006 die folgenden Teilsachverhalte noch zu überprüfen. Tag der Bilanzaufstellung ist der 31. 3. 2007.

1. Betriebs- und Geschäftsausstattung; Verleihanlage 100 W

Folgende – formal ordnungsmäßige – Rechnung vom 20. 12. 2006 des Musikgroßhandelshauses Müller OHG wird Ihnen vorgelegt:

Lieferung folgender Geräte und Teile (Beschallungsanlage) am 18. 12. 2006:

1 Verstärker 100 W	480 €
2 Lautsprecherboxen à 210 €	420 €
Mischpult Typ M 14	320 €
12 Anschlusskabel	80 €
Summe netto	1 300 €
zzgl. 16 % Umsatzsteuer	208 €
Rechnungsbetrag	1 508 €

Bei Zahlung innerhalb von 10 Tagen abzgl. 3 % Skonto.

Die Musikanlage ist zum Verleih bestimmt. Sämtliche Geräte und Teile haben eine betriebsgewöhnliche Nutzungsdauer von 5 Jahren. Damit die einzelnen Komponenten optimal aufeinander abgestimmt sind, wurde Elektroingenieur Heine damit beauftragt, spezielle Steckverbindungen an den Geräten anzubringen. Heine verlangte dafür 116 €, einschl. Umsatzsteuer, die er am 22. 12. 2006 in bar ohne Rechnung erhielt. Die Zahlung wurde als sonstiger betrieblicher Aufwand (Konto Reparaturen 100 €) und Vorsteuer (16 €) gebucht. Auf die Erteilung einer Rechnung wurde verzichtet.

Der Rechnungsbetrag für die am 18. 12. 2006 gelieferten Gegenstände wurde am 22. 12. 2006 unter Abzug von 3 % Skonto vom betrieblichen Bankkonto überwiesen und wie folgt gebucht:

Sofortabschreibung geringwertiger Wirtschaftsgüter	1 300,00	an Bank		1 462,76
Vorsteuer	208,00	Skontoerträge		45,24

2. Grundstückserwerb

Aus Gründen der Erweiterung der geschäftlichen Tätigkeiten entschloss sich Tom A, das zu seinem Privatvermögen gehörende, nur mit einer technisch und wirtschaftlich noch nicht verbrauchten Garage bebaute Grundstück Harnackstr. 8 an die A-GmbH zu verkaufen. Das Grundstück mit einer Fläche von 800 qm soll im nächsten Jahr mit einem Gebäude für ein Tonstudio bebaut werden. Der Wert des mit der Garage bebauten Grundstücks beträgt (ohne Nebenkosten) unstreitig 160 000 €.

Mit notariellem Vertrag vom 1. 10. 2006 erwarb die A-GmbH das Grundstück. Übergang von Besitz, Nutzen und Lasten war der 1. 11. 2006. Der vereinbarte Kaufpreis beträgt 200 000 €. Die Kosten für die Beurkundung des Kaufvertrages (1 400 € und 224 € Umsatzsteuer) und die Eintragung in das Grundbuch (400 €) trug vereinbarungsgemäß die A-GmbH. Von dem Kaufpreis und den Nebenkosten entfallen 99 % auf den Grund und Boden und 1 % auf die Garage.

Bei Bezahlung dieser Kosten im November 2006 wurde wie folgt gebucht:

Rechts- und Beratungskosten	1 800	an Bank	2 024
Vorsteuer	224		

Da das Grundstück verpachtet war, aber von der A-GmbH ab 1. 11. 2006 zwecks Bauplanung genutzt werden sollte, leistete sie an den Pächter eine Abstandszahlung in Höhe von 20 000 €, damit der Pächter den noch 8 Jahre laufenden Pachtvertrag vorzeitig auflöst und das Grundstück räumt.

Aufgrund der Zahlung vom 27. 10. 2006 wurde gebucht:

sonstiger Grundstücksaufwand	20 000	an Bank	20 000

Außerdem entstanden der A-GmbH Kosten für den Abriss der Garage im November 2006, weil diese dem Neubau im Wege gestanden hätte. Die Rechnung vom 5. 12. 2006 über 4 000 € und 640 € Umsatzsteuer wurde erst bei Bezahlung am 10. 1. 2007 auf dem Konto Reparaturen und Instandhaltungen bzw. Vorsteuer gebucht.

Mit Steuerbescheid vom 3. 12. 2006 wurde die Grunderwerbsteuer von 7 000 € festgesetzt und bei Bezahlung am 6. 1. 2007 auf dem Konto „sonstige Steuern" gebucht.

Der Kaufpreis für den Grundstückskauf wurde von der A-GmbH wie folgt beglichen:

▶ Überweisung von 120 000 € im Oktober 2006 durch Bank,

▶ Übertragung der Rechte an einem patentierten Aufnahmeverfahren für Konzertmit-
schnitte von Stücken für Rockbands und Klassikorchester zum Preis von 80 000 €
einschl. Umsatzsteuer.
Dieser – dem gemeinen Wert entsprechende Preis – wurde von einem unabhängigen Gutachter ermittelt und ist nicht zu beanstanden. Das selbst geschaffene Aufnahmeverfahren ist nicht aktiviert.

Gebucht wurde bei der A-GmbH aufgrund der Banküberweisung:

Grundstücke (Grund und Boden)   120 000   an   Bank   120 000

3. Gewerbliche Schutzrechte

Die A-GmbH hat im November 2006 ein Patent „Hertzbestimmung von Stimmbändern" entwickelt, das künftig für Musikproduktionen von Gesangskünstlern genutzt
werden soll. Die für die Entwicklung entstandenen Kosten (die den Aufwendungen entsprechen) betragen 22 500 € und sind entsprechend auf den Aufwandskonten erfasst.
Die Erfindung ist für 10 Jahre geschützt. Weitere 4 200 € hat der Arbeitnehmer Schmidt
als Erfindervergütung für seine Erfindung „Digitale Umsetzung analoger Aufnahmen"
erhalten, die von der A-GmbH erfolgreich bei der Aufarbeitung alter Tonaufnahmen
verwendet wird. Schmidt und die A-GmbH sind sich einig, dass ein Patent dafür nicht
angemeldet wird, aber die A-GmbH die Erfindung 5 Jahre nutzen darf, ohne dass
Schmidt jemand anderem davon erzählt. Schmidt hatte die Erfindung nach Feierabend
in seinem Hobbykeller entwickelt, ohne einen Auftrag dafür erhalten zu haben. Er hat
die Erfindung am 10. 8. 2006 vorgestellt. Nachdem Einigung über die Nutzung bestand,
wurden 4 200 € im August gezahlt und als sonstiger betrieblicher Aufwand gebucht.

4. Bürgschaft

Die A-GmbH beliefert seit Jahren die Musicmen GmbH, deren vier Gesellschafter als
Band „The Musicmen" auftreten, mit hochwertigen Instrumenten und Verstärkeranla-
gen. In den vergangenen Jahren konnten damit ca. 150 000 € Umsatz erzielt werden.
Im Januar 2006 stand eine größere Lieferung einer modernen Bühnenanlage für die bevorstehende Tournee an. Aufgrund dieser Warenlieferung übernahm die A-GmbH eine
selbstschuldnerische Bürgschaft in Höhe des Nettopreises des Umsatzes von 75 000 €
gegenüber der Sparkasse Magdeburg, die diese Lieferung in derselben Höhe der Musicmen GmbH kreditierte. Der Umsatz wurde bei der A-GmbH ordnungsgemäß als be-
zahlter Umsatzerlös zzgl. Umsatzsteuer gebucht. Aus Presseberichten ist zu entnehmen, dass die Tournee der „The Musicmen" eine finanzielle (und auch künstlerische)
Katastrophe war. Soweit Konzerte überhaupt stattfanden, wurden nur bis zu 10 % der
vorhandenen Tickets verkauft; die Hälfte der Konzerte wurde mangels Nachfrage abge-
sagt. Die Musiker der Band eröffneten der A-GmbH, vertreten durch Herrn A, in einem
Gespräch am 27. 12. 2006, dass die Musicmen GmbH in ernste Zahlungsschwierigkei-
ten geraten ist und der Geschäftsführer deshalb im Januar 2007 beim Amtsgericht einen Antrag auf Eröffnung des Insolvenzverfahrens stellen wird. Es wird mit einer Insolvenzquote von 15 % gerechnet.

Aufgabe

Beurteilen Sie unter Angabe der einschlägigen Ansatz- und Bewertungsvorschriften, wie die dargestellten Teilsachverhalte aus handels- und steuerrechtlicher Sicht zu behandeln sind. Dabei sind die sich aus den Sachverhalten ergebenden Kontobestände in € zum 31. 12. 2006 zu ermitteln. Planmäßige Abschreibungen sollen in Handelbilanz und Steuerbilanz möglichst einheitlich **linear** vorgenommen werden. Im Übrigen soll der Jahresüberschuss in der Steuerbilanz möglichst niedrig ausfallen.

Die erforderlichen Buchungssätze (einschl. etwaig erforderlicher Korrekturbuchungssätze) sind anzugeben.

Die Beteiligten haben alle gesetzlichen Formvorschriften eingehalten.

Teil II

Sachverhalt

Bei der B-GmbH, die ein Fuhrunternehmen (Schwerlastverkehr) betreibt, wurde im August 2006 für die Jahre 2004 und 2005 eine Betriebsprüfung durchgeführt. Eine Anpassung der Buchführung des Jahres 2006 an die Bilanz der Betriebsprüfung zum 31. 12. 2005 wurde bisher nicht durchgeführt. Zur korrekten steuerlichen Gewinnermittlung für das Jahr 2006 müssen die Ergebnisse der Betriebsprüfung noch verarbeitet werden. Von der Handelsbilanz abweichende Bilanzansätze oder Bewertungen hatten sich bisher (vor Durchführung der Betriebsprüfung) nicht ergeben, so dass sog. Einheitsbilanzen aufgestellt wurden.

Der Betriebsprüfer traf folgende Feststellungen, die nicht streitig sind:

1. Für einen am 3. 1. 2004 angeschafften Sattelschlepperzug wurden 200 000 € Anschaffungskosten in 2004 als Fahrzeugkosten (Konto 4500) gebucht. Die Nutzungsdauer beträgt 5 Jahre, die Abschreibung soll **linear** erfolgen.

2. Die Erlöse und Umsatzsteuer von im Dezember 2004 durchgeführten Fuhrleistungen für die Firma Metall AG (brutto 232 000 €) wurden erst bei Bezahlung im Februar 2005 gebucht. Im November 2005 entstand eine Forderung gegen die Kundin Windmühlen AG in Höhe von brutto 216 0000 €, die zum 31. 12. 2005 fälschlich mit 100 000 € bewertet und so gebucht wurde. Die Bezahlung erfolgte im September 2006.

3. Die zum 31. 12. 2005 gebildete Prozesskostenrückstellung ist um 180 000 € zu hoch.

4. Aufgrund der Feststellungen zu 2. ergibt sich eine Erhöhung der Umsatzsteuer-Verbindlichkeit für 2004 von 32 000 € und eine Minderung der Umsatzsteuer-Verbindlichkeit für 2005 um 16 000 € (./. 32 000 € und + 16 000 €).

5. Die in der Mehr- und Wenig-Rechnung ausgewiesenen Beträge für Gewerbesteuer, Körperschaftsteuer und Solidaritätszuschlag sind Folgewirkungen der einkommenswirksamen Prüfungsfeststellungen.

Aufgrund der Prüfungsfeststellungen stellte der Betriebsprüfer folgende Mehr- und Weniger-Rechnung nach der Bilanzpostenmethode auf:

Bilanzposten	2004	2005
Aktivierung Sattelschlepperzug	+ 160 000	./. 160 000
		120 000
Aktivierung Forderungen	+ 232 000	./. 232 000
		+ 116 000
Minderung Prozesskostenrückstellung		+ 180 000
Umsatzsteuerverbindlichkeit lt. Bp	./. 32 000	+ 32 000
		./. 16 000
Gewerbesteuerrückstellung lt. Bp	./. 60 000	+ 60 000
		./. 66 000
Körperschaftsteuerrückstellung lt. Bp	./. 75 000	+ 75 000
		./. 83 500
Rückstellung für Solidaritätszuschlag lt. Bp	./. 4 125	+ 4 125
		./. 4 592
Summe der Änderungen (= steuerlicher Ausgleichsposten)	+ 220 875	+ 25 033
Jahresüberschuss bisher	20 000	30 000
Jahresüberschuss lt. Bp	240 875	55 033

Daraus ergab sich folgende Prüferbilanz:

Aktiva	HB/StB 31. 12. 2004	BpB 31. 12. 2004	HB/StB 31. 12. 2005	BpB 31. 12. 2005
Sattelschlepperzug	0	160 000	0	120 000
Forderungen	200 000	432 000	100 000	216 000
unveränderte Posten	1 000 000	1 000 000	1 600 000	1 600 000
Summe Aktiva	1 200 000	1 592 000	1 700 000	1 936 000
Passiva				
Steuerlicher Ausgleichsposten	0	220 875	0	245 908
Prozesskostenrückstellung			300 000	120 000
USt lt. Bp	0	32 000	0	16 000
GewSt lt. Bp	0	60 000	0	66 000
KSt lt. Bp	0	75 000	0	83 500
SoliZ lt. Bp	0	4 125	0	4 592
unveränderte Posten	1 200 000	1 200 000	1 400 000	1 400 000
Summe Passiva	1 200 000	1 592 000	1 700 000	1 936 000

Die Gesellschaft hat den vorläufigen Jahresabschluss zum 31. 12. 2006 mit einem Jahresüberschuss vor Steuern für 2006 von 208 682 € aufgestellt. Die Beanstandungen durch die Betriebsprüfung wurden dabei nicht eingearbeitet.

Zum 31.12.2006 hat der Sattelschlepperzug einen Buchwert von 80 000 €, weil für 2006 noch planmäßige Abschreibungen von 40 000 € zu berücksichtigen sind. Da der Sattelschlepperzug bisher nicht aktiviert war, wurde hierzu nichts gebucht.

Die in der Prüferbilanz zum 31.12.2005 ausgewiesene Forderung gegen die Windmühlen AG in Höhe von 216 000 € wurde im September 2006 bezahlt.

Da in der Buchführung nur eine Forderung von 100 000 € enthalten war, buchte der Buchhalter:

Bank	216 000	an	Forderungen	100 000
			Umsatzerlöse	100 000
			Umsatzsteuer	16 000

Die Gründe für die Bildung einer Prozesskostenrückstellung sind im Jahre 2006 weggefallen. Daraufhin wurde gebucht:

Rückstellungen für Prozess- kosten	300 000	an	Erträge aus der Auflösung von Rückstellungen	300 000

Die vom Betriebsprüfer ermittelten Steuernachzahlungen wurden bei Bezahlung im Dezember 2006 wie folgt gebucht:

Umsatzsteuer	16 000			
Gewerbesteueraufwand	66 000			
Körperschaftsteueraufwand	83 500			
Aufwand Solidaritätszuschlag	4 592	an	Bank	170 092

Aufgabe

Zur korrekten steuerlichen Gewinnermittlung für das Jahr 2006 sind die Ergebnisse der Betriebsprüfung zu verarbeiten.

Lösen Sie die Aufgabe bitte in folgenden drei Varianten:

1. Ermitteln Sie das steuerlich maßgebende Jahresergebnis 2006 vor Steuern durch Anfertigung einer sogenannten Überleitungsrechnung (zwecks von der Firma geplanter Aufstellung einer abweichenden Steuerbilanz ohne Änderung der Handelsbilanz). Ermitteln Sie dabei den Bestand des steuerlichen Ausgleichspostens zum 31.12.2006.

2. Die Gesellschaft möchte, dass Handelsbilanz und Steuerbilanz zum 31.12.2006 übereinstimmen; der steuerliche Ausgleichsposten soll also wegfallen. Die Anpassung der bisherigen Handelsbilanz soll durch eine Angleichungsbuchung zum 1.1.2006 über das Gewinnvortragskonto erfolgen. Wie lauten die – unter Berücksichtigung der bisher vom Buchhalter schon vorgenommenen Buchungen – erforderlichen Buchungssätze?

3. Die Gesellschaft möchte, dass Handelsbilanz und Steuerbilanz zum 31.12.2006 übereinstimmen; der steuerliche Ausgleichsposten soll also wegfallen. Die Anpassung der bisherigen Handelsbilanz soll durch eine erfolgswirksame Erfassung der Ergebnisse der Betriebsprüfung in der laufenden Buchführung des Jahres 2006 erfol-

gen. Wie lauten die – unter Berücksichtigung der bisher vom Buchhalter schon vorgenommenen Buchungen – erforderlichen Buchungssätze? Welche Besonderheit ist bei dieser Variante im Rahmen der Einkommensermittlung 2006 zu beachten?

Teil III

Sachverhalt

Die Schrott & Diesel OHG betreibt seit 10 Jahren in Potsdam einen Schrottplatz. An der OHG sind die Gesellschafter A und B mit je 40 % und C mit 20 % beteiligt. Nach dem Gesellschaftsvertrag soll die Gewinnverteilung nach dem Beteiligungsverhältnis erfolgen. Bei Ausscheiden eines Gesellschafters soll die Gesellschaft unter den übrigen Gesellschaftern fortgesetzt werden. Im Fall des unterjährigen Ausscheidens soll der ausscheidende Gesellschafter aus Vereinfachungsgründen einen pauschalierten Gewinnanteil erhalten. Für jeden Monat seiner Beteiligung erhält er 2 000 € (Gesellschafter C) bzw. 4 000 € (Gesellschafter A und B). Der übrige Gewinn soll zwischen den verbleibenden Gesellschaftern entsprechend ihren nach dem Ausscheiden vorliegenden Beteiligungsverhältnissen aufgeteilt werden. Diese Regelung hat die OHG durch eine verbindliche Auskunft des zuständigen Finanzamts abgesichert.

Das Wirtschaftsjahr entspricht dem Kalenderjahr. Die Handelsbilanz soll mit der Steuerbilanz übereinstimmen. Die Bilanzen für 2005 und 2006 wurden noch nicht beim Finanzamt eingereicht. Die Buchführung wurde 2006 vom Gesellschafter B erstellt, ebenso eine vorläufige Bilanz auf den 31. 12. 2006.

Aktiva			Passiva
Grund und Boden	1 000 000	Kapital A	451 000
Betriebsgebäude	60 000	Kapital B	351 000
Maschinen	1 936 800	Kapital C	268 000
Betriebs- und Geschäftsausstattung	80 000	Rücklagen	48 000
		Rückstellungen	20 000
Bank	150 000	Verbindlichkeiten	2 188 800
Forderungen	100 000		
	3 326 800		3 326 800

Stille Reserven sind in den Wirtschaftsgütern Grund und Boden (200 000 €) und Betriebs- und Geschäftsausstattung (32 000 €) auf den Stichtag 30. 9. 2006 gutachterlich festgestellt worden, ebenso der Geschäftswert von 225 000 €. Sonstige stille Reserven sind nicht vorhanden. Die Gesellschafter beschließen, einen Steuerberater mit den Abschlussarbeiten für das Jahr 2006 zu beauftragen. Aus den Unterlagen ergeben sich unter anderem folgende Buchungsvorgänge und Geschäftsvorfälle:

1. Anschaffung Betriebsgelände

Mit Kaufvertrag vom 17. 11. 2000 erwarb die OHG zusätzlich zum bisherigen Betriebsgrundstück G1 (Anschaffungskosten 1 000 000 €) zwei weitere Betriebsgrundstücke (G2 und G3) mit einer Fläche von je 10 000 qm zum Kaufpreis von jeweils 250 000 € (netto). Im Januar 2006 ergab sich der Verdacht von Bodenverunreinigungen, weshalb die OHG den Gutachter G beauftragte. Sein ausführliches Gutachten vom April 2006 ergab aufgrund der festgestellten Konzentration an Schadstoffen für das Grundstück G2 einen Sicherungsbedarf für den Boden und das Grundwasser. Auf diesem Grundstück sei zur Eindämmung und Kontrolle der Schadstoffbelastung eine Einkapselung notwendig, deren Kosten sich auf ca. 150 000 € belaufen würden. Allerdings dürfe dieses Grundstück dann keiner Nutzung mehr unterliegen. Die Alternative wäre ein vollständiger Bodenaustausch mit Grundwassersanierung, was aber Kosten in Höhe von 2 500 000 € verursachen würde.

Auf dem Grundstück G3 seien bereits oberflächlich Kontaminationen aufgetreten, die aber durch geringfügigen partiellen Austausch der oberen Bodenschicht mit einem Aufwand von ca. 50 000 € beseitigt werden könnten (Sanierung), so dass auf diesem Grundstücksteil dann kurzfristig wieder eine betriebliche Nutzung durch die OHG möglich wäre.

Dieses Gutachten wurde im Rahmen einer Besprechung im Mai 2006 Vertretern der zuständigen Umweltbehörde und anderer Behörden bekannt gegeben. Unter den Besprechungsteilnehmern bestand Einvernehmen darin, dass die im Gutachten aufgeführten Sicherungs- und Sanierungsmaßnahmen nach Art und Umfang notwendig, aber auch ausreichend seien. Sie sollten im Hinblick auf die künftige Nutzung des Grundstücks G3 durch die OHG erfolgen. Die Umweltbehörde kündigte eine entsprechende Ordnungsverfügung gegen die OHG an, wollte aber vorher noch einen amtlich bestellten Gutachter prüfen lassen, ob weitere Kontaminationen auf dem Grundstück vorhanden seien. Dieser Gutachter bestätigte im Dezember 2006 allen Beteiligten die Ergebnisse des ersten Gutachtens.

Die Umweltbehörde erließ daraufhin gegen die OHG im Januar 2007 die angekündigte Ordnungsverfügung. Die Sanierungs- und Sicherungsmaßnahmen wurden bis September 2007 abgeschlossen; dabei entstanden Kosten in Höhe von 200 000 €.

B buchte aufgrund des ersten Gutachtens für 2006:

Teilwertabschreibung	500 000	an	Grundstück 2	250 000
			Grundstück 3	250 000

2. Schrottpresse

Die OHG nutzte seit dem 1. 1. 2006 eine neuentwickelte mobile Schrottpresse, die sie zwecks Erprobung zunächst für 20 000 € zzgl. 3 200 € Umsatzsteuer monatlich von der Anlagenbau GmbH mietete. Im Mietvertrag war der OHG das Recht eingeräumt worden, jederzeit unter Anrechnung der geleisteten Mietzahlungen die Maschine, die eine betriebsgewöhnliche Nutzungsdauer von 10 Jahren hat, zu erwerben. Der Mietvertrag war jeweils zum Ende eines Monats kündbar. Die Zahlung des Mietzinses wurde in den Monaten Januar bis Oktober 2006 korrekt verbucht. Der Nettokaufpreis der Maschine (Listenpreis) beträgt 1 200 000 €. Nach erfolgreicher Erprobung erwarb die OHG die Schrottpresse zum 1. 11. 2006. Der Hersteller stellte folgende Rechnung aus:

Kaufpreis (netto)	1 200 000 €
./. gezahlter Mietzins	200 000 €
	1 000 000 €
16 % USt	160 000 €
Restkaufpreis	1 160 000 €

Der Rechungsbetrag wurde noch im November 2006 an die Anlagenbau GmbH vom betrieblichen Bankkonto überwiesen: Buchung durch B:

Maschinen (Schrottpresse)	1 000 000	an	Bank	1 160 000
Vorsteuer	160 000			

Die Abschreibung hat B wie folgt berechnet:

1 200 000 € x 10 % = 120 000 € x $^2/_{12}$ = 20 000 €

Buchung:

AfA	20 000	an	Maschinen (Schrottpresse)	20 000

3. Turmdrehkran

Im Juli 2006 erwarb die OHG für 150 000 € zzgl. 24 000 € Umsatzsteuer einen Turmdrehkran (betriebsgewöhnliche Nutzungsdauer 15 Jahre). Gemäß den Vereinbarungen im Kaufvertrag wurde ein kleinerer Kran in Zahlung gegeben, der mit 81 200 € auf den Kaufpreis angerechnet wurde. Diesen Kran (betriebsgewöhnliche Nutzungsdauer 10 Jahre) wurde im Januar 2004 zu einem Kaufpreis von 100 000 € (netto) angeschafft und seitdem degressiv abgeschrieben. Der Buchwert zum 31. 12. 2005 beträgt 64 000 €.

Folgende Rechnung ging bei der OHG ein:

Turmdrehkran	150 000 €
16 % USt	24 000 €
	174 000 €
./. alter Kran	81 200 €
noch zu zahlen	92 800 €

Die Zahlung erfolgte noch im Juli vom betrieblichen Bankkonto.

Buchung:

Maschinen (Turmdrehkran)	92 800	an	Bank	92 800

Weitere Buchungen wurden nicht vorgenommen.

4. Verlust der EDV-Anlage

An der EDV-Anlage entstand am 15. 6. 2006 ein Brand durch Kurzschluss. Dabei wurde die Anlage, die am 31. 12. 2005 mit 72 000 € zu Buche stand und deren Anschaffungskosten 120 000 € betrugen, unbrauchbar und konnte nicht mehr genutzt werden. Entsprechend ihrer betriebsgewöhnlichen Nutzungsdauer wurde sie mit 20 % jährlich abgeschrieben. Am 30. 6. 2006 überwies die Versicherung 120 000 € auf das betriebliche Bankkonto. Von dem Erstattungsbetrag entfallen 20 000 € (netto) auf Folgeschäden, die durch den Ausfall der EDV-Anlage entstanden. Die Folgeschäden wurden unverzüglich beseitigt.

Buchung durch B:

Bank	120 000	an	Betriebs- und Geschäftsausstattung	72 000
			Rücklage	48 000
s. b. Aufwand	20 000	an	Bank	23 200
Vorsteuer	3 200			

Im Juli 2006 erwarb die OHG eine neue EDV-Anlage (Nutzungsdauer 4 Jahre) zum Preis von 80 000 € (netto), mit der doppelt so viel Arbeitsgänge bewältigt werden können, wie mit der zerstörten Anlage.

Buchung durch B:

Betriebs- und Geschäftsausstattung	80 000	an	Bank	92 800
Vorsteuer	12 800			

Weitere Buchungen wurden in diesem Zusammenhang nicht vorgenommen.

5. Betriebsprüfung

Im Rahmen einer Betriebsprüfung für die Veranlagungszeiträume 2002 – 2004 erläuterte der Prüfer bei der Schlussbesprechung am 10.1.2006, dass die Buchführung der OHG für nicht ordnungsmäßig befunden wurde und Gewinnschätzungen für alle Jahre vorgenommen werden. Das Finanzamt erließ am 30.1.2006 entsprechend geänderte Steuerbescheide für 2002 – 2004. Die Steuernachforderungen wurden in die bestehenden Verbindlichkeiten eingebucht. Nach Einspruch gegen diese Bescheide beauftragte die OHG am 2.2.2006 einen Steuerberater, ihre steuerlichen Interessen wahrzunehmen und nach den vorhandenen Büchern und Aufzeichnungen eine neue Buchführung für die zurückliegenden Jahre 2002 – 2004 zu erstellen, und im Rechtsbehelfsverfahren zu beantragen, die durch diese Buchführung ausgewiesenen Gewinne der Besteuerung zugrunde zu legen. Zusätzlich sollte er die durch eventuelle Änderungen notwendigen Kapitalanpassungsbuchungen vornehmen. Der Steuerberater handelte auftragsgemäß und rechnete gegenüber der OHG am 1.12.2006 wie folgt ab:

Erstellung Buchführung für

2002	10 000 €
2003	10 000 €
2004	10 000 €
	30 000 €
zzgl. USt	4 800 €
zu zahlen	34 800 €

Die Überweisung erfolgte am 8.12.2006 vom betrieblichen Bankkonto.

Buchung durch B:

Rechts- und Beratungskosten	30 000	an	Bank	34 800
Vorsteuer	4 800			

B ist allerdings der Auffassung, dass für die Jahre 2002 – 2004 jeweils eine Rückstellung in Höhe von 10 000 € zu bilden sei. Auch wenn am jeweiligen Bilanzstichtag noch kein Auftrag für Buchführungsarbeiten erteilt worden sei, müssten die ausstehenden Aufwendungen für eine noch zu erstellende ordnungsmäßige Buchführuhg als konkrete abgrenzbare Last des gewerblichen Betriebs angesehen werden, die ihre Ursache im jeweiligen Veranlagungszeitraum habe. Die abschließende Beurteilung sollte aber dem Steuerberater vorbehalten bleiben. Für mögliche künftige Betriebsprüfungen (ab VZ 2005) müsse aber auf jeden Fall eine Rückstellung für daraus resultierende Kosten gebildet werden.

Buchung 2006:

s. b. Aufwand	20 000	an	Rückstellung	20 000

6. Abfindung für C

Seit mehreren Jahren hat der Gesellschafter C die ihm aufgetragenen geschäftlichen Angelegenheiten nur noch sporadisch wahrgenommen und sowohl durch sein Privatleben als auch in geschäftlichen Dingen ein gesellschaftsschädigendes Verhalten gezeigt. Er hat damit unter anderem zum großen Teil die Ergebnisse der Betriebsprüfung für die Jahre 2002 – 2004 verursacht. Nach schwierigen Verhandlungen konnte er im September 2006 dazu bewogen werden, aus der Gesellschaft zum 30. 9. 2006 auszuscheiden. Als Abfindung hatten A und B zunächst den Buchwert der Beteiligung des C in Höhe von 168 000 € angeboten, die Forderung des C belief sich hingegen auf 300 000 €. Als Kompromiss wurden letztendlich 268 000 € vereinbart. C musste sich den Schaden durch die Betriebsprüfung entgegenhalten lassen, A und B haben sich zu der Mehrzahlung über den Buchwert von dem Gedanken leiten lassen, C endlich aus der Gesellschaft entfernen zu können. Mit dieser Vereinbarung sollten alle Ansprüche des C abgegolten sein. Die Abfindung wurde vereinbarungsgemäß in zwei Raten zum 10. 1. und 10. 7. 2007 an C gezahlt.

Buchung in 2006:

s. b. Aufwand	100 000	an	Kapital C	100 000

Weitere Buchungen wurden in diesem Zusammenhang nicht vorgenommen.

Aufgabe

Beurteilen Sie unter Angabe der einschlägigen Rechtsvorschriften die einzelnen Sachverhalte. Die Rechtsauffassungen der Beteiligten sind kritisch zu hinterfragen.

Gegebenenfalls erforderliche Korrekturbuchungssätze sind anzugeben.

Es soll der rechtlich niedrigste Gewinn für 2006 ermittelt werden.

Alle Voraussetzungen für Steuervergünstigungen liegen vor. Auch haben die Beteiligten immer alle gesetzlichen Formvorschriften eingehalten.

Der Vorgang „Abfindung für C" sollte als letzter bearbeitet werden.

Stellen Sie die Gewinnauswirkung für das Jahr 2006 nach der GuV-Methode dar, füllen Sie dazu die Anlage aus.

Anlage zu Teil III

Vorgang	Erfolgskonto	Gewinnauswirkung +	Gewinnauswirkung ./.
1. Betriebsgelände			
2. Turmdrehkran			
3. Schrottpresse			
4. Ausfall der EDV-Anlage			
5. Betriebsprüfung			
6. Ausscheiden des C			
Summen			
Saldo			

Gewinnverteilung:

	Summe	A (50 %)	B (50 %)	C (Pauschale 2 000 € x 9)
Vorläufiger Gewinn	120 000 €	51 000 €	51 000 €	18 000 €
Gewinnauswirkung				-
Gewinn 2006				

STEUERBERATERPRÜFUNG 2007

Lösung der Prüfungsaufgabe aus dem Prüfungsgebiet der Buchführung und des Bilanzwesens

Verfasser: Steuerberater Jörg Koltermann

Teil I

1. Betriebs- und Geschäftsausstattung; Verleihanlage 100 W

Die Verleihanlage stellt Anlagevermögen (§ 247 Abs. 2 HGB) dar und ist gem. § 253 Abs. 1 und 2 HGB, § 6 Abs. 1 Nr. 1 EStG und § 7 Abs. 1 EStG mit den Anschaffungskosten abzüglich planmäßiger Abschreibungen bzw. Absetzung für Abnutzung (AfA) zu bewerten.

Vorab ist zu prüfen, ob für die einzelnen Teile der Anlage die **Sofortabschreibung** nach § 6 Abs. 2 EStG (§ 254 HGB) als sog. geringwertige Wirtschaftsgüter in Betracht kommt. Denn geringwertige Wirtschaftsgüter können im Jahr der Anschaffung, Herstellung oder Einlage sofort als Betriebsausgaben abgesetzt werden (§ 6 Abs. 2 EStG). Voraussetzung ist, dass

► das Wirtschaftsgut zum beweglichen abnutzbaren Anlagevermögen gehört,

► die AK/HK 410 € netto nicht übersteigen,

► das Wirtschaftsgut einer selbständigen Nutzung fähig ist und

► für das Wirtschaftsgut ein besonderes Verzeichnis oder ein besonderes Konto angelegt ist.

Im vorliegenden Fall scheitert die Anwendung des § 6 Abs. 2 EStG daran, dass die einzelnen Teile der Anlage **nicht** jeweils **selbständig nutzbar** sind (§ 6 Abs. 2 Satz 2 EStG). Da die Anschaffungskosten der gesamten Anlage 410 € übersteigen, kommt nur eine Aktivierung in Betracht.

Die Anschaffungskosten ermitteln sich wie folgt:

Rechnungsbetrag ohne Umsatzsteuer (§ 9b Abs. 1 EStG)	1 300 €
abzüglich 3 % Skonto (§ 255 Abs. 1 Satz 3 HGB)	./. 39 €
Kosten für Steckverbindungen (Herstellung des betriebsbereiten Zustands i. S. d. § 255 Abs. 1 Satz 1 HGB), einschl. Umsatzsteuer, da mangels Rechnung kein Vorsteuerabzug möglich ist (§ 15 Abs. 1 Nr. 1 UStG i. V. m. § 9 b Abs. 1 EStG)	+ 116 €
Summe der Anschaffungskosten	1 377 €

Die planmäßigen Abschreibungen nach § 253 Abs. 2 HGB sowie die AfA gem. § 7 Abs. 1 EStG betragen einheitlich 20 %. Für das Jahr 2006 sind gem. § 7 Abs. 1 Satz 4 EStG nur $^{1}/_{12}$ anzusetzen (Anschaffung der Anlage im Dezember).

1 377 € x 20 % x $^{1}/_{12}$ = 22,95 €, aufgerundet 23 €.

Durch den Skontoabzug ergibt sich gem. § 17 Abs. 1 Satz 2 UStG eine Vorsteuerkürzung um $^{16}/_{116}$ von 45,24 € = 6,24 €.

Korrekturbuchung:

Technische Anlagen	1 377,00	an	Sofortabschreibung GWG	1 300,00
Skontoerträge	45,24		Vorsteuer	22,24
AfA	23,00		technische Anlagen	23,00
			Reparaturen	100,00

2. Grundstückserwerb

Der Grund und Boden und das Garagengebäude sind zunächst mit den **Anschaffungskosten** zu bewerten (§§ 253 Abs. 1, § 255 Abs. 1 HGB, § 6 Abs. 1 Nr. 1 und 2 EStG)

Die Anschaffungskosten des Grundstücks setzen sich zusammen aus

▶ der Kaufpreiszahlung von 120 000 €,

▶ den Nebenkosten der Anschaffung (GrESt, Beurkundung, Eintragung) i. H. v. 8 800 € und

▶ dem gemeinen Wert der übertragenen Rechte i. H. v. 80 000 € (Tausch nach § 6 Abs. 6 Satz 1 EStG).

Soweit die Aufwendungen erst im folgenden Jahr bezahlt wurden, ergeben sich zum 31. 12. 2006 **sonstige Verbindlichkeiten**.

Die Übertragung der Rechte ist noch als Betriebseinnahme zu erfassen und als umsatzsteuerpflichtige sonstige Leistung der Umsatzsteuer zu unterwerfen. Dabei stellt der gemeine Wert von 80 000 € das Bruttoentgelt dar, aus dem die Umsatzsteuer herauszurechnen ist: $^{16}/_{116}$ von 80 000 € = 11 034,48 €.

Erlöse (sonstige betriebliche Erträge) = 68 965,52 €

Nicht zu den Anschaffungskosten des Grundstücks gehören

▶ die Vorsteuer gem. § 9b Abs. 1 EStG;

▶ die Abstandszahlung an den weichenden Pächter i. H. v. 20 000 €.
Da die Zahlung an den Pächter der vorzeitigen Räumung des Grundstücks zur Errichtung eines Gebäudes dient, liegen insoweit Herstellungskosten des Neubaus vor (H 6.4 „Entschädigungs- oder Abfindungszahlungen" EStH 2006);

▶ die verdeckte Gewinnausschüttung (vGa) von 40 000 €.
Weil die A-GmbH einem Nichtgesellschafter nur 160 000 € für das Grundstück gezahlt hätte, ergibt sich bezüglich der Mehrzahlung eine vGa. Es liegt eine Vermögensminderung bei der GmbH vor, die ihre **Ursache im Gesellschaftsverhältnis** hat und keine offene Gewinnausschüttung ist. Die ferner erforderliche Einkommensminderung ergibt sich durch die noch vorzunehmende Korrektur der Anschaffungskosten i. H. v. 40 000 €, um buchmäßig zu den richtigen Anschaffungskosten zu gelangen (Bewertung mit AK gem. § 253 Abs. 1 HGB bzw. § 6 Abs. 1 Nr. 1 und 2 EStG). Wegen dieser Abschreibung auf die Anschaffungskosten ist im Rahmen der Einkommensermittlung eine **Hinzurechnung** nach § 8 Abs. 3 Satz 2 KStG vorzunehmen;

▶ die Abbruchkosten von 4 000 € und der Buchwert der Garage von 1 688 €.
  Der Abbruch der Garage steht in einem engen wirtschaftlichen Zusammenhang mit
  dem geplanten Neubau. Die Kosten von 4 000 € und der Buchwert von 1 688 € sind
  deshalb Herstellungskosten des neuen Gebäudes (H 6.4 „Abbruchkosten Nr. 3" EStH
  2006).

Ermittlung der Anschaffungskosten des Grundstücks:

Barzahlung	120 000 €
Nebenkosten der Anschaffung – netto	1 800 €
GrESt	7 000 €
gemeiner Wert der übertragenen Rechte	80 000 €
abzüglich verdeckte Gewinnausschüttung	./. 40 000 €
Summe AK Grundstück	168 800 €
Davon 99 % Grund und Boden =	167 112 €
Davon 1 % Garagengebäude =	1 688 €

Folgende Buchung ist erforderlich:

Grund und Boden	47 112 €	an	Rechts- und Beratungskosten	1 800 €
Garagen	1 688 €		Sonst. Verbindlichkeiten (4 640 + 7 000)	11 640 €
Vorsteuer	640 €		Umsatzerlöse	68 965,52 €
außerplanmäßige Abschreibung auf Sachanlagen	40 000 €		Umsatzsteuer	11 034,48 €
im Bau befindliche Geschäftsbauten	25 688 €		sonstiger Grundstücksaufwand	20 000 €
			Garagen	1 688 €

3. Gewerbliche Schutzrechte

Zu den bilanzierungspflichtigen Wirtschaftsgütern/Vermögensgegenständen gehören
auch immaterielle Werte. Als **immaterielle Wirtschaftsgüter** kommen in Betracht:
Rechte, rechtsähnliche Werte und sonstige greifbare, längerfristige Vorteile, z. B. Firmenwert, Praxiswert, Patente, Urheberrechte, Konzessionen, Belieferungsrechte, ding-
liche Nutzungsrechte wie Nießbrauch, aber auch lediglich schuldrechtliche Nutzungsrechte und -möglichkeiten (R 5.5 Abs. 1 EStR 2005).

Wie bei materiellen Wirtschaftsgütern, kann es sich um Anlagevermögen (z. B. Patente,
Nutzungsrechte, Firmenwert, Konzessionen) oder um Umlaufvermögen (z. B. in Auf-
tragsforschung entwickeltes Know-how, auf Vorrat hergestellte Anzeigen- und Plakat-
entwürfe einer Werbeagentur) handeln.

Immaterielle Wirtschaftsgüter **des Anlagevermögens** dürfen nur bilanziert werden,
wenn sie entgeltlich erworben wurden (§ 5 Abs. 2 EStG, § 248 Abs. 2 HGB). Entgeltlicher
Erwerb setzt den Erwerb von einem anderen (aus dessen Vermögen) gegen eine Gegenleistung voraus (abgeleiteter Erwerb). Im Gegensatz dazu stehen die selbst geschaffenen immateriellen Wirtschaftsgüter. Der Annahme eines Erwerbs aus dem Vermögen
eines anderen steht nicht entgegen, dass das Wirtschaftsgut erst durch Rechtsgeschäft
geschaffen wird, wie z. B. bei Einräumung eines Belieferungsrechts (R 5.5 Abs. 2 EStR
2005).

Im vorliegenden Fall handelt sich um zwei immaterielle Wirtschaftsgüter des abnutzbaren Anlagevermögens. Das **selbst geschaffene** Anlagegut „Hertzbestimmung von Stimmbändern" darf gem. § 248 Abs. 2 HGB und § 5 Abs. 2 EStG weder in der Handelsbilanz noch in der Steuerbilanz aktiviert werden.

Die Zahlung der Erfindervergütung für die Erfindung „Digitale Umsetzung analoger Aufnahmen" ist hingegen ein **Anschaffungsvorgang**, d. h. es liegt ein entgeltlich erworbenes immaterielles Wirtschaftsgut des Anlagevermögens vor, das in Handels- und Steuerbilanz auszuweisen ist (§ 246 Abs. 1 HGB, § 5 Abs. 1 und 2 EStG).

Die Bewertung richtet sich gem. § 253 Abs. 2 Satz 1 HGB und § 6 Abs. 1 Nr. 1 EStG i. V. m. § 7 Abs. 1 Satz 1 EStG nach den Anschaffungskosten abzüglich planmäßiger Abschreibungen bzw. AfA. Die AfA ist zeitanteilig zu ermitteln (§ 7 Abs. 1 Satz 4 EStG).

Anschaffungskosten = 4 200 €

AfA jährlich 20 % = 840 €

Zeitanteilig $^{5}/_{12}$ = 350 €.

Erforderliche Korrekturbuchung:

gewerbliche Schutzrechte	3 850	an sonstiger betrieblicher Aufwand	4 200
Abschreibungen auf immaterielle Vermögensgegenstände des AV	350		

4. Bürgschaft

Die Bürgschaftsübernahme durch die GmbH war betrieblich veranlasst. Handelsrechtlich ist gem. § 251 HGB unter der Bilanz auf die Bürgschaftsverpflichtung hinzuweisen. Wegen der drohenden Inanspruchnahme ist zum 31. 12. 2006 zusätzlich eine **Rückstellung für ungewisse Verbindlichkeiten** zu bilden (§ 249 Abs. 1 Satz 1 HGB). Das gilt auch für die Steuerbilanz (§ 5 Abs. 1 Satz 1 EStG i. V. m. R 5.7 Abs. 2 EStR 2005). Denn

1. liegt eine Verbindlichkeit gegenüber einem Dritten vor,

2. ist die Verpflichtung vor dem Bilanzstichtag entstanden und

3. ist mit einer Inanspruchnahme ernsthaft zu rechnen.

Für die Bewertung der Rückstellung gilt § 253 Abs. 1 Satz 2 HGB. Ihr Ansatz erfolgt handelsrechtlich in Höhe des Betrages, der nach vernünftiger kaufmännischer Beurteilung notwendig ist. Das gilt grundsätzlich auch für die Steuerbilanz, sofern nicht Abweichungen gem. § 6 Abs. 1 Nr. 3a EStG geboten sind. Eine abweichende Bewertung in der Steuerbilanz gem. § 5 Abs. 6 i. V. m. § 6 Abs. 1 Nr. 3a Buchst. e Satz 1 1. Halbsatz und § 6 Abs. 1 Nr. 3 Satz 2 EStG ist nicht geboten, weil die Laufzeit am Bilanzstichtag weniger als ein Jahr beträgt.

Da ein Bürge bei selbstschuldnerischer Bürgschaft immer in der **verbürgten Höhe haftet**, ist die Höhe der Insolvenzquote für die Berechnung der Rückstellung unbeachtlich, so dass auf die A-GmbH eine Zahlungsverpflichtung von **75 000 €** zukommt.

Mit der Erfüllung der Bürgschaftsverpflichtung durch die A-GmbH als Bürgin, geht die Forderung der Sparkasse (Gläubigerin) gegen die Musicmen GmbH (Hauptschuldnerin) auf die A-GmbH über (§ 774 Abs. 1 Satz 1 BGB). Es sind deshalb die Rückgriffsansprüche als **eigenständige Forderungen** zu aktivieren und im Umlaufvermögen auszuweisen. Eine Berücksichtigung bei der Bewertung der Rückstellung durch Saldierung findet nach herrschender Meinung nicht statt, weil die Forderung mit der Rückstellung korrespondiert und sich wirtschaftlich durch die Rückstellungsbildung verselbständigt hat. Dass der Rückgriffsanspruch rechtlich erst mit der Zahlung in 2007 entstehen wird, spielt somit für die **Aktivierung** der Forderung **schon zum 31. 12. 2006** keine Rolle (BFH v. 15. 10. 1998, IV R 8/98, BStBl 1999 II 333). Die Forderung ist mit dem niedrigeren beizulegenden Wert/Teilwert von 11 250 € zu bewerten. Das gilt für die Handelsbilanz gem. § 253 Abs. 3 HGB. Für die Steuerbilanz ist die zusätzliche Voraussetzung des Vorliegens einer voraussichtlich dauernden Wertminderung offensichtlich gegeben. Das Wahlrecht gem. § 6 Abs. 1 Nr. 2 Satz 2 EStG kann dabei in der Steuerbilanz wegen der Maßgeblichkeit (§ 5 Abs. 1 EStG) nicht ausgeübt werden.

Erforderliche Buchungen:

sonstiger betrieblicher Aufwand	75 000 €	an Rückstellungen	75 000 €
Forderungen	11 250 €	an sonstige betriebliche Erträge	11 250 €

Teil II

Nach Bilanzberichtigungen oder Bilanzänderungen durch Außenprüfungen seitens der Finanzverwaltung werden in der Regel sog. **Kapitalangleichungsbuchungen** erforderlich. Diese dienen der Herstellung des Bilanzenzusammenhangs gem. § 4 Abs. 1 Satz 1 EStG. Die umgekehrten Gewinnauswirkungen aus dem letzten Prüfungsjahr werden dabei durch die richtigen Kapitalangleichungsbuchungen in die Buchführung des laufenden Jahres automatisch eingearbeitet.

Die Kapitalangleichungsbuchungen erstrecken sich lediglich auf die Differenzen bei Besitzposten und Schulden. Bei einem **Einzelunternehmer** lauten sie deshalb in der Regel wie folgt:

Bestandskonto	an	Kapital
Kapital	an	Bestandskonto

Bei **Personengesellschaften** erfolgen die Kapitalangleichungsbuchungen entsprechend dem Gewinnverteilungsschlüssel:

Bestandskonto	an	Kapital A und Kapital B
Kapital A und Kapital B	an	Bestandskonto

Bei Umsatzsteuer für **unentgeltliche Wertabgaben**, die durch einen Gesellschafter ausgelöst wird, ist dessen Kapitalkonto allein zu belasten. Buchung: Kapital A an Umsatzsteuer.

Sind für den Prüfungszeitraum gewinnwirksame Entnahmen/Einlagen einem Gesellschafter allein zu belasten/gutzuschreiben, ist ggf. eine zusätzliche Kapitalangleichungsbuchung erforderlich, um die Kapitalkonten der Gesellschafter untereinander auszugleichen (Buchung: Kapital A an Kapital B).

Wenn die nachfolgende (handelsrechtlich richtige) Handelsbilanz der vorhergehenden Prüferbilanz aus Identitätsgründen angepasst werden soll, erfolgen bei **Kapitalgesellschaften** die Kapitalangleichungsbuchungen in der nachfolgenden Handelsbilanz **erfolgsneutral** über die Bestandskonten „Jahresüberschuss/Jahresfehlbetrag" oder alternativ über das „Gewinnvortragskonto". Wird die nachfolgende Handelsbilanz **nicht** an die Prüferbilanz angepasst, sind die künftigen **Abweichungen** zwischen Handelsbilanz und Steuerbilanz in der Handelsbilanz **besonders zu vermerken** (§ 60 Abs. 2 Satz 1 EStDV); wird eine spezielle Steuerbilanz erstellt (§ 60 Abs. 2 Satz 2 EStDV), so ist für die abweichenden Ansätze ein Ausgleichsposten (AP) zu bilden (Buchung: Bestandskonto an AP, AP an Bestandskonto).

Bei **unterbliebenen Kapitalangleichungsbuchungen** (wie im vorliegenden Fall bei Variante 1), sind die umgekehrten Gewinnauswirkungen außerhalb der Buchführung in einer Überleitungsrechnung dem Gewinn hinzu- oder abzurechnen.

Aus der nachfolgenden Übersicht ergeben sich – dargestellt in Staffelform – die Auswirkungen für 2006 auf den Gewinn und den Ausgleichsposten.

Konto	HB/StB	BpB	AP 31.12.05	AP 31.12.06	Gewinn 2006
Sattelschlepperzug					
31.12.2005	-	120 000	./. 120 000		
AfA 2006	-	./. 40 000			./. 40.000
31.12.2006	-	80 000		./. 80 000	
Forderungen					
31.12.2005	100 000	216 000	./. 116 000		
Geldeing.	./. 100 000	./. 216 000			./. 100 000
31.12.2006	-	-		-	
Von dem gesamten Geldeingang sind nur 100 000 € in 2006 erfolgswirksam verbucht worden. Der Rest wurde erfolgsneutral erfasst – Umsatzsteuer: 16 000 €, Forderungseingang: 100 000 €.					
Rückstellung für Prozesskosten					
31.12.2005	300 000	120 000	./. 180 000		
Auflösung	./. 300 000	./. 120 000			./. 180 000
31.12.2006	-	-		-	
Steuerrückstellungen (ohne USt)					
31.12.2005	-	154 092	+ 154 092		
Bezahlung	-	./. 154 092			+ 154 092
31.12.2006	-	-		-	

Umsatzsteuer					
31. 12. 2005	-	16 000	+ 16 000		
Zugang bei Forde- rungseing.	16 000	-			
Zahlung	./. 16 000	./. 16 000			
31. 12. 2006	-	-		-	
Umgekehrte Ge- winnauswirkungen für 2006					./. 165 908
AP 31. 12. 2005			./. 245 908		
AP 31. 12. 2006				./. 80 000	
(./. = passiver AP, + = aktiver AP)					

Zu 1: Anpassung mittels Überleitungsrechnung

Vorläufiger Jahresüberschuss lt. HB	208 682 €
Umgekehrte Gewinnauswirkungen für 2006 (s. o.)	./. 165 908 €
Steuerlicher Jahresüberschuss vor Steuern	42 774 €

Der (passive) steuerliche Ausgleichsposten entwickelt sich wie folgt:

Stand 31. 12. 2005	245 908 €
Auflösung in 2006	./. 165 908 €
Stand 31. 12. 2006	80 000 €

Zu 2: Anpassungsbuchung über Gewinnvortragskonto

Die richtige Angleichungsbuchung für 2006 lautet:

Transportanlagen	120 000	an	Umsatzsteuer	16 000
Forderungen	116 000		GewSt-Rückstellung	66 000
Prozesskostenrückstellung	180 000		KSt-Rückstellung	83 500
			SolZ-Rückstellung	4 592
			Gewinnvortragskonto	245 908

Wäre diese Buchung vorgenommen worden und hätte der Buchhalter die Geschäftsvorfälle des Jahres 2006 dann folgerichtig verbucht, ergäbe sich für 2006 kein Korrek-
turbedarf.

Da der Buchhalter bereits einige Buchungen vorgenommen hat, werden in 2006 folgende **Korrekturbuchungen** erforderlich, um der Aufgabenstellung gerecht zu werden:

Transportanlagen	80 000 €	an	GewSt-Aufwand	66 000 €
planmäßige Abschreibungen (AfA)	40 000 €		KSt-Aufwand	83 500 €
Umsatzerlöse	100 000 €		Aufwand SolZ	4 592 €
Erträge aus Rückstellungsauf- lösung	180 000 €		**Gewinnvortragskonto**	**245 908 €**

Bei dieser Vorgehensweise weist die Buchführung für das Jahr 2006 den richtigen steuerlichen Jahresüberschuss (vor Steuern) aus: 42 774 €.

Zu 3: Erfolgswirksame Anpassung in der laufenden Buchführung

In diesem Fall hätte für 2006 gebucht werden müssen:

Transportanlagen	120 000	an	Umsatzsteuer	16 000
Forderungen	116 000		GewSt-Rückstellung	66 000
Prozesskostenrückstellung	180 000		KSt-Rückstellung	83 500
			SolZ-Rückstellung	4 592
			sonstige betriebliche Erträge	**245 908**

Wäre diese Buchung erfolgt und hätte der Buchhalter die Geschäftsvorfälle des Jahres 2006 dann folgerichtig erfolgsneutral gebucht, müsste zur Vermeidung der doppelten Besteuerung der gebuchte sonstige betriebliche Ertrag i. H. v. 245 908 € **außerhalb der Buchführung** im Rahmen der Einkommensermittlung abgezogen werden.

Im vorliegenden Fall ist die vorstehende Buchung unterblieben. Unter Berücksichtigung der stattgefundenen Buchungen ist noch zu buchen:

Transportanlagen	120 000 €	an	sonstige betriebliche Erträge	120 000 €

Erfolgswirksam haben sich bereits laut Buchführung ausgewirkt:

Umsatzerlöse		+ 100 000 €
Auflösung Rückstellung lt. HB	+ 300 000 €	
Auflösung Rückstellung lt. StB	+ 120 000 €	+ 180 000 €
Steueraufwand		./. 154 092 €
Zwischensumme		+ 125 908 €
Nachbuchung (s. b. Ertrag, s. o.)		+ 120 000 €
Summe		**245 908 €**

Da der Betrag von 245 908 € **bereits** im Jahr 2005 der **Besteuerung unterlegen** hat, ist er zur Vermeidung einer doppelten Besteuerung bei der Ermittlung des zu versteuernden Einkommens der GmbH für 2006 außerhalb der Buchführung **abzuziehen**.

Sodann ist noch die AfA für 2006 für den Sattelschlepperzug für 2006 buchmäßig zu erfassen:

Planmäßige Abschreibungen (AfA)	40 000 €	an	Transportanlagen	40 000 €

Exkurs:

Die Gewinnauswirkungen der Außenprüfungen auf das Ergebnis für 2006 stellen sich wie folgt dar:

Auflösung Rückstellung	120 000 €
AfA Sattelschlepperzug	./. 40 000 €
Jahresüberschuss/Gewinn 2006	80 000 €

In der Anlage zum Lösungsteil II sind die unterschiedlichen Auswirkungen der Varianten 1 – 3 auf die Handels- und Steuerbilanzen 31. 12. 2006 dargestellt. Dabei wurde davon ausgegangen, dass in 2006 keine zusätzlichen Geschäftsvorfälle vorgekommen sind (also kein vorläufiger Jahresüberschuss von 208 682 € erwirtschaftet wurde), so dass sich aus den jeweiligen Bilanzen zum 31.12.2006 nur ein steuerlicher Gewinn von – wie oben prognostiziert – 80 000 € ergibt oder ableiten lässt. Das Bankguthaben zum 31.12.2006 errechnet sich wie folgt:

Forderungseingang	216 000 €
Steuernachzahlungen	./. 170 092 €
Stand 31.12.2006	45 908 €

Anlage zum Lösungsteil II

	HB 31.12.06 Variante 1	HB = StB 31.12.06 Variante 2	HB 31.12.06 Variante 3	StB 31.12.06 Variante 1	StB 31.12.06 Variante 3
Aktiva					
Sattelschlepperzug	0	80 000	80 000	80 000	80 000
Forderungen	0	0	0	0	0
Bank	45 908	45 908	45 908	45 908	45 908
Unveränderte Posten	1 600 000	1 600 000	1 600 000	1 600 000	1 600 000
Summe	1 645 908	1 725 908	1 725 908	1 725 908	1 725 908
Passiva					
Gewinnvortragskonto		245 908			
Jahresüberschuss	245 908	80 000	325 908	245 908	325 908
Ausgleichsposten				80 000	
Unveränderte Posten	1 400 000	1 400 000	1 400 000	1 400 000	1 400 000
Summe	1 645 908	1 725 908	1 725 908	1 725 908	1 725 908
Auswertung					
JÜ lt. Bilanz	245 908	80 000	325 908	245 908	325 908
Überleitungsrechnung	./. 165 908	0		./. 165 908	
Außerbilanzielle Korrektur			./. 245 908		./. 245 908
Steuerlicher JÜ/Gewinn	80 000	80 000	80 000	80 000	80 000

Teil III

1. Anschaffung Betriebsgelände

Teilwertabschreibung

Die hinzu erworbenen Grundstücke G2 und G3 sind handelsrechtlich als Vermögensgegenstände sowie steuerrechtlich als Wirtschaftsgüter des nicht abnutzbaren unbeweglichen Anlagevermögens grundsätzlich mit den **Anschaffungskosten** zu bilanzieren (§ 253 Abs. 1, § 255 Abs. 1 HGB, § 6 Abs. 1 Nr. 2 EStG). Eine Abschreibung auf einen niedrigeren Wert wäre handelsrechtlich unter der Voraussetzung geboten, dass eine voraussichtlich dauernde Wertminderung vorliegt (§ 253 Abs. 2 Satz 3 HGB). Eine steuerlich wirksame Teilwertabschreibung kommt nur bei einer voraussichtlich dauernden Wertminderung in Betracht (§ 6 Abs. 1 Nr. 2 i.V. m. Abs. 1 Nr. 1 Satz 3 EStG).

Eine dauernde Wertminderung liegt vor, wenn der beizulegende Wert bzw. der Teilwert des Grundstücks **nachhaltig** unter die Anschaffungskosten bzw. den maßgeblichen Buchwert **gesunken** ist. Führt die Sanierungsbedürftigkeit des Grundstücks lediglich zu einer vorübergehenden Wertminderung, darf steuerrechtlich keine Teilwertabschreibung vorgenommen werden.

Nur hinsichtlich des Grundstücks G 2 liegt am Bilanzstichtag 31. 12. 2006 eine voraussichtlich **dauernde Wertminderung** vor. Dieses Grundstück ist nach dem Sachverhalt völlig unbrauchbar. Die Wiederherstellung der Gebrauchsfähigkeit dieses Grundstücksteils durch vollständigen Bodenaustausch und Grundwassersanierung ist nicht zu erwarten, weil sie viel zu teuer und damit unwirtschaftlich ist und auch von der zuständigen Behörde nicht verlangt werden wird.

Bezüglich des zu sanierenden Grundstücks G3 liegt am Bilanzstichtag **keine** voraussichtlich dauernde Wertminderung vor, weil nach dem Ergebnis der beiden Gutachten mit einer zeitnahen Anordnung der Sanierung und in deren Folge einer **Wiederherstellung der Gebrauchsfähigkeit** des Grundstücks zu rechnen ist.

Korrekturbuchung:

Grund und Boden	250 000 €	an	Teilwertabschreibung	250 000 €

Die Gewinnauswirkung aus dieser Buchung beträgt + 250 000 €.

Rückstellung

Die OHG hat in Ihrer Bilanz auf den 31. 12. 2006 eine Rückstellung für den Sicherungs- und Sanierungsaufwand zu bilden, der im Hinblick auf die Grundstücke G2 und G3 anfallen wird. Nach § 240 Abs. 2 i.V. m. Abs. 1, § 242 Abs. 1, § 246 Abs. 1 HGB hat der Kaufmann in seiner Bilanz für den Schluss eines Geschäftsjahres u. a. seine Verbindlichkeiten (Schulden) **vollständig darzustellen** (Vollständigkeitsgrundsatz). Ist eine bestehende Verbindlichkeit dem Grund und/oder der Höhe nach noch ungewiss, ist sie unter den Rückstellungen für ungewisse Verbindlichkeiten auszuweisen (§ 249 Abs. 1 Satz 1 HGB).

Zu passivieren sind auch Verbindlichkeiten, die ihre Ursache im Bereich **des öffentlichen Rechts** finden. Dies setzt nach ständiger Rechtsprechung des BFH voraus, dass die Verpflichtung hinreichend konkretisiert ist und an die Verletzung der Verpflichtung Sanktionen geknüpft sind, so dass sich „der Steuerpflichtige der Erfüllung der Verpflichtung im Ergebnis nicht entziehen kann" (R 5.7 Abs. 3 EStR 2005, BFH vom 8. 11. 2000 I R, BStBI 2001 II 570). Die bloße Möglichkeit des Bestehens oder Entstehens einer Verbindlichkeit reicht zu ihrer Passivierung nicht aus (BFH vom 19. 10. 1993 VIII R, BStBI 1993 II 891). Im Bereich der Verbindlichkeiten gegenüber der öffentlichen Hand ist die Kenntniserlangung durch den Gläubiger regelmäßig geeignet, auf die ernsthafte Erwartung der **Inanspruchnahme** des Schuldners schließen zu lassen (BFH vom 27. 11. 1968 I 162/64, BStBI 1969 II 247). Nach Kenntniserlangung der zuständigen Umweltbehörde im Mai 2006 und ihrer Ankündigung, die OHG für die Sicherung und Sanierung in Anspruch nehmen zu wollen und der Bekanntgabe des zweiten Gutachtens musste die OHG zum Bilanzstichtag mit der Inanspruchnahme **ernsthaft rechnen**.

Handelsrechtlich erfolgt die Bewertung einer Verbindlichkeit mit dem „notwendigen Betrag" (§ 253 Abs. 1 HGB). Das ist der **Erfüllungsbetrag** zu Vollkosten. Steuerrechtlich hat die Bewertung gem. § 6 Abs. 1 Nr. 3 i.V. m. Nr. 2 Satz 1 EStG mit den Anschaffungskosten oder einem höheren Teilwert unter Beachtung von § 6 Abs. 1 Nr. 3a EStG zu erfolgen. Als Anschaffungskosten einer Verbindlichkeit in Geld gilt der Nennwert (Rückzahlungsbetrag; H 6.10 „Anschaffungskosten" EStH 2006). Sachleistungsverpflichtungen sind mit dem Erfüllungsbetrag und (bei Eigenleistungen) unter Einbeziehung angemessener notwendiger Gemeinkosten zu bewerten. Der Erfüllungsbetrag einer Sachleistungsverpflichtung ist, wenn er nicht feststeht, zu schätzen. Beide Gutachten gehen im vorliegenden Fall davon aus, dass die erforderlichen Kosten 200 000 € (150 000 € für das Grundstück G2 und 50 000 € für das Grundstück G3) betragen werden. Es bestehen keine Bedenken, diesen Betrag bei der Passivierung zum Bilanzstichtag 31. 12. 2006 zugrunde zu legen.

Eine Minderung des Betrags der zu passivierenden Verbindlichkeit im Hinblick auf die erfolgte Wertberichtigungen des Grundstücks G2 kommt nach dem Grundsatz der Einzelbewertung und dem Vollständigkeitsgrundsatz nicht in Betracht (§ 240 Abs. 2 i.V. m. Abs. 1 HGB, § 6 Abs. 1 EStG § 246 Abs. 1 HGB). Die **Teilwertabschreibung** bildet den geminderten Wert des Grundstücks für den Betrieb am jeweiligen Bilanzstichtag ab, die Rückstellung richtet sich auf die zukünftige Beseitigung eines ordnungswidrigen Zustandes (Schadstoffbelastung).

Eine **Kürzung** des Rückstellungsbetrags um eventuell anfallende aktivierungspflichtige nachträgliche Herstellungskosten **scheidet** ebenfalls **aus**. Nachträgliche Herstellungskosten liegen nur im Falle einer Erweiterung oder einer über den ursprünglichen Zustand des Wirtschaftsguts hinaus gehenden wesentlichen Verbesserung vor (§ 255 Abs. 2 Satz 1 Alternativen 2 und 3 HGB).

Eine Verbesserung ist nur wesentlich, wenn über die zeitgemäße Erneuerung hinaus nach objektiven Maßstäben der **Gebrauchswert** des Wirtschaftsguts im Ganzen gegenüber dem ursprünglichen Zustand – d. h. dem Zustand im Zeitpunkt des Erwerbs – deutlich **erhöht** wird (H 6.4 „Erdarbeiten [Hangabtragung]" EStH 2006). Die Sicherungsmaßnahmen zur Eindämmung und Kontrolle einer Schadstoffbelastung auf dem Grundstück G2 führen nicht zu einer Erhöhung seines Gebrauchswerts, es ist sowohl vor als auch nach der Maßnahme **gebrauchsunfähig**. Die Sanierungsmaßnahme auf Grundstück G3 stellt zwar die Gebrauchsfähigkeit wieder her, **verbessert** aber nicht den Zustand gegenüber dem Zeitpunkt des Erwerbs.

Korrekturbuchung:

Sonstiger betrieblicher Aufwand   200 000 € an Rückstellungen   200 000 €

Die Gewinnauswirkung aus dieser Buchung beträgt ./. 200 000 €.

2. Schrottpresse

Es handelt sich hierbei um einen sog. **Mietkaufvertrag**. Dabei liegt zunächst ein echtes Mietverhältnis vor. Eine Anschaffung ergibt sich erst, nachdem der Mieter von seinem Kaufoptionsrecht Gebrauch gemacht hat. Dies unterscheidet den Mietkaufvertrag vom Leasingvertrag. Beim Leasing liegt entweder Miete von Anfang an (bis zum Schluss) vor oder ein Kauf von Anfang an. Das Leasingverhältnis ist ferner dadurch gekennzeichnet, dass während einer bestimmten Grundmietzeit die Kündigung ausgeschlossen ist. Im vorliegenden Fall kann hingegen mit monatlicher Frist gekündigt werden. Die Schrottpresse ist deshalb erst mit Wirkung vom 1. 11. 2006 der OHG als Eigentümerin zuzurechnen und von ihr zu aktivieren, bis dahin liegt ein Mietverhältnis vor.

Die Schrottpresse ist ab 1. 11. 2006 handelsrechtlich als Vermögensgegenstand sowie steuerrechtlich als Wirtschaftsgut (abnutzbares bewegliches Anlagevermögen) mit den **Anschaffungskosten** vermindert um die planmäßigen **Abschreibungen** bzw. die AfA zu bilanzieren (§ 253 Abs. 1, § 2, § 255 Abs. 1 HGB, § 6 Abs. 1 Nr. 1 i.V. m. § 7 EStG).

Macht der Mieter in Mietkauffällen von seinem Kaufrecht Gebrauch, sind die Anschaffungskosten wie folgt zu ermitteln:

	Restzahlung
+	Geleistete Mietzahlungen
./.	Zeitanteilige AfA während der Mietzeit
=	Anschaffungskosten

Hiernach ist wie folgt zu rechnen:

Restzahlung	1 000 000 €
Geleistete Mietzahlung	+ 200 000 €
Zeitanteilige AfA	./. 100 000 €
Anschaffungskosten	1 100 000 €

Korrekturbuchung:

Maschinen (Schrottpresse)   100 000 €   an   Mietaufwand   100 000 €

Die Gewinnauswirkung aus dieser Buchung beträgt + 100 000 €.

Zur Ermittlung der AfA ist von den vorstehenden Anschaffungskosten auszugehen, diese sind auf die **Restnutzungsdauer** (110 Monate) zu verteilen:

1 100 000 € / 110 = 10 000 € x 2 Monate = 20 000 €.

Im Ergebnis ist die Buchung durch B rechtlich nicht zu beanstanden.

Weil aber der **niedrigste Gewinn** ermittelt werden soll, erfolgt die Berechnung der AfA nach § 7 Abs. 2 Satz 1 – 3 EStG: 1 100 000 € x 30 % = 330 000 x $^2/_{12}$ = 55 000 €.

Korrekturbuchung:

AfA (Schrottpresse)   35 000   an   Maschinen   35 000 €

Die Gewinnauswirkung aus dieser Buchung beträgt ./. 35 000 €.

3. Turmdrehkran

Der Drehkran ist handelsrechtlich als Vermögensgegenstand sowie steuerrechtlich als Wirtschaftsgut (abnutzbares bewegliches Anlagevermögen) mit den **Anschaffungskosten** vermindert um die planmäßigen **Abschreibungen** bzw. die AfA zu bilanzieren (§§ 253 Abs. 1, 2, 255 Abs. 1 HGB § 6 Abs. 1 Nr. 1 EStG).

In **Tauschfällen** (wie hier) ergeben sich die Anschaffungskosten aus dem gemeinen Wert des hingegebenen Wirtschaftsgutes (§ 6 Abs. 6 Satz 1 EStG). Werden Wertunterschiede der getauschten Wirtschaftsgüter durch Zuzahlung ausgeglichen, so ist die **Zuzahlung** nach allgemeinen Grundsätzen zu behandeln.

Formel:

	Gemeiner Wert des hingegebenen Wirtschaftsgutes
+	Zuzahlung oder ·/. erhaltene Barzahlung
./.	verrechenbare Vorsteuer
=	**Anschaffungskosten**

Beim Tausch von Wirtschaftsgütern treten die gleichen Folgen ein wie bei einer Veräußerung gegen Geld. Eine Gewinnauswirkung tritt deshalb auch beim Tausch ein, wenn der gemeine Wert des hingegebenen Wirtschaftsgutes (·/. Umsatzsteuer) von dessen Buchwert abweicht.

Bei der Anschaffung des Drehkrans liegt einen **Tausch mit Baraufgabe** vor; die Inzahlunggabe des alten Drehkrans stellt eine umsatzsteuerpflichtige Lieferung im Sinne des § 1 Abs. 1 Nr. 1 UStG dar.

Die Anschaffungskosten sind daher wie folgt zu ermitteln:

Gemeiner Wert des alten Krans	81 200
Zuzahlung	92 800
Summe	174 000
Umsatzsteuer	./. 24 000
Anschaffungskosten	**150 000**

Der Buchwert des kleineren Krans zum Zeitpunkt des Verkaufs beträgt:

Anschaffungskosten	100 000
AfA 2004	./. 20 000
BW 31. 12. 2004	80 000
AfA 2005	./. 16 000
BW 31. 12. 2005	64 000
AfA 2006 ($^1/_2$)	./. 6 400
BW 30. 6. 2006	57 600

Korrekturbuchung:

AfA	6 400 €	an	Maschine (Kran alt)		6 400 €

Die Gewinnauswirkung aus dieser Buchung beträgt ./. 6 400 €.

Die **degressive** AfA war gem. § 7 Abs. 2 Satz 1 und 2 EStG mit 20 % des letzten Buchwerts anzusetzen, weil das Wirtschaftsgut nicht nach dem 31. 12. 2005 angeschafft wurde (§ 7 Abs. 2 Satz 3 EStG).

Korrekturbuchung:

Maschinen (neuer Drehkran)	81 200 €	an	Maschinen (alter Drehkran)	57 600 €
			s. b. Erträge (Anlagenabgänge)	12 400 €
			Umsatzsteuer	11 200 €

Die Gewinnauswirkung aus dieser Buchung beträgt + 12 400 €.

Gemäß § 9b Abs. 1 EStG gehört die als Vorsteuer abzugsfähige Umsatzsteuer nicht zu den Anschaffungskosten eines Wirtschaftsguts.

Korrekturbuchung:

Vorsteuer	24 000 €	an	Maschinen (neuer Drehkran)	24 000 €

Weil der niedrigste Gewinn zu ermitteln ist, ist die Berechnung der AfA nach § 7 Abs. 2 Satz 1 – 3 EStG vorzunehmen. Bei 15 Jahren Nutzungsdauer beträgt der degressive AfA-Satz höchstens 20 %, so dass sich eine Jahres-AfA von 30 000 € im Erstjahr ergibt. Zeitanteilig können nur $^6/_{12}$ berücksichtigt werden (§ 7 Abs. 1 Satz 4 EStG), d. h. 15 000 €.

Korrekturbuchung:

AfA	15 000	an	Maschine	15 000 €

Die Gewinnauswirkung aus dieser Buchung beträgt ./. 15 000 €.

4. Verlust der EDV-Anlage

Normalerweise werden **stille Reserven** steuerpflichtig durch Veräußerung oder Entnahme realisiert. R 6.6 EStR 2005 enthält eine Billigkeitsregelung bei **unfreiwilliger Realisierung** stiller Reserven durch Ausscheiden von Wirtschaftsgütern aus dem Betriebsvermögen infolge höherer Gewalt (z. B. Brand, Diebstahl) oder infolge oder zur Vermeidung eines behördlichen Eingriffs (z. B. drohende oder erfolgte Enteignung, Beschlagnahme; vgl. R 6.6 Abs. 2 EStR 2005). In derartigen Fällen kann die aufgedeckte stille Reserve (Entschädigung ./. Buchwert) im Ergebnis **erfolgsneutral** von den AK/HK eines Ersatzwirtschaftsgutes abgezogen werden.

Nicht begünstigt sind Entschädigungsleistungen für **Folgeschäden** (z. B. Aufräumungskosten, entgangener Gewinn, Umzugskosten). Soweit eine Betriebsunterbrechungsversicherung Mehrkosten für die beschleunigte Wiederbeschaffung eines durch Brand zerstörten Wirtschaftsguts übernimmt, gehören diese zur begünstigten Entschädigungsleistung (H 6.6 [1] „Entschädigung" EStH 2006). Das Ersatzwirtschaftsgut muss die Lücke schließen, die das ausgeschiedene Wirtschaftsgut hinterlassen hat (Funktionsidentität, R 6.6 Abs. 1 Nr. 2 EStR 2005).

Soweit die Ersatzbeschaffung nicht im selben Wirtschaftsjahr erfolgt, kann eine entsprechende **Rücklage** gebildet werden (R 6.6 Abs. 4 EStR 2005). Die Ersatzbeschaffung muss innerhalb von einem bzw. zwei Jahren nach erstmaliger Bildung der Rücklage erfolgen; die Frist kann in begründeten Einzelfällen verlängert werden (R 6.6 Abs. 4 Satz 5

EStR 2005). Die Rücklage muss auch in der Handelsbilanz stehen (§ 5 Abs. 1 EStG und R 6.6 Abs. 1 Nr. 3 EStR 2005). Im vorliegenden Fall erfolgte die Ersatzbeschaffung noch im selben Jahr, so dass eine Rücklagenbildung entfällt.

Im Ergebnis wird die aufgedeckte stille Reserve von den AK/HK des Ersatzwirtschaftsgutes **abgezogen**; der verbleibende Betrag bildet die AfA-Bemessungsgrundlage (R 7.3 Abs. 4 EStR 2005). Das gilt entsprechend für die Anwendung des § 6 Abs. 2 EStG (R 6.13 Abs. 5 Nr. 3 EStR 2005).

Wird die Entschädigung nur teilweise für die Ersatzbeschaffung verwendet, so darf die aufgedeckte stille Reserve nur **anteilig**, d. h. im Verhältnis der verwendeten Entschädigung zu ihrem Gesamtbetrag, übertragen werden; der Rest ist steuerpflichtig (H 6.6 [3] „Mehrentschädigung" EStH 2006).

Im vorliegenden Fall ist die EDV-Anlage infolge höherer Gewalt und gegen Entschädigung aus dem Betriebsvermögen ausgeschieden. Sie wurde durch ein funktionsidentisches Wirtschaftsgut ersetzt. Damit wurden die Voraussetzungen des Abschnitts R 6.6 Abs. 1 und 2 EStR 2005 zur Übertragung stiller Reserven bei Ersatzbeschaffung erfüllt.

Die stillen Reserven errechnen sich durch die Gegenüberstellung des Buchwertes des ausgeschiedenen Wirtschaftsgutes und dem Teil der Entschädigungssumme, der für die zerstörte EDV-Anlage gezahlt wurde. Die für die **Folgeschäden** vergüteten 20 000 € sind **Ertrag** und erhöhen – wie oben ausgeführt – den laufenden Gewinn.

Korrekturbuchung:

Rücklage für Ersatzbeschaffung   20 000 €   an   s. b. Erträge   20 000 €

Die Gewinnauswirkung aus dieser Buchung beträgt + 20 000 €.

Für die Höhe der Rücklage für Ersatzbeschaffung ist maßgeblich der Buchwert des ausgeschiedenen Wirtschaftsguts im Zeitpunkt des Ausscheidens (H 6.6 [3] „Buchwert" EStH 2006). Die AfA muss deshalb zeitanteilig berücksichtigt werden.

Buchwert zum 31. 12. 2005	72 000 €
AfA 120 000 x 20 % = 24 000 x $^6/_{12}$ =	./. 12 000 €
Buchwert im Zeitpunkt des Ausscheidens am 15. 6. 2006	60 000 €

Die Zahlung der Versicherung stellt Ertrag dar, der Anlagenabgang durch die Zerstörung der EDV-Anlage Aufwand. Die Bildung der Rücklage im Jahr der Ersatzbeschaffung ist überflüssig, vielmehr sind die aufgedeckten **stillen Reserven** direkt auf das Ersatzwirtschaftsgut zu **übertragen**.

Korrekturbuchung:

Rücklage für Ersatzbeschaffung	28 000 €	an	s. b. Erträge	100 000 €
s. b. Aufwand (Anlagenabgänge)	60 000 €			
AfA	12 000 €			

Die Gewinnauswirkung aus dieser Buchung beträgt + 28 000 €.

Die aufgelösten stillen Reserven sind auf das Ersatzwirtschaftsgut zu übertragen.

Eine volle Übertragung kann nicht in Betracht kommen, denn die Entschädigungssumme wurde nur **teilweise** (100 000 € zu 80 000 € = 80 %) zum Erwerb des Ersatzwirtschaftsgutes verwendet.

Buchwert des ausgeschiedenen Wirtschaftsguts	60 000 €
Entschädigungssumme	100 000 €
aufgedeckte stille Reserven	40 000 €
Anschaffungskosten des Ersatzwirtschaftsgutes	80 000 €
zu übertragende stille Reserven anteilig: 40 000 € x 80 %	./. 32 000 €
verbleibende Anschaffungskosten Ersatzwirtschaftsgut	48 000 €
Gewinn in Höhe der nicht übertragbaren stillen Reserven	8 000 €

Korrekturbuchung:

s. b. Erträge 32 000 € an Betriebs- und Geschäftsausstattung 32 000 €

Die Gewinnauswirkung aus dieser Buchung beträgt ./. 32 000 €.

Das Ersatzwirtschaftsgut EDV-Anlage ist handelsrechtlich als Vermögensgegenstand sowie steuerrechtlich als Wirtschaftsgut (abnutzbares bewegliches Anlagevermögen) mit den **Anschaffungskosten** vermindert um die planmäßigen **Abschreibungen** bzw. die AfA zu bilanzieren (§ 253 Abs. 1, § 2, § 255 Abs. 1 HGB, § 6 Abs. 1 Nr. 1 und § 7 Abs. 2 EStG). Die AfA ist gem. R 7.3 Abs. 4 Satz 1 EStR 2005 von dem um den Abzugsbetrag der stillen Reserven geminderten Anschaffungskosten zu bemessen: 48 000 €.

Die Berechnung der AfA erfolgt nach § 7 Abs. 2 Satz 1 – 3 EStG:

48 000 € x 30 % = 14 400 € x $^{6}/_{12}$ = 7 200 €.

Korrekturbuchung:

AfA 7 200 € an Betriebs -und Geschäftsausstattung 7 200 €

Die Gewinnauswirkung aus dieser Buchung beträgt ./. 7 200 €.

5. Betriebsprüfung

Die Verpflichtung, laufende Geschäftsvorfälle des abgelaufenen Wirtschaftsjahres zu verbuchen, ist sowohl handelsrechtlich als auch steuerrechtlich von der Verpflichtung zur Erstellung eines Jahresabschlusses getrennt. Rechtsgrundlagen der **Aufzeichnungspflicht** für alle Geschäftsvorfälle des abgelaufenen Wirtschaftsjahres sind die §§ 238, 239 HGB, §§ 140, 141, 146 Abs. 1 AO. Die Verpflichtung zur Erstellung eines **Jahresabschlusses** beruht hingegen auf § 242 HGB i.V.m. §§ 140, 141 AO. Beruhen öffentlich-rechtliche Verpflichtungen auf getrennten Rechtsgrundlagen und unterschiedlichen Tatbestandsmerkmalen, so sind die Voraussetzungen einer Rückstellungsbildung getrennt zu prüfen.

Die Verpflichtung zur Buchung laufender Geschäftsvorfälle des Vorjahres berechtigt und **verpflichtet** zur Bildung einer eigenständigen **Rückstellung** in HB und StB.

Rückstellungen für ungewisse Verbindlichkeiten sind gem. § 249 Abs. 1 HGB zu bilden. Auch öffentlich-rechtliche Verpflichtungen können **Grundlage einer Rückstellung** sein,

a) wenn ihre Verletzung mit Sanktionen bedroht ist,

b) wenn sie hinreichend konkretisiert sind und

c) unter der Voraussetzung, dass sie, wenn die Verpflichtungen noch nicht entstanden ist, im abgelaufenen Wirtschaftsjahr oder in der davor liegenden Zeit wirtschaftlich **verursacht** worden sind (BFH vom 25. 3. 1992 I R 69/91, BStBl 1992 II 1010).

Zu a): Die Verletzung von Buchführungspflichten ist mit **Sanktionen** bedroht. Wer entgegen einer gesetzlichen Verpflichtung keine Handelsbücher führt oder sie so führt, dass die Übersicht über seinen Vermögensstand erschwert wird, kann gem. § 283b StGB mit Freiheitsstrafe bestraft werden. Hinzu kommt der als Ordnungswidrigkeit ausgestaltete Tatbestand der Steuergefährdung gemäß § 379 AO, der ebenfalls an das Nichtverbuchen aufzeichnungspflichtiger Geschäftsvorfälle anknüpft.

Zu b): Die Verpflichtung zur ordnungsgemäßen Buchung der Geschäftsvorfälle der abgelaufenen Wirtschaftsjahre gem. §§ 238, 239 HGB, 140, 141 Abs. 1, 146 Abs. 1 AO ist eine **hinreichend konkretisierte** öffentlich-rechtliche Verpflichtung. Das Gesetz schreibt ein inhaltlich genau bestimmtes Handeln innerhalb eines begrenzten Zeitraums vor.

Die OHG war somit verpflichtet, die Geschäftsvorfälle des abgelaufenen Jahres innerhalb eines bestimmten Zeitraums ordnungsgemäß zu verbuchen. Offensichtlich hat die OHG auch Buchungen vorgenommen, denn nach dem Sachverhalt liegt für den Prüfungszeitraum eine Buchführung vor. Lediglich der Betriebsprüfer hält sie **nicht** für ordnungsgemäß. Die Meinung des Betriebsprüfers ist **allerdings nicht rechtsverbindlich**, so dass offen bleiben muss, ob die Buchführung der OHG tatsächlich den Vorgaben der §§ 238, 239 HGB nicht entspricht.

Vor diesem Hintergrund besteht **keine Pflicht** nachzubuchen. Selbst wenn keine Buchführung vorläge, käme die Nachbuchung jetzt zu spät und könnten Sanktionen damit nicht abgewendet werden. Damit entfällt die Möglichkeit zur Rückstellungsbildung.

Zu c): Weitere Voraussetzung einer Rückstellung ist, dass die künftig zur Tilgung der ungewissen Verbindlichkeit zu leistenden Ausgaben wesentlich bereits im **abgelaufenen** oder in **vorausgegangenen** Wirtschaftsjahren wirtschaftlich verursacht sind und es deshalb geboten ist, sie als Aufwand dieses abgelaufenen Wirtschaftsjahres zu behandeln.

Die **wirtschaftliche Verursachung** einer Verbindlichkeit im abgelaufenen Wirtschaftsjahr oder in den Vorjahren setzt voraus, dass die wirtschaftlich wesentlichen Tatbestandsmerkmale der Verpflichtung erfüllt sind und das Entstehen der Verbindlichkeit nur noch von wirtschaftlich unwesentlichen Tatbestandsmerkmalen abhängt. Die künftigen Ereignisse, die zum unbedingten Entstehen oder zur Bewertung der Verbindlichkeit führen, müssen rechtlich und wirtschaftlich dem abgelaufenen Wirtschaftsjahr zuzurechnen sein.

Als Merkmal einer wirtschaftlichen Verursachung in der Vergangenheit ist erforderlich, dass die Verpflichtung nicht nur an **Vergangenes** anknüpft, sondern auch Vergangenes **abgilt**. Das ist hier nicht der Fall. Denn die OHG nimmt die Nachbuchung nur vor, um im künftigen Rechtsbehelfsverfahren Beweismittel beibringen zu können, die die Schätzung des Betriebsprüfers widerlegen. Auslöser für die Nachbuchung ist also die in 2006 erfolgte Schätzung durch die Finanzverwaltung.

Es handelt sich um zusätzliche Kosten, deren wirtschaftliche Verursachung nicht in der Vergangenheit liegt, sondern die durch ein nach dem 31. 12. 2005 stattgefundenes Ereignis ausgelöst werden, nämlich die Betriebsprüfung und das evtl. Rechtsbehelfsverfahren. Für andere als in § 249 Abs. 1 und 2 HGB bezeichnete Zwecke dürfen Rückstellungen gem. § 249 Abs. 3 HGB nicht gebildet werden.

Die OHG darf für die Aufwendungen, die ihr aus den zusätzlichen Buchführungsarbeiten entstanden sind, in den Bilanzen für 2002 – 2004 **keine Rückstellungen** bilden.

Die Buchung durch B war daher korrekt.

Eine Rückstellung für die Kosten künftiger Betriebsprüfungen ist gemäß H 5.7 Abs. 3 „Rückstellung für öffentlich-rechtliche Verpflichtung" EStH 2006 **unzulässig**.

Korrekturbuchung:

Rückstellungen	20 000 €	an s. b. Erträge	20 000 €

Die Gewinnauswirkung aus dieser Buchung beträgt + 20 000 €.

6. Ausscheiden des Gesellschafters

Die OHG darf die an C über den Buchwert seiner Beteiligung gezahlte Abfindung nicht in voller Höhe als Betriebsausgabe buchen. Soweit die Abfindung an den Gesellschafter für bewertungsfähige Wirtschaftsgüter des Gesellschaftsvermögens gezahlt wird, ergeben sich insoweit **Anschaffungskosten** für die verbleibenden Gesellschafter A und B auf diese Wirtschaftsgüter. Nur der übersteigende Betrag führt zu einer den Gewinn mindernden Betriebsausgabe, sofern er gem. § 4 Abs. 4 EStG durch den Betrieb veranlasst ist. Das Ausscheiden des C ist aus der Sicht der verbleibenden Gesellschafter betrieblich veranlasst. C ist **lästiger Gesellschafter**, weil er durch sein Verhalten über einen längeren Zeitraum eine Schädigung der wirtschaftlichen Leistungsfähigkeit der OHG verursacht hat. Nur dadurch konnte eine weitere Beeinträchtigung des Geschäftsbetriebs zukünftig verhindert werden.

Für die steuerliche Beurteilung der Abfindung errechnet sich der Wert des Gesellschaftsanteils des C wie folgt:

Buchwert des Kapitalkontos	168 000 €
zuzüglich 20 % stille Reserven: Geschäftswert 225 000 € x 20 % =	45 000 €
Grund und Boden 200 000 € x 20 % =	40 000 €
Betriebs- und Geschäftsausstattung 32 000 € x 20 % =	6 400 €
Wert des Gesellschaftsanteils	259 400 €

Korrekturbuchung:

Geschäftswert	45 000 €	an sonstiger betrieblicher Aufwand	91 400 €
Grund und Boden	40 000 €		
Büroausstattung	6 400 €		

Die Gewinnauswirkung aus dieser Buchung beträgt + 91 400 €.

Der Geschäftswert ist gem. § 7 Abs. 1 Satz 3 EStG auf 15 Jahre abzuschreiben:

$45\,000\,€/15 = 3\,000\,€ \times {}^3/_{12} = 750\,€$

Korrekturbuchung:

| AfA | 750 € | an | Geschäftswert | 750 € |

Die Gewinnauswirkung aus dieser Buchung beträgt ./. 750 €.

Durch die teilweise Aufdeckung der stillen Reserven erhöht sich die Bemessungsgrundlage für die AfA der EDV-Anlage (§ 7 Abs. 2 Satz 1 – 3 EStG):

$6\,400 \times 30\,\% = 1\,920\,€ \times {}^3/_{12} = 480\,€$

Korrekturbuchung:

| AfA | 480 € | an | Betriebs- und Geschäftsausstattung | 480 € |

Die Gewinnauswirkung aus dieser Buchung beträgt ./. 480 €.

C ist zum 30. 9. 2006 ausgeschieden, auf den 31. 12. 2006 ist daher für ihn kein Kapitalkonto mehr zu führen.

Korrekturbuchung:

| Kapital C | 268 000 € | an | sonstige Verbindlichkeit (Abfindungsanspruch C) | 268 000 € |

7. Darstellung der Gewinnauswirkung in der Anlage

Anlage zu Teil III

Gewinnauswirkung

Vorgang	Erfolgskonto	Gewinnauswirkung +	Gewinnauswirkung ./.
1. Betriebsgelände	Teilwertabschreibung s. b. Aufwand	250 000 €	200 000 €
2. Schrottpresse	Mietaufwand AfA	100 000 €	35 000 €
3. Turmdrehkran	s. b. Erträge AfA	12 400 €	6 400 € 15 000 €
4. Ausfall der EDV-Anlage	s. b. Erträge AfA	20 000 € 28 000 €	32 000 € 7 200 €
5. Betriebsprüfung	s. b. Erträge	20 000 €	
6. Ausscheiden C	s. b. Aufwand AfA	91 400 €	480 € 750 €
Summen		521 800 €	296 830 €
Saldo		224 970 €	

Gewinnverteilung

	Summe	A (50%)	B (50 %)	C (Pauschale: 2 000 € x 9)
Vorläufiger Gewinn	120 000 €	51 000 €	51 000 €	18 000 €
Gewinnauswirkung	224 970 €	112 485 €	112 485 €	
Gewinn 2006	344 970 €	163 485 €	163 485 €	18 000 €

HINWEIS

Das Korrekturschema dieser Klausur können Sie kostenlos auf unserer Homepage www.nwb.de abrufen, indem Sie auf der Startseite unter „Suchen" die Nummer **53997** eingeben. Klicken Sie auf die Abbildung, so gelangen Sie sofort zum Titel.

Um die pdf zu öffnen, geben Sie bitte das Passwort **BA-Abzug** ein.

STEUERBERATERPRÜFUNG 2002/2007

Prüfungsaufgabe aus dem Gebiet der Buchführung und des Bilanzwesens

Bearbeitungszeit: 6 Stunden

Hilfsmittel:
Laut Ladungsschreiben zugelassene Hilfsmittel,
z. B.: NWB-Handausgabe Deutsche Steuergesetze

Teil I

Sachverhalt

A und seine Söhne B und C sind zu jeweils einem Drittel Gesellschafter der A-GmbH mit Sitz in Hannover. Gegenstand des Unternehmens ist der Betrieb einer Kraftfahrzeuglackiererei. Alleiniger Geschäftsführer ist A. Sie als Steuerberater sind beauftragt, den Jahresabschluss nebst Steuererklärungen der Gesellschaft bzw. der Gesellschafter für das Wirtschaftsjahr 2007 zu erstellen. Aus den Ihnen vorgelegten Unterlagen sowie den bisher erteilten Auskünften ergibt sich Folgendes:

▶ Die GmbH ermittelt den Gewinn nach § 5 EStG. Das Wirtschaftsjahr entspricht dem Kalenderjahr. Umsätze werden nach den allgemeinen Vorschriften des UStG versteuert; es besteht die Berechtigung zum vollen Vorsteuerabzug.

▶ Sie erstellt eine Handels- und eine Steuerbilanz.

Schadstoffaustritt

Die Lackiererei wird auf einem gepachteten bebauten Grundstück betrieben, das die GmbH für die besonderen Zwecke der Lackiererei auf eigene Kosten mit den entsprechenden Betriebsvorrichtungen ausgestattet hat (Buchwert jeweils 1 €). Bei im November 2007 von Arbeitskräften der GmbH durchgeführten Instandsetzungsarbeiten war es aufgrund von Unachtsamkeiten zu Beschädigungen des Abwassertanks gekommen. Dieser Tank ist unselbständiger Teil der auf die besonderen Verhältnisse der GmbH zugeschnittenen Abwasseranlage. Dies hatte zum Austritt von Lösungsmitteln und einer Verunreinigung des Erdreichs geführt. Die sofort eingeschaltete zuständige Behörde hatte daraufhin umgehend nach einer Ortsbesichtigung noch im November 2007 angeordnet, dass die GmbH auf eigene Kosten ein Gutachten eines von der Behörde benannten Sachverständigen einholen sollte. Die Behörde hätte das Gutachten sonst selbst eingeholt und der GmbH in Rechnung gestellt. Das Gutachten soll der Behörde als Grundlage für den Verwaltungsakt dienen, der Art und Umfang der Sanierungsmaßnahmen festlegt.

Der Gutachter wurde im Dezember 2007 und Anfang Januar 2008 tätig. Das Gutachten ist Ende Januar 2008 eingegangen und kommt zu folgenden Ergebnissen:

a) Der Austritt der Lösungsmittel hat nur zu einer räumlich eng begrenzten Verunreinigung des Erdreichs geführt. Das belastete Erdreich ist fachgerecht zu entsorgen und gegen unbelastete Erde auszutauschen. Ein auf solche Aufträge spezialisiertes Unternehmen würde hierfür nach Annahme des Sachverständigen insgesamt ca. 30 000 € in Rechnung stellen. Der Sachverständige geht davon aus, dass die Behörde für diese Maßnahme eine Frist bis zum 30. 9. 2008 vorsehen wird.

b) Der Abwassertank ist unverzüglich zu ersetzen. Geschätzter Aufwand: 20 000 € (Preis für einen neuen Tank mit einer Nutzungsdauer von vier Jahren, weil die Reparatur des alten technisch problematisch und außerdem teurer als ein neuer Tank wäre) zuzüglich 2 500 € für Ausbau und Abfuhr des alten sowie Einbau des neuen Tanks. (Die übrigen Bestandteile der gesamten auf die besonderen Zwecke der Lackiererei ausgerichteten einheitlichen Abwasseranlage wiesen keine Fehler auf.)

c) Der Sachverständige kommt zwar zu dem Schluss, dass für eine akute Gefährdung des Grundwassers wegen günstiger geologischer Verhältnisse bei zeitgerechter Abfuhr des belasteten Erdreichs keine konkreten Anhaltspunkte vorliegen. Um langfristig jedwedes Restrisiko auszuschließen, hält es der Sachverständige unter Hinweis auf die entsprechenden umweltrechtlichen Bestimmungen für erforderlich, dass die Gemeinde der GmbH aufgibt, beginnend am 1. 1. 2012 für die Dauer von 3 Jahren eine kombinierte Grundwasserpump- und -reinigungsanlage zu betreiben. Voraussichtlicher Aufwand: 50 000 € (Nutzungsdauer 10 Jahre), zusätzlich fallen Betriebskosten von 2 500 € jährlich nach heutigen Preisverhältnissen an; unter Berücksichtigung etwaiger künftiger Preissteigerungen nach Maßgabe der Inflationsraten der letzten Jahre würden sich Beträge von 2 750 € im ersten Jahr (2012) und 2 875 € sowie 3 000 € im zweiten bzw. dritten Jahr (2013, 2014) ergeben. Der Gutachter weist darauf hin, dass diese Maßnahme aus umweltschutzrechtlicher Sicht **gegenüber** den Empfehlungen zu a) und b) eine eigenständige Maßnahme darstellt.

d) Der Sachverständige hat der GmbH außerdem außerhalb des „offiziellen" Gutachtens mitgeteilt, dass nach seinen Erfahrungen damit zu rechnen ist, dass die Behörde wegen der Verunreinigung des Grund und Bodens ein kurzfristig fällig werdendes Bußgeld von ca. 2 500 € verhängen wird.

Die GmbH hat den Betrieb der Lackiererei unmittelbar nach dem Vorfall im November 2007 eingestellt und will ihn erst wieder aufnehmen, wenn ein weiteres Austreten von Schadstoffen ausgeschlossen ist. Der Verwaltungsakt der zuständigen Behörde liegt noch nicht vor. Die Rechnung des Sachverständigen ist zusammen mit dem Gutachten eingegangen und lautet über 20 000 € (ohne Umsatzsteuer). Rückgriffsansprüche bestehen nicht. Buchungen sind in diesem Zusammenhang bisher nicht vorgenommen worden.

Service-Vertrag

In einem im Januar 2007 mit einem Mietwagenunternehmen geschlossenen Service-Vertrag hat sich die GmbH verpflichtet, bei sämtlichen Fahrzeugen des Mietwagenunternehmens etwaige Lackschäden unverzüglich zu beseitigen, bevor die Wagen nach ca. einjähriger Verwendung von dem Mietwagenunternehmen an einen Händler veräußert werden. Vertragsbeginn ist der 1. 4. 2007. Die Vertragslaufzeit beträgt fünf Jahre. Als Entgelt ist unabhängig vom tatsächlichen Ausbesserungsbedarf ein unveränderlicher Festpreis von jährlich 5 000 € vereinbart. Der auf das Kalenderjahr 2007 entfallende Betrag von 3 750 € ist vom Mietwagenunternehmen noch vor dem Abschlussstichtag überwiesen und von der GmbH zutreffend als Ertrag gebucht worden. Die GmbH hat hierzu Folgendes mitgeteilt:

Dem Auftrag lag die berechtigte Erwartung zugrunde, dass an jährlich ca. 20 Pkw Ausbesserungsarbeiten erforderlich würden. Den durchschnittlichen Aufwand pro Fahrzeug kalkulierte die GmbH wie folgt (Kosten = Aufwand): Materialkosten 50 €; Fertigungslöhne 50 €; Gemeinkosten 75 € davon variable Kosten 25 €. Die GmbH geht zutreffend von einem Anstieg der vorg. Kosten entsprechend den Inflationsraten der letzten Jahre von jeweils 2 % pro Jahr aus.

Noch im März 2007 hatte der Hersteller der vom Mietwagenunternehmen verwendeten Fahrzeuge die Produktion überraschend auf neuartige umweltfreundliche Lacke umgestellt. Nach den übereinstimmenden und nicht zu beanstandenden Feststellungen der GmbH sowie des Mietwagenunternehmens stand bereits Ende 2007 fest, dass die neuen Lacke wesentlich empfindlicher und damit schadensanfälliger sind als die bisher vom Hersteller verwendeten Materialien. Die GmbH, die zur Ausbesserung zulässigerweise die weiterhin vertriebenen umweltschädlicheren Lacke verwendet, muss nunmehr davon ausgehen, dass sich zwar **nicht die Anzahl der schadhaften Kraftfahrzeuge verändern, wohl aber** der Schadensumfang pro schadhaftem Kraftfahrzeug und damit der kalkulierte Aufwand verdoppeln wird. Es besteht unstreitig keine Möglichkeit, das Entgelt anzupassen.

Nach Auskunft der GmbH war es aufgrund der Betriebsunterbrechung aufgrund des Schadstoffaustritts (siehe oben) zum Bilanzstichtag nicht möglich gewesen, alle angelieferten schadhaften Fahrzeuge fristgerecht nachzulackieren. Bei fünf der insgesamt 15 im Kalenderjahr 2007 zu lackierenden Fahrzeuge sind deshalb Nachbesserung und Auslieferung erst im Januar 2008 erfolgt.

Aufgabe

Beurteilen Sie den Sachverhalt umfassend sowohl aus handels- als auch steuerrechtlicher Sicht für das Wirtschaftsjahr 2007. Gehen sie hierbei auf die einschlägigen Ansatz- und Bewertungsvorschriften ein. Unterstellen Sie, dass die GmbH Handels- und Steuerbilanzgewinn grundsätzlich so niedrig wie möglich ausweisen möchte. Zur Vermeidung längerer Rechtsstreitigkeiten bittet die GmbH jedoch, im Zweifel nach der Verwaltungsauffassung zu verfahren. In diesem Rahmen gelten etwaige Anträge als gestellt bzw. etwaige Wahlrechte als ausgeübt. Etwaige Auswirkungen der Ansätze in der Steuerbilanz auf die Handelsbilanz sind ebenfalls darzustellen.

Buchungssätze sind nicht zu bilden.

Soweit nicht besonders erläutert, ist die Umsatzsteuer in den genannten Geldbeträgen nicht enthalten.

Teil II

Sachverhalt

Die X-GmbH betreibt ein Transportunternehmen. Sitz der Gesellschaft ist Magdeburg. Das Stammkapital der in 2001 gegründeten Gesellschaft beträgt 500 000 € und ist voll eingezahlt. Für die Wirtschaftsjahre bis einschließlich 2007 wurden ausschließlich einheitliche Handels- und Steuerbilanzen erstellt, weil sich abweichende Ansätze oder Bewertungen nicht ergeben haben. Geschäftsführender Gesellschafter der X-GmbH ist Fritz X. Er hält 100 % der Anteile. Das Wirtschaftsjahr der GmbH stimmt mit dem Kalenderjahr überein. Nach den Betriebsgrößenmerkmalen wird die X-GmbH als kleine Kapitalgesellschaft im Sinne des § 267 HGB eingestuft. Die X-GmbH führt mit den Transporterlösen nur zum Vorsteuerabzug berechtigende Umsätze aus. Ausgehend von den Konten der Buchführung sind für die Erstellung der Handels- und Steuerbilanz sowie der entsprechenden Gewinn- und Verlustrechnungen bis zum 31.12.2007 die folgenden Teilsachverhalte noch zu überprüfen. Tag der Bilanzaufstellung ist der 31.3.2008.

1. Sachanlagen, Konto unbebaute Grundstücke

Im Jahre 2004 erwarb die GmbH ein unbebautes Grundstück, um dort ein Geschäfts- und Wohnhaus zu errichten. Die Anschaffungskosten von umgerechnet 50 000 € sind zutreffend aktiviert worden. Aufgrund der Verabschiedung des Bebauungsplans durch den Stadtrat am 20.10.2006 erfolgte zum 31.12.2006 eine außerplanmäßige Abschreibung (Teilwertabschreibung) von 20 000 €, weil der Ratsbeschluss eine erhebliche, wertmindernde Bebauungsbeschränkung beinhaltete, die den Verkehrswert auf 30 000 € sinken ließ. Seither wird das Grundstück im Konto unbebaute Grundstücke mit 30 000 € ausgewiesen. Die Proteste der gewerblichen Anlieger führten dazu, dass der Stadtrat den Bebauungsplan im März 2007 wieder änderte und damit die Bebauungsbeschränkungen aufhob.

2. Sachanlagen, Konto Geschäftsbauten

Auf dem Konto Geschäftsbauten ist der auf dem o. g. Grundstück errichtete Neubau eines Geschäfts- und Wohnhauses erfasst. Nachdem im Dezember 2005 bereits ein entsprechender Bauantrag gestellt wurde, hat die GmbH im April 2007 mit den Neubauarbeiten begonnen und das Gebäude am 1.11.2007 fertiggestellt. Die erforderliche Baugenehmigung wurde noch im April 2007 vor Baubeginn erteilt. Das Gebäude hat eine Nutzungsdauer von 100 Jahren und wird für die Verwaltung des Transportunternehmens und für Wohnzwecke genutzt. Gemessen an den Nutzflächen ist das Gebäude zu 3/4 dem Verwaltungsbereich und zu 1/4 dem Wohnbereich zuzuordnen. Seit dem 1.11.2007 wird die Wohnung an Frau Müller vermietet. Die Mietzahlungen sind ordnungsgemäß bei den Mieterlösen gebucht worden. Frau Müller ist keine Arbeitnehmerin der X-GmbH. Der Neubau wurde schlüsselfertig erstellt und von dem Generalunternehmer am 5.11.2007 wie folgt abgerechnet:

1 Geschäfts- und Wohnhaus	200 000 €
+ 19 % Umsatzsteuer	38 000 €
Rechnungsbetrag	238 000 €

Die Finanzierung erfolgte über ein zuvor aufgenommenes und dem betrieblichen Bankkonto gutgeschriebenes Baudarlehen. Gebucht wurde bei Zahlung am 12. 11. 2007:

Geschäftsbauten	200 000	an	Bank	238 000
Vorsteuer	38 000			

Weitere Buchungen erfolgten in diesem Zusammenhang nicht.

3. Sachanlagen, Konto technische Anlagen und Maschinen

Für die Jahre 2004 bis 2006 fand eine Betriebsprüfung (Bp) statt. Aufgrund der Bp ergab sich als einzige Feststellung die Aktivierung von 10 000 € Anschaffungskosten für eine am 27. 1. 2006 angeschaffte Maschine, die bisher irrtümlich als Aufwand behandelt worden sind. Die bisher gebuchten Anschaffungskosten von 40 000 € wurden deshalb durch die Bp auf 50 000 € erhöht. Aus dem Bp-Bericht ergibt sich, dass die Maschine eine Nutzungsdauer von fünf Jahren und die GmbH die lineare Abschreibung gewählt hat. Demzufolge erhöhte der Betriebsprüfer die AfA von bisher 8 000 € auf 10 000 €. Diese Aktivierung von (saldiert) 8 000 € löste in der Prüferbilanz weiterhin folgende Passivierungen aus:

Rückstellung lt. Bp für Gewerbesteuer	1 333 €
Rückstellung lt. Bp für KSt und Soli	1 758 €
aktiver steuerlicher Ausgleichsposten hierfür	3 091 €
passiver steuerlicher Ausgleichsposten für Maschine	8 000 €
Saldo aller Ausgleichsposten	4 909 €

Die aufgrund der geänderten Steuerbescheide nachzuzahlende Gewerbesteuer und Körperschaftsteuer wurde im November 2007 durch Bank entrichtet und sogleich als sonstiger betrieblicher Aufwand erfasst. Nach erfolgter Korrektur des Anlagenspiegels wurde in 2007 Folgendes gebucht:

Technische Anlagen und Maschinen	10 000 €	an	Ertrag aus Bestandserhöhung von Sachanlagen	10 000 €
Abschreibungen auf Sachanlagen	12 000 €	an	Techn. Anlagen u. Maschinen	12 000 €

Damit wird die Maschine im Konto am 31. 12. 2007 mit einem Buchwert von 30 000 € ausgewiesen.

4. Finanzanlagen, Konto Wertpapiere des Anlagevermögens

Auf dem Konto Wertpapiere des Anlagevermögens wurde zum 31. 12. 2006 die Beteiligung an der börsennotierten Union-Trans-AG mit den Anschaffungskosten von 20 000 € ausgewiesen. Der Kurswert beträgt 17 500 € am 31. 12. 2007 und 21 000 € am 31. 3. 2008. Am 31. 12. 2007 sind 20 000 € bilanziert.

5. Verbindlichkeiten, Konto Verbindlichkeiten aus Lieferungen und Leistungen

Auf dem Konto Verbindlichkeiten aus Lieferungen und Leistungen wird in HB und StB eine bis zum 31. 8. 2008 unverzinslich gestundete Restkaufpreisverpflichtung aus – inzwischen verbrauchten – Dieseleinkäufen mit dem zum 31. 12. 2006 (abgezinsten) Gegenwartswert von 32 500 € zutreffend ausgewiesen. Am 31. 12. 2007 beträgt der Gegenwartswert 35 400 €. Zum 31. 8. 2008 sind 37 000 € zu zahlen. Im Jahr 2007 wurde hierzu nichts gebucht.

6. Rückstellungen, Konto Steuerrückstellungen

Steuerrückstellungen wurden noch nicht gebildet. Die Vorauszahlungen zur Körperschaftsteuer von 40 000 € und zur Gewerbesteuer von 20 000 € sind in den Aufwendungen erfasst. Unter Berücksichtigung der zum 31. 12. 2007 vorliegenden Buchführung ergibt sich ein vorläufiger handelsrechtlich und steuerrechtlich nicht zu beanstandender Jahresüberschuss von 200 000 €. Der Gewerbesteuerhebesatz beträgt 400 %, als Hinzurechnungen sind 15 000 € und als Kürzungen 9 000 € für die Ermittlung des Gewerbeertrags zu berücksichtigen. Weitere als aus dem Sachverhalt ersichtliche körperschaftsteuerliche Hinzurechnungen und Kürzungen liegen nicht vor.

Aufgabe

Ermitteln Sie den in Handelsbilanz und Steuerbilanz auszuweisenden Jahresüberschuss für 2007 unter Einbeziehung der erforderlichen Gewerbesteuer- und Köperschaftsteuer-Rückstellungen. Begutachten Sie unter Angabe der einschlägigen Vorschriften erschöpfend wie die dargestellten Teilsachverhalte in Handelsbilanz und Steuerbilanz zu behandeln sind. Dabei sind für beide Bilanzen die sich aus den Sachverhalten ergebenden Bilanzansätze zum 31. 12. 2007 zu ermitteln. Die für die Erstellung der Handelsbilanz noch erforderlichen Buchungssätze sind anzugeben. In der Handelsbilanz soll ein möglichst hohes Betriebsvermögen ausgewiesen werden, soweit dies nicht zu zusätzlichen Steuerbelastungen führt. Soweit es zulässig ist, sollen planmäßige Abschreibungen jedoch in Handelsbilanz und Steuerbilanz einheitlich vorgenommen werden. Der Jahresüberschuss in der Steuerbilanz soll möglichst niedrig ausfallen. **Der Solidaritätszuschlag ist nicht zu berechnen.** Bei der Lösung folgen Sie bitte der Gliederung des Sachverhalts.

Teil III

Sachverhalt

Die A & Co. OHG betreibt in Dillingen/Saar einen Groß- und Einzelhandel mit Waren aller Art. Seit ihrer Gründung im Jahre 1975 sind die Gesellschafter A, B, C und D jeweils zu 25 % am Gewinn, Verlust und Vermögen der OHG beteiligt. Als Wirtschaftsjahr ist der Zeitraum vom 1. 10. bis 30. 9. eines jeden Jahres bestimmt.

Der Buchhalter der OHG übergibt Ihnen folgende am 15. 12. 2007 aufgestellte vorläufige Bilanz zum 30. 9. 2007 (vereinfachte Darstellung):

Aktiva			Passiva
Grund und Boden	200 000 €	Kapital A	177 000 €
Gebäude	300 000 €	Kapital B	177 000 €
Maschinen	80 000 €	Kapital C	177 000 €
Geschäftsausstattung	100 000 €	Kapital D	177 000 €
Fuhrpark	150 000 €	übrige Passiva	562 000 €
Wertpapiere	70 000 €		
Warenbestand	250 000 €		
Zahlungsmittel	120 000 €		
Summe	1 270 000 €	Summe	1 270 000 €

Des Weiteren ergibt sich aus den Ihnen übergebenen Unterlagen Folgendes:

Unter der Bilanzposition Maschinen ist ein Automat mit einem Wert von 24 000 € enthalten, den die OHG am 1. 10. 2005 zu Anschaffungskosten i. H. v. 80 000 € erworben hatte. Die betriebliche Nutzungsdauer beträgt 10 Jahre. In der Bilanz der OHG zum 30. 9. 2006 war der Automat mit einem Wert von 72 000 € erfasst. Zum 30. 9. 2007 ist der Teilwert unstreitig auf 24 000 € gesunken. Die Restnutzungsdauer beträgt zu diesem Zeitpunkt noch 8 Jahre.

Bei der Bilanzposition Wertpapiere handelt es sich um einen Posten börsennotierter Aktien. Der Teilwert betrug am 15. 12. 2007 85 000 € und ist seither weiter angestiegen. Die OHG hatte diese Aktien am 15. 11. 2006 zu Anschaffungskosten i. H. v. insgesamt 82 000 € zur dauerhaften Kapitalanlage erworben. Der Teilwert stieg nach der Anschaffung bis zum 31. 12. 2006 auf 85 000 €, fiel anschließend bis zum 30. 6. 2007 auf 65 000 €. Am 30. 9. 2007 betrug der Teilwert unstreitig 70 000 €.

Der Buchhalter weist Sie darauf hin, dass er sich über die zutreffende Behandlung folgender Sachverhalte unsicher war und diese in der Bilanz noch nicht berücksichtigt hatte: Zum Ablauf des 30. 9. 2007 ist der Gesellschafter D aus der OHG durch ordnungsgemäße Kündigung ausgeschieden. Im Gesellschaftsvertrag war vereinbart, dass die OHG unter den übrigen Gesellschaftern fortbestehen soll und D neben seinem Buchwertkapital auch sein Anteil an den stillen Reserven auszuzahlen ist. Die OHG zahlte vereinbarungsgemäß im Oktober 2007. Die durch das Ausscheiden entstandenen Kosten i. H. v. 3 000 € hatte D zu tragen.

Zum Ablauf des 30. 9. 2007 erwarb E den Gesellschaftsanteil des C gegen Barzahlung an C i. H. v. 360 000 €. Da E sich verpflichtete, das Kapitalkonto des C ohne Abweichung zu übernehmen, stimmten die übrigen Gesellschafter der Änderung der Verhältnisse zu. Die in diesem Zusammenhang entstandenen Kosten i. H. v. 5 000 € hat C getragen.

Die insgesamt vorhandenen stillen Reserven wurden zum 30. 9. 2007 zutreffend in folgender Höhe ermittelt:

Firmenwert	120 000 €
Grund und Boden	240 000 €
Gebäude	180 000 €
Maschinen	30 000 €
Geschäftsausstattung	60 000 €
Fuhrpark	90 000 €
Summe	720 000 €

Aufgabe

Würdigen Sie die Vorgänge aus bilanzsteuerrechtlicher Sicht bei der OHG und den betroffenen Gesellschaftern und erläutern Sie eventuelle Auswirkungen aus dem Ausscheiden der Gesellschafter auf deren Einkommensteuer und ggf. auf andere Steuerarten (Grunderwerbsteuer, Umsatzsteuer). Erstellen Sie die sich nach dem Ausscheiden von C und D ergebende Bilanz der OHG und etwa erforderliche Bilanzen der Gesellschafter. Auf die Gewerbesteuer ist nicht einzugehen.

ANMERKUNGEN

Gehen Sie davon aus, dass die Steuerbilanz gleichzeitig Handelsbilanz sein soll und die Gesellschafter eine möglichst niedrige Steuerbelastung wünschen. Schließen Sie sich im Zweifelsfalle der Verwaltungsauffassung an. Centbeträge sind zu runden. Notarielle Beurkundungen liegen – soweit erforderlich – vor.

Begründen Sie Ihre Entscheidungen knapp, aber erschöpfend unter Angabe der einschlägigen Vorschriften.

STEUERBERATERPRÜFUNG 2002/2007

Lösung der Prüfungsaufgabe aus dem Prüfungsgebiet der Buchführung und des Bilanzwesens

Verfasser: Steuerberater Jörg Koltermann

Teil I

1. Schadstoffaustritt

Durch den Schadstoffaustritt im November 2007 ist zu prüfen, ob und in welcher Höhe eine Rückstellung für ungewisse Verbindlichkeiten zum 31.12.2007 zu bilden ist. Die Feststellungen des im Januar 2008 ergangenen Gutachtens sind dabei als **werterhellende Erkenntnisse** zu berücksichtigen (§ 252 Abs. 1 Nr. 4 HGB).

Ansatz und Bewertung in der Handelsbilanz

§ 249 Abs. 1 Satz 1 HGB gebietet die Bildung von **Rückstellungen für ungewisse Verbindlichkeiten**. Die Pflicht zur Bildung von Rückstellungen für derartige Verbindlichkeiten setzt u. a. voraus (BFH v. 18.12.2001 VIII R 27/00, BStBl 2002 II 733, BFH v. 19.10.2005 XI R 64/04, BStBl 2006 II 371, R 5.7 Abs. 2 EStR 2005),

► betrieblich veranlasste und **konkretisierte** Verbindlichkeiten gegenüber Dritten einschließlich öffentlich-rechtlicher Verpflichtungen, die nach Entstehung, Grund und/oder Höhe und/oder Fälligkeit ungewiss sind;

► die Wahrscheinlichkeit, dass die Verbindlichkeit besteht oder entstehen wird und die Firma daraus in Anspruch genommen wird. Dabei ist das Bestehen einer ungewissen Verbindlichkeit wahrscheinlich, wenn nach den am Bilanzstichtag objektiv gegebenen und bis zur Aufstellung der Bilanz subjektiv erkennbaren Verhältnissen mehr Gründe dafür als dagegen sprechen. Der Stpfl. muss mit seiner Inanspruchnahme **ernsthaft rechnen** (können) und darf im Hinblick auf seine Inanspruchnahme nicht die pessimistischste Alternative wählen; die bloße Möglichkeit des Bestehens oder Entstehens einer Verbindlichkeit reicht zur Bildung einer Rückstellung nicht aus. Auch für die Inanspruchnahme müssen mehr Gründe dafür als dagegen sprechen.

► die künftigen Ausgaben müssen sofort **als Betriebsausgaben abziehbar**, dürfen also ihrer Art nach nicht als Anschaffungskosten oder Herstellungskosten zu aktivieren sein (§ 5 Abs. 4b Satz 1 EStG).

Im vorliegenden Fall waren die Verpflichtungen am Bilanzstichtag dem Grunde nach **entstanden**, nämlich durch das schädigende Ereignis im November 2007. Sie waren zu diesem Zeitpunkt durch die Kenntnis der Behörde auch hinreichend **konkretisiert**.

a) Bezüglich des Austauschs des **kontaminierten Bodens** entsteht bei der GmbH kein aktivierungsfähiger Vorteil/Vermögensgegenstand und somit kein Anschaffungs- oder Herstellungsaufwand. Diese Aufwendungen sind voll **rückstellungsfähig**.

b) Da der **Abwassertank** laut Sachverhalt ein unselbständiger Teil der Abwasseranlage ist, sind die Aufwendungen für den neuen Abwassertank ebenfalls **rückstellungsfähig**, weil insoweit **Erhaltungsaufwand** vorliegt. Nach dem Sachverhalt ist der Tank Teil der Betriebsvorrichtung. Es muss deshalb davon ausgegangen werden, dass der neue Tank lediglich den **funktionsgleichen** Alttank ersetzt.

c) Maßnahmen, die zu aktivierungspflichtigen **Anschaffungs**- oder **Herstellungskosten** führen, sind nicht rückstellungsfähig. Dies trifft auf die **Pump-/Reinigungsanlage** zu, bei der es sich offensichtlich nicht von vornherein um einen wertlosen Vermögensgegenstand handelt. Zwar soll die Anlage mit einer Nutzungsdauer von zehn Jahren nur drei Jahre lang genutzt werden. Nach drei Jahren dürfte sie jedoch noch einen erheblichen Wiederverkaufswert haben. Von einem wertlosen Vermögensgegenstand kann deshalb nicht ausgegangen werden. Etwas anderes gilt für die laufenden **Betriebskosten** der Pump-/Reinigungsanlage; diese sind, da sie sofort abziehbare Betriebsausgaben darstellen, **rückstellungsfähig**.

d) Die Aufwendungen für die zu befürchtende **Geldbuße** sind eine Ende 2007 rückstellungsfähig, weil die Geldbuße im November 2007 betrieblich verursacht wurde und die Geldbuße gegen eine GmbH verhängt wurde, die bekanntlich keine außerbetriebliche Sphäre hat (st. Rspr., zuletzt BFH vom 22.8.2007 I R 32/06, DStR 44/2007 S. 1954). Dies gebietet zudem der bei der Bilanzierung zu beachtende Vollständigkeitsgrundsatz (§ 264 Abs. 1 HGB).

Da der Gutachter von Dezember 2007 bis Anfang Januar 2008 tätig wurde, ergibt sich hinsichtlich der **Kosten für das Gutachten** zum 31.12.2007 eine **Rückstellung**. Denn die GmbH war durch die Behörde verpflichtet worden, das Gutachten einzuholen und die Aufwendungen hierfür zu tragen, so dass bereits im Wirtschaftsjahr 2007 eine ungewisse Verbindlichkeit bestand.

Für die **Bewertung** von Rückstellungen gilt handelsrechtlich § 253 Abs. 1 Satz 2 HGB. Danach sind Rückstellungen in Höhe des Betrages anzusetzen, der nach vernünftiger kaufmännischer Beurteilung notwendig ist. Hierbei handelt es sich in der Regel um den **Erfüllungsbetrag zu Vollkosten**. Die Umsatzsteuer geht in die Rückstellung nicht ein, weil sie vom Finanzamt erstattet wird und keinen Aufwand darstellt.

Die Entsorgung des Erdreichs, das Auswechseln des Tanks und das Betreiben der Pump-/Reinigungsanlage stellen Sachleistungsverpflichtungen dar, die mit dem Geldwert der erforderlichen Aufwendungen zu bewerten sind. Etwas anderes gilt bei der Geldbuße und den Gutachterkosten. Hierbei handelt es sich um Geldschulden, deren Erfüllungsbetrag dem Nennwert entspricht.

Da die den Rückstellungen zugrunde liegenden Verbindlichkeiten keinen Zinsanteil enthalten, findet eine Abzinsung nach § 253 Abs. 1 Satz 2 zweiter Halbsatz HGB nicht statt.

Da die möglicherweise wertgeminderten Wirtschaftsgüter bereits voll abgeschrieben sind bzw. der GmbH nicht gehören (Grundstück), stellt sich die Frage nach einer außerplanmäßigen Abschreibung nicht.

Wegen des Stichtagsprinzips sind künftige Preissteigerungen nicht zu berücksichtigen (§ 252 Abs. 1 Nr. 3 HGB). Somit ergeben sich zum 31. 12. 2007 folgende Rückstellungsansätze:

Entsorgung des Erdreichs	30 000 €
Austausch des Abwassertanks	22 500 €
Betriebskosten der Pump-/Reinigungsanlage (3 x 2 500 €)	7 500 €
Geldbuße	2 500 €
Gutachten	20 000 €
Summe	82 500 €

Ansatz und Bewertung in der Steuerbilanz

Die Ertragsbesteuerung einer GmbH erfolgt nach den Regeln des KStG. Dabei sind u. a. die Gewinnermittlungsvorschriften des EStG anzuwenden (§ 8 Abs. 1 KStG). Für die Bildung einer Rückstellung gelten gem. § 5 Abs. 1 EStG grundsätzlich die handelsrechtlichen Vorschriften (**Maßgeblichkeit der Handelsbilanz** für die Steuerbilanz), also die oben beschriebenen Voraussetzungen (siehe auch R 5.7 Abs. 2 EStR 2005). Für die einzelnen Verpflichtungen folgt daraus:

Alle in der Handelsbilanz gebildeten Rückstellungen sind mit Ausnahme der Rückstellung für die Geldbuße (H 5.7 Abs. 1 „Abzugsverbot" EStH 2006) **dem Grunde nach** in die Steuerbilanz zu übernehmen. Steuerlich kommt dabei eine Rückstellung für die Anschaffung/Herstellung der Pump-/Reinigungsanlage kraft Gesetzes nicht in Betracht (§ 5 Abs. 4b Satz 1 EStG). Bezüglich der Geldbuße darf nach der höchstrichterlichen Rechtsprechung eine Rückstellung in der Steuerbilanz nicht gebildet werden, wenn ein steuerliches Abzugsverbot — z. B. gem. § 4 Abs. 5 Satz 1 Nr. 8 EStG — besteht (BFH v. 9. 6. 1999 I R 64/97, BStBl 1999 II 656). Statt der Rückstellung ist deshalb in der **Steuerbilanz** ein **passiver Ausgleichsposten** zu bilden und zudem der Betrag von 2 500 € außerhalb der Buchführung dem Einkommen der GmbH wieder hinzuzurechnen.

Die handelsrechtlichen Bewertungsvorschriften gelten gem. § 5 Abs. 1 Satz 1 EStG auch für die Steuerbilanz (Maßgeblichkeitsgrundsatz). Dabei ist jedoch der Bewertungsvorbehalt nach § 5 Abs. 6 EStG zu beachten: Nur soweit das handelsrechtliche Bewertungsergebnis den steuerlichen Vorschriften (hier § 6 EStG) entspricht, ist es zu übernehmen. Bei Sachleistungsverpflichtungen sind neben den Einzelkosten nur die notwendigen Gemeinkosten zu berücksichtigen, soweit sie angemessen sind (§ 6 Abs. 1 Nr. 3a EStG)

Für Rückstellungen besteht ferner unter den Voraussetzungen des § 6 Abs. 1 Nr. 3a Buchst. e Satz 1 und 2 EStG ein **Abzinsungsgebot**. Abzinsungszeitraum ist bei Sachleistungsverbindlichkeiten die Zeit vom Bilanzstichtag bis zum Beginn der Erfüllung. Beträgt dieser Zeitraum weniger als 12 Monate, ist von der Abzinsung abzusehen. Hiernach kommen für eine Abzinsung **nur die Betriebskosten** der Pump-/Reinigungsanlage in Betracht, da sie der Beseitigung der in 2007 entstandenen und möglicherweise noch vorhandenen Restrisiken dienen sollen. Da es sich um die Beseitigung von Restrisiken aus 2007 handelt, entfällt die ratierliche Ansammlung nach § 6 Abs. 1 Nr. 3d EStG. Die Kosten betragen für 3 Jahre jeweils 2 500 €, also insgesamt 7 500 €. Deshalb ist zunächst der Barwert dieser 3 Raten (auf den 1.1.2012) zu berechnen. Er beträgt gem. § 12 Abs. 1 i.V.m. Anl. 9a BewG: 2 500 € x 2,772 = 6 930 €. Zusätzlich ist sodann eine Abzinsung dieses Werts nach den Regeln für Fälligkeitsdarlehn auf den 31.12.2007 für die Laufzeit bis zum 1.1.2012 (= 4 Jahre) vorzunehmen (§ 12 Abs. 3 BewG i.V.m. Tab. 1 zu § 12 Abs. 3 BewG): 6 930 € x 0,807 = 5 593 €.

Steuerlich ergeben sich zum 31.12.2007 somit folgende Ansätze:

Rückstellungen:

Entsorgung und Austausch des Erdreichs	30 000 €
Austausch des Abwassertanks	22 500 €
Betriebskosten der Pump-/Reinigungsanlage	5 593 €
Gutachten	20 000 €

Passiver Ausgleichsposten:

Geldbuße	2 500 €

2. Servicevertrag

Erfüllungsrückstand

Bei dem Servicevertrag handelt es sich um ein **Dauerschuldverhältnis**. Es liegt zunächst ein schwebendes Geschäft vor, das sich der Bilanzierung entzieht, solange sich Leistung und Gegenleistung die Waage halten. Mit der Zahlung von 3 750 € hat das Mietwagenunternehmen jedoch eine Teilleistung erbracht, die nach dem Sachverhalt allerdings zutreffend verbucht wurde.

Da die GmbH für das Wirtschaftsjahr 2007 fünf Mietwagen nicht fristgerecht restauriert hat, befindet sie sich in einem Erfüllungsrückstand (**Sachleistungsverpflichtung**), für den als ungewisse Verbindlichkeit eine **Rückstellung** zu bilden ist (§ 249 Abs. 1 Satz 1 HGB). Für die Bewertung gilt wiederum § 253 Abs. 1 Satz 2 HGB. Hiernach ist die Sachleistungsverpflichtung mit den Vollkosten zu bewerten, also mit den Einzelkosten zzgl. aller Gemeinkosten. Dabei müssen Preissteigerungen künftiger Jahre außer Betracht bleiben, weil für die Bewertung das Preisniveau vom Bilanzstichtag entscheidend ist (**Stichtagsprinzip**). Aus demselben Grund sind allerdings die durch die Produktionsumstellung der Hersteller bedingten höheren Kosten einzubeziehen. Ein Zinsrückstand ist im Erfüllungsrückstand offensichtlich nicht enthalten (§ 253 Abs. 1 Satz 3 HGB). **Handelsrechtlich** ergibt sich somit eine Rückstellung für Erfüllungsrückstand in folgender Höhe: 5 Pkw x 350 € Vollkosten (Verdopplung der 175 €) = 1 750 €.

Nach § 5 Abs. 1 Satz 1 EStG gilt dies dem Grunde nach auch für die Steuerbilanz (R 5.7 Abs. 9 EStR 2005 und H 5.7 Abs. 9 „Erfüllungsrückstand" EStH 2006). Bei der Bewertung ist aber § 6 Abs. 1 Nr. 3a Buchst. b EStG zu beachten (§ 5 Abs. 6 EStG). Danach sind Rückstellungen für Sachleistungsverpflichtungen nicht mit den Vollkosten sondern mit den Einzelkosten und den angemessenen notwendigen Gemeinkosten (= variable Gemeinkosten) zu bewerten. Für die **Steuerbilanz** ist wie folgt zu bewerten: 5 Pkw x 250 € (Verdopplung der 125 €)= 1 250 €.

Drohender Verlust

Aus dem Service-Vertrag und der Produktionsumstellung der Fahrzeughersteller ergeben sich für die kommenden Wirtschaftsjahre für die GmbH **Verluste**. Denn die Selbstkosten der GmbH werden höher sein als die vereinbarten Erlöse. In solchen Fällen ist **handelsrechtlich** eine Rückstellung für drohende Verluste aus schwebenden Geschäften zu bilden (§ 249 Abs. 1 Satz 1 Alternative 2 HGB). Die Bewertung richtet sich nach § 253 Abs. 1 Satz 2 HGB mit der Folge, dass von den Vollkosten auszugehen ist und Preissteigerungen und Zinsen nicht zu berücksichtigen sind.

85 Pkw x 350 € Vollkosten	29 750 €
85 Pkw x 250 € Erlöse	21 250 €
Verlust = Rückstellung	8 500 €

Steuerrechtlich werden derartige Rückstellungen **nicht** anerkannt (§ 5 Abs. 4a EStG).

3. Bilanzierungshilfe für latente Steuern

In einigen Ansätzen weicht die steuerrechtliche Beurteilung der vorliegenden Sachverhalte von der handelsrechtlich zulässigen Vorgehensweise ab. Insoweit ergibt sich gegenüber dem Handelbilanzergebnis steuerlich ein höherer Gewinn.

Rückstellungen in HB/StB für	HB	StB	Steuerliche Auswirkung
a) Pumpe/Reinigungsanlage	7 500 €	5 593 €	+ 1 907 €
b) Geldbuße	2 500 €	-	+ 2 500 €
c) Erfüllungsrückstand	1 750 €	1 250 €	+ 500 €
d) Drohverlust	8 500 €	-	+ 8 500 €
Steuerliche Auswirkung			+ 13 407 €

Für den auf den Mehrgewinn entfallenden steuerlichen Aufwand (im Wesentlichen Gewerbesteuer, Körperschaftsteuer), kann die GmbH auf der Aktivseite der Handelsbilanz einen **Abgrenzungsposten** als Bilanzierungshilfe für latente Steuern nach § 274 Abs. 2 HGB bilden, soweit sich diese Differenz zwischen Handelsbilanz- und Steuerbilanzgewinn in künftigen Jahren wieder ausgleicht. Dies trifft – bis auf die Geldbuße – für die vorgenannten Gewinnerhöhungen zu. Denn die Geldbuße mindert den steuerlichen Gewinn endgültig nicht, während sich die anderen Beträge gewinnmäßig irgendwann umkehren. Für den auf die **Geldbuße** entfallenden Steueraufwand kann also eine **Bilanzierungshilfe nicht** gebildet werden.

Die Höhe der Bilanzierungshilfe richtet sich nach der voraussichtlichen Steuerentlastung nachfolgender Jahre. Die Bilanzierungshilfe ist **aufzulösen**, sobald die Steuerentlastung eintritt oder mit ihr voraussichtlich nicht mehr zu rechnen ist.

Da die GmbH einen möglichst niedrigen HB-Gewinn wünscht, kommt im konkreten Fall die Bildung einer Bilanzierungshilfe nicht in Betracht. In der StB sind derartige Bilanzierungshilfen unzulässig, da sie keine Wirtschaftsgüter darstellen und somit nicht zum steuerlichen Betriebsvermögen gehören.

Teil II

1. Sachanlagen, Konto unbebaute Grundstücke

Steuerlich ist das Grundstück gem. § 6 Abs. 1 Nr. 2 Satz 3 i.V. m. Abs. 1 Nr. 1 Satz 4 EStG mit den ursprünglichen **Anschaffungskosten** (50 000 €) zu bewerten, da der Teilwert zwischenzeitlich wieder gestiegen ist. Es ist eine Zuschreibung (**Wertaufholung**) bis zur Höhe dieser Anschaffungskosten vorzunehmen. Auch in der Handelsbilanz darf der Buchwert nicht beibehalten werden, da gem. § 280 Abs. 1 HGB das Beibehaltungswahlrecht nach § 253 Abs. 5 HGB für Kapitalgesellschaften nicht gilt. Auch § 280 Abs. 2 HGB ist wegen der steuerrechtlichen Zuschreibungspflicht nicht anzuwenden.

Buchungssatz in 2007:

Unbebaute Grundstücke	20 000 €	an Erträge aus Zuschreibungen des Anlagevermögens	20 000 €

Bilanzansätze 31. 12. 2007:

HB: 50 000 €
StB: 50 000 €

2. Sachanlagen, Konten Geschäftsbauten und Wohnbauten

Mit der Errichtung dieses **gemischt genutzten Grundstücks** hat die X-GmbH zwei selbständige Wirtschaftsgüter geschaffen, weil das Gebäude unterschiedlich genutzt wird (R 4.2 Abs. 4 EStR 2005). Es liegen ein eigengewerblich genutzter Gebäudeteil sowie ein zu Wohnzwecken vermieteter Gebäudeteil vor. Die beiden Wirtschaftsgüter sind jeweils selbständig nach § 6 Abs. 1 Nr. 1 bzw. § 253 Abs. 1 HGB mit den **Herstellungskosten abzüglich Absetzung für Abnutzung** (§ 7 EStG) bzw. planmäßiger Abschreibung (§ 253 Abs. 2 HGB) zu bewerten. Die jeweilige Abschreibung ist dabei für jeden Gebäudeteil gesondert zu ermitteln. Die steuerliche Abschreibung von Gebäuden ergibt sich aus § 7 Abs. 4 und 5 EStG. Da die X-GmbH in Handels- und Steuerbilanz möglichst gleich hohe Abschreibungen wünscht, ist die steuerlich ermittelte AfA gem. § 254 HGB als planmäßige Abschreibung in die HB zu übernehmen.

Bei unterschiedlichen Gebäudenutzungen werden die gesamten Herstellungskosten des Gebäudes nach dem **Verhältnis der Nutzflächen** aufgeteilt (R 4.2 Abs. 6 EStR 2005). Danach entfallen auf den

eigenbetrieblich genutzten Gebäudeteil $^3/_4$ =	150 000 €
zu fremden Wohnzwecken genutzten Gebäudeteil $^1/_4$ =	50 000 €

Für den **Vorsteuerabzug** ist § 15 UStG zu beachten, insbesondere § 15 Abs. 4 UStG (Aufteilung der Vorsteuer). Nur der auf den eigengewerblich genutzten Teil entfallende Vorsteuerbetrag ($^3/_4$ von 38 000 € = 28 500 €) ist verrechenbar und gehört gem. § 9b EStG nicht zu den Herstellungskosten. Die auf den Wohnteil entfallende Vorsteuer ($^1/_4$ von 38 000 € = 9 500 €) ist hingegen nicht verrechenbar (§ 15 Abs. 2 Nr. 1 UStG), weil mit diesem Gebäudeteil nach § 4 Nr. 12a UStG befreite Umsätze erfolgen. Diese Vorsteuer gehört zu den Herstellungskosten des Gebäudeteils.

Für den **eigengewerblich genutzten Gebäudeteil** beträgt die AfA nach § 7 Abs. 4 Nr. 1 EStG jährlich 3 % (von 150 000 € =) 4 500 €. Zeitanteilig für zwei Monate (§ 7 Abs. 1 Satz 4 EStG) ergeben sich 750 €.

Für den Wohnteil kann AfA nach § 7 Abs. 5 Nr. 3c EStG beansprucht werden. Diese beträgt 4 % der Herstellungskosten, hier also jährlich 4 % von 59 500 € = 2 380 €. Eine zeitanteilige Kürzung im Jahr der Herstellung ist nicht vorgesehen (§ 7 Abs. 5 Satz 3 EStG).

Bilanzansätze	Eigengewerbl. Teil	Wohnteil
Zugang Nov. 2007	150 000 €	59 500 €
AfA	./. 750 €	./. 2 380 €
31. 12. 2007	149 250 €	57 120 €

Die dargestellten Bilanzansätze gelten sowohl für die Handelsbilanz als auch für die Steuerbilanz.

Buchungen:

Wohngebäude	59 500 € an	Geschäftsbauten	50 000 €
		Vorsteuer	9 500 €
Planmäßige Abschreibung	3 130 € an	Geschäftsbauten	750 €
		Wohngebäude	2 380 €

3. Sachanlagen, Konto technische Anlagen und Maschinen

Die Vorgehensweise des Außenprüfers für das Jahr 2006 ist nicht zu beanstanden. Insbesondere ist die Bildung des Ausgleichspostens in Höhe von 4 909 € im steuerlichen Jahresabschluss korrekt erfolgt. Dieser Ausgleichsposten spiegelt den durch die Außenprüfung für das Jahr 2006 festgestellten steuerlichen Mehrgewinn wider:

	Gewinnauswirkungen 2006
Nachaktivierung	+ 10 000 €
mehr AfA	./. 2 000 €
Gewerbesteuer	./. 1 333 €
Körperschaftsteuer	./. 1 758 €
Passiver Ausgleichsposten	4 909 €

Allerdings hat es die GmbH bisher versäumt, aus diesen Korrekturen aus 2006 die notwendigen richtigen Konsequenzen für 2007 zu ziehen. Die im Sachverhalt genannten beiden Buchungen (saldiert: Abschreibungen auf Sachanlagen 2 000 € an Technische Anlagen /Maschinen 2 000 €) haben in 2007 im Ergebnis zu einer **Gewinnauswirkung** von ./. 2 000 € geführt. Tatsächlich steht der GmbH für 2007 jedoch eine Maschinen-AfA und damit ein Aufwand in Höhe von 10 000 € zu (als Konsequenz der in 2006 erfolgten Nachaktivierung). Für 2007 ergibt sich insoweit eine saldierte Gewinnkorrektur von ./. 8 000 €. Andererseits hätten die Gewerbesteuer- und KSt-Nachzahlungen in

2007 nicht als Aufwand gebucht werden dürfen, weil der Außenprüfer diese Beträge schon in 2006 gewinnwirksam (Gegenkonto „Rückstellungen") berücksichtigt hatte. Insoweit ergeben sich für 2007 Gewinnerhöhungen.

	Gewinnkorrekturen 2007
Bestandserhöhung Sachanlagen	./. 10 000 €
Abschreibung auf Sachanlagen	+ 2 000 €
Gewerbesteuer	+ 1 333 €
Körperschaftsteuer	+ 1 758 €
Ergebnis	./. 4 909 €

Da diese Korrekturen in der Buchführung 2007 nicht mehr nachgeholt werden können, sind außerbilanziell zur Einkommensermittlung vom Jahresüberschuss 4 909 € abzuziehen. Dabei wird auch darauf zu achten sein, dass der KSt-Aufwand laut Gewinn- und Verlustrechnung in Höhe von 41 758 € um 1 758 € zu mindern ist und nur eine Hinzurechnung von KSt in Höhe von 40 000 € erfolgen darf, sonst würden 1 758 € zweimal berücksichtigt.

4. Finanzanlagen, Konto Wertpapiere des Anlagevermögens

In der **Steuerbilanz** sind die Wertpapiere weiterhin gem. § 6 Abs. 1 Nr. 2 EStG mit den Anschaffungskosten von 20 000 € anzusetzen. Eine Teilwertabschreibung zum 31. 12. 2007 auf den niedrigeren Wert von 17 500 € kommt gem. § 6 Abs. 1 Nr. 2 Satz 2 EStG nicht in Betracht. Voraussetzung für eine Teilwertabschreibung wäre eine voraussichtlich dauernde Wertminderung. Davon kann nicht die Rede sein, weil der Teilwert bis zum Tag der Bilanzaufstellung über die Anschaffungskosten gestiegen ist.

Handelsrechtlich könnte eine außerplanmäßige Abschreibung für Finanzanlagen (§ 253 Abs. 2 Satz 3 i. V. m. § 279 Abs. 1 HGB) in Anspruch genommen werden. Laut Aufgabenstellung („möglichst hohes Betriebsvermögen") ist dies nicht gewollt.

Bilanzansatz Wertpapiere:

HB: 20 000 €
StB: 20 000 €

5. Verbindlichkeiten, Konto Verbindlichkeiten aus Lieferungen und Leistungen

Da die Restlaufzeit der Verbindlichkeit am Bilanzstichtag nur noch acht Monate (weniger als 12 Monate) beträgt, ist sie mit dem **Nennwert** von 37 000 € zu bewerten (§ 6 Abs. 1 Nr. 3 Satz 1 EStG). Das gilt auch für die Handelsbilanz (§ 253 Abs. 1 Satz 2 HGB). Es ergibt sich für 2007 ein sonstiger betrieblicher Aufwand in Höhe von (37 000 € ./. 32 500 €) 4 500 €. Wirtschaftlich liegt die Rückgängigmachung eines sonstigen betrieblichen Ertrags aus Vorjahren vor.

Buchung:

Sonstiger betrieblicher Aufwand   4 500 €   an   Verbindlichkeiten aus Lieferungen   4 500 €
und Leistungen

Bilanzansatz Verbindlichkeiten aus Lieferung und Leistung:

HB: 37 000 €
StB: 37 000 €

6. Rückstellungen, Konto Steuerrückstellungen

In der StB ergibt sich kein vom HB-Ergebnis abweichender Jahresüberschuss. Latente Steuern nach § 274 HGB sind somit nicht zu berücksichtigen.

Ausgangsbetrag für das der Körperschaftsteuer unterliegende zu versteuernde Einkommen ist der Gewinn, der sich unter Berücksichtigung der Gewerbesteuer als Betriebsausgabe ergibt. Ausgangsgröße für den der Gewerbesteuer unterliegenden Gewerbeertrag ist gem. § 7 GewerbesteuerG das körperschaftsteuerliche zu versteuernde Einkommen. Deshalb muss zuerst die Gewerbesteuer-Rückstellung berechnet werden und danach die Köperschaftsteuer-Rückstellung.

Zur Berechnung der Gewerbesteuer-Rückstellung ist zunächst ein vorläufiges körperschaftsteuerpflichtiges Einkommen zu ermitteln, auf das sich der zur Gewerbesteuer-Rückstellung führende Gewerbesteuer-Aufwand noch nicht ausgewirkt hat (R 4.9 Abs. 2 EStR 2005). Zur Ermittlung des körperschaftsteuerlichen zu versteuerndes Einkommen sind – ausgehend vom (steuerlich zutreffenden) Jahresüberschuss – bestimmte Hinzu- und Abrechnungen vorzunehmen, die sich im Wesentlichen aus den §§ 8 – 10 KStG i.V.m. dem EStG ergeben.

Einkommen vor KSt und Gewerbesteuer

vorläufiger Jahresüberschuss	200 000 €
Zuschreibung unbebautes Grundstück (Tz. 1)	+ 20 000 €
Abschreibung Geschäfts- und Wohnbauten (Tz. 2)	./. 3 130 €
umgekehrte Gewinnauswirkungen durch Außenprüfung (Tz. 3)	./. 4 909 €
Höherbewertung von Verbindlichkeiten (Tz. 5)	./. 4 500 €
KSt-Aufwand gem. § 10 Nr. 2 KStG(Tz. 6)	+ 40 000 €
Gewerbesteuer-Aufwand aus mathematischen Gründen (Tz. 6)	+ 20 000 €
Einkommen vor Ertragsteuern	267 461 €

Berechnung der Gewerbesteuer-Rückstellung

Einkommen vor Ertragsteuern	267 461 €
Hinzurechnungen	+ 15 000 €
Kürzungen	./. 9 000 €
vorläufiger Gewerbeertrag	273 461 €
abgerundet	273 400 €
Messbetrag 5 %	13 670 €
Hebesatz 400 %	54 680 €
Divisor 1,2 = Gewerbesteuer	45 567 €
Vorauszahlungen	./. 20 000 €
Gewerbesteuer-Rückstellung	25 567 €

Berechnung der KSt-Rückstellung

Einkommen vor Ertragsteuern	267 461 €
Gewerbesteuer-Aufwand	./. 45 567 €
zu versteuerndes Einkommen	**221 894 €**
KSt 25 % (§ 23 Abs. 1 KStG)	55 474 €
Vorauszahlungen	./. 40 000 €
KSt-Rückstellung	15 474 €

Es handelt sich um Rückstellungen i. S. v. § 249 Abs. 1 Satz 1 HGB, die in der Handels- und Steuerbilanz gleichermaßen auszuweisen sind.

Buchung:

KSt-Aufwand	15 474 €	an	Steuerrückstellungen	41 041 €
Gewerbesteuer-Aufwand	25 567 €			

Bilanzansätze Steuerrückstellungen:

HB: 41 067 €

StB: 41 067 €

Endgültiger Jahresüberschuss in HB und StB

vorläufiger Jahresüberschuss	200 000 €
Zuschreibung unbebautes Grundstück	+ 20 000 €
Abschreibung Geschäfts- und Wohnbauten	./. 3 130 €
Höherbewertung von Verbindlichkeiten	./. 4 500 €
Zuführung zu Steuerrückstellungen	./. 41 041 €
endgültiger Jahresüberschuss in HB und StB	171 329 €

Probe:

Endgültiger Jahresüberschuss	171 329 €
außerbilanzielle Korrektur wegen Außenprüfung	./. 4 909 €
KSt-Aufwand	+ 55 474 €
zu versteuerndes Einkommen (wie oben)	221 894 €

Teil III

Zunächst ist die handels- und steuerrechtliche Richtigkeit der Bilanzansätze zum 30. 9. 2007 zu prüfen.

Automat

Der zum abnutzbaren Anlagevermögen gehörende Automat ist mit den Anschaffungskosten vermindert um die AfA anzusetzen (§ 253 Abs. 1 und 2 HGB, § 6 Abs. 1 Nr. 1 Satz 1 EStG). Nach § 253 Abs. 2 Satz 3 HGB sind Vermögensgegenstände des Anlagevermögens mit dem niedrigeren beizulegenden Wert anzusetzen, wenn die **Wertminderung** voraussichtlich **von Dauer** ist. Eine vergleichbare Regelung für das Steuerrecht findet sich in § 6 Abs. 1 Nr. 1 Satz 2 EStG. Nach Auffassung der Finanzverwaltung (BMF vom 25. 2. 2000, in BStBl 2000 I 372) liegt eine dauernde Wertminderung vor, wenn der Wert des Wirtschaftsguts zum Bilanzstichtag mindestens für die halbe Restnutzungsdauer unter dem planmäßigen Restbuchwert liegt. Anders ausgedrückt: Ist der Teilwert niedriger als der halbe Buchwert, ist die Wertminderung von Dauer.

Buchwert am 30. 9. 2007	64 000 €
$^{1}/_{2}$ von 64 000 €	32 000 €
Teilwert 30. 9. 2007	24 000 €

Da der Teilwert niedriger ist als der halbe Buchwert, liegt eine voraussichtlich **dauernde Wertminderung** vor. Der zum 30. 9. 2007 gewählte Bilanzansatz ist somit zulässig.

Aktien

Die Aktien stellen **nichtabnutzbares Anlagevermögen** dar, weil sie zur dauerhaften Kapitalanlage erworben wurden. Auch hier kommt eine (handelsrechtlich zwingende und steuerrechtlich zulässige) Abschreibung nur in Betracht, wenn am Bilanzstichtag eine voraussichtlich dauernde Wertminderung vorliegt (§ 253 Abs. 2 Satz 3 HGB, § 6 Abs. 1 Nr. 2 Satz 2 EStG). Nach Verwaltungsauffassung stellen Kursschwankungen von börsennotierten Wertpapieren des Anlagevermögens keine voraussichtlich dauernde Wertminderung dar und berechtigen deshalb nicht zum Ansatz des niedrigeren Teilwerts (BMF vom 25. 2. 2000, a. a. O.). Die Aktien sind somit zum 30. 9. 2007 mit den **Anschaffungskosten** von 82 000 € anzusetzen. Die Rückgängigmachung der vorgenommenen Teilwertabschreibung führt zu einer **Gewinnerhöhung** von 12 000 €.

Auswirkung auf die Kapitalkonten der Gesellschafter:

Gewinnauswirkung „Aktien"	+ 12 000 €
Anteile Gesellschafter je $^{1}/_{4}$	+ 3 000 €

Die Kapitalkonten der Gesellschafter sind für jeden um 3 000 € auf 180 000 € zu erhöhen.

Austritt des Gesellschafters D zum 30. 9. 2007

Scheidet ein Gesellschafter durch Kündigung aus, besteht die Gesellschaft unter den übrigen Gesellschaftern fort, es sei denn im Gesellschaftsvertrag ist etwas anderes vereinbart (§§ 131 Abs. 3 Nr. 3 HGB). Der Anteil des ausscheidenden Gesellschafters wächst den übrigen Gesellschaftern zu (§ 105 Abs. 3 HGB i. V. m. § 738 Abs. 1 Satz 1 BGB). Der ausscheidende Gesellschafter hat Anspruch auf Ausgleich des Betrages durch die übrigen Gesellschafter, der ihm im Fall der Auflösung der Gesellschaft zufallen würde (§ 738 Abs. 1 Satz 2 BGB). Hierdurch ergibt sich für den ausscheidenden Gesellschafter ein Veräußerungsgewinn i. S. v. § 16 Abs. 2 EStG, der zu seinen **gewerblichen Einkünften** gehört (§ 16 Abs. 1 Nr. 2 EStG). Für D ergibt sich Folgendes:

Die stillen Reserven betragen lt. Sachverhalt insgesamt	720 000 €
Anteil D $^{1}/_{4}$	180 000 €
Buchwert-Kapital des D	+ 180 000 €
Auseinandersetzungsguthaben	360 000 €

Veräußerungspreis	360 000 €
Veräußerungskosten	./. 3 000 €
Buchwert-Kapital	./. 180 000 €
Veräußerungsgewinn i. S. v. § 16 Abs. 2 EStG	177 000 €

Da D zum Ablauf des 30. 9. 2007 ausgeschieden ist, tritt auch die Gewinnrealisierung zu diesem Zeitpunkt und damit die Steuerpflicht für den VZ 2007 ein. Für die verbleibenden Gesellschafter ergibt sich ein **Anschaffungsgeschäft**. Die über den Buchwert des Kapitals hinausgehende Mehrzahlung ist gem. § 6 Abs. 1 EStG bei den Wirtschaftsgütern zu aktivieren, für die sie erfolgt, und zwar durch entsprechende Aufstockungen. Das gilt auch für den anteiligen Firmenwert (§ 5 Abs. 2 EStG).

Gesellschafterwechsel von C nach E

Ein Gesellschafterwechsel ist grundsätzlich nicht zulässig (§ 105 Abs. 3 HGB i. V. m. § 719 Abs. 1 BGB), es sei denn, dies ist im Gesellschaftsvertrag für zulässig erklärt worden, oder die übrigen Gesellschafter stimmen dem Gesellschafterwechsel zu (wie hier). Die Rechtspersönlichkeit der Gesellschaft ändert sich hierdurch nicht. E ist Einzelrechtsnachfolger des ausscheidenden C und tritt in dessen Rechtsstellung ein.

C realisiert wie oben im Fall des D im VZ 2007 einen **Veräußerungsgewinn** nach § 16 Abs. 2 EStG. Dieser berechnet sich wie folgt:

Veräußerungspreis (Barzahlung des E)	360 000 €
Veräußerungskosten	./. 5 000 €
Buchwertkapital	./. 180 000 €
Veräußerungsgewinn	175 000 €

Da E das Kapitalkonto des C unverändert fortführen muss, ergeben sich bei der OGH für die Bilanzierung keine Auswirkungen. Lediglich das Kapitalkonto des C muss auf E umgeschrieben werden. Da E jedoch mehr aufgewendet hat als den Buchwert des Kapitalkontos des C, ergeben sich für E **weitere Anschaffungskosten** bezüglich der im Gesamthandsvermögen der OHG befindlichen Wirtschaftsgüter. Diese Mehrzahlung ist in einer **Ergänzungsbilanz** für C zu erfassen.

Grunderwerbsteuer

Weder das Ausscheiden des Gesellschafters D noch der Gesellschafterwechsel von C nach E lösen bezüglich des Grundstücks eine Grunderwerbsteuerpflicht aus, denn die OHG bleibt zivilrechtlich Grundstückseigentümerin (§ 124 Abs. 1 HGB). Der Ausnahmefall des § 1 Abs. 2a GrEStG liegt offensichtlich nicht vor.

Umsatzsteuer

Umsatzsteuerliche Konsequenzen ergeben sich durch den Austritt des Gesellschafters D und den Gesellschafterwechsel von C nach E mangels Steuerbarkeit (§ 1 Abs. 1 Nr. 1 UStG) nicht. C und D handeln nicht als Unternehmer. Im Übrigen besteht Steuerfreiheit nach § 4 Abs. 8f UStG.

Bilanzierung

Bilanz für die OHG nach dem Ausscheiden von C und D zum 30. 9. 2007

Aktiva		Passiva	
Firmenwert	30 000	Kapital A	180 000
Grund und Boden	260 000	Kapital B	180 000
Gebäude	345 000	Kapital E	180 000
Maschinen	87 500	Verbindlichkeit gg. D	360 000
Geschäftsausstattung	115 000	Übrige Passiva	562 000
Fuhrpark	172 500		
Wertpapiere	82 000		
Warenbestand	250 000		
Zahlungsmittel	120 000		
Summe	1 462 000	Summe	1 462 000

Bilanz für Gesellschafter E zum 30. 9. 2007

Ergänzungsbilanz für E

Soll		Haben	
Firmenwert	30 000	Mehrkapital	180 000
Grund und Boden	60 000		
Gebäude	45 000		
Maschinen	7 500		
Geschäftsausstattung	15 000		
Fuhrpark	22 500		
Summe	180 000	Summe	180 000